“十四五”职业教育国家规划教材

铁道概论

（活页式教材）（第4版）

张晓玲　张　燕　主　编
李福胜　吴丽然　董恺凌　梅国宏　副主编
徐宜发　刘功利　主　审

人民交通出版社
北　京

内 容 提 要

本教材是“十四五”职业教育国家规划教材。本教材在前版教材的基础上，以铁道运输类专业群发展需求、以学生对铁道运输类专业基础知识的认知需求及专业教师的教学积累为依据，经过与铁路企业专家深入、细致、系统地分析，确定编写大纲。本教材设计了 9 个模块，系统地介绍了交通运输发展概况、铁路线路、铁路车站、铁路车辆、铁路机车、动车组、铁路信号与通信系统、电气化铁路供电系统及铁路运输组织等内容。

本教材为活页式教材，内容选择适当，文字通俗易懂，结合企业现场工作实际。本教材可作为职业院校铁道运输类专业的教学用书，也可以作为铁路行业工作人员的参考用书和培训用书。

本教材配套丰富的助学助教资源，请有需求的教师通过加入职教铁路教学研讨群（QQ 群 211163250）获取。

图书在版编目(CIP)数据

铁道概论/张晓玲,张燕主编. —4 版
. —北京:人民交通出版社股份有限公司,2025.7
活页式教材
ISBN 978-7-114-19504-4

Ⅰ.①铁… Ⅱ.①张… ②张… Ⅲ.①铁路工程—概论—教材 ②铁路运输—概论—教材 Ⅳ.①U2

中国国家版本馆 CIP 数据核字(2024)第 081550 号

“十四五”职业教育国家规划教材
书 名：铁道概论（活页式教材）（第 4 版）
著 作 者：张晓玲 张 燕
责任编辑：钱 堃
责任校对：赵媛媛 武 琳
责任印制：张 凯
出版发行：人民交通出版社
地 址：（100011）北京市朝阳区安定门外外馆斜街 3 号
网 址：http：//www. ccpcl. com. cn
销售电话：（010） 85285911
总 经 销：人民交通出版社发行部
经 销：各地新华书店
印 刷：北京市密东印刷有限公司
开 本：787 × 1092 1/16
印 张：22
字 数：514 千
版 次：2016 年 8 月 第 1 版
2018 年 8 月 第 2 版
2021 年 8 月 第 3 版
2025 年 7 月 第 4 版
印 次：2025 年 7 月 第 4 版 第 1 次印刷
书 号：ISBN 978-7-114-19504-4
定 价：58. 00 元

前言
Preface

【教材编写背景】

铁路是国家重要的基础设施，是综合运输体系的骨干，在推动我国经济社会快速可持续发展中起着重要作用。随着我国铁路建设步伐的加快，新设备、新技术、新材料等在铁路建设中不断应用，铁路运输行业对高素质技能人才的需求也大幅度增加。本教材在《铁道概论》（第 3 版）的基础上进行再版更新，以适应现今铁路运输行业发展的需求。

【教材编写特色】

本教材系统全面地介绍了铁路运输系统的构成、铁路运输基本设施设备和铁路运输组织等知识，融入了作者多年教学实践经验及教材第 3 版使用反馈建议。本教材编写特色如下。

二维码

课程简介

1. 内容全面系统，符合学生认知规律

本教材设计了 9 个模块，系统地介绍了交通运输发展概况、铁路线路、铁路车站、铁路车辆、铁路机车、动车组、铁路信号与通信系统、电气化铁路供电系统及铁路运输组织等内容。本教材通过设置“问题引入”和“知识拓展”来激发学生的学习兴趣，通过嵌入数字资源、设计学习检测来帮助学生进行知识学习和巩固学习成果。

2. 数据与时俱进，紧跟铁路行业发展

为了紧跟铁路行业发展，本教材在编写过程中总结和吸收了我国铁路行业发展的新技术、中国国家铁路集团有限公司（简称“国铁集团”）发布的新规范及新的统计数据，将高速铁路相关知识融入对应的模块和单元内容中，培养学生掌握铁路基本设施、设备及运营管理等方面的基本知识。

3. 产教融合，遵循职教发展理念

本版教材得到了中国铁路郑州局集团有限公司、中国铁路成都局集团有限公司等企业的大力支持。本教材编写组通过对相关企业的深度调研，把岗位需求、企业规范、行业发展的内容融入教材，使得教材内容更加全面、系统。为了确保教材质量，特别邀请行业专家进行审稿。

4. 融入课程思政，提升专业课育人作用

本教材在编写过程中充分考虑铁路行业人才需求，通过设置“知识拓展”，巧妙地将“新时代铁路精神”“铁路职工职业道德规范”等思政元素融入教材，以达到“德技并修”育人的目的。

5. “互联网 +”，配套丰富教学资源

本书配套丰富的助学助教资源，通过视频、动画等展示重点知识，并制作了在线开放课程,方便教师开展“线上 + 线下”混合式教学。其中，课件等助教资源仅向任课教师提供，请有需求的任课教师通过加入“职教铁路教学研讨群”（QQ 群 211163250）获取。

二维码

在线开放课程

【教材编写团队】

本教材由郑州铁路职业技术学院张晓玲、成都工业职业技术学院张燕担任主编并负责确定教材提纲及整体框架；由郑州铁路职业技术学院李福胜、成都工业职业技术学院吴丽然和董恺凌、中国铁路武汉局集团有限公司梅国宏担任副主编；由中国铁路郑州局集团有限公司徐宜发、国家铁路局刘功利担任主审。本教材编写分工如下：模块 1 由郑州铁路职业技术学院张欣怡编写，模块 2 由吴丽然编写，模块 3、模块 6 由张燕编写，模块 4 由董恺凌编写，模块 5、模块 7 中单元 7.7、模块 1 ~ 模块 9 的学习检测及教材课程思政教学内容由郑州铁路职业技术学院王政编写，模块 7 中单元 7.1 ~ 单元 7.5 由张晓玲编写，模块 7 中单元 7.6 由梅国宏编写，模块 8 由郑州铁路职业技术学院周钰爽编写，模块 9 及教材与岗位技能竞赛考核要求对接知识点由郑州铁路职业技术学院杨凯丽编写，模块 2 ~ 模块 6 及模块 8、模块 9 的知识拓展由李福胜和中国铁路郑州局集团有限公司魏宪坤编写。

【致谢】

本教材在修订过程中得到人民交通出版社的大力支持，参阅了近年来行业专家学者的专著，受益匪浅。在此我们向提供帮助的专家学者表示衷心的感谢。由于作者水平有限，本教材难免有不足之处，敬请读者不吝赐教。

编　者

2025 年 7 月

目录 Contents

课程思政在课程中的融入

教学模块	思政元素	思政元素融入方法
交通运输发展概况	国家富强、民族振兴、中国智慧、中国方案、中国力量、美丽中国，坚定“四个自信”，即道路自信、理论自信、制度自信、文化自信	通过知识拓展展示“人工智能为铁路发展赋能”；通过播放《走遍中国》系列片《大国基业——大通道》等视频，激发学生对铁路事业发展的骄傲和自豪感
铁路线路	通过铁路人的工匠精神、爱岗敬业精神和乐于助人精神，激发学生对平凡而伟大的铁路人的敬佩之情	通过案例分析，课堂情境练习，让学生明白职业素养和职业意识在工作中的重要性，教育学生树立正确的人生观、价值观和职业观；恪守职业道德，培养“干一行爱一行、爱一行钻一行”的爱岗敬业精神
铁路车站	民族自信、国家富强、中国力量、中国智慧、智能智造、科技强国，铁路人不畏艰难、吃苦耐劳的精神	通过展示现代化车站和自动化作业设备，使学生了解科技强国的重要性，不断增强民族自信和爱国情怀；通过铁路车站建设案例，培养学生吃苦耐劳的劳动精神
铁路车辆	担当奉献的责任感、“人民铁路为人民”的使命感，绿色环保发展理念	通过观看《列检人员不畏辛劳保安全》等视频，加强学生“股道千万条，安全第一条”的意识；增强学生的责任感和使命感，深入理解“人民铁路为人民”的服务宗旨。 通过关联讲解法，在学习铁路车辆中的新型环保设备时给学生普及绿色环保发展的理念
铁路机车	培养安全责任意识、标准化作业习惯；培养勤学苦练、一丝不苟的工匠精神	通过观看《“五零”纪录创造铁路传奇》等视频以及进行相关案例分析，引导学生意识到“火车司机手中的闸把重千钧”，明白作为铁路人所承担的重任，主动践行“把标准养成习惯、让习惯符合标准”的安全理念；通过实践练习（如判断机车的运行速度、判断运行中的突发故障等），培养学生勤学苦练、一丝不苟的工匠精神
动车组	“大国工匠”精神；爱岗敬业的情怀；勇于践行铁路梦，支撑中国梦	通过观看视频、进行案例分析等，引入“大国工匠”李万君的先进事迹，开展学生爱岗敬业情怀、大国工匠精神的思政教育；通过课后反思，提高学生的认识，让学生思考未来、谋划人生，将铁路职业素养内化于心、外化于行，践行铁路梦，支撑中国梦

续上表

教学模块	思政元素	思政元素融入方法
铁路信号与通信系统	从“眼睛”与“耳朵”逐渐升级为铁路的“中枢神经”，信号与通信系统愈发重要；传承工匠精神与自律精神，把社会责任感融入课程，培养学生为国家奋斗的使命感	通过视频、案例分析研讨，使学生了解信号与通信系统在铁路运输中的核心作用；以学生为中心，加强“三全”育人工作开展，培养德智体美劳全面协调发展的全方位人才；通过实际人物案例，引导学生认识个人的社会责任感对集体、社会、国家的重要性
电气化铁路供电系统	结合我国铁路电气化发展历程，培养学生民族自尊心及自豪感；加深学生对国家的热爱；培养学生吃苦耐劳、拼搏奉献的精神；提升学生遵章守纪、诚实守信的品质	通过请行业优秀前辈现场分享报告，使学生零距离接触榜样，感受榜样的力量，激励自己前行；通过介绍铁路发展规划，使学生树立历史使命感，引发学生的情感共鸣
铁路运输组织	爱心服务、无私奉献、与旅客建立和谐的人际关系、团队合作、爱岗敬业、安全意识、遵章守纪、安全作业	通过案例分析和情境教学法，使学生理解为旅客服务的内涵，积极为旅客排忧解难，在工作岗位上不断奉献自己的力量，树立正确的职业观；对于行车工作，通过视频和课堂讲解相关岗位工作的内容和重要性，增强学生对岗位的认识和岗位责任心，同时不断培养学生遵章守纪、规范作业的工作态度，提高学生安全生产的意识

岗位技能竞赛考核要求在课程中的融入

序号	岗位	技能竞赛考核内容	对应知识点
1	铁路线路工	轨道几何形位检查	轨道结构
		道岔几何形位检查	线路平纵断面、线路组成
		钢轨钻孔、撤垫板、更换扣件、复紧扣件、调整轨缝、更换夹板、方正轨枕、更换钢轨、锯轨	线路标志
2	货车检车员	技术状态检查	货车转向架
		技术状态测试	货车制动装置
		故障分析与判断	货车车钩缓冲装置
		故障应急处置	货车车体
3	客车检车员	单车技术检查	客车车体
		车辆关键部件性能试验	客车走行部
		车辆故障排查处理	
		制动故障排查处理	客车制动装置
		车电故障排查处理	客车上部服务设施
		应急处置、辅(A1)修、专项检修	
		辅助传动系统分解 辅助传动系统检测、修理 辅助传动系统组装、试验	内燃机车基本工作原理
4	铁路机车电工(电力)	牵引电机检修	受电弓、主断路器
		辅助电机机组检修	两位置转换开关
		变压器及互感器检修	司机控制器
		机车变流装置检修	直流电机

续上表

序号	岗位	技能竞赛考核内容	对应知识点
4	铁路机车电工（电力）	机车整流柜检修	三相异步电动机及劈相机
		机车变流柜检修	三相异步牵引电动机
		机车整流柜常见故障判断与处理	牵引变压器
5	通信工	数据通信设备维护与故障处理	铁路数字移动通信系统
		调度通信设备维护与故障处理	调度通信系统
		综合通信设备维护与故障处理	综合视频监控系统
		应急通信设备维护与故障处理	应急通信系统
6	信号工	道岔转辙设备测试、检修、故障处理	道岔转辙设备
		轨道电路设备测试、检修、故障处理	轨道电路设备
		色灯信号机测试、检修、故障处理	色灯信号机
		继电联锁、计算机联锁设备测试、检修、故障处理	继电器、计算机联锁设备
		区间闭塞设备测试、检修、故障处理	区间闭塞设备
		调度集中设备、列车调度指挥系统测试、检修、故障处理	调度集中设备、列车调度指挥系统
7	接触网工	接触悬挂安装维修	牵引供电系统
		支持、定位装置安装维修	牵引变电所
		支柱和基础安装维修	接触网
		附加悬挂安装维修	牵引供电系统运营管理
8	货运员	装车作业	需求受理
		卸车作业	装载加固
		货运相关信息	集装箱运输
		货物（货车）交接作业	鲜活货物运输
		需求受理	军事运输
		系统操作	超限超重货物运输
		核算结账	危险货物运输
		国际联运	国际联运
		货物损失处理	货物损失处理

续上表

序号	岗位	技能竞赛考核内容	对应知识点
9	连结员	工作交接	手信号、听觉信号
		作业前检验	准备工作
		扳道作业	道岔转换
		调车作业	调车作业基本规定
		车辆停留及防溜	车辆停留及防溜
		手推调车	调车作业标准
		非正常情况下调车作业	调车工具、备品使用及交接
10	助理值班员（内勤）	工作交接	接发列车作业标准
		正常接发列车	车机联控标准
		调车作业	接发列车有关规定
		联锁终端或 E4-V6502 控制台等设备操作	行车指挥有关规定
		监视信号及进路表示	接发特殊列车
		非正常接发列车	非正常接发列车
		接发列车应急处置	正常调车作业
		特殊情况下调车作业	特殊调车作业
11	助理值班员（外勤）	工作交接	接发列车作业标准、车机联控标准
		正常接发列车	接发列车相关规定、行车指挥有关规定
		故障处理	接发特殊列车
		非正常接发列车作业	非正常接发列车
		调车作业	正常调车作业
		特殊情况下调车作业	特殊调车作业

模块1　交通运输发展概况

问题引入

交通运输是人类社会生产、生活不可缺少的一部分，在现代社会的各个方面起着十分重要的作用。交通运输方式主要有铁路运输、公路运输、水路运输、航空运输和管道运输五种。这五种交通运输方式在技术、经济上存在一定的差异，其适用范围也各有不同。那么，这五种交通运输方式都有哪些相同点和不同点？它们在国民经济发展中分别扮演什么样的角色？交通出行者又如何根据自己的需求选择恰当的交通方式？

铁路的兴起和发展与科学技术的进步密不可分，深刻地影响着整个世界经济的发展，推动着人类社会的文明和进步。那么，我国铁路运输的发展都经历了哪些阶段？未来将如何发展？作为一名未来将从事铁路行业工作的学生，自己更适合什么样的岗位？应具备什么样的素质？

学习导航

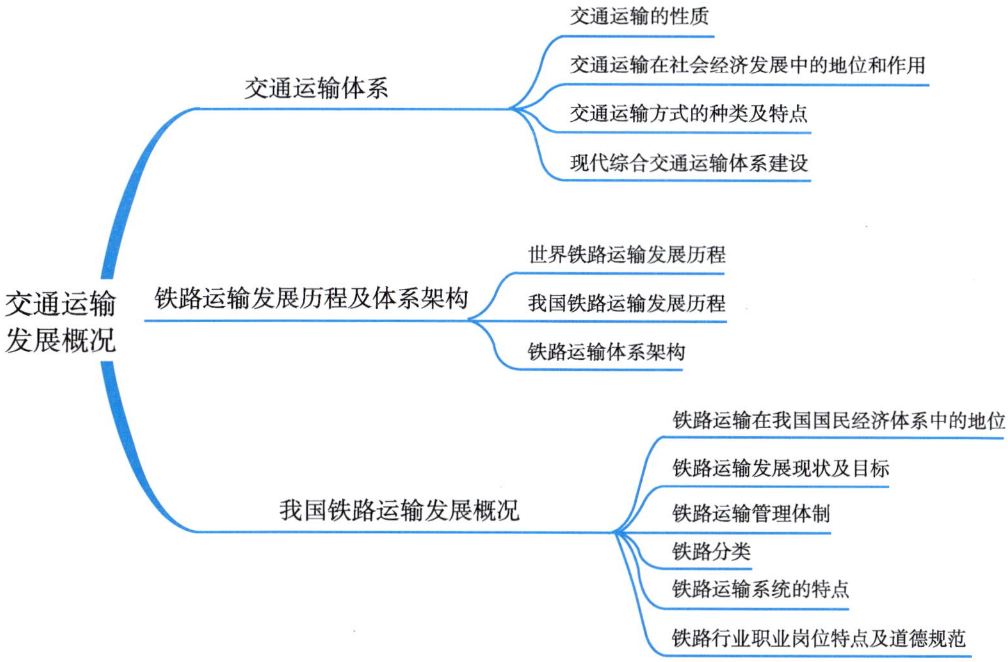

学习目标

知识目标

了解交通运输体系性质和作用；

熟悉交通运输方式种类及特点；
了解铁路运输发展历程；
熟悉我国铁路运输体系架构；
熟悉我国铁路发展规划目标及管理体制；
掌握我国铁路分类特点及职业岗位特点。

技能目标

能判别不同类型的交通运输方式及交通运输工具；
会分析不同交通运输方式的特点及适用；
能判别铁路运输组织体系三个组成部分服务的内容及对象；
会分析不同所有权和经营权的铁路特点。

素质目标

提升分析问题、解决问题的思辨能力；
培养团队协作、遵章守纪的职业意识；
增强科技兴国、创新驱动的发展意识。

学习建议

学时要求

建议个人独立自主学习不少于 2 学时，班组合作式学习不少于 2 学时。

学习方法

请依托教材内容，广泛查阅相关资料，采取小组讨论、线上线下混合式学习方式。

单元 1.1 交通运输体系

交通运输是社会发展的必然产物，是人类社会生活必不可少的组成部分，是连接生产与消费的桥梁，是沟通各地区和各行业之间经济活动的纽带，起着合理配置生产要素的重要作用。同时，交通运输也是面向社会为公众服务的公用事业，是国民经济和社会发展的基础性行业，它始终伴随着人类社会的进步和发展。在古代，随着人类社会生产力的发展和活动范围的不断扩大，不同地域、不同国家之间的物品交换、战争等直接催生了对交通运输的需求，由此产生了早期的运输工具——舟、马车等。早期的运输以人力、畜力为主，并持续了相当长的时期。第一次工业革命导致社会生产规模快速扩大，大量的物资运输和人员流动需求催生了一系列新生交通运输工具，蒸汽机被运用于轮船、火车；第二次工业革命时期新发明层出不穷，其中内燃机的发明成功地驱动了汽车、飞机的发展，同时推动了石油开采业和石油化工业的发展，从而直接推动了管道运输业的大规模发展。至此，现代交通运输体系的格局初步形成。

一 交通运输的性质

交通运输是国民经济的有机组成部分，它具备物质生产和为社会公众服务的双重性质，是一个具有鲜明服务功能的物质生产体系。

（一）交通运输具备物质生产的三要素

劳动力、劳动对象和劳动资料是物质生产的三要素。人们借助劳动工具作用于劳动对象，使其产生变化，为己所用，这就是物质生产。交通运输具备物质生产的三要素。以铁路为例，铁路线路、车站等各种设施和机车、车辆、动车组等设备，是铁路部门从事物质生产的劳动资料；铁路员工利用这些劳动资料，按照旅客和货主的要求，有目的地改变旅客和货物在空间上的位置，这就是铁路运输生产。铁路员工是劳动力，旅客和货物是劳动对象，运输设施设备是劳动资料。

（二）交通运输是物质生产的必要条件

交通运输不同于一般的物质生产活动，其本身具有特殊性。交通运输改变人和货物的位置，既不生产新的物品，也不改变物品的性质和形状。但它是生产领域和消费领域衔接的纽带和桥梁，也是物质生产各部门、各地区之间进行生产资料、能源物质调配的基础。交通运输是物质生产的必要条件，也是物质生产过程中不可缺少的重要环节。

（三）交通运输的产品是人和货物的“位移”

交通运输的产品是人和货物的“位移”，一般用旅客周转量或货物周转量来表示。有时为简便起见，也用旅客发送量或货物发送量来表示交通运输的工作量。需要注意的是，这里的“位移”与物理上的“位移”有所不同，不是两点之间的直线距离，而是运输线路的长度，一般来说，两地之间运输线路的长度都大于两地之间的直线距离。

交通运输业具有服务业的性质，因为交通运输业的产品——旅客和货物的“位移”，其生产的过程就是消费的过程。所以交通运输业的产品不能储存、调拨和积累，运输需求旺盛时就会给交通运输业带来巨大的压力，运输需求低迷时又会给交通运输业带来巨大的浪费。

二 交通运输在社会经济发展中的地位和作用

交通运输缩短了人和物在空间上的距离，使不同国家和地区之间的接触与交流不断增强，增进了相互间的了解，强化了相互间的各种社会联系。交通运输的发展对经济文化交流以及国防力量的增强等都发挥着重要的作用。

（一）交通运输促进了资源的开发和利用

社会生产需要消耗一定的资源，而自然资源的地理分布是不均匀的。交通运输可促进资源的开发、利用。

（二）交通运输是社会生产过程中的重要环节

国民经济各领域、各地区、各部门、各企业间存在广泛、密切的经济关系，交通运输可及时地将原材料、成品、半成品送往加工企业和消费地点，以保证社会生产和人民生活的有序进行。

（三）交通运输是社会经济发展的重要组成部分

交通运输担负着社会产品的流通任务，而生产分配、交换和消费必须通过交通运输才能成为一个有机的整体。生产的社会化程度越高，商品经济越发达，生产对流通的依赖程度越高，交通运输在国民经济中的作用越重要。因此，交通运输是社会经济发展的重要组成部分，是经济发展的基础和先决条件。

（四）交通运输推动社会产业升级

交通运输不仅可以通过不断提高人与物的空间位移速度和扩大规模来刺激流通，带动其他部门生产规模的扩大，而且可以通过自身规模发展的巨大需求，带动诸如信息、材料、能源、控制、制造等领域的技术进步，从而推动一大批相关产业的转型升级。

（五）交通运输调节供需平衡

运输成本是商品价格的重要影响因素。运输效率的提高，有利于降低运输成本，从而降低商品价格，起到平衡供需、降低经济运行成本的作用，保证国民经济平稳、健康发展。

三 交通运输方式的种类及特点

根据运输工具和线路的不同，交通运输方式通常分为铁路运输、公路运输、水路运输、航空运输及管道运输五种。

（一）铁路运输

铁路运输是以固定轨道为“运输线路”，由机械动力牵引车辆在轨道上运送旅客和货物的一种运输方式。铁路运输与其他运输方式相比，具有运输能力大、速度快的特点。我国铁路普速旅客列车的运行速度一般为 100～200km/h，快速旅客列车的运行速度目前为 120～200km/h，高速列车的运行速度为 250～350km/h。随着铁路客运高速化的发展，铁路货运也向重载化的方向发展。重载运输的发展不但提升了铁路企业技术装备水平，而且带来了巨大的经济效益，也是铁路现代化发展的另一个标志。

铁路运输的成本比公路运输和航空运输低，运距越长，运量越大，其单位成本就越低。铁路运输一般可以全天候运营，受气候条件限制较小；具有较高的安全性和可靠性，正点率较高；采用电力牵引时，节省能源，减少污染，有利于环境保护。

由于铁路运输具有上述技术经济特点，因此，铁路运输适合幅员辽阔且陆地面积较大的国家，适合常规的、稳定的大宗货物运输和中长距离的货物运输，并能够满足城市间旅客运输的需要。铁路运输具有投资大、建设周期长且路网密度小、服务范围小等缺点；人们只能到车站乘车或托运货物，灵活性差、送达速度低，难以实现“门到门”运输，不太适合运量小、要求快速运输的货物运输，也不适合距离太短和太长的旅客运输。

（二）公路运输

公路运输是由机动车在公路上移动运送旅客和货物的一种运输方式。它的主要优点是机动灵活，对客、货运量具有很强的适应性。公路线络较发达，加上机动车几乎可以在任何较硬的地面上行驶，这就使得公路运输具有极强的适应性，可以实现“门到门”的运输，有利于提高中、短途运输的送达速度，加速货物和资金周转；尤其适合短途运输和对服务质量要求较高的货物运输；可以作为铁路、水路、航空等运输方式的补充和衔接。公路运输对于提高人们的生活质量和出行质量，繁荣地方经济、加快地区经济文化交流具有重要的作用。

公路运输在长途运输方面有下列缺点：①耗用燃料多；②机器磨损大，折旧费和维修费用高；③公路运输能力较小，单位运输工具运送的乘客人数和货物装载量比铁路低，若运输同样多的旅客和货物，公路运输费用远高于铁路和水路运输费用。

（三）水路运输

水路运输是利用船舶和其他水上工具在河流、湖泊、海洋中移动运送旅客和货物的一种运输方式。水路运输是一种古老的运输方式，在古代对经济的发展产生过重要影响。水路运输按航行的区域分为远洋运输、沿海运输和内河运输三种。随着经济全球化进程的加快，如今远洋运输已成为重要的国际货运方式，像原油、矿石、粮食等重要的物资，大都依靠远洋运输。水路运输的运输能力相当大。在海洋运输中，目前世界上超巨型油轮的载质量可达数十万吨，巨型客船的载质量可达 8 万 t。

水路运输具有占地小、运量大、投资少、运输成本低等突出的优点。在水路运输中，除运河外，内河航道利用天然江河加以整治，修建必要的导航设备和港口码头等就可以通航；海运航道则是大自然的产物，一般不需要人工整治，且海运航线往往可以取两港口之间的最短距离。因此，一般来说，对于长途运输，河运的平均运输成本比铁路运输低，而海运成本则远低于铁路运输，这是水路运输的一个突出优点。

水路运输的速度较其他运输工具慢且受自然条件的影响较大，如内河航运在枯水期可能会限制大吨位船舶的航行，而在冰封期会禁止所有船只通行；远洋运输可能会受到热带风暴等强气流天气的影响，所以只适合大宗货物的远距离运输，不太适合小批量货物的快捷货运和旅客运输，具有一定的局限性。

（四）航空运输

航空运输是用飞机在各机场间来回飞行运送旅客和货物的一种运输方式。航空运输崛起于20世纪，是运输业中发展较快的行业。

航空运输与其他运输方式相比，其最大的优势是速度快，普通客机的速度为600～900km/h，在长距离旅客运输方面具有较强的竞争力。而且航空运输具有一定的机动性，一般不受山川地貌、河流湖泊等的限制，只要有机场和导航设施保障即可开辟航线。如我国西藏许多没有通铁路的地方，都已经建有机场，开通了航线。

航空运输由于载运能力小、能源消耗大、运输成本高，且机场都建在城市远郊区，与市内交通衔接不够方便，存在“中间快、两头慢”的缺点，在短途运输中其高速的优势难以体现，所以不太适合中、短途运输。

（五）管道运输

管道运输是以固定管道为运输通道，并利用固定机械动力装置来输送流体货物的一种运输方式。管道运输没有移动设备，其载运工具和运输线路是一体的。近几十年来，管道运输发展迅速，主要以流体能源（如石油、天然气、成品油）为运输对象，现在还可以运输煤和矿石等货物（将其制成浆体，通过管道输往目的地，再经过脱水处理后使用）。

管道运输具有运送能力大（管径为1200mm的原油管道年输送量可达1亿t）、效率高、成本低、能耗小等优点。管道运输的主要设备都埋于地下，具有占地少、不受地形限制、不受气候影响、能长期稳定运行、沿线不产生噪声且漏失污染少等优点，是一种很有发展前景的现代运输方式。

但是，管道运输由于具有定点、定向、定品种运输的特点，灵活性差，只能运送单一货物；一旦能源枯竭，货源减少，管道运输的大量设备和投入很难挪作他用，可能遭到废弃，产生极大的浪费。

四 现代综合交通运输体系建设

现代综合交通运输体系是指各种交通运输方式在社会化运输范围内和统一运输过程中，按其技术经济特点组成的分工协作、有机结合、连接贯通、布局合理的交通运输综合体。然而，由于各国国土面积、资源分布以及经济发展状况各异，各种交通运输方式之间的关系也有所不同。因此，应在保证运输安全、合理利用自然资源、保护生态环境的前提下，充分发挥各种运输方式的技术经济优势和作用，做到合理分工和协调发展，力求建立科学合理、经济高效、安全可靠又适应国情的综合交通运输体系。

二维码

一图读懂《国家综合立体交通网规划纲要》

目前，我国综合交通运输实现了由“瓶颈制约”到“总体缓解”再到“基本适应”的历史性转变，已成为名副其实的交通运输大国。近年来，交通运输行业紧紧抓住交通运输基础设施发展、服务水平提高和发展转型的黄金时期，加快建设现代综合交通运输体系，使各种交通运输方式融合发展，形成了安全、便捷、高效、绿色、经济、包容、韧性的综合交通体系，提高了交通运输效率和质量。

（一）现代综合交通运输体系建设现状

1. 综合立体交通网络基本建成

截至2024年底，我国综合交通运输网络里程超过600万km；铁路营业里程16.2万km，其中高速铁路4.8万km；全国公路总里程549.0万km，其中高速公路19.07万km；内河航道通航里程12.9万km，其中三级及以上航道通航里程1.6万km；拥有港口生产性码头泊位22219个，其中万吨级码头2971个；民航运输机场达到263个，其中年旅客吞吐量超千万人次的机场40个。我国高速铁路里程、高速公路里程、城市轨道交通运营里程、沿海港口万吨级及以上泊位数均居世界第一。

2. 综合交通运输服务能力得到提升

2019—2024年，我国全年累计完成交通固定资产投资超过21万亿元，其中2024年完成3.8万亿元。2024年我国完成跨区域人员流动量645.9亿人次，同比增长3.9%；其中铁路客运量43.1亿人次，同比增长11.9%；公路客运量592.9亿人次，同比增长4.8%；水路客运量2.6亿人次，同比增长0.8%；民航客运量7.3亿人次，同比增长17.9%。2024年全国完成货运量568.8亿吨，同比增长3.9%；其中铁路51.8亿吨，同比增长2.8%；公路418.8亿吨：同比增长3.8%；水路98.1亿吨，同比增长4.7%；民航898.2万吨，同比增长22.1%；邮政寄递业务量完成1936.8亿件，同比增长19.2%。“人享其行、物畅其流”的美好愿景正在加快实现。

3. 综合交通科技创新能力有序提升

跨海桥隧、深水航道、自动化码头等成套交通运输基础设施建设技术跻身世界前列，港珠澳大桥、京张高铁、上海洋山港自动化码头等一批超级交通基础工程建成，油船、散货船、集装箱船三大主流船型的智能示范船交付运营，复兴号系列高速动车组列车上线运行，C919大型客机全面开展试验试飞，ARJ21支线客机进入规模化运营阶段。与此同时，无人机、智能船舶、智能网联汽车等多种智能交通方式也进入有序建设阶段。

4. 综合交通运输体制机制逐步完善

综合交通运输管理体制初步构建，形成了“一部三局”（“一部”是指交通运输部，“三局”是指国家铁路局、民用航空局、国家邮政局）综合交通运输管理体制架构。铁路、邮政改革总体完成，收费公路制度改革、农村公路管理养护体制改革、区域港口一体化改革、出租车改革等持续推进，通用航空改革不断深化。综合交通运输法律法规和标准体系初步形成，成立了全国综合交通运输标准化技术委员会和交通运输部标准化管理委员会。

（二）综合交通运输体系建设思路

1. 加快构建高质量的综合立体交通网

一是持续完善综合运输大通道。加强出疆入藏、沿边沿江沿海、西部陆海新通道等战略骨干通道建设，有序推进能力紧张通道升级扩容，促进通道内交通资源优化配置、线位布局统筹、断面空间整合。二是建设多层级一体化综合交通枢纽。加快建设京津冀、长三角、粤港澳大湾区、成渝地区双城经济圈四大国际性综合交通枢纽集群，提升北京—天津、上海、广州—深圳、重庆—成都等国际性综合交通枢纽的全球互联互通水平，加快推进全国性综合交通枢纽城市建设，统筹推进国家物流枢纽建设，实施一批综合客运和货运枢纽重大项目。三是强化交通基础设施网络建设。统筹铁路、公路、水运、民航、邮政快递、城市交通等发展，加强各种运输方式的统筹规划和联通衔接，打通“最后一公里”，实现旅客顺畅换乘、货物高效中转，提高综合运输效率。以中西部地区为重点，精准补齐网络覆盖短板，稳步提高交通通达深度，逐步打造“全国123出行交通圈”“全球123快货物流圈”。加快推动重点城市群城际铁路、都市圈市域（郊）铁路发展，促进城市群和都市圈交通一体化发展。四是完善全球运输网络。围绕“一带一路”建设，持续推进中欧班列发展，促进国际道路运输便利化，拓展国际海运、航空物流网络，加强国际航空货运能力建设，加快形成多元化国际运输通道网络。推动构建全球交通命运共同体，加强与世界各国和联合国等国际组织的交流合作，加大交通运输领域对外开放力度。

2. 加快提升高品质多元化的综合运输服务能力

一是提高出行服务品质。加强各种运输方式运营管理协同，加快发展旅客联程运输，推进城市候机楼建设，推行“一站式”等服务。打造多模式公共交通系统，深入推进城乡交通运输一体化，提升客运服务均等化水平。二是创新运输组织模式。深入实施国家多式联运示范工程，加快发展铁水联运、江海直达、高铁快运等组织模式，推广全程“一单制”服务和双层集装箱铁路运输，推动冷链等专业化物流快速发展。

3. 加快形成统一开放的交通运输市场

一是着力优化营商环境。持续简政放权，深化“证照分离”改革，推行“一网通办”“跨省通办”，进一步规范铁路、公路、水运、航空等收费。二是完善市场制度体系。健全交通运输价格形成机制和市场准入退出机制，推进铁路竞争性环节市场化改革，建立健全铁路等公益性、政策性运输补贴机制，规范中欧班列、民航国际航线等补贴政策。三是健全行业监管体系。开展全国交通运输执法领域突出问题专项整治，推进严格规范公正文明执法，切实保障从业人员合法权益。优化监管框架，加快构建以信用为基础的新型市场监管机制。加强反垄断监管，保护数据、信息安全，推动交通运输平台经济等新业态规范健康持续发展。

4. 着力提高综合交通运输发展质量效益

一是提升安全发展水平。强化底线思维，切实加强交通运输各领域安全生产管理，坚决防止重、特大事故的发生。深入推进交通运输重点领域安全整治，提高交通运输网络抗风险能力。构建综合交通运输应急管理体制机制，提高应急保障能力，切实维护道路运输、水上运输、交通运输新业态等行业稳定。二是提升智慧发展水平。推动既有设施智能化改造升级和交通新型基础设施建设，健全完善信息共享机制。稳步推进北斗系统推广应用和强化自动驾驶等关键核心技术研发，夯实创新发展基础。三是提升绿色发展水平。健全交通运输碳排放控制政策体系，优化调整运输结构，大力发展绿色出行，积极推广应用新能源和清洁能源运输装备，加快建设铁路专用线，建立健全长江经济带船舶和港口污染防治长效机制，加快推进快递包装绿色转型。

5. 着力深化综合交通运输体制机制改革

一是进一步完善综合交通运输管理体制和运行机制。完善综合交通运输职能体系，强化部省间、部门间协同工作机制，加快建立有利于综合交通运输一体化发展的战略规划体系、组织管理体系、工作运行体系和政策制度体系，夯实加快建设交通强国的制度基础。二是深化重点领域改革。深入推进铁路市场化改革，持续推动收费公路制度和农村公路管理养护体制改革，深化国家空管体制改革，实现邮政普遍服务业务和竞争性业务分业经营。三是创新投融资体制机制。稳定车辆购置税、民航发展基金等中央专项资金政策，完善国家铁路建设投入资金保障机制，完善收费公路专项债券政策，研究建立“里程税（费）”制度，建立水运发展资金保障机制，调整完善邮政发展资金政策。

6. 着力完善综合交通法律法规和标准体系

一是建立健全法律法规体系。抓紧研究制修订综合交通以及铁路、公路、水路、民航、邮政等相关法律法规。二是健全标准体系。完善综合交通枢纽、旅客联程运输、货物多式联运、智慧绿色交通、交通安全应急、新业态新模式等领域标准规范。三是建立健全统计评价指标体系。建立交通强国建设评价指标体系和动态调整机制，构建综合交通运输高质量统计体系，推进常规统计调查和大数据应用深度融合。

单元1.2 铁路运输发展历程及体系架构

一 世界铁路运输发展历程

16世纪中叶，英国开始兴起采矿业，为提高运输效率，在道路上铺了两根平行的木材作为轨道。17世纪，木轨被换成了角铁形状的钢轨，角铁的一边起导向作用，马车则在另一条边上行驶。后经多年的改进，才逐渐形成今天的钢轨。因此，各国至今都沿用“铁路”这一名称。英国最早的一条可供蒸汽机车牵引客、货列车行驶的铁路，被认为是世界上第一条正式运营的铁路。它位于英国的斯托克顿和达灵顿之间，于1821年开始筹建，1825年建成通车，全长32km。

（一）世界铁路发展的三大时期

1. 蓬勃发展期

铁路运输自诞生起就显示出多方面的优越性，很快在世界各地迅速发展。继英国1846年采用臂板信号机、1868年采用自动车钩及空气制动系统后，铁路的行车速度和可靠性大大提升，铁路运输业得到快速发展。除了英国全面展开铁路建设，其他国家也相继开始兴建铁路，一直到第二次世界大战，铁路都在蓬勃发展。从地理分布上看，当时，美洲铁路约占世界铁路总长的2/5，欧洲铁路约占世界铁路总长的1/3，而非洲、大洋洲和亚洲的铁路总和还不到世界铁路总长的1/3。由此可以看出，当时世界铁路的发展和分布极不平衡，而且在修建和发展铁路的趋势上也不尽相同。

请查阅资料，整理不同国家相继开通运营铁路的年份，填入表1-1。

不同国家开通运营铁路年份 表 1-1

国　家	开通运营铁路年份	国　家	开通运营铁路年份	国　家	开通运营铁路年份	国　家	开通运营铁路年份

2. 低迷徘徊期

自第二次世界大战直至20世纪70年代中期，西方一些发达国家的铁路发展变缓，甚至处于徘徊不前的状态。由于这些国家在这一时期基本上实现了工业化，并且达到了比较高的工业化水平，其公路、航空运输得到迅速发展，国民经济产业结构和交通运输体系有了新的调整，尤其是某些经济大国的汽车和飞机制造业迅速发展，使铁路面临公路运输和航空运输的激烈竞争。加上有的国家在铁路运输发展政策上的失误以及铁路部门自身管理体制的不健全和经营管理不善等原因，世界铁路在这一时期发展相对缓慢，一度被视为“夕阳产业”。个别国家和地区的铁路发展甚至出现停滞局面，出现了世界铁路网规模缩小，铁路客、货运量比重下降，铁路经营亏损严重的情况。但在我国及亚非拉等欠发达地区，铁路仍在不断发展，路网规模也在逐渐扩大。

3. 复苏重生期

20世纪70年代爆发的世界能源危机，使公路和航空运输的发展受到限制，而铁路运输由于能耗较少，加上运输过程中排放的废气及产生的噪声对生态环境的影响比其他交通运输工具低，促使人们又重新开始重视铁路在交通运输体系中的重要作用；特别是电气化铁路、高速铁路、重载铁路的出现，更使人们认识到铁路在国民经济发展和人们物质文化生活中具有不可忽视的地位和作用。以日本新干线、法国TGV高速铁路、德国ICE城际特快列车为代表的高速铁路的出现，给铁路行业带来了新的生机和活力。目前世界各国的铁路建设正在步入一个新的发展时期，铁路网结构已进一步优化，客、货运量有了较大回升。铁路行业也迎来了历史的发展机遇，迈入蓬勃发展的春天。

（二）世界高速铁路发展的三个阶段

随着社会经济的快速发展、人们生活节奏的加快和时间观念的增强，缩短在途旅行时间成为旅客的普遍愿望。计算机、能源技术、自动控制、新材料等高新技术成了经济和社会发展的催化剂，高速铁路应运而生。

从1964年世界第一条高速铁路的诞生到现在已经过去了半个多世纪。这半个多世纪以来，世界高速铁路的发展经历了以下三个阶段：

第一阶段，从20世纪60年代到80年代，为高速铁路发展的初期。这个时期人们逐步了解了高速铁路，也逐步认识到它给世界经济发展和人们生活带来的影响。这个时期以日本建成世界第一条高速铁路为标志，之后相继研究、修建高速铁路的国家有法国、意大利、德国等。这一阶段全世界建成投入运营的高速铁路里程在3000km左右。

第二阶段，从20世纪80年代末到90年代中期，相继修建高速铁路的国家从先期的日本、法国、意大利、德国扩展到了西班牙、比利时、荷兰。修建高速铁路的方式有两种：一种是新建，另一种是改造既有线。

第三阶段，从20世纪90年代后期至今，人们对世界高速铁路的技术特征有了更深入的了解，对高速铁路为经济发展和社会发展带来的影响有了更多的认识。我国与部分其他国家高速铁路已经形成网络，进入网络化运营时期。

请查询国际铁路联盟（UIC）的统计数据，填写表1-2。

2018年世界高速铁路总里程排名前十的国家 表1-2

排　名	国　家	运营里程（km）	在建里程（km）	总里程（km）	最高速度（km/h）
	中国				
	西班牙				
	德国				
	日本				
	法国				
	瑞典				
	土耳其				
	英国				
	意大利				
	韩国				

二　我国铁路运输发展历程

（一）铁路发展历程

1. 1949年前的铁路建设

我国是自19世纪起，继日本及印度之后第三个修建铁路的亚洲国家。我国第一条真正运营的铁路，是于1876年由英国人铺设的吴淞铁路（上海—吴淞），全长为14.5km，通车运营一年后（1877年）就被清政府赎买后拆除。

我国的第二条铁路，也是第一条清政府主张兴建的官办铁路、标准轨距铁路，是1881年铺设的唐胥铁路（唐山—胥各庄），全长9.2 km。唐胥铁路于1886年延伸到芦台，于1888年延伸到塘沽和天津，于1890年、1892年、1893年分别延伸至古冶、滦州和山海关，并改称津榆铁路。

最值得中国人骄傲的铁路之一是在我国首位铁路工程师詹天佑领导下自行设计施工的铁路——京张铁路（北京至张家口）。该铁路于1905年10月开工，1909年建成，采用1435mm轨距，全长201km。由于燕山山脉岭高坡陡，为使列车安全通过山岭，詹天佑创造性地运用了“人”字形爬坡线路，解决了这一难题，完成了在崇山峻岭修建铁路的艰巨任务。

2. 1949 年后的铁路建设

1949 年初我国已经建成超过 23500km 的铁路，但能够维持通车的仅有约 11000km。1949 年 10 月，中央人民政府铁道部正式成立，其首要任务是整顿运输秩序，抢修铁路干线。1952 年 8 月，青岛四方机车车辆工厂生产了第一台完全由我国独立制造的蒸汽机车“八一号”（解放型）。1954 年 9 月，中央人民政府铁道部改称为中华人民共和国铁道部。

从 1953 年开始，我国开始实施第一个五年计划，铁路进入了有计划地大规模建设时期。1966—1980 年，我国相继建成为开发西南、西北地区而修建的贵昆铁路、成昆铁路、川黔铁路、襄渝铁路、兰新铁路、焦枝铁路、太焦铁路等，以及为增强中部及东部地区运输能力而修建的京通铁路、京承铁路、皖赣铁路、鹰厦铁路等铁路干线、支线 100 多条，全国铁路营运里程增加到 4 万 km 以上。20 世纪 80 年代末，主要铁路干线上的客运列车已经全面使用内燃机车牵引。

随着改革开放的实施，人口流动日趋频繁，经济发展令铁路的运输压力日益增加，也推动着我国铁路事业的发展。20 世纪 90 年代末，我国先后建成京九线、南昆线、大秦线、宝中线、侯月线等一批铁路干线，以及包括京广铁路衡广段、兰新铁路在内的复线电气化工程，全国铁路营业里程达 66428km。同时，除了扩大铁路网，铁路也以“提速”为发展战略。1994 年，我国铁路旅客列车平均旅行速度只有 48.3km/h，远远落后于发达国家。1997 年 4 月 1 日，我国实施了第一次铁路大面积提速，从此揭开了铁路大提速的序幕。截至 2007 年 4 月 10 日，十年间我国经历了六次铁路大提速，尤其是第六次提速，在主要干线开行运行速度 200km/h 及以上动车组、大面积开行 5000 吨级货物列车，使我国铁路在高速、重载方面开启了新的篇章。

（二）高速铁路发展历程

1. 铁路高速化发展

1994 年，广深铁路建成并投入运营，其旅客列车运行速度为 160～200km/h，全线采用了众多20 世纪 90 年代具有国际先进水平的技术和设备。这条铁路的修建以及为修建这条铁路而进行的科学研究和实验，为我国高速铁路建设做了充分的前期准备。

1997 年、1998 年、2000 年、2001 年、2004 年、2007 年，我国铁路完成了六次大提速。2007 年的第六次大提速，和谐号动车组上线运行。我国铁路 6 次大提速后，城际快速列车和中心城市的动车组快速列车开行，实现了速度、密度等的协调发展。

高铁试验工程——秦沈客运专线是我国第一条铁路客运专线，全长 404km，于 1999 年 8 月 16 日开工建设，2003 年 10 月 12 日正式开通运营。秦沈客运专线是当时我国国内技术最先进的铁路，全线设计速度达到 200km/h 或以上，并预留 250km/h 的提速条件。秦沈客运专线的建设加快了我国铁路高速化进程，这条铁路的修建为探索适合我国国情的高速铁路的技术标准、施工方法、运营管理、维护等积累了经验。

2. 高速铁路大规模建设及快速发展

京津城际高速铁路于 2005 年 7 月 6 日开工建设，2008 年 8 月 1 日正式开通运营，这是我国真正意义上的第一条高速铁路。京津城际高速铁路的开通时间与世界第一条高速铁路相比相差了44年。其间我国高速铁路经历了从研究、论证、再研究、再论证以及科学研究、技术储备到开工建设这样一个较为漫长的过程。这之后我国铁路进入日新月异的腾飞阶段。

目前，我国已成为世界上高速铁路运营里程最长、运营速度最高、在建规模最大的国家。截至2024年底，我国的高速铁路运营里程已达4.8万km，其中运营速度为300～350km/h的高速铁路有京沪、京广、哈大、郑西、沪杭、沪宁、京津城际、宁杭、西宝、杭长、津秦高铁等；运营速度为200～250km/h的高速铁路有合宁、合武、石太、胶济、长吉、昌九、广珠、海南东环、甬台温、温福、福厦、汉宜、成绵乐高铁等。图1-1所示为我国的高速铁路列车。

图1-1　我国的高速铁路列车

三　铁路运输体系架构

（一）铁路运输设施设备

铁路运输是一个庞大的物质生产部门，为完成客货运输任务，设置了大量的运输设施设备，具体如下。

二维码

认知国内外铁路运输业的发展及体系结构

1. 车站设施设备

车站设施设备是指车站为保证旅客、货物运输正常而设置的各种建筑物、服务设施，以及为保证列车运行而设置的技术设施、设备，包括车站的站房、站前广场、跨线设施等。

2. 线路设施设备

线路设施设备是指列车运行的线路以及轨道、隧道、桥梁等建筑物。线路是机车、车辆和列车的运行基础。

3. 通信设备和信号设备

通信设备是指铁路各站点之间以及各部门之间联系、沟通信息的工具。信号设备是指示列车运行以及调车车辆运行的命令和指示。通信设备和信号设备是确保列车行车安全和提高运输效率的必要手段。

4. 车辆设备

车辆设备是指用于旅客乘坐或货物装载的车厢，为旅客乘坐或货物装载提供空间。

5. 机车设备

机车设备是指具备动力、可以走行并能牵引、调动车辆的移动工具。

6. 供电设施设备

供电设施设备是指为电气化铁路供应电力的牵引变电所、接触网及其附属设备，可为电气化铁路提供动力。

7. 其他设备

其他设备是指保证铁路运输生产秩序畅通、安全高效的附属设备，包括信息设备、给水设备、安全设备等。

铁路运输设施设备是铁路完成运输任务的基础，必须随时保持良好状态。为了进行各种运输设备的维修、保养和检查工作，铁路部门还设置了各类专业设施设备的修理单位（工厂）、业务段和检修所。只有使铁路运输设施设备随时处于完好状态，才能确保运输工作安全、顺利地进行。

（二）铁路运输组织

铁路运输组织是指铁路部门综合运用各种技术和设施设备、合理组织列车运行、实现旅客和货物运输过程的计划和组织工作。铁路运输组织一般包括旅客运输组织、货物运输组织与行车组织三个部分。

旅客运输组织工作包括旅客运输计划与旅客到发、行李包裹到发组织等。货物运输组织工作包括货物运输计划与货物受理承运、装车卸车、货物到达、交付等。行车组织工作包括车站技术工作组织、列车解编与列车运行组织指挥等。旅客运输组织和货物运输组织工作主要是面向旅客与货主的工作，行车组织工作主要是铁路部门为了保证完成旅客与货物的运输任务而采取的技术组织措施。

单元 1.3 我国铁路运输发展概况

一 铁路运输在我国国民经济体系中的地位

我国能源结构以煤炭为主，能源资源主要分布在西部和北部地区，而工业基地主要分布于东部和南部沿海区域。能源资源和工业布局的错位态势，决定了我国地区经济发展的不平衡，决定了货运结构以能源、原材料和初级产品为主，也决定了物资由北向南、由西向东的基本流向，同时伴随大量的人员流动。改革开放以来，大量劳动力从农村流向城市，从内陆地区流向沿海地区。随着人民生活水平的提高，旅游业的发展也使旅客运输需求大幅提升。随着经济的发展，客货运输需求不断增长。

我国的基本国情和客流、货流特点，决定了我国应发展以铁路为主导，公路、水运、航空、管道运输协调发展的综合交通运输体系。大力发展铁路，是发展国民经济、增强国防力量、繁荣城乡市场、促进国土开发、增强民族团结、扩大对外开放的需要，符合我国经济和社会可持续发展的战略要求。

二 铁路运输发展现状及目标

（一）发展现状

1. 旅客运输

2024 年国家铁路旅客发送量完成 43.12 亿人，比上年增加 4.58 亿人，增长 11.9%；其中，国家铁路 40.85 亿人，比上年增长 10.9%；其他铁路 2.27 亿人，比上年增长 34.0%。全国铁路旅客周转量完成 15799.10 亿人公里，比上年增加 1069.74 亿人公里，增长 7.3%。其中，国家铁路 15776.35 亿人公里，比上年增长 7.2%；其他铁路 22.74 亿人公里，比上年增长 85.9%。

2. 货物运输

2024 年全国铁路总发送量完成 51.75 亿吨，比上年增加 1.39 亿吨，增长2.8%。全国铁路货运总周转量完成 35861.90 亿吨公里，比上年减少 598.49 亿吨公里，下降 1.6%。就重点运输情况来看，2024 年全国铁路煤炭运量完成 28.24 亿吨，比上年增长 1.5%；冶炼物资运量完成 8.77 亿吨，比上年下降 3.6%；石油运量完成 1.33 亿吨，比上年增长 2.1%。

3. 路网规模

截至 2024 年底，全国铁路营业里程 16.2 万 km，其中高铁 4.8 万 km；全国铁路路网密度 168.5 公里/万平方公里，复线率 60.8%，电化率 76.2%。西部地区铁路营业里程 6.6 万 km。

4. 移动装备

截至 2024 年底，全国铁路机车拥有量为 2.25 万台，比上年末增加 0.01 万台，其中内燃机车 0.78 万台，占 34.7%；电力机车 1.47 万台，占 65.3%。全国铁路客车拥有量为 8.1 万辆，其中动车组 4806 标准组、38448 辆。全国铁路货车拥有量为 101.9 万辆。

（二）发展目标

随着科学技术的进步与发展，我国铁路运输业新技术装备水平日益提升，铁路运输行业的发展也迎来了新的机遇与挑战，环保化、高效化、自动化和信息化将成为我国铁路运输发展的新趋势。

2020 年 8 月，中国国家铁路集团有限公司（简称“国铁集团”）出台《新时代交通强国铁路先行规划纲要》，提出了我国铁路 2035 年、2050 年发展目标和主要任务，描绘了新时代我国铁路发展美好蓝图。到 2035 年，我国将率先建成服务安全优质、保障坚强有力、实力国际领先的现代化铁路强国。基础设施规模质量、技术装备和科技创新能力、服务品质和产品供给水平世界领先，运输安全水平、经营管理水平、现代化治理能力位居世界前列，绿色环保优势和综合交通骨干地位、服务保障和支撑引领作用、国际竞争力和影响力全面增强。

三 铁路运输管理体制

1949—2013 年 3 月，我国铁路行业一直由铁道部管理。2013 年 3 月，根据国务院机构改革和职能转变方案，铁路实施政企分开改革，原铁道部撤销，将铁道部拟定铁路发展规划和政策的行政职责划入交通运输部；由交通运输部统筹规划铁路、公路、水路、民航发展，加快推进综合交通运输体系建设；组建国家铁路局，由交通运输部管理，承担铁道部的其他行政职责，如负责拟定铁路技术标准，监督管理铁路安全生产、运输服务质量和铁路工程质量等；组建中国铁路总公司，承担铁道部的企业职责，如负责铁路运输统一调度指挥，经营铁路客货运输业务，承担专运、特运任务，负责铁路建设，承担铁路安全生产主体责任等，采取总公司-铁路局集团公司-站段三级管理模式。2017 年 11 月 15 日，中国铁路总公司所属 18 个铁路局集团公司均已完成公司制改革工商变更登记，并于 19 日正式挂牌，标志着铁路公司制改革取得重要成果、中国铁路总公司从传统运输生产型企业向现代运输经营型企业转型发展迈出重要一步。每个铁路局集团公司设有若干生产管理的业务处室和基层生产站段。业务处室包括运输处、货运处、机务处、车辆处等处室。生产站段包括车务段、机务段、工务段、电务段、车辆段、客运段、供电段等。每个站段管辖相应的车站、车间和科室。2019 年 6 月 18 日，经国务院批准同意，中国铁路总公司改制成立中国国家铁路集团有限公司（简称“国铁集团”）。

四 铁路分类

二维码

认知我国铁路运输业的管理和发展规划

（一）按铁路线路所有权和经营权分类

按铁路线路所有权和经营权的不同，铁路可分为以下几种：

（1）国家铁路。国家铁路是由国务院铁路主管部门管理的铁路，其所有权和经营权属于国家，简称“国铁”，它在国民经济中具有重要的地位和作用。国务院铁路主管部门在 2013 年 3 月前是指中华人民共和国铁道部，2013 年 3 月后是指交通运输部。其管理职责是指对国家铁路的行政管理。

（2）地方铁路。地方铁路主要指地方人民政府自行投资修建，由地方人民政府管理并经营的铁路，主要担负地方公共客货短途运输任务。

（3）合资铁路。合资铁路分为国内合资铁路和中外合资铁路。国内合资铁路是指由两个或两个以上企业或其他单位合资修建和经营的铁路；中外合资铁路是指由中方具有法人资格的企业或者其他单位与外商投资者联合修建和经营的铁路。

（4）专用铁路。专用铁路是指由企业或其他单位管理并配有机车动力、车辆、站段等铁路设备，专门为本企业或本单位内部提供运输服务的铁路。专用铁路主要用于非营业性运输，但如果得到省（自治区、直辖市）人民政府批准，也可用于公共旅客、货物营业性运输。目前，我国共有专用铁路里程超过 25000km，其中工矿铁路里程超过 13000km，森林铁路里程超过 9000km，其他专用铁路里程约 3000km。

（5）铁路专用线。铁路专用线是指由企业或其他单位管理的与国家铁路或其他铁路线路接轨并且专供企业使用的铁路岔线，一般不配备机车。铁路专用线也是铁路运输网的组成部分。目前，铁路运输的大宗物资大多数是在铁路专用线装车。

（二）按列车运行速度分类

按列车运行速度分类，铁路可分为以下三种：

（1）普速铁路。列车速度在100～200km/h的铁路。

（2）高速铁路。通过改造原有线路（直线化、轨距标准化），使列车速度达到200～400km/h的铁路，或者专门修建新的“高速新线”，使列车速度达到250～400km/h的铁路。

（3）特高速铁路。列车速度在400km/h以上的铁路。

（三）按在铁路网中的作用和地位分类

按在铁路网中的作用和地位分类，铁路可分为以下三种：

（1）干线铁路。干线铁路是指连接主要大城市、工矿企业，在全国铁路网中起骨干作用，并具有重要的政治、经济和国防意义，担负全国铁路网各大通道远程客、货运输任务的铁路线。

（2）支线铁路。支线铁路是指连接大、中城市及工矿企业，在全国铁路网中起辅助作用，具有一定的政治、经济和国防意义，担负某一区域短途客、货运输任务并为干线集、散客，货流的铁路线。

（3）联络线。联络线是指在铁路网中连接干、支线，对干、支线起客、货分流作用，或在铁路枢纽内为避免折角车流多余走行而修建的铁路线。

（四）按运输方式多少分类

以运输方式多少为依据，铁路运输分为仅有铁路这一种交通方式的单一方式运输和与其他交通方式联合运输的多式联运。铁路多式联运一般是指国内铁路与国内公路、航空、水路联运，也包括国内铁路与国际海运相互间的联运。《中华人民共和国铁路法》规定：国家铁路、地方铁路参加国际联运，必须经国务院批准。

（五）按铁路运输营运的经济属性分类

按是否以盈利为目的来划分，可将铁路运输分为营业性运输的铁路和非营业性运输的铁路。营业性运输是指为社会服务、发生各种方式的运输费用结算的运输。目前我国铁路的客、货运输都是营业性运输。非营业性运输是指为本单位服务、不发生任何运输费用结算的运输。

五 铁路运输系统的特点

（一）铁路运输系统是一部大联动机

铁路的运输生产是由车务、机务、工务、电务、车辆等很多部门、很多工作环节紧密联系而共同完成的。各部门、各单位、各工种、各环节必须紧密配合、协调动作，只有如同钟表一样准确而有节奏地工作，才能安全、有序地完成繁重的运输任务。在铁路运输生产过程中，如果一个局部、一个单位或一个关键岗位出现疏忽或差错，就可能造成事故，影响整条线路的通畅。所以，要求每个铁路职工必须有高度的认真负责和互相协作的精神。

（二）铁路运输系统强调高度集中、统一指挥

铁路是国家重要的基础设施、国民经济的大动脉，关系到国计民生，而铁路运输又是在点多、线长、流动分散的情况下，夜以继日、连续不断地进行生产活动。因为

铁路运输涉及的点多、线长、面广，各个岗位、各个工作环节之间的配合非常重要，要想使各部门、各环节配合良好，必须有强有力的指挥，这就决定了铁路运输系统必须强调高度集中、统一指挥。只有这样，才能保证铁路运输任务顺利、安全地完成，也才能获得良好的经济效益和社会效益。

（三）铁路运输系统实行半军事化管理

铁路运输系统实行半军事化管理，有严格的组织性、纪律性，要求铁路职工战时全力以赴服从战争需要，日常工作时严格遵章守纪、服从上级命令。铁路的各项规章制度具有科学性，其中有些条文是用血的代价换来的，因而带有权威性、强制性，是铁的纪律。每个铁路职工必须接受纪律的约束，增强纪律观念，培养执行规章制度和严守纪律的自觉性，做到“有令则行，有禁则止”。

由于铁路运输系统具有上述特点，因此要求铁路的企业管理、组织运输生产和各项改革都必须适应这些特点。只有这样，铁路运输生产才能做到安全正点、畅通无阻。

六 铁路行业职业岗位特点及道德规范

职业道德，是指与职业活动紧密联系的符合职业特点所要求的道德准则、道德情操与道德品质的总和，它是职业活动的行为标准和要求。我国铁路职业道德规范遵循“人民铁路为人民”这一基本原则，包括行业职业道德基本规范、部门职业道德规范和具体岗位职业道德规范三个层面。

（一）铁路运输行业职业岗位特点

根据《国民经济行业分类》（GB/T 4754—2017），铁路运输业属于交通运输、仓储和邮政业行业门类。根据《中华人民共和国职业分类大典》，铁路运输业涉及的职业类型有铁路客货运输服务人员、铁路及地铁运输机械设备操作及有关人员。根据铁路运输行业发展趋势及运营企业技术技能人才需求的实际，将铁路运输企业职业岗位划分为3 大岗位群（行车岗位群、客运岗位群、货运岗位群）、14 个主要的职业工种。不同的岗位群，根据各工种的职业技能不同，可分成初始岗位的工种和发展岗位的工种。行车岗位群初始岗位的工种有连结员、助理值班员、车号员等，发展岗位的工种有调车长、车站值班员、车站调度员等；客运岗位群初始岗位的工种有客运员、售票员、列车员等，发展岗位的工种有客运值班员、列车长等；货运岗位群初始岗位的工种有铁路货运员等，发展岗位的工种有货装值班员，货运调度员等。

（二）铁路行业职业道德基本规范

我国铁路行业职业道德基本规范，是铁路员工在职业活动中，特别是在运输生产中应遵循的基本行为准则，包括：①注重质量，讲究信誉。②尊客爱货，热情周到。③遵章守纪，保证安全。④团结协作，顾全大局。⑤艰苦奋斗，勇于奉献。⑥廉洁自律，秉公办事。⑦爱路护路，尽职尽责。⑧率先垂范，当好公仆。

（三）部门职业道德规范

铁路各部门的职业道德规范是指铁路各部门的员工在职业活动中应遵循的行为规范，共包括八大部门的职业道德规范，即铁路客货运窗口岗位的职业道德规范，铁路车（车务段）、机（机务段）、工（工务段）、电（电务段）、辆（车辆段）等部门以及政工、管理、技术岗位的职业道德规范。例如，客货运服务部门是铁路运输生产的窗口单位，员工直接与旅客、货主打交道，其道德风貌是铁路的“门面”。所以，“诚心待客”是铁路窗口部门职业道德的核心。“尊重旅客，优质服务”“爱车爱货，方便货主”“文明礼貌，仪表端庄”“按章办事，不徇私情”是铁路客货运窗口部门职业道德的主要规范。

铁路运输生产的过程，是车务、机务、工务、电务、车辆等部门利用铁路线路、车站、机车、车辆及通信信号等技术设备将旅客与货物从起点运送到终点的过程。各部门环环相扣，缺一不可，像一部工作有序的大联动机。各部门的员工都应该严格遵守各自的职业道德规范，以确保大联动机正常有序运转。比如，车务部门职业道德的主要行为规范有“严守规章，一点不差”“通力合作，按图行车”“忠于职守，尽职尽责”“诚实劳动，注意保密”等。

（四）具体岗位职业道德规范

我国铁路具体岗位的职业道德规范是指各个不同工种和岗位的员工在职业活动中应遵循的行为准则。铁路各部门内部有不同的工种和岗位。比如，车务部门的员工有值班站长、车站调度员、车站值班员、连结员、调车区长、驼峰值班员、驼峰作业员、调车长、调车指导员等，他们的职责主要是列车编组、接发、运行、到达、解体和在车站进行的一系列技术作业。这些不同的工种和岗位都有与其工作性质相适应的具体行为准则。

知识拓展

人工智能为铁路发展赋能

2020 年 12 月，全路首个列控车载检测设备人工智能化检测站，在广深铁路广州电务段广州南列控车载车间正式投入使用。该检测站的应用提高了生产效率和设备维护质量，标志着列控车载检测设备向人工智能化新阶段迈进了一步。

高效是智能检测系统的重要特征。铁路的人工智能化检测站结合了智能检测和人工检测两种方式，其摄像头自动抓拍车载设备的悬挂件。系统生成检测报告后，工作人员大约用 8min 的时间即可对报告进行精准分析，而过去仅仅采用人工检测的方式需要 1h 以上。检测时间的大幅压缩充分体现了智能检测系统的高效性。

结合了智能检测和人工检测的新方法提高了检测的准确性。工作人员可先通过智能检测系统进行精准检测，然后通过新推出的智能看车手电筒进行精确复核。当监控人员发现列车存在问题后，可向手电筒中的软件发送任务。现场检测人员接收任务，到达指定地点后，即可进行精确复核。核对信息可通过软件即时回传。高效、精准的智能检测，加上精确的人工复核，确保了动车组列控设备的正常稳定，能有效防止问题车辆上线运行。

智能检测系统的优越性在于即时分析故障。过去，出现问题的列车需要停稳或者入库后才能进行人工检测，故障分析存在延时的情况。智能检测系统能抓取、查找行驶中的列车数据，帮助工作人员及时处理故障。人工智能技术的运用，能让工作人员快速查找、分析、处理故障，保障列车的运行安全，这是人工智能在车载检测设备方面的突出优势，也是铁路在科技创新方面的重要成果之一。

当前，越来越多的新技术、新设备应用在了铁路上，为铁路运输安全生产提供了强有力的保障。

（摘编自高铁网，2021 年 2 月 9 日）

谈一谈：小组合作，根据以上内容谈一谈铁路智能化的发展从生产效率、设备维护质量、检测时间、检测准确性等方面使运输工作发生哪些显著的变化？

姓名：________________ 班级：________________ 学号：________________

学习检测

一、知识检测

（一）填空题

1. 交通运输业是国民经济的有机组成部分，它具备（　　）和为（　　）的双重性质，是一个具有鲜明服务功能的物质生产部门。

2. 运输业具备物质生产的三要素，即（　　）、（　　）和（　　）。

3. 运输业的产品是人和货物的“位移”，称为（　　）或（　　）。

4. 铁路运输组织包括（　　）、（　　）和（　　）。

5. 现代运输业通常分为铁路运输、（　　）、水路运输、航空运输及（　　）五种方式。

（二）选择题（以下至少有一项是正确的，请将正确的选项填入括号内）

1. 作为物质生产及为社会服务双重属性的铁路运输业，以下属于劳动资料的有（　　）。

A. 铁路线路　　B. 铁路车站　　C. 铁路信号　　D. 铁路员工

2. 运输业的产品具有（　　）特点。

A. 不能储存　　B. 不能调拨

C. 不能积累　　D. 生产与消费同时发生

3. 我国第一条准高速铁路广州—深圳铁路建成并投入运营，其旅客列车运行速度为（　　）。

A. 160 ~ 250km/h　　B. 160 ~ 200km/h

C. 100 ~ 200km/h　　D. 200 ~ 250km/h

4. （　　）年，“和谐号”动车组上线运行。

A. 2000　　B. 2001　　C. 2004　　D. 2007

5. （　　）的修建为探索适合中国国情的高速铁路的技术标准、施工方法、运营管理及维护等积累了经验。

A. 广深铁路　　B. 秦沈客运专线

C. 京津城际高速铁路　　D. 京沪高速铁路

（三）判断题（以下描述正确的打“√”，不正确的打“×”）

1. 运输生产属于物质生产，同时也是生产领域和消费领域之间的衔接纽带和桥梁。（　　）

2. 旅客周转量就是旅客发送量，所以单位相同。（　　）

3. 截至2024年底，高速铁路运营里程排名第一的国家是中国。（　　）

4. 目前铁路列车运行的噪声和振动很难消除。（　　）

5. 国家铁路是指政府主管部门管理的铁路，所有权和经营权属于政府，简称国铁。（　　）

（四）思考题

1. 运用列表的方式对五种交通运输方式进行对比，小组讨论并分析：如果从越南进口一批红木由广西凭祥发往山东青岛，宜采用哪一种或哪几种交通运输方式？为什么？

2. 小组探讨并思考：新形势下如何进一步发挥我国铁路运输的优势？通过对《新时代交通强国铁路先行规划纲要》的理解，分析我国铁路运输未来的重点建设任务。

3. 分小组讨论并分析以下案例中事故发生的原因，体会铁路员工职业道德的重要性。

2012 年 11 月 17 日，埃及一辆载有 60 多名儿童的幼儿园校车穿越铁路道口时与一列火车相撞，造成至少 50 人死亡，其中 48 人为儿童。事故原因是校车经过时，此处的铁路道口栏杆没有放下。事发当时，管理道口的铁路员工正在睡觉。

二、技能检测

1. 分析以下图片对应的交通运输方式，并分析其适用的运输类型。

图片	运输方式	适用类型

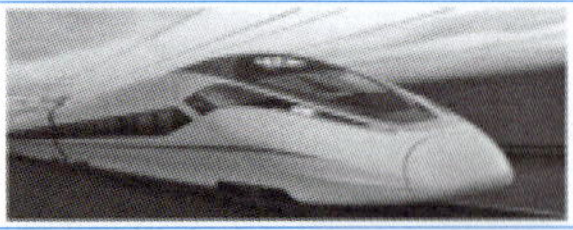		
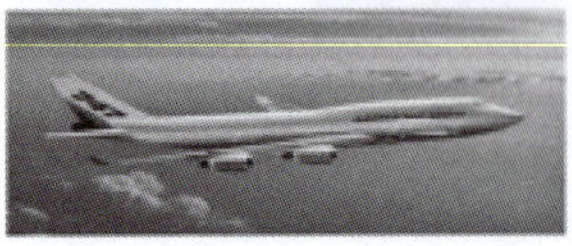		

2. 对比铁路运输组织的三个组成部分包含的工作内容，分析下列工作内容的归属范围及服务对象。

工作内容	归属范围	服务对象
货物受理承运		
旅客到发组织		
行李到发组织		
列车解编		
列车运行组织		
货物到达交付		

3. 查阅相关资料，根据铁路的不同分类，分别列举2类铁路线路，并分析其特点。

三、素质检测

1. 阅读下面新闻材料。

大美中国！中国高铁跑出“中国速度”

2020年10月1日至8日，央视新闻新媒体推出大型主题报道《坐着高铁看中国》，全景式展示“十三五”规划成就和中国之美。最美的风景在路上，更美好的生活在脚下。小康路上要跑出新时代“中国速度”。

速度350km/h，营业里程3.6万km，这是中国高铁的速度和广度。京广高铁，只用8h就可以实现从南到北的跨越。成贵高铁贯穿400多个景点。从北国风光到江南烟雨，从沿海都市到茫茫大漠，一天之内追逐四季，高铁带来“魔幻风景”。

高铁的便捷，彰显的是交通建设的“中国速度”：30年建成高速公路近15万km，农村公路里程420万km。江苏创造了一年内开工建设两个高铁项目、宁淮城际铁路从获得规划支撑到实现开工仅用8个月等多个新纪录。随着城际高速铁路网的完善，可实现大中城市间1~3h的交通圈，城市群内0.5~2h的交通圈。

一分钟，“复兴号”前进5833m、运送35217名旅客……交通建设的飞速发展，实现了资源有效配置，拓展了市场，对提高企业竞争力、促进国民经济发展和社会进步都起到了重要的作用。不断延伸的铁路、公路，成了百姓的“致富路”“小康路”。

（摘编自中国青年网，2020年10月7日）

谈一谈： 请谈一谈，对比普速铁路，乘坐高铁旅行会给你带来哪些不一样的体验？

查一查： 请查找一个具体的例子来说明高铁的发展对国民经济发展和社会进步的促进？

想一想： 作为一名准铁路人，请想一想高铁的发展对我们的日常生活产生了哪些影响？

2. 班组学习任务

班组共同学习《新时代交通强国铁路先行规划纲要》，理解新时代我国铁路发展的规划及目标、重点内容，讨论分析新时代我国铁路行业发展对铁路一线生产班组人员的职业要求。

学习评价

评价指标		自我评价（20%）	班组评价（20%）	教师评价（60%）
基础知识（60%）	知识掌握（40%）			
	知识应用（60%）			
能力提升（40%）	自主学习能力（60%）			
	团队合作能力（40%）			

学习总结

个人学习总结：

班组学习总结：

模块2　铁路线路

问题引入

当人们乘坐列车翻山越岭，跨越江河湖海，静静地欣赏沿途的美丽风光时，很多人没有注意到车轮下面的线路。线路由路基、桥隧建筑物和轨道组成。不同的地理条件，线路的设计、施工、养护方法等不尽相同。在自然条件恶劣的区域，修建铁路是非常困难的。青藏铁路被誉为“天路”，是世界上海拔最高、冻土路程最长的高原铁路。成昆铁路建设时，30 多万名筑路人员辛勤劳动；几代“成昆人”与严寒、酷暑和灾害作斗争，维持成昆铁路畅通 50 多年。

在铁路选线设计时，如果遇到山川河流，设计线路时要考虑哪些因素？两条或多条线路衔接处，列车如何行驶到计划运行的线路？

学习导航

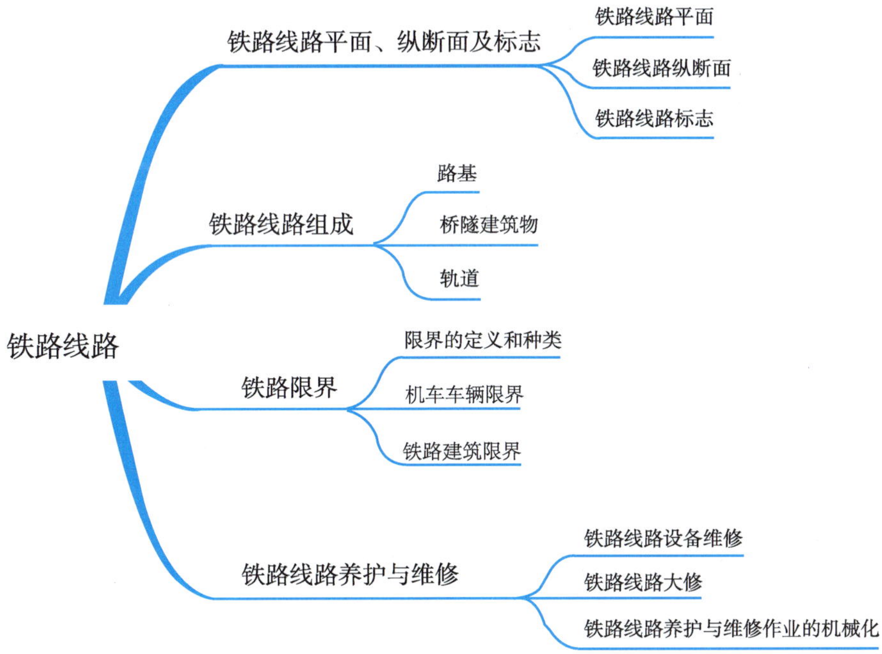

学习目标

知识目标

掌握线路平面和线路纵断面的组成；

熟悉线路标志；

掌握线路的组成；
认识轨道的组成结构；
知道铁路限界的种类和主要轮廓尺寸；
熟悉线路养护和维修工作内容；

技能目标

能识别线路平面图和纵断面图；
能读懂线路标志的含义；
能准确识别轨道的组成部分；
能分析不同限界的作用；
能描述铁路线路养护与维修方式。

素质目标

提升分析问题、解决问题的思辨能力；
培养团结协作、敏锐观察的学习品质；
树立不惧困难、勇攀高峰的工匠精神。

学习建议

学时要求

建议个人独立自主学习不少4学时，班组合作式学习不少于2学时。

学习方法

请依托教材内容，广泛查阅相关资料，采取实地观摩、小组讨论、线上线下混合式学习方式。

单元 2.1 铁路线路平面、纵断面及标志

铁路线路在空间的位置是用它的线路中心线来表示的。线路中心线是指在铁路路基横断面上，距外轨半个轨距的铅垂线与两路肩边缘水平线交点的纵向连线。如图 2-1 所示，某铁路路基横断面上，*AB* 为距外轨半个轨距的铅垂线，*CD* 为两路肩边缘水平线，它们的交点 *O* 为线路中心线上的一点。线路中心线在水平面上的投影，叫作铁路线路平面，可表示线路的直、曲变化状态。线路中心线纵向展开后在铅垂面上的投影叫铁路线路纵断面，可表示线路的坡度变化。线路平面、纵断面图是铁路设计的基本文件。

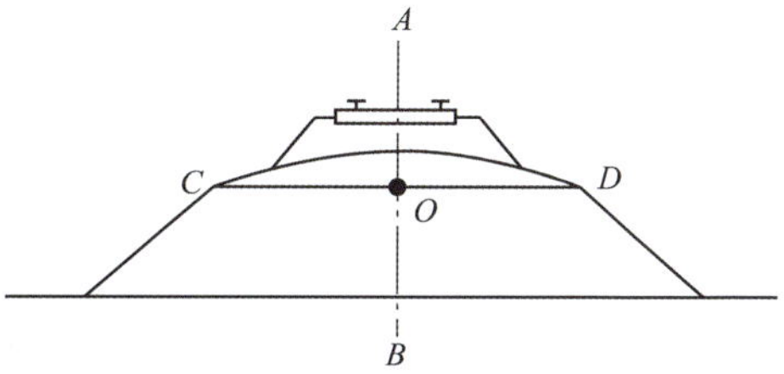

图 2-1 某铁路路基横断面

一 铁路线路平面

（一）铁路线路平面组成

认知铁路线路平面、纵断面

铁路线路平面由直线、圆曲线、缓和曲线及夹直线组成。以下主要介绍圆曲线、缓和曲线及夹直线。

1. 圆曲线

铁路线路在转向处所设的曲线为圆曲线，其基本要素包括圆曲线半径 R、转角 α、长度 L 及切线长度 T，如图 2-2 所示。

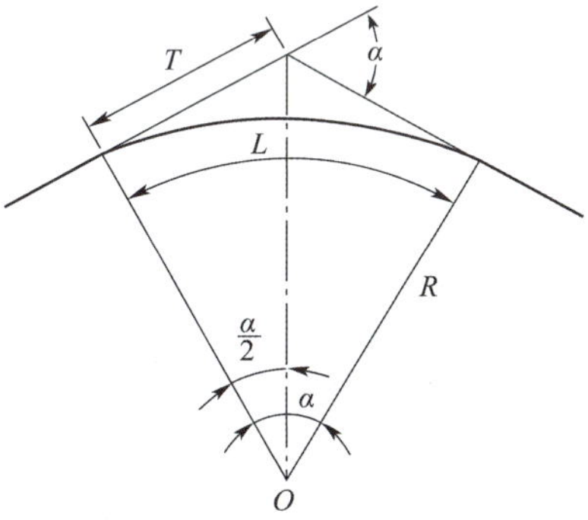

图 2-2 圆曲线示意图

在线路设计时，一般先设计出圆曲线半径 R 和转角 α，然后确定 T 和 L，其计算公式为

$$T = R \cdot \tan\frac{\alpha}{2} \tag{2-1}$$

$$L = \pi \cdot R \cdot \frac{\alpha}{180} \tag{2-2}$$

圆曲线转角 α 的大小由线路走向、绕过障碍物的需要等确定。圆曲线半径 R 的大小，反映了圆曲线弯曲度的大小。圆曲线半径越小，弯曲度越大。一般情况下，圆曲线半径越大，行车速度越高，但工程费用也越高，且线形也不易保持，所以一般不超过 12000m。而小半径圆曲线具有容易适应地形的优点，对工程条件有利，但恶化了行车条件，所以我国铁路相关规范对此做出了明确规定。

因此，正确选用圆曲线半径就显得十分必要。在设计线路时，可根据具体条件，因地制宜、由大到小合理选用圆曲线半径。为了测设、施工和养护的方便，圆曲线半径一般应取 50m、100m 的整倍数。为了保证线路的通过能力，并有一个良好的运营条

件，相关规范还对区间线路的最小圆曲线半径做了具体规定，见表 2-1 和表 2-2。列车在圆曲线上行驶的速度越快，所产生的离心力越大。为了保证列车运行的安全、平稳和舒适，必须限制列车通过圆曲线时的速度。

普速铁路区间线路最小圆曲线半径 表 2-1

铁路等级	Ⅰ			Ⅱ	
路段设计行车速度（km/h）	200	160	120	120	80
一般（m）	3500	2000	1200	1200	600
困难（m）	2800	1600	800	800	500

注：表中数据来源于《铁路技术管理规程（普速铁路部分）》。

高速铁路区间线路最小圆曲线半径 表 2-2

路段设计行车速度（km/h）		最小曲线半径（m）	
200	客运专线	一般	2200
		困难	2000
250	有砟轨道	一般	3500
		困难	3000
	无砟轨道	一般	3200
		困难	2800
300	有砟轨道	一般	5000
		困难	4500
	无砟轨道	一般	5000
		困难	4000
350	有砟轨道	一般	7000
		困难	6000
	无砟轨道	一般	7000
		困难	5500

注：表中数据来源于《铁路技术管理规程（高速铁路部分）》。

2. 缓和曲线

在铁路线路上，直线和圆曲线不是直接相连的，而是在它们之间插入一段缓和曲线，如图 2-3 所示。缓和曲线的作用是使曲线半径由无限大逐渐变化到等于圆曲线半径（或相反），从而使线路平顺地由直线过渡到圆曲线或由圆曲线过渡到直线，以避免车辆离心力的突然产生或消失。缓和曲线的设置可使列车运行安全、平稳，使旅客乘坐列车时感觉较为舒适。

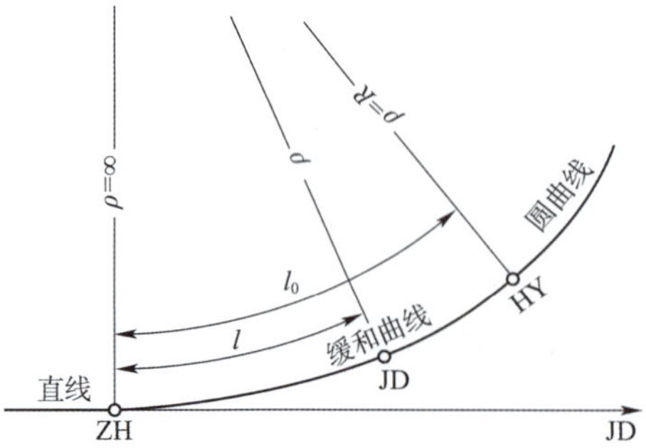

图 2-3 缓和曲线示意图

缓和曲线的长度与所衔接圆曲线的半径及路段设计行车速度有关。路段设计行车速度越大，缓和曲线长度也应越大；圆曲线半径越大，所需衔接缓和曲线长度越小。

3. 夹直线

为了运行的安全与平顺，两相邻曲线间应设置夹直线。夹直线的最小长度应根据路段最高行车速度及地形条件等因素按表 2-3 选用。

夹直线的最小长度　　　　表 2-3

路段设计行车速度（km/h）		350	300	250	200	160	120	100	80
工程条件	一般（m）	280	240	200	160	130	80	60	50
	困难（m）	210	180	150	120	80	50	40	30

（二）曲线附加阻力

线路平面上有了曲线（弯道）后，会给列车运行造成阻力增大和限制行车速度等不良影响。列车通过曲线时，由于离心力的作用，车辆外侧车轮轮缘挤压外轨，摩擦力增大；同时由于外轨长于内轨，车辆内侧车轮在轨面上滚动时产生相对滑动，从而给运行中的列车带来附加阻力，该阻力称为曲线附加阻力。

（三）铁路线路平面图

铁路线路平面图是指用一定比例尺（1∶2000 或 1∶10000）和规定的符号，把线路中心线以及两侧地形、地物投影到水平面上绘出的图（图 2-4）。

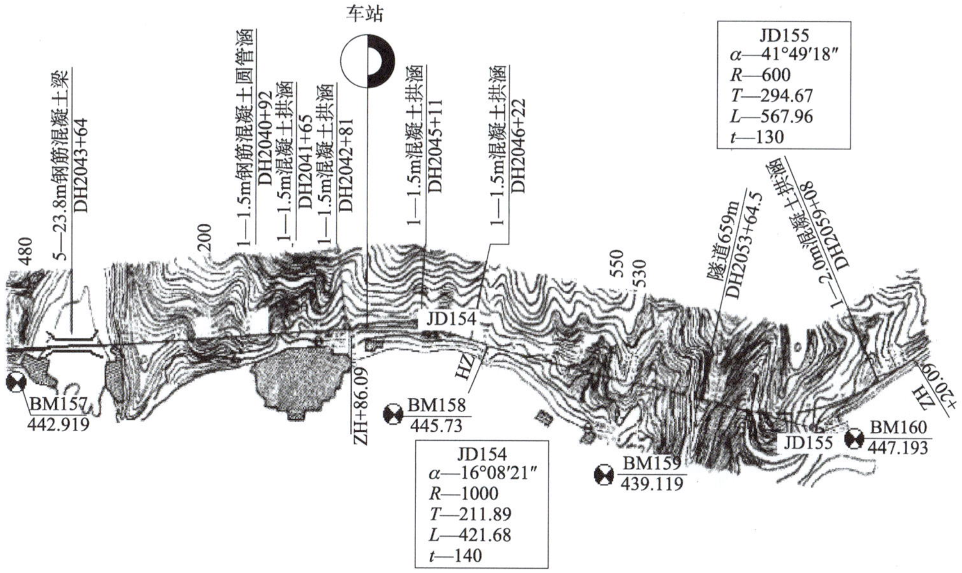

图 2-4　某铁路线路平面图（尺寸单位：m）

在各个设计阶段都要编制要求不同、用途不同的各种平面图。由图 2-4 可以看出，线路的中心线走向、里程、直曲情况、沿线的车站，以及用等高线（地面上高程相等的各点的连线）表示的沿线地形、地物及地面起伏情况等。

二　铁路线路纵断面

（一）铁路线路纵断面组成

铁路线路纵断面由平道、坡道及设于变坡点处的竖曲线组成。平道此处不展开介绍。

1. 坡道

（1）坡段长度。

坡道两端变坡点间的距离用坡段长度表示，见图 2-5 中的 L_i。

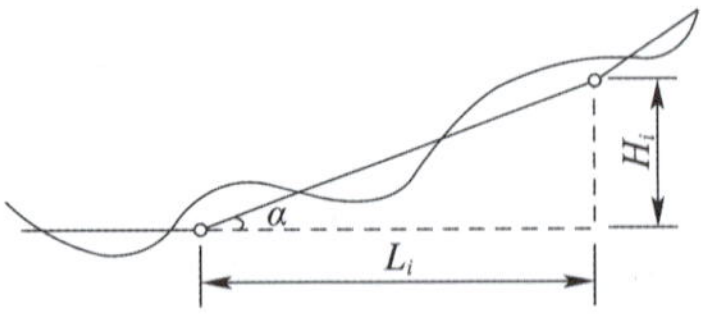

图 2-5　坡段长度与坡度示意图

（2）坡度。

坡道的陡与缓常用坡度来表示。坡度是指坡道线路中心线与水平线夹角的正切值，水平线夹角见图 2-5 中的 α。坡道坡度的大小通常用千分率来表示：

$$i‰ = \frac{H_i}{L_i} = \tan\alpha \quad (2\text{-}3)$$

其中，i 为坡度的 1000 倍；α 为坡道段线路中心线与水平线的夹角。

铁路线路根据地形的变化，可分为上坡、下坡和平道。上坡、下坡是按列车运行方向来区分的，通常用“+”号表示上坡，用“-”号表示下坡。平道用“0”表示。例如，+6‰表示 6‰的上坡道。

①限制坡度。

在一个区段上，决定一台某一类型机车所能牵引的货物列车质量（最大值）的坡度，称为限制坡度（i_x‰）。一般情况下，限制坡度的数值和区段内陡长上坡道的最大坡度值相当。

如果在坡道上还有曲线，那么这一坡道的坡道阻力值和曲线阻力值（曲线坡度为 i_r‰）之和，不能大于该区段规定的限制坡度的阻力值，即

$$i‰ + i_r‰ \leqslant i_x‰ \quad (2\text{-}4)$$

限制坡度不仅对线路走向、长度和车站分布有很大影响，而且直接影响运输能力、行车安全、工程费用与运营费用。在设计线路时，坡度应根据铁路等级、地形类别、牵引种类和运输要求比选确定坡度，并应考虑与邻接铁路的牵引质量相协调。普速铁路区间线路坡度不得大于表 2-4 所规定的数值。

普速铁路区间线路最大限制坡度（‰）　　表 2-4

铁路等级		Ⅰ		Ⅱ	
		一般	困难	一般	困难
牵引种类	电力	6.0	15.0	6.0	20.0
	内燃	6.0	12.0	6.0	15.0

对于高速铁路，区间正线的最大坡度不宜大于 20‰，困难条件下经技术经济比较后不应大于 30‰。动车组走行线的最大坡度不宜大于 30‰，困难条件下不应大于 35‰。当动车组走行线的最大坡度大于 30‰时，宜铺设无砟轨道。

当一条长大干线所经过地区的地形类别差异较大时，可在地形困难地段采用加力牵引坡度（i_j‰）；也可分为若干区段选择不同的限制坡度，用调整机型的方法统一，协调全线的牵引定数。所谓加力牵引坡度，是指为了统一全区段的列车质量标准，在特定地段进行多机牵引的坡度。对于加力牵引坡度，内燃牵引最大可采用 25‰，电力牵引最大可采用 30‰。

通常情况下，一条铁路线路上下行方向以采用相同的限制坡度为好。但在上下行方向货流量相差悬殊的铁路上，宜分方向采用不同的限制坡度，这样既能满足运营需要又能节省大量工程费用。

②换算坡度。

在学习换算坡度前，首先应清楚坡道附加阻力和单位坡道附加阻力的含义及计算方法。

列车在坡道上运行时，会受到一种由坡道引起的阻力，这一阻力称为坡道附加阻力。机车车辆所受的重力 $Q\cdot g$（kN）可以分解为垂直于坡道的分力 F_1 和平行于坡道的分力 F_2。前一个分力 F_1 由轨道的反作用力所抵消，后一个分力 F_2 就成为坡道附加阻力，用 W_i 表示。由于铁路线路坡度的夹角 α 很小，$\sin\alpha\approx\tan\alpha$，因此，$W_i$ 可由下式计算：

$$W_i = 1000\cdot Q\cdot g\cdot \sin\alpha \approx 1000\cdot Q\cdot g\cdot \tan\alpha = Q\cdot g\cdot i \tag{2-5}$$

其中，W_i 为坡道附加阻力，单位为 N；Q 为列车牵引质量，单位为 t；g 为重力加速度（近似取 10m/s^2）。

列车平均每单位质量所受到的坡道阻力，叫作单位坡道阻力 w_i（N/kN），计算公式为

$$w_i = \frac{W_i}{Qg} = \pm i \tag{2-6}$$

也就是说，机车车辆每单位质量上坡时所受的坡道阻力，等于用千分率表示的这一坡度值。当列车上坡时，坡道阻力规定为“+”；当列车下坡时，坡道阻力规定为“-”。

如果在坡道上有曲线，列车在坡道上运行时所遇到的单位附加阻力应为单位曲线附加阻力与单位坡道附加阻力之和。由于曲线附加阻力无正负值，而坡道附加阻力又有正、负之分，所以总的单位附加阻力为

$$w_{总} = w_r + w_i \tag{2-7}$$

根据前述的 w_i 与 i 的对应关系，将总的单位附加阻力换算为坡度，这个坡度称为换算坡度（$i_{换}$‰），也称加算坡度。其计算公式为

$$i_{换}‰ = (w_r + w_i)‰ = (i_r \pm i)‰ \tag{2-8}$$

2. 变坡点及竖曲线

平道与坡道、坡道与坡道的交点，叫作变坡点。当列车经过变坡点时，坡度的突然变化会使车钩内产生附加应力。坡度变化较大时，附加应力的突然增大甚至容易造成脱钩、断钩事故。车辆经过变坡点的状态如图 2-6 所示。

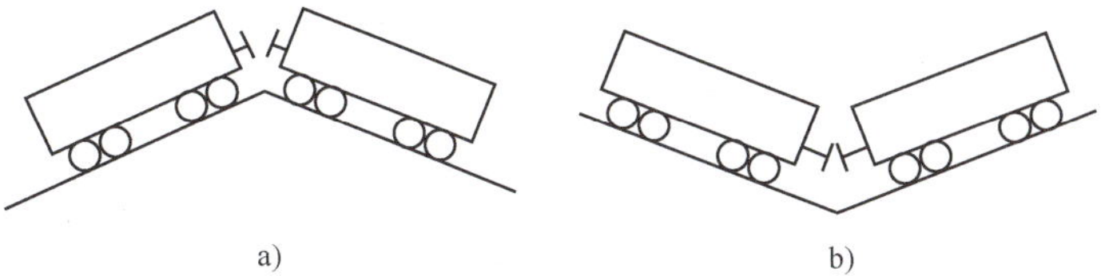

图 2-6　车辆经过变坡点的状态示意图

当相邻坡道的坡度代数差超过一定数值时，为了保证列车的运行平稳和安全，应在相邻坡道间用一圆曲线连接，使列车顺利地由一个坡道过渡到另一个坡道，这个在

纵断面变坡点处所设的圆曲线，叫作竖曲线。但是，在缓和曲线地段、明桥面桥上及正线道岔范围内不得设置竖曲线。

我国规定，在Ⅰ、Ⅱ级铁路上，相邻坡道的坡度代数差的绝对值大于3‰；Ⅲ级铁路大于4‰时，应以竖曲线连接。对于竖曲线的半径，Ⅰ、Ⅱ级铁路为10000m，Ⅲ级铁路为5000m。

知识拓展

我国铁路等级划分

根据铁路在路网中的作用、性质、设计速度和客货运量，铁路可分为高速铁路、城际铁路、客货共线铁路、重载铁路。客货共线铁路分为Ⅰ、Ⅱ、Ⅲ、Ⅳ级，其划分标准见表2-5。

客货共线铁路等级划分标准　　表2-5

等　级	铁路在路网中的作用	远期年客货运量
Ⅰ级铁路	在路网中起骨干作用的铁路	≥20Mt
Ⅱ级铁路	在路网中起联络、辅助作用的铁路	≥10Mt 且 <20Mt
Ⅲ级铁路	为某一地区或区域服务	≥5Mt 且 <10Mt
Ⅳ级铁路	为某一地区或企业服务	<5Mt

议一议：客货共线铁路等级划分有何作用？

（二）铁路线路纵断面图

用一定的比例尺（水平方向为1∶10000，垂直方向为1∶1000）和规定的符号，把线路中心线（展直后）投影到垂直面上，并标明平面、纵断面的各项有关资料的图纸，叫作线路纵断面图，如图2-7所示。铁路线路平面图、纵断面图是全面、正确地反映线路主要技术条件的重要文件，也是线路施工工作和在线路交付运营后仍需使用的技术资料。

铁路线路纵断面图的上部是图的部分，表示线路纵断面概貌和沿线主要建筑物特征。该部分主要是设计坡度线，即设计的路肩高程的连线。此外，还有地面线、填方与挖方的高度、桥隧建筑物资料、车站资料及其他有关情况。

纵断面图的下部是表格部分，主要是路肩设计高程（在变坡点处和百米标、加标处都标出路肩设计高程）和设计坡度（每个坡段分别标出）。同时，用公里标、百米标和加标（在桥涵中心位置等必要地点都设置加标，并标明加标和前后百米标之间的距离）标明线路上各个坡道和设备的位置。

此外，在线路纵断面图上，还附有线路平面情况，以便和线路纵断面情况相对照，使线路全貌更清晰。

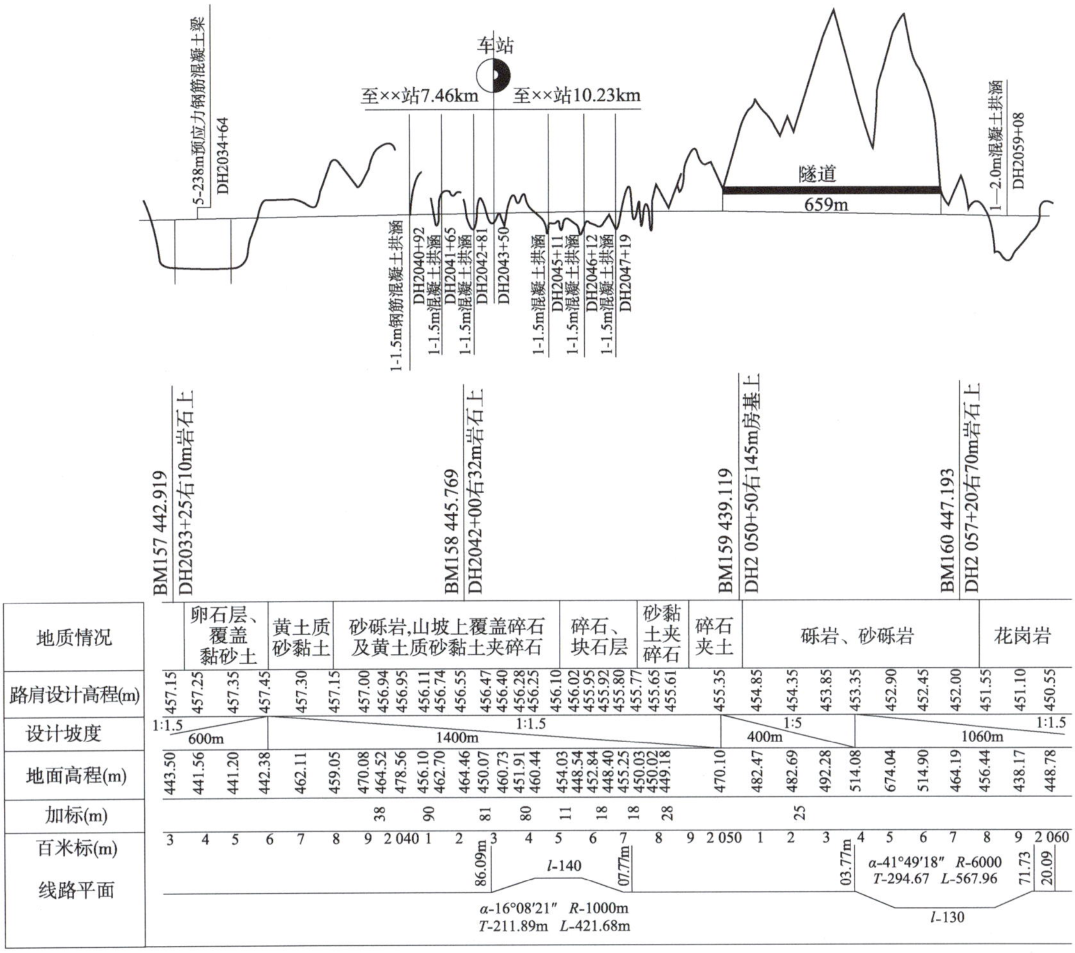

图 2-7　某线路纵断面图示意图

三　铁路线路标志

（一）铁路线路标志设置位置

为了满足行车和线路养护维修的需要，在铁路沿线设有许多表明铁路建筑物以及设备位置、状态的标志。这些线路标志设在线路里程增加方向的左侧机车车辆限界以外，距钢轨头部外侧不小于 2m 处。为了不妨碍某些特种车辆（如除雪车、底开门车等）在工作时顺利通过，曲线标等不超过钢轨顶面的标志，可设在距钢轨头部外侧不小于 1. 35m 处。

（二）铁路主要线路标志

1. 公里标、半公里标

设置的位置：公里标（图 2-8）设于公里前进方向整公里处，每公里设置一个。半公里标（图 2-9）设于相邻两个公里标的中间。

标志的内容：公里标表示从铁路起点开始计算的连续里程；半公里标表示距前后公里标 500m。

2. 曲线标

设置的位置：曲线标（图 2-10）设在曲线中部。

标志的内容：正面标有曲线长度、缓和曲线长度、曲线半径、外轨超高和轨距加宽，侧面标有曲线中部里程。注意，虽然标志没有标明单位，但其有默认的单位，如标志中曲线长度的默认单位是 m，外轨超高的默认单位是 mm 等。

图 2-8　公里标

图 2-9　半公里标

图 2-10　曲线标

3. 圆曲线和缓和曲线的始终点标

设置的位置：直缓、缓圆、圆缓、缓直各点处，呈三棱柱形，如图 2-11 所示。

标志的内容：侧面标有“直”“缓”“圆”字样，表明所进入路段分别为直线、缓和曲线及圆曲线。

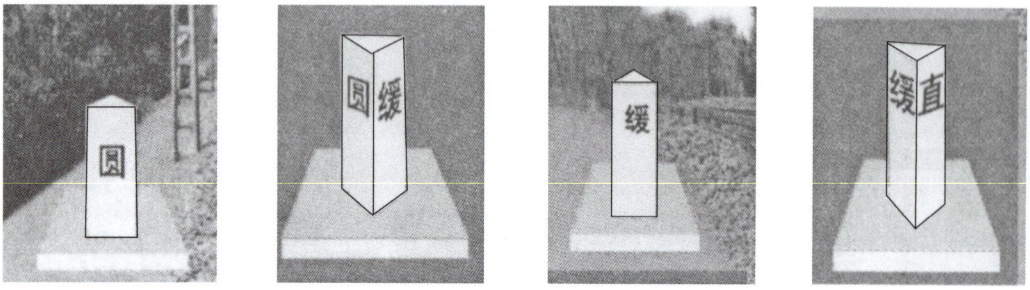

a)　b)　c)　d)

图 2-11　圆曲线和缓和曲线的始终点标

4. 坡度标

设置的位置：坡度标（图 2-12）设在线路坡度的变坡点处。

标志的内容：进入路段的上、下坡状况及坡度，箭头向上斜为上坡，箭头向下斜为下坡，横线为平道；变坡点里程。

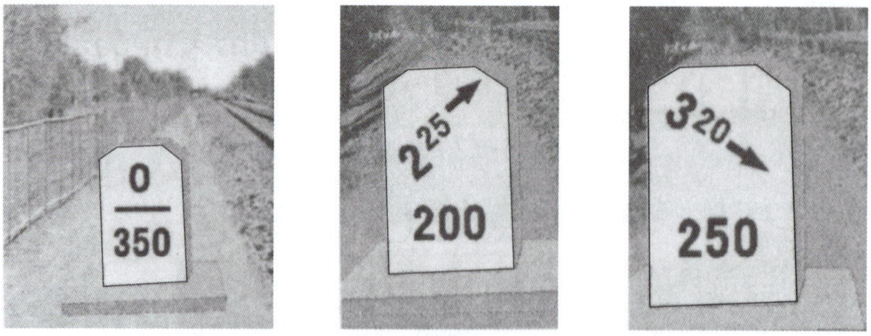

a)　b)　c)

图 2-12　坡度标

5. 桥梁标

设置的位置：桥梁标（图 2-13）设在桥梁中心里程（桥头）处。

标志的内容：桥梁编号和中心里程。

6. 管界标

设置的位置：管界标（图 2-14）设在铁路局集团公司工务段、领工区、养路工区、供电段、电力段的管辖地段的分界点处。

标志的内容：管辖单位名称。

图 2-13 桥梁标

图 2-14 管界标

除了上述常见的线路标志外，还有隧道标、水准点标等。

单元 2.2 铁路线路组成

一 路基

路基是轨道的基础，是铁路线路的重要组成部分。它直接承受轨道的重量，承受轨道传来的机车车辆及其荷载的压力。路基的质量影响着线路的质量，因此路基必须填筑坚实，并保持干燥、稳定和完好状态，以保证运输安全、畅通。

（一）路基横断面形式

垂直于线路中心线的路基断面，称为路基横断面。路基的横断面形式有 6 种，分别为路堤式路基、路堑式路基、不填不挖式路基、半堤式路基、半堑式路基、半堤半堑式路基，如图 2-15 所示。

（二）路基组成

路基由路基本体、排水设施及防护加固设施组成。

1. 路基本体

（1）路堤。

路堤由路基顶面、边坡、护道和取土坑（或纵向排水沟）等组成。直线地段一般黏性土路堤如图 2-16 所示。

①路基顶面：铺设轨道的工作面。其宽度为两侧路肩边缘之间的距离。路肩是指路基顶面两侧无道砟覆盖的部分，用于增强路基的稳定性，防止道砟滚落至路基面外，并用于设置线路标志和信号标志，便于人员避车以及暂放维修材料和机具。

②路基边坡：路肩边缘两侧的斜坡。其作用是增强路基的稳定性。边坡的坡度是以边坡上任意两点间的垂直高度与水平距离之比来表示的，一般为 1∶1.5 或 1∶1.75。

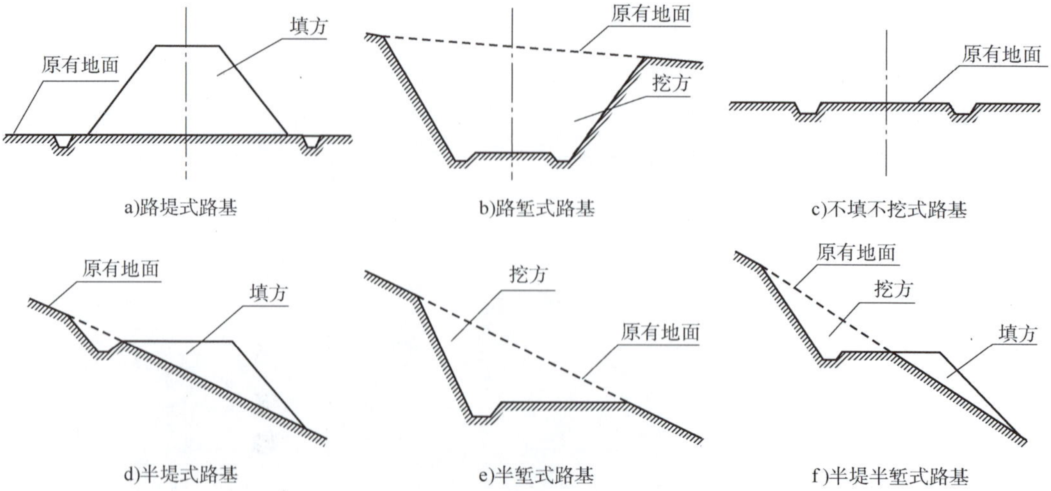

图 2-15　路基横断面形式

③路基护道：路堤坡脚与取土坑（或排水沟）间的斜坡，宽度一般不小于 2m。其作用是保持路基边坡的稳定，防止雨水冲刷坡脚造成边坡塌方。

④取土坑（兼作排水沟）：位于路堤护道外侧，用以排除路堤范围内的地面水。

（2）路堑。

直线地段一般黏性土路堑由路基顶面、侧沟、边坡、隔带、弃土堆、天沟等组成（图 2-17）。

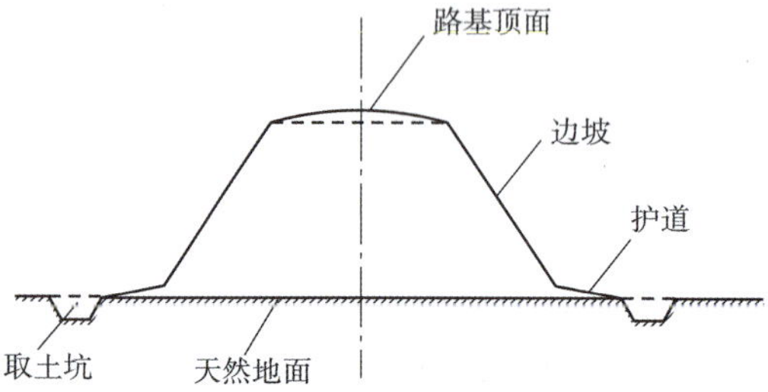

图 2-16　直线地段一般黏性土路堤

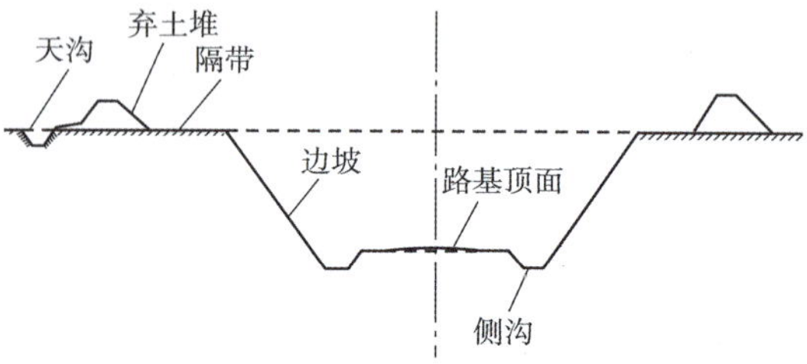

图 2-17　直线地段一般黏性土路堑

①路堑的路基顶面形状与路堤的路基顶面形状相同。

②侧沟：位于路基顶面两侧，用以排泄路堑边坡和路基顶面流下来的地面水，其断面呈梯形，沟深一般不小于 0.6m，沟底宽度不小于 0.4m，两侧边坡坡度为（1:1.5）～（1:1），沟底纵向坡度不小于 2‰。

③边坡：侧沟底至路堑开挖侧面的斜坡，其坡度一般为（1:1.5）～（1:1），边坡高度不宜超过 30m。对严重风化、岩体破碎的石质路堑，特殊岩土和土质路堑的边坡高度更应严格控制，并采取可靠的支挡防护措施。

④隔带：堑顶边缘至弃土堆坡脚的地带，其宽度一般为 2.5m。设置隔带可减小弃土堆对边坡的压力，有利于边坡的稳定。

⑤弃土堆：开挖路堑时堆放在隔带外的弃土，可阻挡地面水流入路堑。

⑥天沟：位于路堑顶面弃土堆的外侧，用以截排路堑上方流向路堑的地面水。

2. 路基的排水设施及防护加固措施

（1）路基的排水设施。

为了保持路基经常处于干燥、坚固和稳定的状态，路基上应设置一套完整的排水设施，包括地面排水设施和地下排水设施。

①地面排水设施。

在路堤天然护道外，可设置单侧排水沟或双侧排水沟，也可用取土坑排水；路堑应于路肩两侧设置侧沟，堑顶外可设置单侧天沟或双侧天沟。天沟不应向路堑侧沟排水，路堑侧沟的水不得经隧道流出。地面排水设施如图2-18所示。

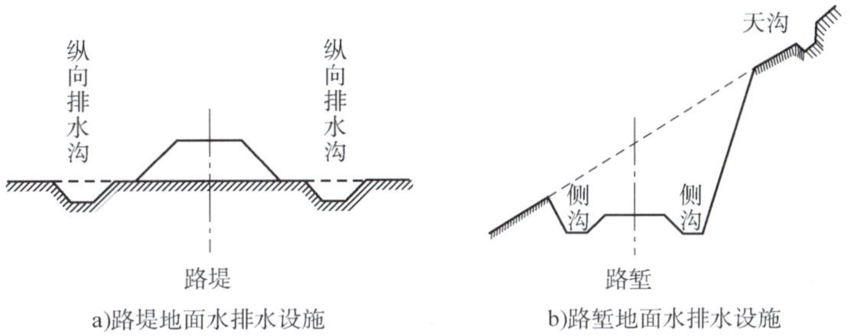

图2-18 地面排水设施

②地下排水设施。

当地下水埋藏浅或无固定含水层时，可采用明沟、排水槽、渗水暗沟、边坡渗沟、支撑渗沟；当地下水埋藏深或为固定含水层时，可采用渗水隧洞、渗水井、渗水管。地下排水设施如图2-19所示。

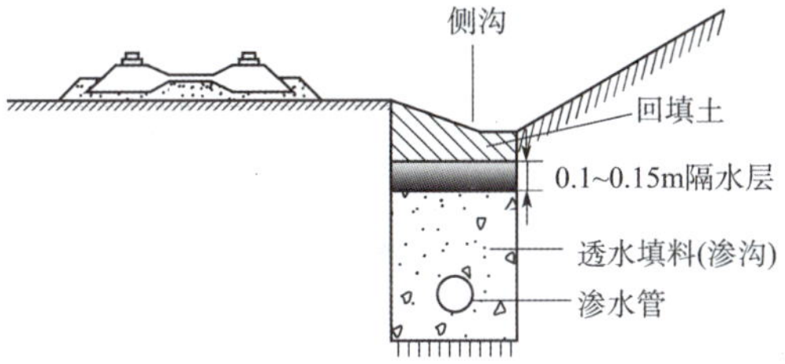

图2-19 地下排水设施

（2）路基防护加固措施。

路基坡面长期裸露在自然环境中，受自然风化及雨水冲刷的影响，会出现边坡剥落、局部凹陷、表土溜滑、坡脚被掏空崩塌等不同的坡面变形。为了保证路基的坚固和稳定，路基坡面常用种草、铺草皮、砌石、抹面、喷浆、修建挡土墙及挡土棚等方式加以防护加固（图2-20）。

a)挡土墙

b)挡土棚

c)种草

图2-20 路基防护加固措施

（三）路基病害及整治

在列车荷载的作用和自然条件的影响下，路基土壤力学性质不可避免地会发生变化，形成路基病害。常见的路基病害有翻浆冒泥、路基冻胀、滑坡、边坡塌方等。

1. 翻浆冒泥

翻浆冒泥是指土质路基顶面因道床污染及排水不良，在列车反复振动作用下而形成的泥浆向上翻冒现象。此病害不仅会使轨道下沉和变形，还会由于道床的空隙被泥浆填充，降低了路基的承载力，从而导致列车运行不平稳，甚至会危及行车安全。

整治办法：排除地表水、降低地下水位、彻底清筛道床、加铺砂垫床或更换路基顶面土壤等。

2. 路基冻胀

路基冻胀是指在严寒地区的铁路线路上，由于路基排水不良和地下水侵蚀，在严寒季节发生的路基顶面不均匀隆起的现象。

整治办法：排除地表水和降低地下水位，改良土质或将炉渣覆盖在路基基床表层作保温材料。

3. 滑坡

滑坡是指在一定的地形地质条件下，由于地表水的大量侵入或地下水的作用，土体或岩体在重力的作用下，沿某一层面或软弱带作整体缓慢或急速滑动的变形现象。

整治办法：为拦截地下水、排除地表水和修建支挡建筑。

4. 边坡塌方

山区铁路的路基多为深堑高堤，地质构造复杂。在雨季，由于雨水侵蚀、洪水冲刷，土质路基变软、石质路基岩石发生风化，在列车荷载作用下，路基边坡发生坍塌。这便是边坡塌方。在北方地区，裂隙中的水冻结后体积膨胀，也会导致边坡塌方。

整治办法：为防止边坡塌方，可在坡面种草或铺片石，必要时可在边坡坡脚处砌挡土墙。

二 桥隧建筑物

铁路在跨越江河、深谷、公路或其他铁路时都需修建桥隧建筑物。桥隧建筑物包括桥梁、隧道、涵洞等。在修筑铁路时，桥隧建筑物的投资在整个工程中占相当大的比重。大型桥隧的工期也是影响整个工程工期的关键。

（一）桥梁

1. 桥梁组成

桥梁主要由桥面、桥跨结构、墩台及基础三部分组成，如图 2-21 所示。

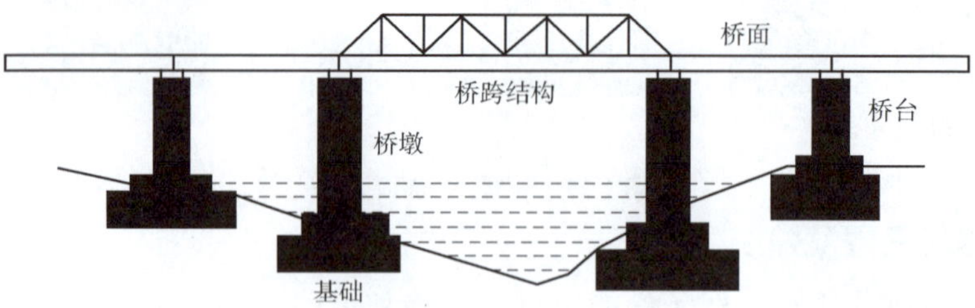

图 2-21　桥梁的组成

桥面是指桥上的路面，即铺设轨道和供人行走的部分；桥跨结构是桥梁承受荷载、跨越障碍的部分；墩台包括桥墩和桥台，其中桥墩是桥梁中部支承桥跨结构的建筑物，桥台是桥梁两端支承和连接路基的建筑物；基础设置在桥墩和桥台的下部，支承墩台自身的重量、桥跨重量、列车重量和冲击力等，并把这些力传至地基。

2. 桥梁种类

（1）按建造材料分类，桥梁可分为有钢桥、钢筋混凝土桥、石桥等。

（2）按桥梁长度（L）分类，桥梁可分为小桥（$L<20\text{m}$）、中桥（$20\text{m}\leq L<100\text{m}$）、大桥（$100\text{m}\leq L<500\text{m}$）和特大桥（$L\geq500\text{m}$）等。

（3）按桥梁外形分类，桥梁可分为梁桥、拱桥、斜拉桥等形式，如图2-22所示。

（4）按桥梁跨越的障碍分类，桥梁可分为跨河桥、跨线桥、高架桥。如图2-23所示，跨河桥是指跨越江河、湖泊的桥梁；跨线桥又称立交桥，是铁路、公路相互交叉时所建的桥梁；高架桥又称栈桥或旱桥，是跨越宽谷、深沟的桥梁。

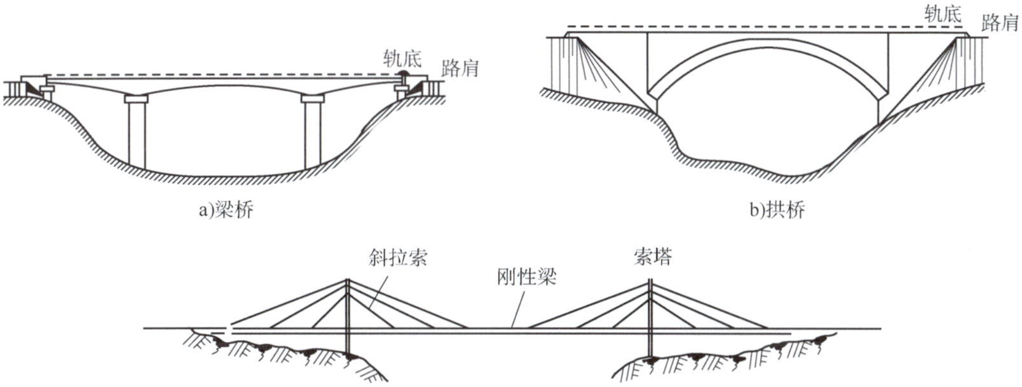

a)梁桥 b)拱桥 c)斜拉桥

图2-22 按桥梁外形分类

a)跨河桥 b)跨线桥 c)高架桥

图2-23 按桥梁跨越的障碍分类

（二）隧道

隧道是修建在地下或水下并铺设铁路供机车车辆通行的建筑物。隧道大多建在山中，可以避免开挖很深的路堑或修筑很长的迂回线，以改善线路条件、节省运营费用。也有为穿越河流或海峡的水下隧道以及为适应铁路通过大城市的需要而在城市地下穿越的城市隧道。

1. 隧道组成

隧道一般由洞门、洞身、附属结构三部分组成。

（1）洞门。

洞门位于隧道进出口处，其主要用来保证洞口土体仰坡和边坡的稳定，并通过洞门设置排水系统将仰坡流下的雨水引离隧道，以防止水流冲刷洞门，如图 2-24 所示。

（2）洞身。

洞身是隧道的主要组成部分，其长度由两端洞门的位置决定。洞身是列车通过的通道，为保证行车安全，洞身必须按建筑限界标准修建。

洞身衬砌用来承受地层的压力，防止坑道周围地层变形，防止岩石风化和坍落，确保坑道轮廓不侵入建筑限界的范围，以确保行车安全。目前，洞身衬砌主要采用整体灌注式衬砌，其由拱圈、边墙和仰拱等组成，如图 2-25 所示。拱圈位于坑道顶部，半圆形，为承受地层压力的主要部分。边墙位于坑道两侧，承受来自拱圈和坑道侧面的土体压力，可分为垂直形和曲线形两种。仰拱位于坑底，形状与一般拱圈相似，但弯曲方向与拱圈相反，用来抵抗土体滑动和防止底部土体隆起。

图 2-24　隧道洞门

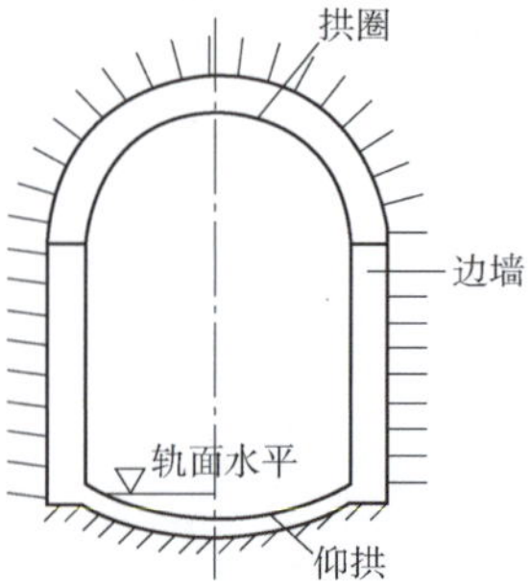

图 2-25　洞身衬砌

（3）附属结构。

以下主要介绍避车洞、防排水设施。

附属结构主要包括避车洞、防水设施、排水设施、通风设备（长隧道设置）。

避车洞是指当列车通过隧道时，为了保证洞内行人、维修人员及维修设备（小车、料具）的安全，在隧道两侧边墙上交错均匀修建的人员躲避及放置车辆、料具的洞室。

隧道的永久性防排水是通过防排水设施实现的。经过理论和实践经验的总结，铁路行业提炼了“截、防、堵、排结合，因地制宜，综合治理”的防排水原则。

2. 隧道分类

（1）隧道按长度分为短隧道（其长度小于 3000m）、长隧道（其长度为 3000 ~ 10000m）和特长隧道（其长度大于 10000m）。

（2）隧道按所在位置和埋藏条件分为傍山隧道、越岭隧道、地下隧道、深埋隧道和浅埋隧道。

（3）隧道按洞内行车线路的数量分为单线隧道、双线隧道及多线隧道。

（三）涵洞

1. 涵洞概念

涵洞是一种修建在路堤下部的填土中，主要用于跨越天然沟谷洼地，或者跨越道路、人工渠道的过水建筑物。

2. 涵洞特点

由于涵洞处于大自然环境中（会遇到风、霜、雨、雪、冰冻、高温、水流冲击等）并承受行车荷载的作用，因此涵洞必须具备如下特点：

（1）具有排泄洪水的能力，保证在遭遇50年一遇的洪水的情况下，能顺利、快速地排泄洪水。

（2）具有足够的整体强度和稳定性，保证在设计荷载的作用下，构件不产生位移和变形。

（3）具有较高的可靠性和耐久性，保证在自然环境中长期完好，不发生破损。

3. 涵洞构造

涵洞主要由洞身、基础、端墙、翼墙和出入口等部分组成（图2-26），其孔径一般为0.75～6m。洞身埋在路基中，从入口向出口有一定的纵向坡度，以利于排水。

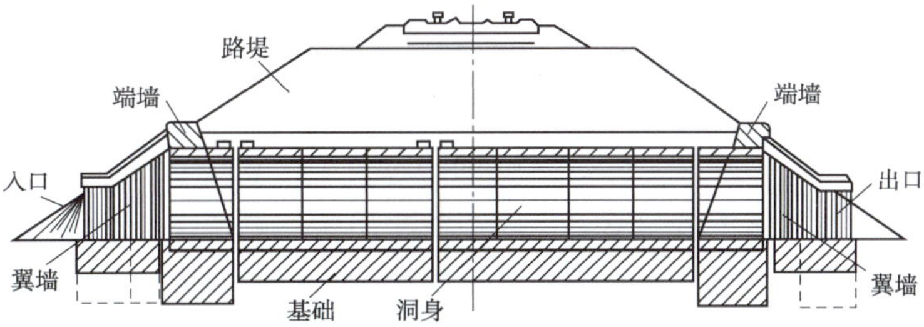

图2-26　涵洞构造图

三 轨道

在路基、桥隧建筑物修成之后，可以在上面铺设轨道。轨道是各种列车行驶的基础。轨道的作用是引导列车运行，直接承受车轮的动压力，并将其传到路基、桥梁和隧道等基础结构上。轨道是一个整体性工程结构，主要由钢轨、轨枕、连接零件、道床、防爬设备以及道岔等组成，其结构示意图如图2-27所示。

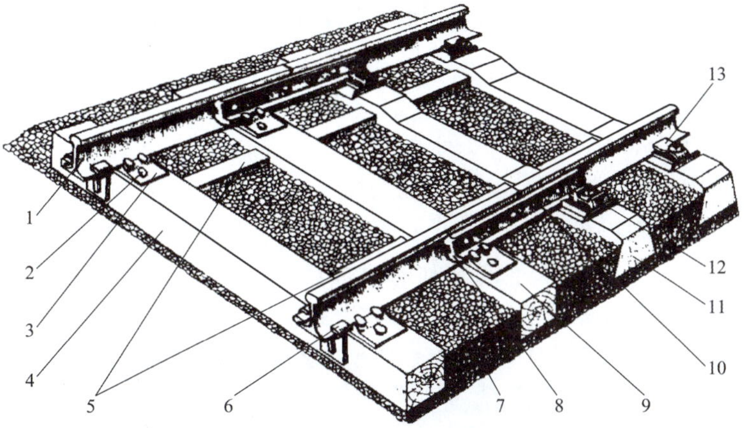

图2-27　轨道结构示意图

1-钢轨；2-普通道钉；3-垫板；4、9-木枕；5-防爬撑；6-防爬器；7-道床；8-双头夹板；10-螺栓；11-钢筋混凝土轨枕；12-扣板式中间连接零件；13-弹片式中间连接零件

注：本图为示意图，与实际轨道有差异。

（一）钢轨

1. 钢轨作用

钢轨作用包括：①直接承受并传递机车车辆传来的压力、冲击和振动，引导车轮运行方向；②在电气化铁路或自动闭塞区段，兼作轨道电路。

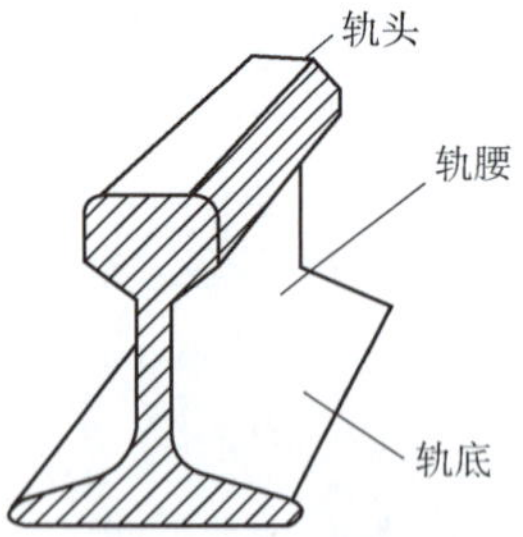

图 2-28　钢轨

2. 钢轨断面形式

钢轨的断面形状为“工”字形，由轨头、轨腰和轨底组成（图 2-28）。钢轨头部呈弧形，以适应与轮轨的接触；应有足够的面积和厚度，耐磨并具有抵抗挠曲的能力。轨腰应有足够的高度，以提高钢轨抵抗挠曲的能力。轨底应有足够的厚度和宽度，以保证钢轨的稳定性。

3. 钢轨类型

（1）按质量分类。

在我国，钢轨的类型（或强度）以每米长度的质量（千克）表示，我国钢轨的主要类型有 75kg/m、70kg/m、60kg/m、50kg/m 等几种。

（2）按长度分类。

钢轨长一些可以减少接头的数量，使列车运行平稳并可节省接头零件和线路的维修费用。但是，由于加工条件和运输条件的限制，一根钢轨的轧制长度是有限的。

我国钢轨的标准长度有 12.5m、25m、50m 和 100m 四种。为了减少焊接接头的数量，高速铁路应尽量采用 100m 定尺钢轨。此外，还有专供曲线地段使用的标准缩短轨若干种。

4. 轨距

轨距是钢轨头部踏面下 16mm 范围内两股钢轨工作边之间的最小距离。

（1）直线地段的轨距。

直线轨距标准规定为 1435mm，曲线轨距应按规定加宽。

宽轨距大于标准轨距，如印度、巴基斯坦等国家主要采用 1676mm 宽轨距，俄罗斯采用 1520mm 宽轨距；窄轨距小于标准轨距，如几内亚、埃塞俄比亚、喀麦隆等国家采用 1000mm 窄轨距，日本及刚果、赞比亚等国家采用 1067mm 窄轨距。

（2）曲线地段的轨距。

机车车辆走行部中固定在转向架上始终保持平行而不能做相对运动的车轴中心线间的距离，称为固定轴距。车辆运行在曲线上时，由于机车车辆固定轴距的影响，可能引发转向架前一轮对的外轮轮缘和后一轮对的内轮轮缘挤压钢轨，致使行车阻力增大，轮轨磨耗加剧。为使机车车辆顺利通过曲线，对小曲线半径的轨距要适当加宽。表 2-6 所示为我国普速铁路曲线轨距加宽的数值。

曲线轨距加宽取值　　表 2-6

曲线半径（m）	加宽值（mm）	曲线半径（m）	加宽值（mm）
$R \geqslant 295$	0	$245 > R \geqslant 195$	10
$295 > R \geqslant 245$	5	$R < 195$	15

注：表中数据来源于《铁路技术管理规程（普速铁路部分）》。

（二）轨枕

1. 轨枕的作用

轨枕的作用是支承钢轨，并将钢轨传来的压力传递给道床，保持钢轨位置和轨距。轨枕应具有必要的坚固性、弹性和耐久性，并且造价低、制作简单、铺设及养护方便。

2. 轨枕的类型

（1）按材料分类。

轨枕按材料分为木枕和钢筋混凝土枕两种。

木枕具有弹性好、易加工、铺设与养护维修方便、绝缘性能好等优点，但具有使用寿命短，耗费木材多，强度、弹性和耐久性不完全一致，在机车车辆荷载作用下易出现轨道不平顺等缺点。

钢筋混凝土枕既不受气候、腐朽、虫蛀及火灾的影响，又能保证尺寸一致，使轨道的弹性均匀，且稳定性好、坚固耐用，并可节省大量木材。但和木枕相比较，钢筋混凝土枕具有重量大、弹性较差等缺点。

（2）按用途分类。

按用途分类，轨枕主要有普通轨枕、岔枕和桥枕三种。

岔枕是指用在铁路道岔上的专用轨枕。桥枕是在桥梁上铺设道岔时所用的轨枕。

（3）按长度分类。

普通轨枕的长度为 2.5m 和 2.6m；道岔用的岔枕和钢桥上用的桥枕，长度为 2.6 ~ 4.85m。

3. 轨枕的铺设

我国的铁路轨道在铺设中，1000m 线路上铺设轨枕的数量，应根据运量及行车速度等运营条件确定，一般 1000m 线路为 1520 ~ 1840 根。轨枕根数越多，轨道强度越大。

4. 高速铁路的轨枕

我国高速铁路铺设的轨枕是宽混凝土轨枕，这种轨枕比普通混凝土轨枕宽且稍薄，它在线路上是连续铺设的。

采用宽混凝土轨枕的轨道沉陷小，也不易发生坑洼不平和道床的脏污现象；同时，由于它的底部和道床、上部和轨底的接触面积增大了，提高了线路的稳定性，改善了钢轨的受力条件，有利于高速行车。我国已在隧道内、铁路桥桥头、大客运站采用宽混凝土轨枕，在主要干线上也逐步扩大宽混凝土轨枕使用范围。

（三）连接零件

连接零件分为接头连接零件和中间连接零件两类。

1. 接头连接零件

接头连接零件是用来连接钢轨与钢轨之间的接头，用于把钢轨连接成一个整体。接头连接零件包括夹板、螺栓、螺母、弹性垫圈等。钢轨接头处必须保持一定的缝隙，这一缝隙叫作轨缝。当气温发生变化时，轨缝可满足钢轨的自由伸缩。钢轨接头是线路上最薄弱的环节，是线路维修工作的重点对象。

2. 中间连接零件

中间连接零件又称钢轨扣件，其作用是将钢轨紧扣在轨枕上，并保持其位置稳固，防止钢轨作相对于轨枕的纵、横向移动。

中间连接零件有木枕用扣件和钢筋混凝土枕用扣件两类。木枕用扣件，主要包括道钉和垫板。在钢轨与木枕面之间置垫板，其目的在于增加木枕与轨底的接触面积，使木枕经久耐用；同时，将木枕垫板的顶面做成1:40的斜度，使线路上的钢轨具有适当的内倾度（叫作轨底坡），也有利于防止或减轻轮对的蛇行运动。钢筋混凝土枕用扣件有扣板式扣件、拱形弹片式扣件和弹条式扣件三种。扣板式扣件、拱形弹片式扣件主要配置于20世纪六七十年代的老型混凝土枕，现在只在一些支线和专用线上使用，正线已淘汰。弹条式扣件分为Ⅰ、Ⅱ、Ⅲ三种类型。Ⅰ、Ⅱ型弹条是有挡肩、有螺栓的扣件；Ⅲ型弹条是无螺栓、无挡肩的扣件，一般用于有砟高速轨道结构。

（四）道床

道床是铺设在路基面上的石砟（道砟）垫层。

1. 道床的作用

道床的主要作用包括：①支承轨枕，把轨枕上部的压力均匀地传递给路基，并固定轨枕的位置，阻止轨枕纵向移动或横向移动；②缓和机车车辆轮对对钢轨的冲击；③调整线路的平面和纵断面。

2. 道床材料的特点

道床材料应当具有坚硬、不易风化、富有弹性并有利于排水的特点。常用的道床材料有碎石、卵石、粗砂等，其中以碎石为最优。我国铁路一般都采用碎石道床。

3. 道床的种类

（1）碎石道床。

碎石道床通常由具有一定粒径、级配和强度的硬质碎石堆积而成。碎石道床除了传递压力之外，还可以排除轨道中的脏水，阻止轨枕移动钢轨，缓和车辆轮对对钢轨的冲击，使钢轨具有足够的弹性。但是，有砟道床随着时间的推移，道床空隙会被脏物填塞而变得板结，排水性能、承载能力会降低，从而失去应有的弹性。

（2）沥青道床。

沥青道床是用沥青材料使散粒体道砟道床固结或用沥青混凝土、沥青胶砂、乳化沥青水泥砂浆等代替散粒体道砟，使道床稳定的一种新型轨道结构。该道床灌注施工时不影响行车，适用于既有线改造。

（3）整体道床。

如果将碎石道床灌注水泥浆，使它成为一个整体来支承钢轨，或者用混凝土、钢筋混凝土直接在路基面上筑成基础来支承钢轨，就形成整体道床（图2-29）。整体道床的强度高、维修工作量小，适用于列车高速运行。目前我国高速铁路基本均铺设了整体道床。

图2-29　整体道床

（五）防爬设备

1. 爬行的概念

列车运行时，常常产生纵向力，从而带动钢轨做纵向移动，有时甚至带动轨枕一起移动，这种纵向移动叫作爬行。轨道爬行经常出现在单线铁路的重车方向（运量大的方向）、双线铁路的区间正线、长大坡道的下坡道上及进站前的制动距离内。

轨道爬行往往引起轨缝不匀、轨枕歪斜等线路病害，对轨道的破坏性极大；严重时，轨道爬行还会危及行车安全。因此，必须采取有效措施加以防止。

2. 防爬设备的种类

常见的防爬设备主要包括防爬器和防爬撑。

（1）防爬器。

我国铁路广泛采用穿销式防爬器（图2-30）。它由带挡板的轨卡和穿销组成。安装时，将轨卡的一边紧紧地卡住轨底，另一边用楔形穿销楔紧，使整个防爬器牢固地卡在轨底上。

（2）防爬撑。

为了充分发挥防爬器的抗爬能力，通常在轨枕间还安装防爬撑，把3～5根轨枕连接起来组成一组防爬设备，共同抵抗钢轨的爬行。

防爬器和防爬撑如图2-31所示。

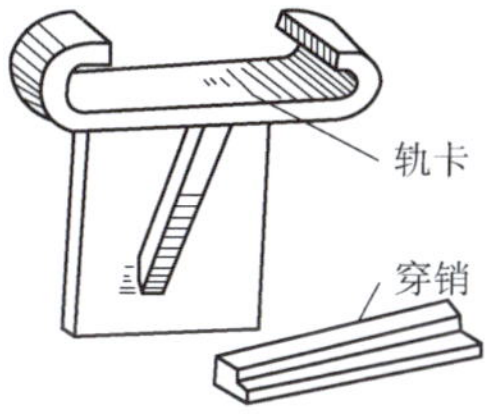

图2-30　穿销式防爬器

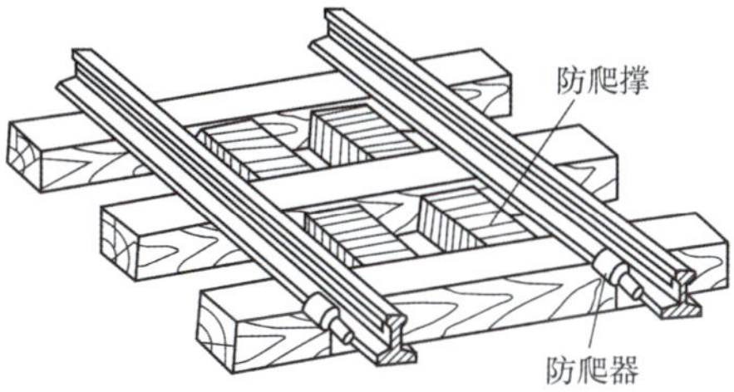

图2-31　防爬器和防爬撑

（六）道岔

道岔是一种使机车车辆从一股道转入或越过另一股道的线路连接设备。道岔被大量铺设在车站内，以满足各种作业需要。

1. 道岔的组成

普通单开道岔是最常用、最简单的线路连接设备。本书以普通单开道岔为例，介绍道岔的组成。

道岔主要由转辙器、辙叉及护轨、连接部分组成。图2-32所示为普通单开道岔示意图。

（1）转辙器。

转辙器包括两根尖轨和两根基本轨，是引导机车车辆转线的部分。

两根尖轨是整个道岔中可以活动的部分，用连杆相连，处于两根基本轨的内侧，并且总是一根尖轨同一根基本轨密贴，而另一根尖轨与另一根基本轨分离。以图2-32为例，机车车辆通过直线线路时，就要求上边的尖轨在离开基本轨的同时，下边的尖轨和基本轨密贴，以便机车车辆轮缘顺利地通过该部位。

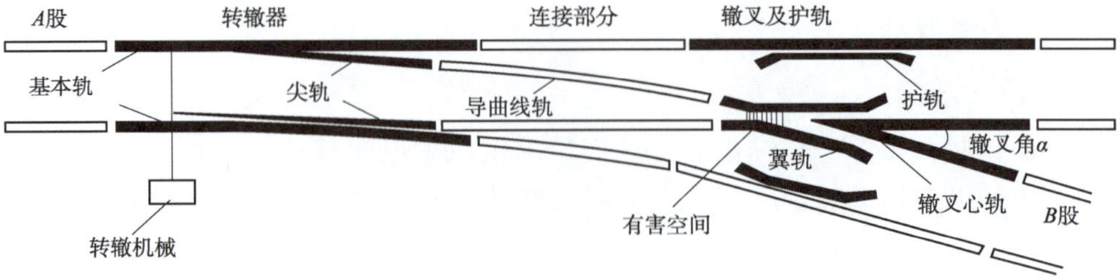

图 2-32　普通单开道岔示意图

（2）辙叉及护轨。

辙叉及护轨包括辙叉心轨、两根翼轨和两根护轨。其作用是保证车轮安全通过相互交叉的两根钢轨。

辙叉心轨两工作边所夹的角（α）称为辙叉角，其交点称为辙岔尖端；两翼轨间的最小距离处称为辙叉咽喉。从辙叉咽喉至辙岔尖端之间有一段轨线中断地带，车轮有失去引导误入异线而发生脱轨事故的可能，因此此处被称为有害空间。为保证车轮在有害空间进入正确的轮缘槽，通常在辙叉两侧相对应位置的基本轨内设置护轨。

道岔上有害空间的存在是限制过岔速度的一个重要因素。为了消灭有害空间，适应高速行车的要求，国内外都发展了各种活动心轨道岔。活动心轨道岔（图 2-33）中的辙叉心轨和尖轨是同时被扳动的，即当尖轨开通某一方向时，活动心轨道岔的辙叉心轨就与开通方向一致的翼轨密贴，与另一翼轨分开，从而消灭了有害空间。活动心轨道岔是由长心轨、短心轨拼装成的可动心轨和翼轨、叉跟基本轨、帮轨等组合而成的。它消除了有害空间，不仅避免了车轮对心轨和翼轨的冲击，而且提高了列车直向过岔速度，被广泛用于高速行车的线路上。

（3）连接部分。

连接部分是连接转辙器和辙叉及护轨的部分，使之成为一组完整的道岔。它包括直轨和导曲线轨。在导曲线上一般不设缓和曲线和超高，所以列车在侧向过岔时，速度要受限制。

此外，道岔还包括操纵尖轨位置的转辙机械及岔枕等。

2. 道岔的种类

（1）单开道岔。

单开道岔的组成在道岔组成部分已经介绍，在此不再赘述。单开道岔数量很多，约占全部道岔数量的 90% 以上。

（2）双开道岔。

双开道岔也叫对称道岔，由主线向两侧分为两条线路，如图 2-34 所示。在构造上，道岔对称于线路的中心线，道岔连接部分有 4 条导曲线轨而无直轨，所以无直向及侧向之分。

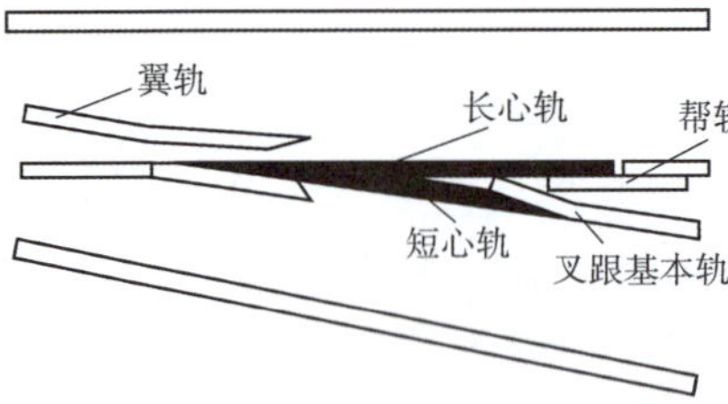

图 2-33　活动心轨道岔

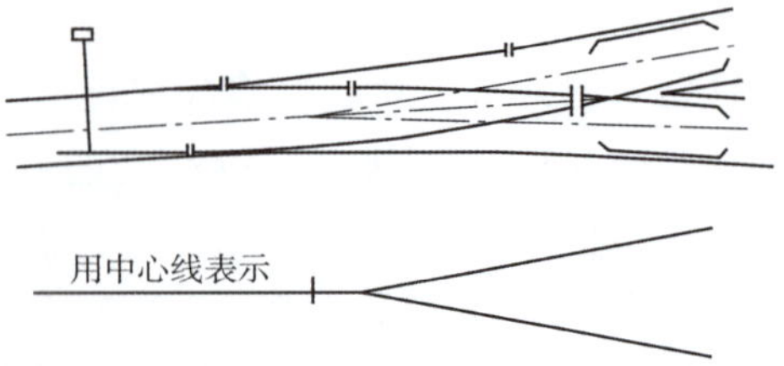

图 2-34　双开道岔

（3）三开道岔。

三开道岔（图 2-35）衔接 3 条线路，有 2 对尖轨，每对由 1 组转辙机控制，决定尖轨的位置。连接部分有 2 根直轨、2 对导曲线轨，辙叉及护轨部分有 3 副辙叉、4 根护轨。

（4）交分道岔。

交分道岔如图 2-36 所示，它有 4 副辙叉，其中 2 副锐角辙叉、2 副钝角辙叉；有 4 条导曲线轨和 8 条尖轨；有 2 根拉杆，每根带动 4 条尖轨同时动作。

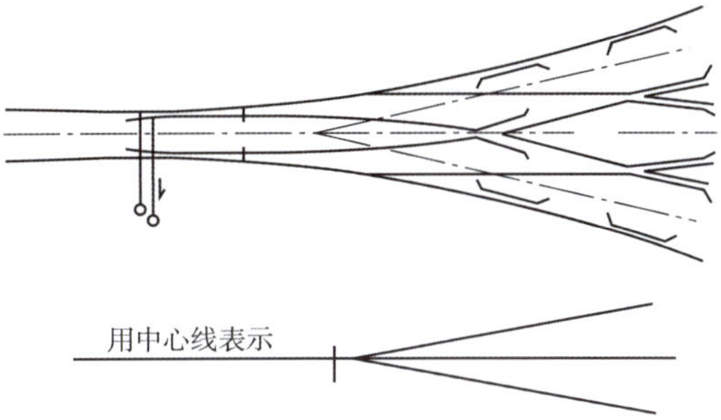

图 2-35　三开道岔

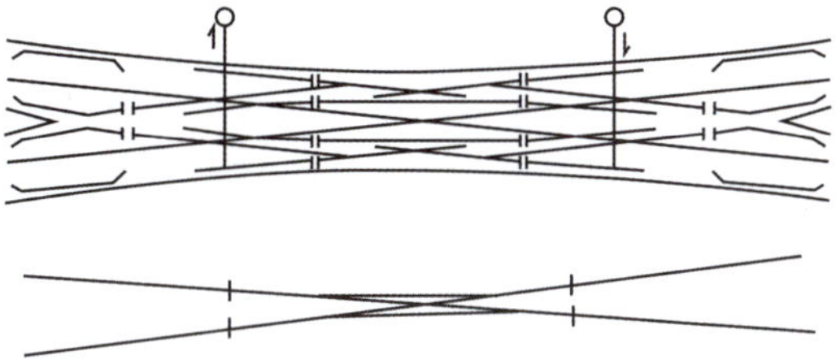

图 2-36　交分道岔

知识拓展

菱形交叉是指一条线路与另一条线路在平面上相交，使机车车辆能跨越运行，且交叉角度小于 90 °的连接设备，如图 2-37 所示。锐角辙叉的结构与单开道岔中的辙叉结构基本相同。钝角辙叉分为固定型和可动心轨型两种。菱形交叉可以单独使用，也可以与 4 组单开道岔组成渡线。

为了使机车车辆能从一条线路进入另一条线路，应设置渡线（图 2-38）。渡线包括普通渡线和交叉渡线两种。其中，普通渡线设在两平行线路之间，由 2 副辙叉号数相同的单开道岔及两道岔间的直线段所组成，如图 2-38a）所示；交叉渡线设在两平行线路之间，由 4 副普通单开道岔和 1 副菱形交叉组成，如图 2-38b）所示。

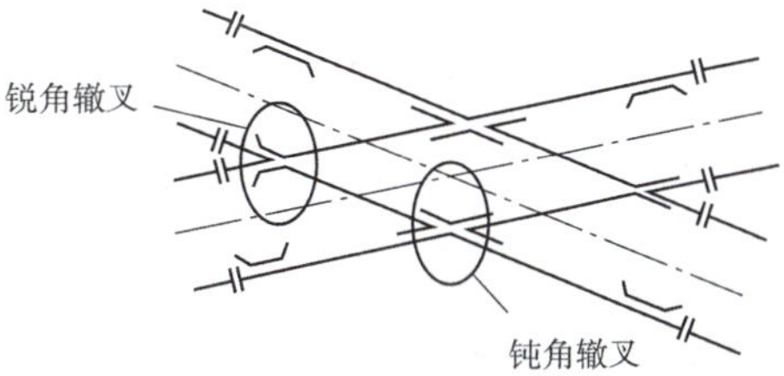

图 2-37　菱形交叉

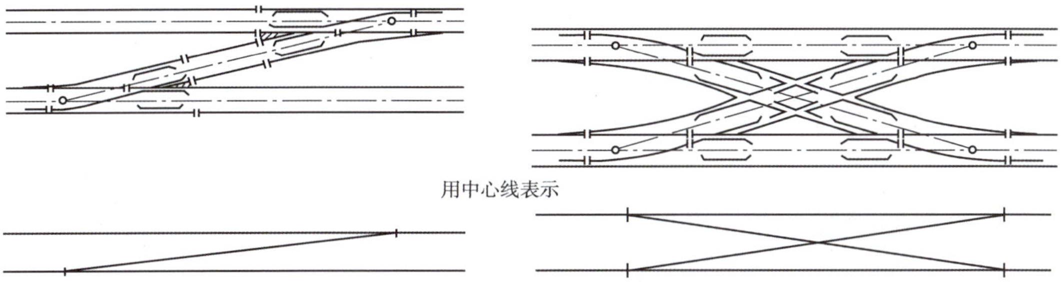

a)普通渡线

b)交叉渡线

图 2-38　渡线

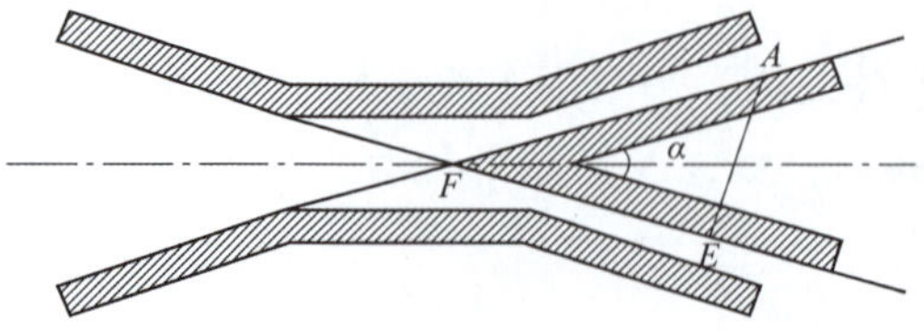

图 2-39 辙叉号数

3. 道岔辙叉号数及允许过岔速度

（1）辙叉号数。

辙叉号数（图 2-39）也称道岔号数（N），以辙叉角（α）的余切值来表示，即

$$N = \cot\alpha = \frac{FE}{AE} \tag{2-9}$$

其中，N 为道岔号数；α 为辙叉两工作边的夹角；FE 为辙叉心轨理论尖端沿工作边至垂足的距离；AE 为辙叉心轨一工作边任意一点至另一工作边的垂直距离。

辙叉角越大，辙叉号数越小，同辙叉部分连接的导曲线轨半径也就越小；辙叉角越小，辙叉号数越大，同辙叉部分连接的导曲线轨半径越大。我国常见道岔号数与辙叉角及导曲线轨半径的对应关系见表 2-7。

道岔号数与辙叉角及导曲线半径的对应关系　　表 2-7

道岔号数 N	6（对称）	7（三开）	9	12	18
辙叉角 α	9°27′44″	8°07′48″	6°20′25″	4°45′49″	3°10′47″
导曲线半径（m）	180	180	180	330	800

（2）允许过岔速度。

由于导曲线部分不设缓和曲线和超高，列车通过道岔时如果速度过高，突然产生的离心力就很大，特别是当列车侧向通过时，车轮对尖轨、护轨和翼轨都有冲击；当列车通过道岔的速度过大时冲击力就很大，这样不仅会造成很大程度的摇晃，使旅客感到不适，而且危及行车安全，因此列车的过岔速度不能超过一定的范围。

允许过岔速度包括直向过岔速度和侧向过岔速度，其中侧向过岔速度所受限制较大。道岔号数 N 越大时，允许过岔速度也就越高，我国铁路主要线路上使用较多的 9 号、12 号、18 号道岔的侧向允许速度分别为 25km/h、45km/h、80km/h；当侧向列车速度超过 80km/h 时，应采用 18 号以上道岔，如 30 号道岔等。

单元 2.3 铁路限界

一 限界的定义

为了确保机车车辆在铁路线路上的运行安全，防止机车车辆撞击邻近线路的建筑物和设备，铁路部门对机车车辆和邻近线路的建筑物、设备规定了不允许超越的轮廓尺寸线，称为限界。

二维码

认知铁路限界

二 限界的种类

铁路基本限界可分为机车车辆限界和铁路建筑限界。

（一）机车车辆限界

机车车辆限界是机车车辆横断面的最大容许尺寸的轮廓，如图 2-40 所示。它是新造和使用中的机车车辆，除升起的受电弓外，任何部位在任何情况下都不得超过的轮廓尺寸。使用平车或敞车装载货物时，除超限货物或另有规定者外，车辆不得超过此轮廓尺寸。所以，机车车辆限界也是一般货物的装载限界。

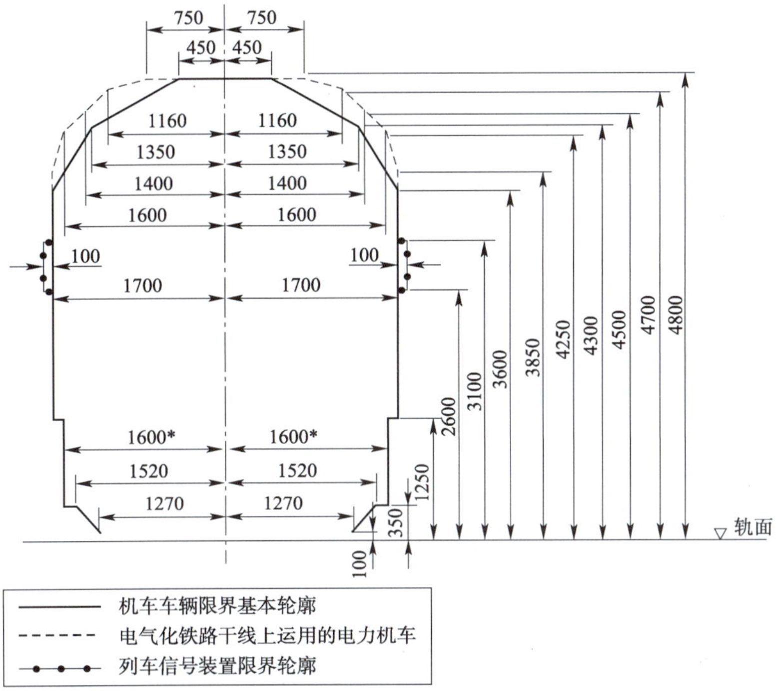

图2-40　机车车辆限界图（尺寸单位：mm）

*电力机车在距轨面高350～1250mm范围内该限界尺寸为1675mm

由图2-40可以看出：

（1）机车车辆限界的中心最大高度为4800mm，因此，机车车辆顶部的任何装置不得超越此高度，以防机车车辆顶部与桥梁、隧道上部相撞。

（2）机车车辆限界在钢轨水平面上部1250～3600mm范围内，其宽度为3400mm，但为悬挂于列车尾部的侧灯，在2600～3100mm范围内允许两侧各加宽100mm。

（3）在钢轨水平面1250mm以下，机车车辆限界宽度逐渐缩减。

（二）铁路建筑限界

铁路建筑限界是邻近线路的建筑物或设备（与机车车辆相互作用的设备除外）不得侵入的最小横断面尺寸轮廓，如图2-41所示。

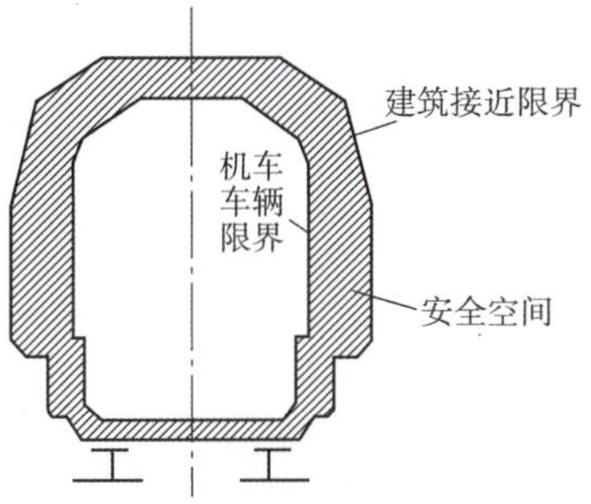

图2-41　铁路建筑限界

铁路建筑限界与机车车辆限界之间留有一定的空隙，称为安全空间。设置安全空间的目的：①适应运行中的列车横向晃动偏移和竖向上下振动，防止与邻近的建筑物或设备发生碰撞；②使“超限货物”列车能够安全运行。所谓“超限货物”列车，是指列车在直线线路上停留时，其中一些车辆中的货物高度或宽度超过了机车车辆限界或特定区段装载限界。按超限货物的超限程度，“超限货物”列车分为一级超限、二级超限和超级超限三个等级。

建筑限界包括直线地段建筑接近限界、隧道建筑接近限界和曲线地段建筑接近限界。

图 2-42 所示为速度 $v \leq 160$km/h 客货共线铁路基本建筑限界图，其中实线轮廓为各种建筑物的基本限界，从钢轨顶面算起，纵向最大高度为 6550mm，最低部位为 25mm；从线路中心线算起，横向最大半宽为 2440mm，最窄半宽为 1400mm。

另外，可查出站台与线路中心线的距离为 1750mm，信号机与线路中心线的距离为 2150mm；跨线桥、天桥、雨棚、接触网支柱等与线路中心线的距离分别为 2440mm 等。从图 2-42 中还可看出，各种站台及其他建筑物距轨面的高度。

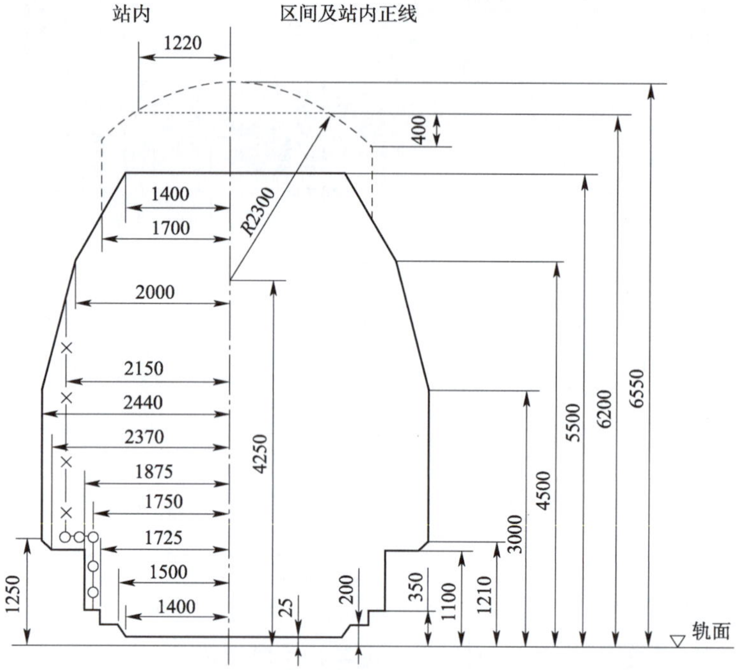

—×—×—×— 信号机、高架候车室结构柱和接触网、跨线桥、天桥、电力照明、雨棚等杆柱的建筑限界(正线不适用)

—○—○—○— 站台建筑限界(正线不适用)

———— 各种建(构)筑物的基本限界

- - - - - - 适用于电力牵引区段的跨线桥、天桥及雨棚等建(构)筑物

··········· 电力牵引区段的跨线桥在困难条件下的最小高度

图 2-42　速度 $v \leq 160$km/h 客货共线铁路基本建筑限界图（尺寸单位：mm）

隧道建筑接近限界的高度稍高于直线地段建筑接近限界的高度、宽度与直线地段建筑接近限界的宽度相同。

曲线地段的各种建筑接近限界应在直线地段建筑接近限界的基础上适当加宽。

单元 2.4　铁路线路养护与维修

由于列车不间断地运行以及自然界和人为的作用，轨道在机车车辆动力的作用下，在风、沙、雨、雪和温度变化等自然条件的影响下，逐渐产生各种变形或损坏，以致发生病害，如钢轨磨损，轨枕腐朽、损坏，道床脏污，路基松软、下沉、翻浆，轨道爬行，等等。这些病害降低轨道的强度和稳定性，影响列车高速、平稳运行，甚至威胁行车安全。因此，为了确保列车能按规定的最高速度安全、平稳、不间断地运行，延长线路的使用寿命，必须加强线路的养护与维修，保证线路设施经常处于完好状态，这是铁路工务部门的基本任务。

工务段是工务部门的基层生产单位，负责领导线路维修工作；工务段下设若干个领工区；领工区下设4~5个工区和机械化维修工队，负责管辖范围内的线路维修与养护工作。在铁路局集团公司，一般还设有工务机械段，负责管内线路的机械化大中修以及无缝线路的铺设工作。

知识拓展

随着国铁集团创新改革模式的发展，各铁路局集团公司探索了“三位一体”综合维修管理模式，成立工电段。“三位一体”维修组织模式的特点是在段、车间、工区层面均进行融合，使之前各专业独立的段、车间、工区成为一个综合的机构。在该模式下，机构实行“段-车间-工区”3级管理模式。在段层面，将工务、电务、供电专业纳入段技术科，在调度科成立独立的分析室；在车间层面，设立综合维修车间，负责生产组织；在工区层面，设立综合工区，负责作业生产执行任务。

“工、电、供”3个专业完全融合，将以往工、电、供专业维修作业中多个单位之间的协调关系转化为一个单位内部的管理关系，最大限度地减少结合部存在的矛盾，实现“五个统一”（统一作业计划管理、统一组织协调、统一作业制度、统一班组台账、统一考核奖惩）和“五个一起”（一起研究工作、一起制订方案、一起安排劳力、一起组织生产、一起总结完善），满足“工、电、供”作业的关联性和系统性，实现了专业强化、管理集中的目的。

查一查：工电段的成立，“三位一体”综合维修管理模式的核心思想是什么？

想一想：在“三位一体”模式下，如何确保信息的畅通和协作的顺利进行？对铁路人的专业技能提出了怎样的新要求？

一 铁路线路设备维修

铁路线路设备维修是根据线路变化规律，维持列车以规定速度安全和不间断地运行而对线路进行的日常维护和小规模修理。铁路线路设备维修应坚持“预防为主、防治结合、修养并重、严检慎修”原则，根据线路设备变化规律，合理安排计划维修与临时补修，有效预防和整治线路病害，有计划地补偿线路设备损耗，保持线路设备完整和质量均衡，延长设备使用寿命，以取得较好的技术经济效益。线路维修工作包括计划维修、紧急补修、重点病害整治和巡道工作。

（一）计划维修

计划维修是根据线路及其各部件的变化规律，依据维修周期，结合设备状态评价，以大型养路机械为主要作业手段进行的维修工作。计划维修工作包括：全面调整和改善轨道空间线形线位，消除轨道结构病害，恢复道床弹性；更换失效轨枕和连接零件；调整轨道几何尺寸，消除钢轨轨头病害，达到钢轨目标廓形等单项或多项修理工作。

（二）临时补修

临时补修指以小型养路机械为主要作业手段，对轨道几何不平顺超过临时补修容许偏差管理值及其他不良处所进行的临时性整修，以保证行车安全和平稳。

（三）重点病害整治

重点病害整治是指彻底消除线路上较长时期存在的某些病害，如全面整治接头、整治线路爬行、彻底整治路基翻浆冒泥等。

（四）巡道工作

巡道工作是指由巡道工人在工区管辖范围内负责巡视钢轨、道岔以及连接零件等的状态，查看路基有无沉陷、塌方、水害、雪害等情况，以及信号及线路标志是否完好等。此外，巡道工人还应对所发现的不良现象尽可能做好处理工作，以保证行车安全。

二　铁路线路大修

线路经常维修可预防线路病害的发生，保持线路的完好状态。但是经过较长时间后，线路的各个部分还是会发生磨损或变形。当磨损或变形达到相当程度时，单靠经常维修就难以整治了，因此有必要进行线路大修。线路大修的内容包括：矫正并改善线路的平面和纵断面；全面更换或抽换、修理钢轨；更换或补充轨枕；清筛和更换道床，补充道砟，全面起道并捣固、改善道床断面；整治路基和安装防爬设备等。铁路线路经过大修后，其质量标准应符合设计要求或得到加强。

三　铁路线路养护与维修作业的机械化

铁路线路养护与维修作业过去是一项既费时、费工又极为繁重的体力劳动，它需要占用大量的人力、物力和财力。为了改变人工作业的落后面貌，提高维修质量和作业效率，节约劳动力和维修费用，世界各国都在努力研制各种养路机械。

目前养路机械已由小型到大型、由低级到高级、由单机到联合机械，逐步发展到采用先进技术设备的大型、高效、多功能的机械。例如，大型起道、拨道、捣固联合作业机，每小时可以捣固线路 600～1000m；清筛机每小时可清筛道砟 650m^3；线路大修列车能够完成拆卸旧轨排到铺设新轨排的全部作业，每小时作业进度为 200m 以上等。实践证明，由于实现维修作业机械化，线路质量和作业效率大幅度提高，维修费用和人力也得到大量节省。目前，我国线路作业机械化程度约为 30%。为了加快发展步伐，工务段普遍设立了机械化工队和养路工区，配备了以单项、小型为主的养路机械（如电动捣固机、扒渣机、边坡回填机、液压起道机等），从而减轻了劳动强度，提高了作业效率。

2005年，我国在引进、消化、吸收国外先进制造技术的基础上，成功地实现了对大型养路机械（如捣固车、清筛机、动力稳定车、配砟整形车等）设备的国产化，使我国的大型养路机械装备规模、综合能力、作业水平都有了显著提高，为提速扩能、保证繁忙干线和快速线路的运输安全、实现养路机械的现代化作出了巨大的贡献。

机械化维修机具比较笨重，综合作业时占用线路的时间较久，往往需要封闭线路。《铁路主要技术政策》（铁道部令第34号）明确规定，繁忙干线应在列车运行图上安排工务、电务、供电等设备综合维修"天窗"。"天窗"时间规定，采用中、小型养路机械的区段为90～120min；采用大型养路机械的区段为150～180min。双线区段的设备维修"天窗"应按上、下行设置，施工时可组织反方向行车。

目前，世界各国都在着手研究如何进一步强化线路结构，以减少线路维修作业量。

知识拓展

成昆铁路

成昆铁路是铁路史上罕见的、极其复杂艰巨的铁路工程之一。成昆铁路全长超过1090km，北起四川成都，南达云南昆明，于1970年开通运营。

为了克服山岳河谷地带高差，线路必须利用螺旋形、圆形、灯泡形展线。原因有两个：①所穿越地区的地质、水文、地形地貌等自然条件极为复杂严酷；②受当时我国铁路施工技术水平的局限。在铁路选线时，为避免修建长大隧道而不得不使线路左拐右弯：同一条线路，除2次跨越大渡河、1次跨越金沙江外，还13次跨越牛日河，8次跨越安宁河，47次跨越龙川江，16次跨越旧庄河。全线除成都和昆明外，共设车站122个，其中有42个车站不得不设在桥上或隧道内。全线共修建桥梁991座，总延长92.7km，约占线路总长度的9%；隧道共427座，总延长341km，约占线路总长度的31%；桥梁、隧道总延长达433.7km，约占线路总长度的40%；在桥隧密集地段，桥隧长度占线路长度的80%以上，构成了蔚为壮观的"空中铁路"和"地下铁路"。成昆铁路桥梁、隧道总延长超过北京至山海关的距离。

我国举全国之力奋战成昆铁路，先后有上万名科研和工程技术人员会战攻关，创造了一批筑路杰作。为克服西线方案穿越小相岭的巨大高差，我国工程技术专家将展线技术运用到了极致，设计出著名的"眼镜形"乐武展线、"灯泡形"白果至乃托展线、"麻花形"韩都路展线和"绳圈形"两河口展线。这些展线被誉为技术与艺术的巧妙结合。成昆铁路对桥梁技术的创新运用达到了当时世界先进水平，如建设跨度112m的刚性梁柔性拱桥——迎水村大桥，采用悬臂灌筑法修建大跨度预应力混凝土桥梁——孙水河五号桥等，实现了我国铁路桥梁建设史上里程碑式的发展。

与此同时，战斗在一线的基层连队和铁路工人经受了严峻的考验。成昆铁路全线需完成的路基土石方量，在筑路工具不发达的情况下，几乎全靠人力完成。心怀着"让高山低头，叫河水让路"的精神，修路战士们付出了巨大牺牲。目前，成昆铁路沿线共有22座烈士陵园，长眠着约2100名烈士，几乎每个新建火车站都有一个烈士陵园或墓地，默默注视着来往的列车，守护着这条由血汗铸就的英雄路。

成昆铁路突破“筑路禁区”建成通车，有18项新技术、新工艺达到或超过当时的国际先进水平，使我国的铁路修建水平上了一个新台阶，成为我国铁路建设的一座重要里程碑。

2000年9月30日，成昆铁路全路段完成电气化改造。近年来，随着四川省经济的快速发展，客货运量增长较快，成昆铁路已远远不能满足经济社会发展的需要。2022年12月26日，C57次“绿巨人”复兴号动车组列车从成都火车南站缓缓启动、驶往西昌，这标志着新成昆铁路的最后一段—峨眉至冕宁段开通投运，至此，历时十年建设全长915km的新成昆铁路实现全线通车运营。新成昆铁路线路设计“裁弯取直”，运营里程比老成昆铁路缩短180多km，设计速度160km/h，成都到昆明运行时间由19个小时缩短至7个小时左右。

谈一谈：成昆铁路建设中有哪些技术突破和创新？

查一查：成昆铁路的建设过程中，有哪些感人至深的故事或英雄事迹？这些故事如何体现了铁路工人的精神风貌？

想一想：新成昆铁路开通后，为社会带来了怎样的影响？

拓展阅读

心之所向　一尺可往

中国铁路南宁局集团有限公司百色工务段线路工汪伯华（图2-43），1993年10月参加工作，2011年荣获全国铁路火车头奖章，2012年荣获全国五一劳动奖章，2015年荣获全国劳动模范称号，2017年获“宁铁工匠”称号。

a)　b)

图 2-43

汪伯华对工作的高标准、严要求是出了名的。自我加码，精益求精，一直是汪伯华对线路养护工作的不懈追求。更高的标准意味着更大的工作量。每整治1km线路，至少要弯腰1000多次。他用“三个一”的高标准带来了安全与效益，用真抓实干的“三多”（干的活儿比别人多，懂的业务知识比别人多，留守工区的时间比别人多）精神，带动了班组职工提升线路养护质量。

（摘编自搜狐网，2018年7月19日）

岗课赛证

铁路线路工

铁路线路工，是指巡视铁路线路、保持线路设备完整和质量均衡，使列车能以规定速度安全、平稳、不间断地在铁路线路上运行，并尽量延长铁路线路设备使用寿命的专业人员（图2-44）。

图2-44　铁路线路工

在日常工作中，铁路线路工要对所负责维护的铁路线路进行经常性巡视和定期检查，这是保证铁路线路安全运行的关键。在对线路巡视检查的过程中，铁路线路工要仔细检查线路的道岔、钢轨、轨枕等线路设备，及时发现可能存在的各种隐患，并制定维修和养护方案。在巡视线路的同时，要对线路设备开展经常性保养、综合维修，主要包括清筛整理不洁道床和边坡土垄；根据线路情况起道捣固；整治钢轨病害和接头病害；更换、放正和修理轨枕；改道、拨道、调整道岔各部位尺寸，全面拨正线路曲线等。铁路线路虽然绵延成千上万公里，然而其所容许的几何尺寸误差则是以毫米计量的，些许的差池就会直接影响行车的平稳和安全。长年累月辛勤工作在铁路线路上的铁路线路工担负的是铁路交通大动脉的安危。

铁路线路工相关的行业技能竞赛较多，其中规模较大的是“全国行业职业技能竞赛-全国铁路线路工大赛”，旨在通过职业技能竞赛示范引领效应，推动在全社会营造尊重技能人才、崇尚技能的良好社会氛围，更好地在全社会大力弘扬劳模精神、劳动精神、工匠精神，激励更多劳动者特别是青年一代走技能成才、技能报国之路。

在职业等级方面，铁路线路工设初级（国家职业资格五级）、中级（国家职业资格四级）、高级（国家职业资格三级）、技师（国家职业资格二级）、高级技师（国家职业资格一级）五个等级。

铁道概论（活页式教材）
（第4版）

姓名：________ 班级：________ 学号：________

学习检测

一、知识检测

（一）填空题

1. 线路标志应设置在线路里程增加方向（　　）侧机车车辆限界以外。
2. 线路纵断面由（　　）、（　　）和（　　）组成。
3. 我国标准轨距是（　　）mm。
4. 列车运行图上预留的用于维修施工所需要的行车“空隙”称为（　　）。
5. 铁路规定线路四周建筑物或设备不得侵入的和机车车辆本身不得超出的轮廓尺寸线即（　　）。

（二）选择题（以下至少有一项是正确的，请将正确的选项填入括号内）

1. 按铁路线路所有权和经营权分类，我国铁路有（　　）。
   A. 国家铁路　B. 地方铁路　C. 合资铁路　D. 专业铁路、专用线
2. 线路平面组成（　　）。
   A. 直线　B. 圆曲线　C. 缓和曲线　D. 线路中心线
3. 轨道由（　　）组成。
   A. 钢轨　B. 轨枕　C. 连接零件　D. 道床
   E. 道岔　F. 防爬设备
4. 一种使机车车辆从一股轨道转入或越过另一股轨道的线路连接设备是（　　）。
   A. 转辙机　B. 钢轨　C. 道岔　D. 辙叉
5. 下列说法正确的是（　　）。
   A. 线路曲线有最小曲线半径要求
   B. 线路坡度有最小坡度限制
   C. 曲线地段外轨应高于内轨
   D. 直线上钢轨应适当向内倾斜，设轨底坡

（三）判断题（以下描述正确的打“√”，不正确的打“×”）

1. 线路中心线是距外轨半个轨距的铅垂线与两路肩边水平线交点的纵向连线。（　　）
2. 我国标准钢轨长度为 25m 和 12.5m 。（　　）
3. 工务工作包括线路大修、线路中修、线路小修。（　　）
4. 辙叉角越小，允许过岔速度越低。（　　）
5. 防爬设备的作用是阻止钢轨及轨枕的横向移动，即轨道爬行。（　　）

（四）思考题

1. 简答题

（1）线路两侧除了线路标志，还有信号标志，你见过哪些信号标志？请说说二者的区别。

（2）请绘制路基横断面示意图，并标注路基本体各组成部分。

(3) 请总结桥梁、隧道、涵洞的组成结构及作用。

(4) 轨道的组成结构及各部分有什么作用?

(5) 道岔的种类有哪些? 各类道岔有哪些特点? 适用条件是什么?

(6) 道岔号数与侧向允许速度、道岔的长度之间有何关系?

(7) 简述铁路限界的作用及铁路限界的种类。

(8) 铁路养护与维修的主要工作内容是什么?

2. 思考分析图 2-45 中的路基两旁为什么设置铁柱?

图 2-45　路基旁设置铁柱

二、技能检测

1. 写出图片对应的路基形式。

路基图片	路基形式

续上表

路基图片	路基形式

2. 在图 2-46 中标出轨道的组成部分名称。

图 2-46

3. 在图 2-47 中标出道岔的组成部分名称。

图 2-47

三、素质检测

1. 阅读以下新闻材料

京张百年：一部中国现代铁路简史

在中国人心中，“京张”二字分量很重。

1909 年，詹天佑主持设计的京张铁路是中国人自己勘测、设计、施工修建的第一条铁路。110 年后，在京张铁路旁边，由中国人自主设计建造成为世界首条时速 350 公里的智能化高速铁路——京张高铁开通运营。

京张线的百年变迁，见证了中国铁路的发展，也见证了中国综合国力的飞跃。

京张铁路关沟段沟壑壁立、陡峻难以攀登，自古以来被人们视为“畏途”。京张铁路开通前，要穿越关沟段，骆驼驮运是最主要的物资运输方式。

在京张铁路开工前，当获悉詹天佑为总工程师时，外国人轻蔑地说，能在南口以北修筑铁路的中国工程师还没有出现呢！

面对嘲讽，詹天佑感慨：“如果我失败了，不仅是我个人的不幸，而会是所有中国工程师，甚至是所有中国人的不幸！为了证明中国人的智慧和志气，我别无选择。”面对艰巨的工程，詹天佑充分展示了他的卓越才华和科学创新精神。

1906年1月6日，是京张铁路自北京丰台站正式铺轨的第一天，作为总工程师的詹天佑举起铁锤，在京张铁路上钉下了第一枚道钉。但工程列车的一节车钩链子在施工中出现折断，导致车辆脱轨。消息一传开，各种恶意的揣测甚嚣尘上。但詹天佑对此不加理睬。

通过仔细查看事故原因，他发现老式的车钩链子遇到坡道极易断裂，因此他决定使用当时西方的新式车钩——姜坭车钩。随后，这种车钩很快就在全国铁路线上推广开来。

图 2-48

京张铁路修建过程中，詹天佑遇到了很多难题，其中最大的难题就是修筑从南口到八达岭岔道城的关沟段铁路。这段路地势陡，坡度大。詹天佑设计了“人”字形线路，不仅克服了施工技术局限性的难题，还缩短了工期。

从纵断面看，青龙桥附近的线路形成了一个“之”字形，从山上俯瞰，线路又仿佛一个“人”字（图2-48）。

为了表现这条铁路是中国人自主修建的，詹天佑在京张铁路上加入了很多的中国元素。比如说屋檐搏风板上的太极图，排水孔铁箅子上的寿字图，苏州码子计算方式等。

1909年，京张铁路正式竣工通车。在当时西方国家蔑视中国“连个空气压缩机都没有”的情况下，京张铁路大大增强了民族自信心。1909年10月2日，京张铁路通车典礼在南口举行通车典礼，宣告中国人自己勘测、自己设计、自己施工修建的第一条铁路正式通车。

（摘编自人民咨询网，2021年10月15日）

谈一谈：从京张铁路到京张高铁，如何看待中国铁路在这110年里的发展变化？

查一查：京张铁路作为历史文化遗产，如何续写百年记忆？

想一想：在京张铁路建设过程中，詹天佑面对困难和嘲讽的做法，对你的学习和未来的职业发展有何启示？

2. 班组学习任务

学生每5~6人一组，查阅《铁路技术管理规程》等相关资料，完成以下任务，每组提交一份任务报告。

(1) 利用网络找出某段线路的平面图、纵断面图，进行识读，写出你从中发现的信息。

(2) 列举你见过的线路标志，写出这些线路标志通常设置在哪里？表达什么含义？

学习评价

评价指标		自我评价（20%）	班组评价（20%）	教师评价（60%）
基础知识（60%）	知识掌握（40%）			
	知识应用（60%）			
能力提升（40%）	自主学习能力（60%）			
	团队合作能力（40%）			

学习总结

个人学习总结：

班组学习总结：

模块3 铁路车站

问题引入

我国铁路车站除了办理旅客乘降，还要完成供水、处理垃圾等作业以满足旅客旅行生活基本需求。有时列车在车站停车，但没有旅客上下，待同向列车或对向列车从旁边通过后，列车继续运行，这些车站起什么作用呢？列车运行距离动辄几百公里，机车和乘务人员在哪里换班？如何换班呢？货物在车站进行装卸，一辆辆的货车是怎样编组成“钢铁巨龙”的？

铁路车站有很多种类，车站的作业内容不尽相同。不同作业内容的车站，需要配备相应的设备来完成这些作业。

学习导航

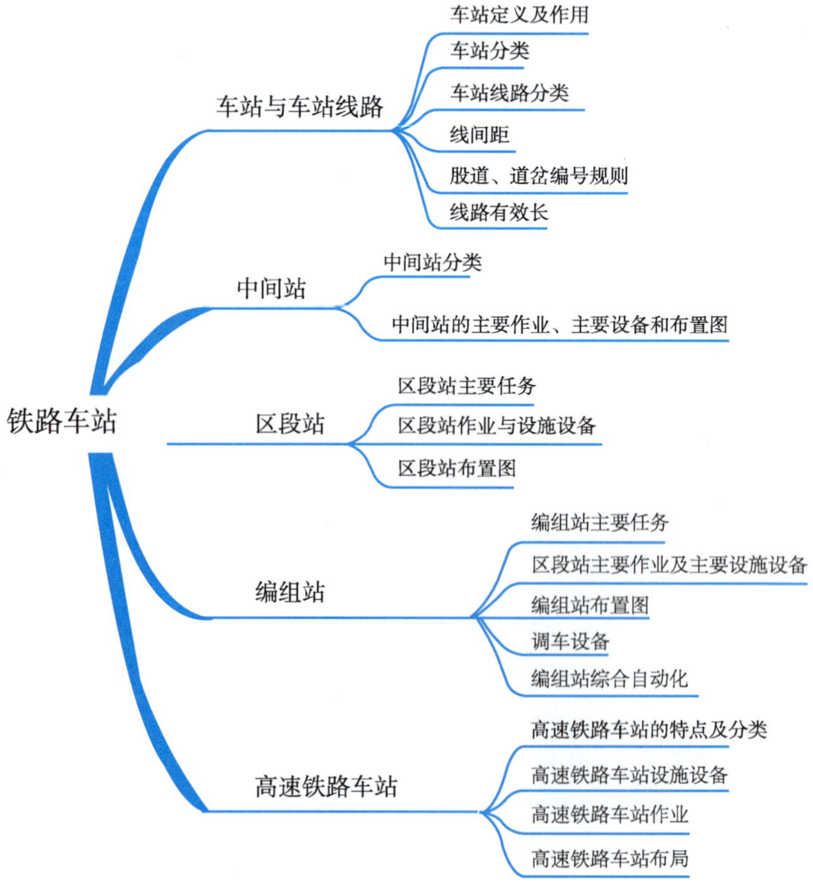

学习目标

知识目标

熟悉车站的分类及作用;

掌握车站线路分类及股道、道岔编号规则;

熟悉区中间站设备及主要作用;

熟悉区段站设备及主要作用;

熟悉编组站设备及主要作用;

了解高速铁路车站及主要作用。

技能目标

能判别车站的类型;

能判别车站内线路的类型

会给车站股道及道岔编号;

能分析中间站布置特点;

能区分区段站的不同作业类型;

能区分编组站的不同作业类型。

素质目标

树立听从命令、服从指挥的职业意识;

锤炼吃苦耐劳、精益求精的工匠精神;

培养换位思考、以人为本的服务理念。

学习建议

学时要求

建议个人独立自主学习 4 学时，班组合作式学习 2 学时。

学习方法

请依托本教材内容，广泛运用文献资料查阅、现场实地考察、小组讨论、任务驱动及线上线下混合式学习方式。

单元 3.1 车站与车站线路

一 车站定义及作用

（一）车站定义

为了保证行车安全和必要的线路通过能力，以满足人们对运输的需要，铁路线路上每隔一段距离就需要设置一个车站。两相邻车站间的线路称为区间。而车站就成为相邻区间之间的分界点，因此，区间和分界点是组成铁路线路的两个基本部分。如图 3-1 所示，甲、乙、丙、A、B、C、D、E、F、G、H 车站都是分界点。

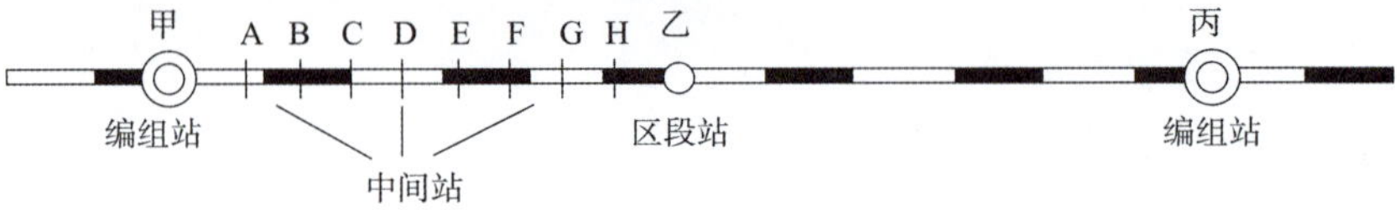

图 3-1　铁路线路分界点

车站是铁路线路上设有配线的分界点。此外，铁路线路上还有无配线的分界点，它包括非自动闭塞区段两车站间设置的线路所，自动闭塞区段两车站间若干个闭塞分区处设置的通过信号机。车站与车站之间的区间称为站间区间（图 3-2），车站与线路所之间的区间称为所间区间（图 3-3），自动闭塞区段上通过信号机之间的区间称为闭塞分区（图 3-4）。

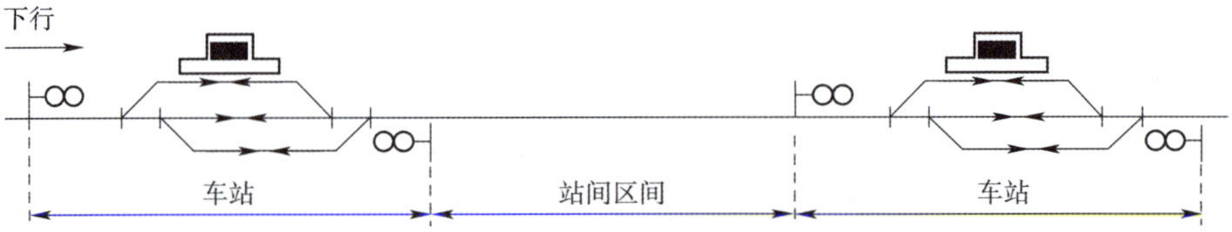

图 3-2　单线铁路站间区间

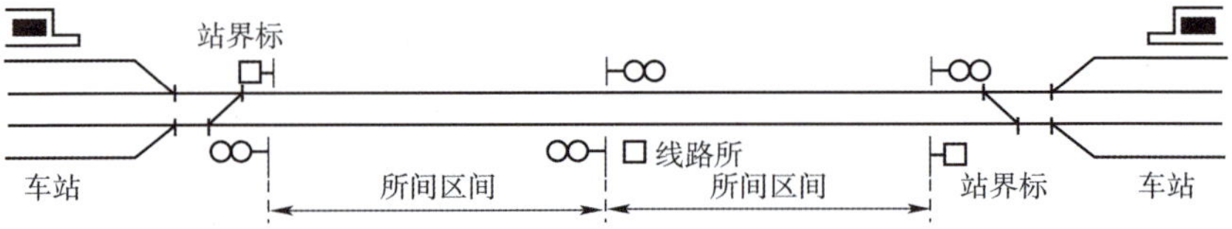

图 3-3　双线铁路所间区间

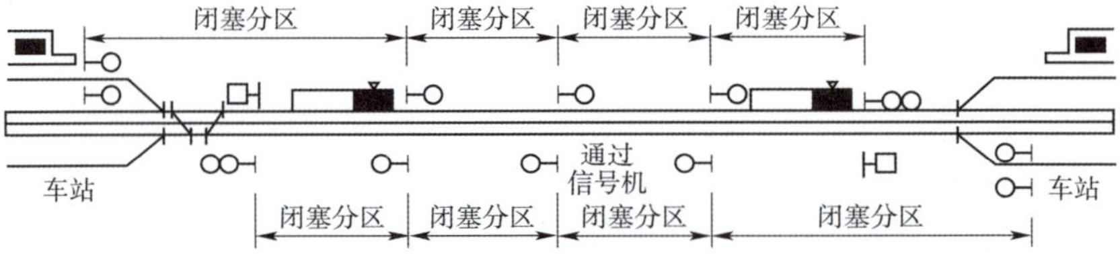

图 3-4　双线铁路自动闭塞分区

区段是指两相邻技术站间，包含若干个区间和分界点的铁路线段。区段的长度一般取决于牵引动力的种类或路网状况。

（二）车站的作用

车站是铁路运输的基层生产单位，参与运输过程的主要作业环节。例如，旅客乘降、售票，行包的托运、交付、保管，货物的承运、装卸、交付和保管，列车的通过、接发、会让和越行，车列的解体和编组，机车换挂、检修和整备，机车和列车乘务组更换，车辆检修等，这些都必须在车站办理。

车站集中了与运输有关的各项技术设备，如客货运业务设备、运转设备，机务、车辆检修设备和信号、通信设备等。车站对提高铁路运输效率和保证运输安全起着决定性的作用。

二 车站分类

（一）按业务性质分类

按业务性质分类，车站可分为客运站、货运站、客货运站和不办理客货运业务的车站。

客运站是专门办理售票、行李与包裹运送、旅客乘降等客运业务，办理旅客列车的始发、终到，进行技术检查等行车工作以及客车整备等作业的车站。

货运站是专门办理货物承运、交付、中转、装卸和货物列车到发、车辆取送以及货物联运、换装等作业的车站。

客货运站是既办理客运业务又办理货运业务的车站。我国铁路绝大多数车站都属于客货运站。

此外，路网上还有一部分既不办理客运业务也不办理货运业务，专为列车交会和越行而设立的车站，称为会让站（单线铁路）和越行站（双线铁路）。

（二）按技术作业性质分类

按技术作业性质分类，车站可分为中间站、区段站和编组站。

中间站主要办理列车的接发、会让与越行，摘挂列车的调车作业以及客货运业务。有的中间站还办理市郊列车的折返以及列车的始发和终到作业。

区段站设在机车牵引区段的分界处，它的主要工作是办理货物列车的中转作业，进行机车的更换或机车乘务组的换班，解体、编组区段列车和摘挂列车。

编组站的主要工作是改编车流，即解体和编组各种货物列车以及进行机车换挂、整备，乘务组换班，列车的技术检查、车辆检修等。

（三）按客货运量和技术作业量大小分类

按客货运量和技术作业量大小分类，车站可分为特等站、一等站、二等站、三等站、四等站、五等站6个等级。车站等级是车站设置相应机构和配备定员的依据。

三 车站线路分类

车站线路按照用途和归属分为正线、站线、段管线、岔线及特别用途线，如图3-5所示（图中数字为线路、道岔编号）。

正线是指连接车站并贯穿或直股伸入车站的线路。正线可分为区间正线及站内正线，其中连接车站的部分为区间正线，贯穿或直股伸入车站的部分为站内正线。

站线主要包括以下几类：

(1) 到发线：供接发旅客列车或货物列车使用的线路。

(2) 调车线：供解体或编组货物列车使用的线路。

(3) 牵出线：供调车机车牵出车列进行解体、编组等调车作业的线路。

(4) 货物线：专门办理装卸作业的线路。

(5) 其他线路：办理其他各种作业的线路，如机走线、存车线、检修线等。

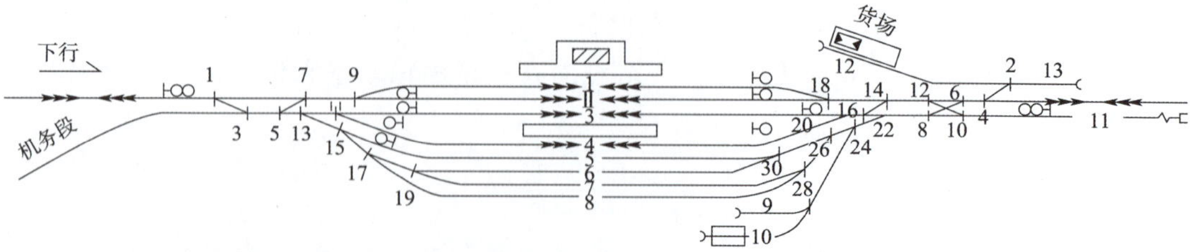

图 3-5　车站线路图

1，3，4-到发线；5～8-调车线；9，10-检修线；11，13-牵出线；12-货物线；14～20，22，24，26，28，30-道岔；Ⅱ-正线

段管线是指供机务段、车辆段、工务段、电务段、供电段等专用并由其管理的线路，如机务段内机车整备线、三角线，车辆段内车辆检修作业用的线路以及工务、电务段内停留轨道车及其他车辆的线路。

岔线是指在区间或站内接轨，通向路内外单位的专用线路。

特别用途线是指为保证行车安全而设置的安全线和避难线。岔线、段管线与正线、到发线接轨时，均应铺设安全线。为防止在长大下坡道上失去控制的列车发生冲突或颠覆，应根据线路情况，在区间或站内设置避难线。

站内正线及站线由车站负责管理，机车车辆由区间、段管线、岔线等进入站内正线或站线时，都应经车站允许。

四　线间距

线间距是指相邻两线路中心线间的距离。线间距不仅要保证行车及车站工作人员进行有关作业的安全性与便利性，而且要考虑通行超限货物列车和在两线间装设行车设备的需要。

线间距的大小通常由机车车辆限界、建筑限界、超限货物装载限界、设置在相邻线路间有关设备的计算宽度、在相邻线路间办理作业的性质等因素确定。

线间距的大小应根据《铁路技术管理规程》有关规定确定，直线部分常用线间距见表 3-1 和表 3-2（v 为速度）。曲线部分的线间距应适当加宽。

普速铁路线间距（直线部分）　　表 3-1

顺序	名　称		线间最小距离（mm）
1	区间双线	$v \leqslant 120$km/h	4000
		120km/h $< v \leqslant 160$km/h	4200
		160km/h $< v \leqslant 200$km/h	4400
2	三线及四线区间的第二线与第三线		5300
3	站内正线		5000

续上表

顺序	名称				线间最小距离（mm）
4	站内正线与相邻到发线	无列检作业			5000
		有列检作业或上水作业	$v≤120km/h$	一般	5500
				改建特别困难	5000
			$120km/h<v≤160km/h$	一般	6000
				改建特别困难	5500
			$160km/h<v≤200km/h$	一般	6500
				改建特别困难	5500
5	到发线间或到发线与其他线				5000
6	站内线间设有高柱信号机时，相邻两线（含正线）均需通行超限货物列车				5300
7	站内线间设有高柱信号机时，相邻两线（含正线）只有一条通行超限货物列车				5000
8	牵出线与相邻线	调车作业繁忙车站			6500
		改建困难或仅办理摘挂去送作业			5000

高速铁路线间距（直线部分） 表3-2

顺序	名称		线间最小距离（mm）
1	区间正线	$v=160km/h$	4200
		$160km/h<v≤200km/h$	4400
		$200km/h<v≤250km/h$	4600
		$250km/h<v≤300km/h$	4800
		$300km/h<v≤350km/h$	5000
2	三线及四线区间的第二线与第三线		5300
3	站内正线	$v≤250km/h$	4600
		$200km/h<v≤250km/h$	4800
		$300km/h<v≤350km/h$	5000
4	站内正线与相邻到发线		5000
5	到发线与相邻到发线		5000
6	安全线与其他线路		5000

五 股道、道岔编号规则

为了作业和维修管理的方便，站内股道和道岔应有统一的编号。同一车站或停车场内的股道和道岔不得有相同的编号。

（一）股道编号规则

站内正线规定用罗马数字编号（Ⅰ、Ⅱ、Ⅲ……），站线用阿拉伯数字编号（1、2、3……）。

1. 单线铁路车站股道的编号规则

单线铁路车站内的线路，由靠近站房的线路起向站房对侧依顺序编号；位于站房左方、右方或后方的线路，在站房前的线路编完后，再由正线方向起，向远离正线方向依顺序编号，如图 3-6 所示（图中数字为线路、道岔编号）。线路编号规则：上行编双数、下行编单数。

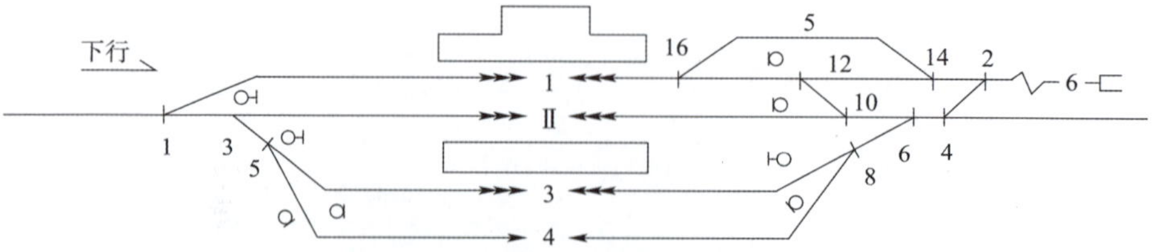

图 3-6　单线铁路车站股道编号

2. 双线铁路车站股道的编号规则

双线铁路车站内的线路，从正线起按列车运行方向分别向外顺序编号，上行编双数，下行编单数，如图 3-7 所示。

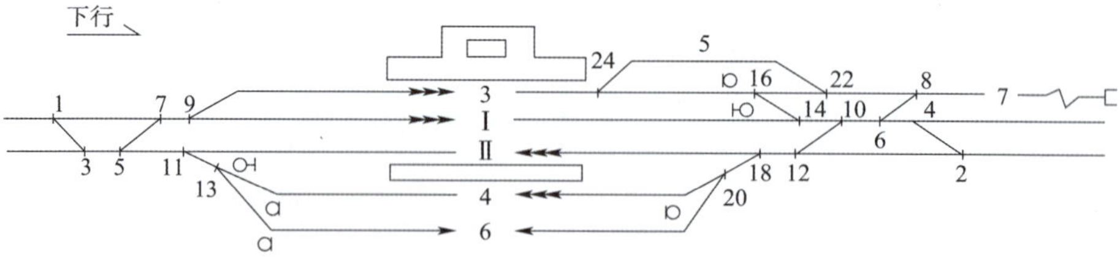

图 3-7　双线铁路车站股道编号

3. 尽端式车站股道的编号规则

当尽端式车站站房位于线路一侧时，从靠近站房的线路起，向远离站房方向顺序编号，如图 3-8a）所示；当尽端式车站站房位于线路终端时，面向终点方向由左侧线路起向右顺序编号，如图 3-8b）所示。

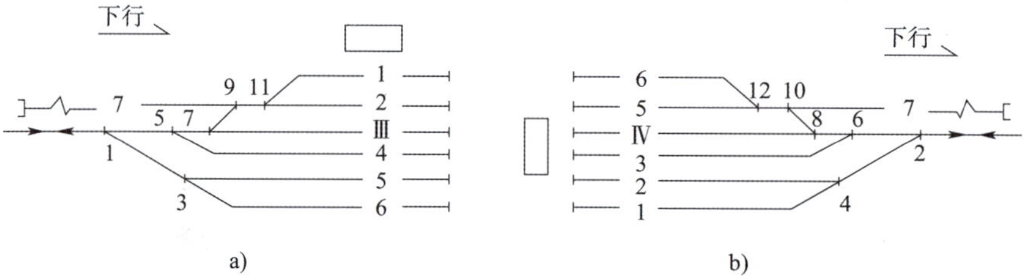

图 3-8　尽端式车站股道编号

4. 大型车站股道的编号规则

当大型车站有数个停车场时，应分别对停车场编号。当停车场靠近站房时，从靠近站房线路起，向站房对侧顺序编号；当停车场远离站房时，按照公里标前进方向从左向右顺序编号。在线路编号前冠以罗马数字表示停车场，如Ⅱ场 2 道，写为Ⅱ2。

（二）道岔编号规则

（1）用阿拉伯数字从车站两端由外向内依次编号，上行列车到达端用双数，下行列车到达端用单数，如图 3-6 和图 3-7 所示。

（2）站内道岔，一般以车站站房中心线作为划分单数号和双数号的分界线。

（3）每一道岔均应编为单独的号码，对于渡线、梯线、交分道岔等处的联动道岔，则应编为连续的单数或双数。

（4）当车站有几个停车场时，每一停车场的道岔必须单独编号，此时道岔号码应使用三位数字，其中百位数字表示停车场号码，个位和十位数字表示道岔号码。注意：应当避免在同一车站内有相同的道岔号码。

六 线路有效长

（一）线路有效长的定义和影响因素

1. 线路有效长的定义

线路有效长是指在线路全长范围内可以停留机车车辆而不妨碍邻线行车道岔转换和信号显示的部分。

2. 线路有效长的影响因素

（1）警冲标。警冲标是信号标志的一种，布设在两会合线路（线间距离为4m）的中间，用于指示机车车辆的停留位置，防止机车车辆的侧面冲撞，如图3-9所示。

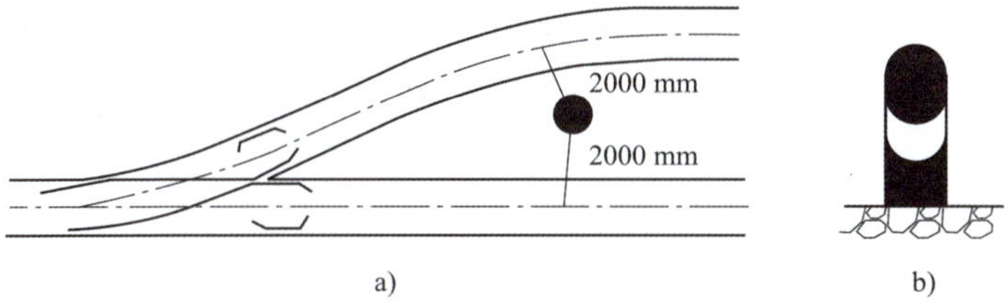

图3-9 警冲标

（2）道岔基本轨接头处的钢轨绝缘长度 a（有轨道电路时）或道岔的尖轨尖端长度 a_0（无轨道电路时）。a、a_0 如图3-10所示。

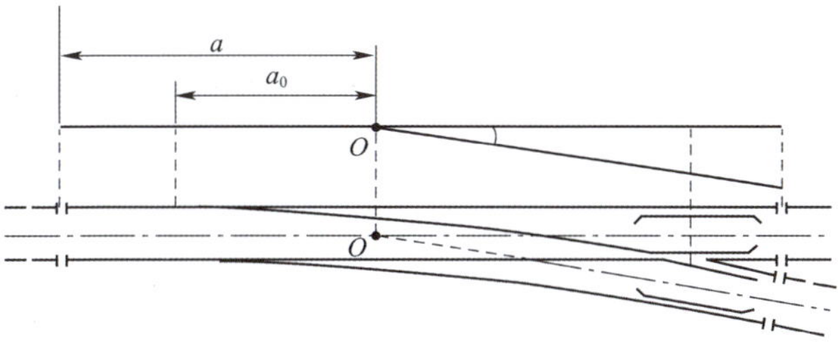

图3-10 钢轨绝缘长度 a 及尖轨尖端长度 a_0

（3）出站信号机（调车信号机）。它是用来指示列车可否进入区间的信号装置。

（4）车挡或挡车器。车挡设置在线路的尽头。

（5）减速器。

（二）线路有效长的范围

如何运用线路有效长的影响因素确定股道有效长，应视股道的用途及连接形式而定，其基本原则是应保证本股道及相邻股道的停留与作业安全。对于双方向使用的线路，应分上、下行分别确定其有效长。图 3-11 所示为设置了轨道电路车站的股道有效长。

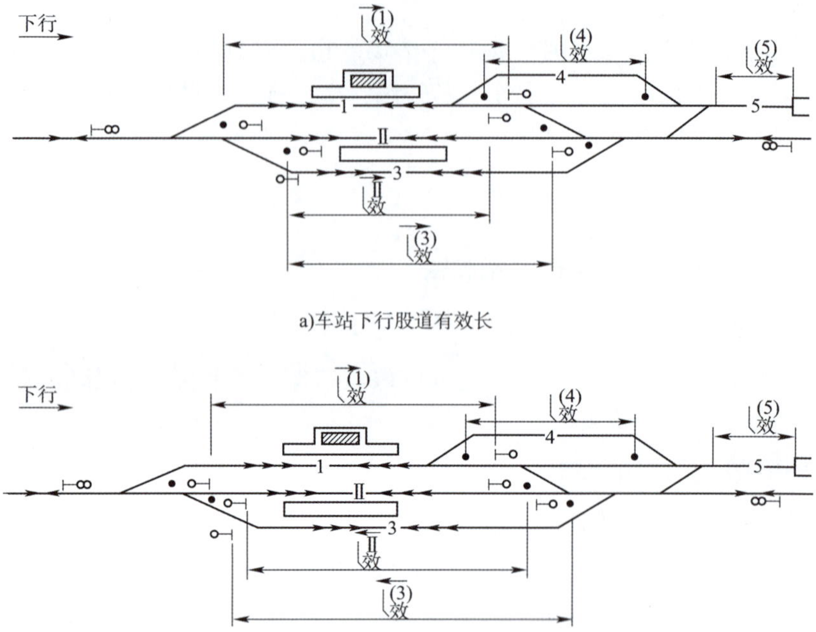

a)车站下行股道有效长

b)车站上行股道有效长

图 3-11　设置了轨道电路车站的股道有效长

我国铁路采用的货物列车到发线有效长在Ⅰ、Ⅱ级铁路上为 1250m、1050m、850m、750m、650m；在Ⅲ级铁路上为 850m、750m、650m、550m。开行以重载列车为主的铁路可采用大于 1050m 的到发线有效长。

具体采用何种有效长，应根据运输能力的要求、机车类型及所牵引列车的长度，结合地形条件，并考虑与相邻铁路区段各铁路到发线有效长相配合等因素确定。

单元 3.2　中间站

二维码

认知铁路中间站和区段站

一　中间站分类

（一）无货场的中间站

无货场的中间站一般只办理列车的通过、会让和越行以及少量的客货运作业，不办理摘挂列车、甩挂车组的作业。无货场的中间站包括会让站和越行站。

1. 会让站

会让站设在单线铁路上，主要办理列车的到发和会让，也办理少量的客货运业务。因此，会让站应铺设到发线、旅客乘降设备，并设置信号及通信设备、技术办公用房，但没有专门的货运设备。在会让站上，既可以实现会车，也可以实现越行。图 3-12 所示为两条到发线的横列式会让站布置图。

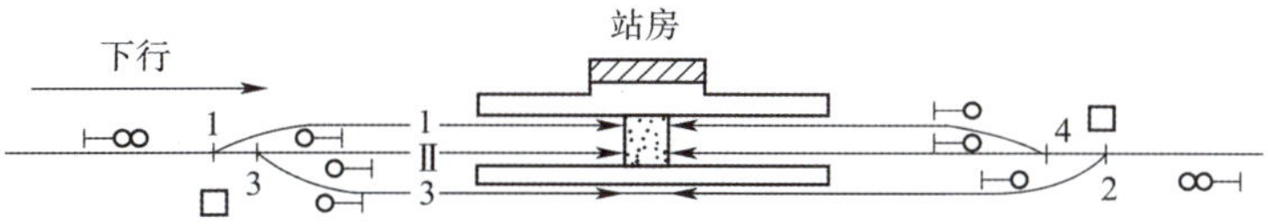

图 3-12　两条到发线的横列式会让站布置图

2. 越行站

越行站设在双线铁路上，主要办理同方向列车的越行业务，必要时办理反方向列车的转线，也办理少量的客货运业务。因此，越行站应有到发线、旅客乘降设备、信号及通信设备、技术办公用房等。图 3-13 所示为两条到发线的横列式越行站布置图。

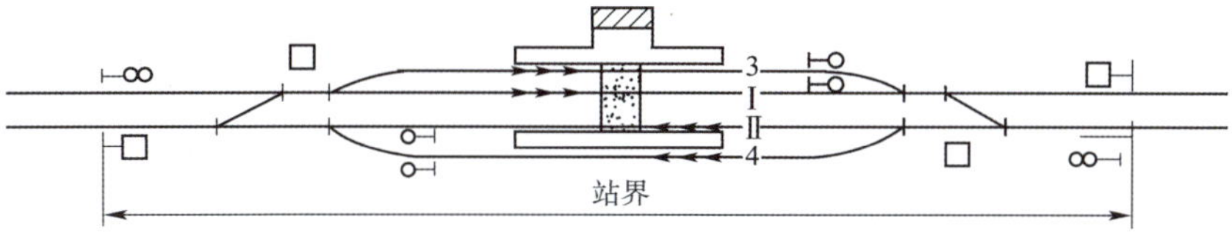

图 3-13　两条到发线的横列式越行站布置图

在正常情况下，双线铁路的每一条正线规定只开行某一方向的列车。车站的到发线是按方向分别设置的。相对方向运行的列车，在区间内或车站都可以交会。每一方向等待越行的列车可停在到发线上，不用跨越正线。车站两端设有渡线，在必要时起到调整列车运行方向或协助车站实行反方向接发列车的作用。

（二）有货场的中间站

有货场的中间站除办理与无货场的中间站同样的作业外，另设有货场，办理摘挂列车、甩挂车组的作业。

二　中间站的主要作业、主要设备和布置图

（一）中间站的主要作业

（1）列车的到发、通过、会让和越行。

（2）旅客的乘降，行李以及包裹的承运、保管与交付。

（3）货物的承运、装卸、保管与交付。

（4）摘挂列车的车辆摘挂以及向货物线、专用线取送车辆的调车作业。

有的中间站如有工业企业线接轨或加力牵引起终点以及机车折返线时，尚需办理去专用线取送车、补机的摘挂和机车整备等作业。

另外，在客、货运量较大的个别中间站，还应有始发、终到旅客列车及编组始发货物列车的作业等。

（二）中间站的主要设施设备

为了完成上述作业，中间站应根据作业的性质和工作量大小而设置以下设施设备：

（1）客运设施设备。客运设施设备主要包括旅客站舍（售票厅、候车室、行李房）、旅客站台、雨棚和跨越设备（天桥、地下通道）等。

（2）货运设施设备。货运设施设备主要包括货物仓库、货物站台和货运室、装卸机械等。

(3) 站内线路。站内线路包括到发线、牵出线和货物线等。它们分别用于接发列车、调车和货物装卸作业。

(4) 信号及通信设备。信号及通信设备包括信号机、信号表示器、站内电话、广播及扩音设施等。

(三) 中间站布置图

中间站布置图按到发线的相互位置，主要分为横列式和纵列式两种。

1. 横列式中间站布置图

横列式中间站布置图的特点是到发线沿正线横向排列。横列式中间站布置图具有站坪长度小、工程投资小、设备布置紧凑、便于管理、到发线使用灵活等优点。因此，中间站广泛采用横列式中间站布置图。横列式中间站布置图如图 3-14 所示。

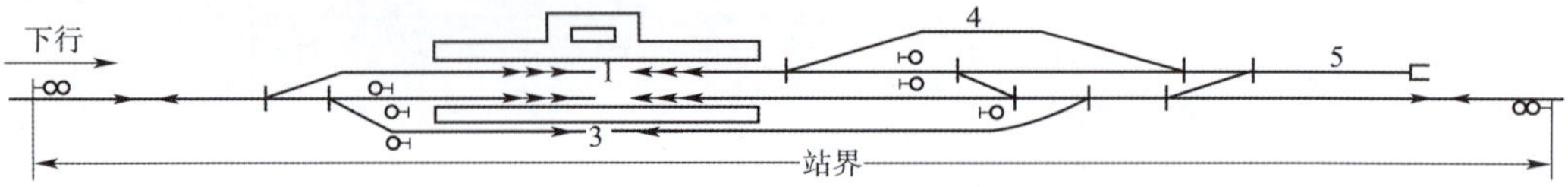

a)单线铁路横列式中间站布置图

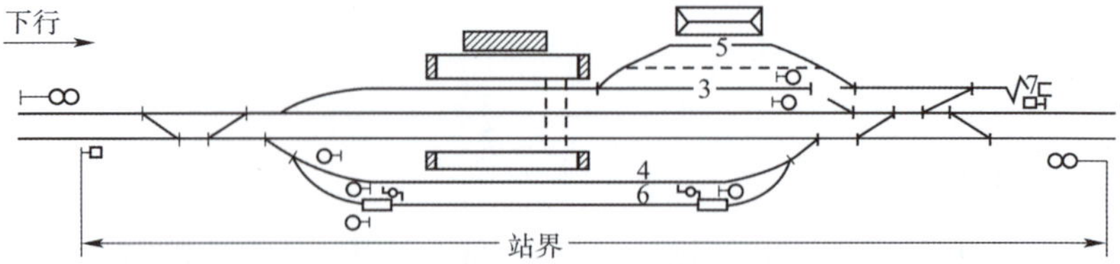

b)双线铁路横列式中间站布置图

图 3-14 横列式中间站布置图

2. 纵列式中间站布置图

纵列式中间站布置图的特点是到发线沿正线纵向排列，通常逆运转方向错移一个货物列车到发线的有效长度。纵列式中间站布置图的优点：有利于组织列车不停车会车，提高区间通过能力；适应重载列车到发的需要；便于车站值班员与司机交接行车凭证。纵列式中间站布置图的缺点：站坪长度大、工程投资大，且增加了中间咽喉，车站定员多，管理也不方便；车站值班员瞭望信号确认进路也不方便，车长与值班员联系工作走行距离长。因此，纵列式中间站布置图利少弊多，一般只在山区因地势陡窄或需组织不停车会让才采用。纵列式中间站布置图如图 3-15 所示。

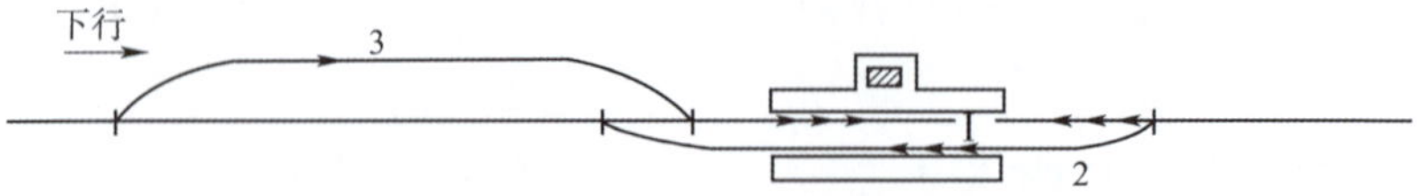

a)单线铁路纵列式中间站布置图

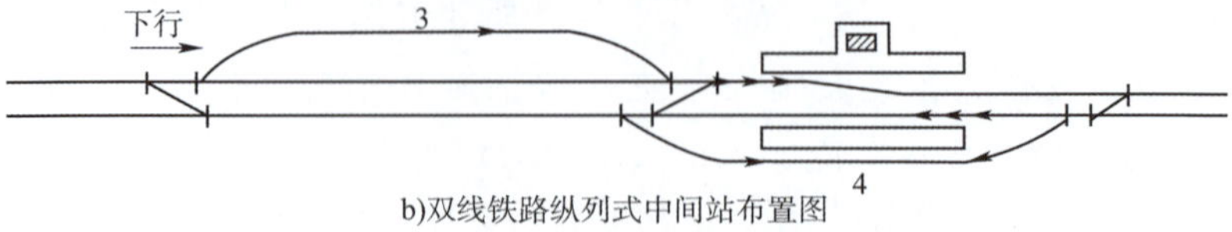

b)双线铁路纵列式中间站布置图

图 3-15 纵列式中间站布置图

单元 3.3 区段站

一 区段站主要任务

区段站多设在铁路牵引区段（机车交路）的起点或终点。区段站的主要任务：为邻接的铁路区段供应或整备机车以及更换机车乘务组；为无改编中转货物列车办理规定的技术作业；办理一定数量的列车解编作业及客货运业务；在设备条件具备时，还进行机车、车辆的检修作业。

知识拓展

无改编中转货物列车：货物列车到达本站不解体，只进行技术检查和机车换挂等作业，然后继续运行的列车。

有改编中转货物列车：货物列车到达本站后，要将列车解体。

解体：把列车中不同去向的车辆分别送入调车场的指定线路上。

编组：把停留在调车线上同一去向的车辆，按有关规定与要求连挂起来，编成一个新的车列。编组应按货物列车编组计划进行。货物列车编组计划，对于重车来说，大多是对到达某一范围内车流的一种界定；对于空车来说，是对编组车种的确定。

想一想：在实际的铁路运输中，为什么需要有改编和无改编中转货物列车的区分？

二 区段站作业与设施设备

区段站的作业和设备尽管在数量和规模上都不是最大的，但是种类是比较齐全的。

（一）区段站作业

根据区段站所担负的任务，其主要办理的作业可以归纳如下。

1. 客运业务

区段站与中间站办理的客运业务大致相同，只是数量较大。

2. 货运业务

区段站与中间站办理的货运业务大致相同，但一般作业量更大。

3. 运转作业

（1）与旅客列车有关的运转作业。

区段站主要办理列车的接发作业及机车更换、技术检查等。有的车站还办理铁路局集团管内或市郊旅客列车的始发、终到作业及个别车辆的甩挂作业。

（2）与货物列车有关的运转作业。

区段站主要办理无改编中转货物列车的接发及有关作业。对区段列车和摘挂列车，区段站不仅要进行解体和编组作业，还办理向货场、工业企业线取送作业等。某些区段站还承担少量的始发直达列车的编组任务。

4. 机车业务

区段站主要进行换挂机车和更换乘务组，对机车进行整备、修理、检查等。

5. 车辆业务

区段站可以办理列车的技术检查和车辆的检修业务；在少数设有车辆段的区段站上，还办理车辆的段修业务。

（二）区段站设施设备

为了保证上述作业的完成，在区段站上设有以下设备：

（1）客运设施设备。客运设施设备主要有旅客站房、站台、雨棚及跨越线路设备等。

（2）货运设施设备。货运设施设备主要有货场及其有关设备，如装卸线、货物站台、仓库、装卸机械等。

（3）运转设施设备。运转设施设备主要有旅客列车到发线，货物列车到发线、调车线、牵出线（有时设简易驼峰），机车走行线等。

（4）机务设施设备。区段站的主要机务设施设备设置在机务段或机务折返段。机务段所在的区段站上，如采用循环运转制，则在到发场应设有机车整备设备。当采用长交路轮乘制时，可设置机车运用段或换乘点。

（5）车辆设施设备。车辆设施设备主要包括车辆段、列车检修所、站修所等。

（6）其他设施设备。除上述设备外，还包括信号系统、通信系统、照明系统、办公房舍等设施设备。

三 区段站布置图

区段站中的客运、货运、运转、机务和车辆设施设备需要合理布置。区段站布置图受地形、城市规划、运量及运输性质、正线数目等因素的影响。区段站布置图的选择是一项重要而复杂的工作，应讲求经济效益，满足运输需要，节省工程投资，便于管理，有利于铁路、城市和工农业生产等的发展。

区段站常见的布置图有横列式、纵列式及客货纵列式三类。

（一）横列式区段站布置图

横列式区段站布置图的上、下行到发线（场）平行布置在正线一侧，调车场在到发场的一侧。单线铁路横列式区段站布置图如图 3-16 所示。

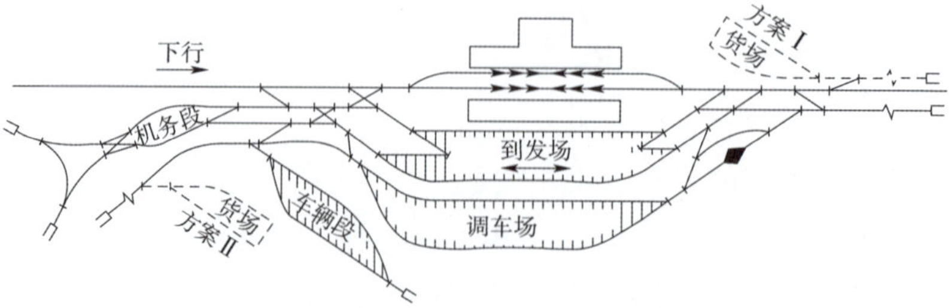

图 3-16　单线铁路横列式区段站布置图

横列式区段站布置图的主要优点：布置紧凑，站坪长度小，占地少，设备集中，管理方便，作业灵活性大，对各种不同地形的适应性强。

横列式区段站布置图的主要缺点：一个方向的列车机车出入段走行距离大，对站房同侧的货物取送车和正线有交叉干扰。

（二）纵列式区段站布置图

在双线铁路上，当运量较大时，为了减少站内两端咽喉区上下行旅客、货物列车进路的交叉干扰，区段站可采用纵列式区段站布置图。

纵列式区段站布置图的上、下行到发场分设在正线两侧并逆运行方向全部错移；在其中一个到发场一侧，设一个双方向共用的调车场。双线铁路纵列式区段站布置图如图3-17所示。

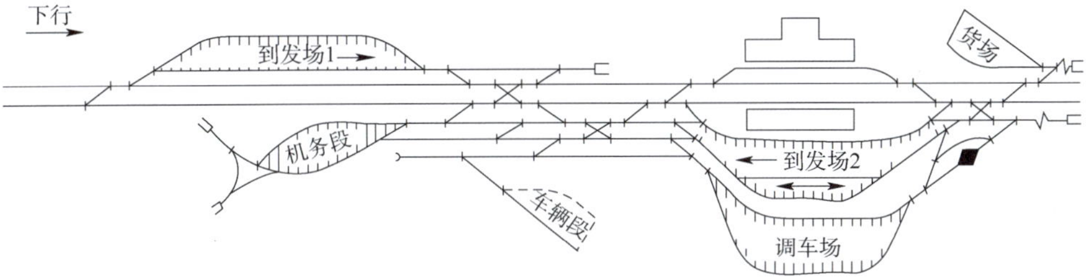

图3-17　双线铁路纵列式区段站布置图

纵列式区段站布置图的优点：作业上的交叉干扰少；机车出入段走行距离短，当机车采用循环运转制时，到发线上的整备设备比较集中；对站舍同侧的支线或工业企业线的接轨也比较方便。

纵列式区段站布置图的缺点：站坪长度大，占地多；设备分散，投资大；定员较多，管理不便；一个方向货物列车的机车出入段要横切正线。

（三）客货纵列式区段站布置图

客货纵列式区段站是客运运转设备（主要指旅客列车到发场客运运转设备）与货运运转设备（主要指货物列车到发场货运运转设备）纵向配列，如图3-18所示。

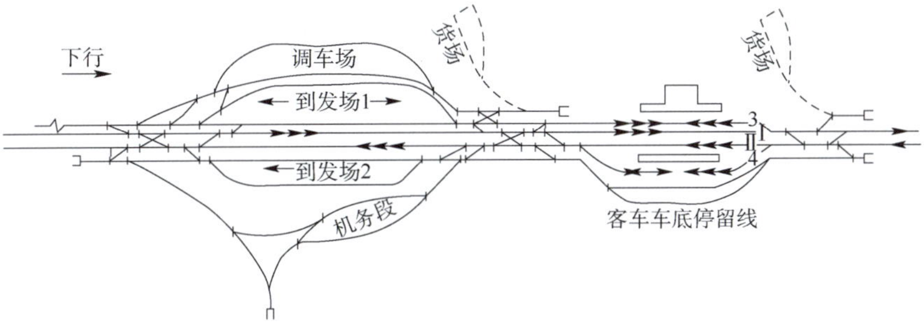

图3-18　客货纵列式区段站布置图

此种布置图往往是改建时逐步形成的，故客运、货运运转设备和机务设备相互位置的配置形式很多。其优缺点与纵列式区段站布置图大致相同。

单元3.4　编组站

编组站是办理大量货物列车解体和编组作业，并为此设有比较完善的调车设备的车站。编组站是铁路运输的主要生产单位，在完成铁路货物运输任务中，起着十分重要的作用。

编组站和区段站统称为技术站。它们办理的技术作业种类大致相同，都可以办理列车的接发及编解、机车乘务组的更换、机车整备、车辆检修等作业，但二者又有区别。区段站以办理无中转列车为主，办理少量区段列车和摘挂列车的改编作业。编组站则是按照编组计划要求，除办理通过列车外，主要是解体和编组直达、直通、区段、摘挂及小运转货物列车等。编组站以办理改编列车为主，所以编组站又叫“货物列车制造工厂”。

编组站通常设在几条主要干线的会合处，也可以设在有大量装卸作业地点的大城市、港口或大工矿企业附近。

二维码
认知铁路编组站

一　编组站分类

（一）路网性编组站

路网性编组站位于几条铁路干线的会合点，编组两个及以上远程技术直达列车，年度日均改编车数一般在6000辆以上。单（双）向纵列式编组站或混合式编组站，其驼峰设有自动或半自动控制设备。

（二）区域性编组站

区域性编组站分布在铁路干线交会的重要地点，是路网重要支点。它主要编组相邻编组站间的直通列车，年度日均改编车数在4000辆以上，具有半自动或机械调车设备。

我国部分编组站类别及名称见表3-3。

编组站的类别及名称　　表3-3

性　质	数　量	名　称
路网性	14	哈尔滨南、沈阳西、丰台西、郑州北、江岸西、新丰镇、济南西、南京东、阜阳北、徐州北、向塘西、株洲北、成都北、兰州北
区域性	26	三间房、通辽、山海关、四平、沈阳南、南仓、石家庄、大同、包头西、襄樊北、武昌南、安康东、宝鸡东、芜湖东、南翔、乔司、鹰潭、江村、衡阳北、怀化南、柳州南、重庆西、贵阳南、昆明东、迎水桥、乌鲁木齐西

若在一个铁路枢纽内设有两个及以上的编组站，则根据作业分工和作业量，将其分为以下两类：

（1）主要编组站：主要承担中转车流的改编任务，以解编直达、直通列车为主。

（2）辅助编组站：协助主要编组站作业，以解编地区小运转车流为主，个别情况也编组少量直达列车。

（三）地方性编组站

地方性编组站一般是指位于铁路干支线交会、铁路枢纽地区或大宗车流集散的港口、工业区，承担中转、地方车流改编作业的中小型编组站。它一般编组有两个及以上去向的直通和技术直达列车；日均调车达2500辆；单向混合式、横列式布置的编组站，其驼峰设有半自动或其他控制设备。

二 编组站主要作业及主要设施设备

（一）编组站的主要作业

1. 改编货物列车作业

改编货物列车作业是编组站最主要的作业，包括解体列车的到达作业、解体作业、编组作业及出发作业。这几项作业的数量多而且复杂，是分别在相应地点和车场办理的。

2. 无调中转列车作业

无调中转列车作业比较简单，其主要作业是换挂机车和列车的技术检查，由于时间短，办理地点只限于到发场或专门的通过车场。

3. 货物作业车作业

货物作业车是指到达本站、工业企业线或段管线内进行货物装卸或倒装的车辆，其作业过程比改编中转列车增加了送车、装卸及取车三项作业。

4. 机车整备和检修作业

机车整备和检修作业与区段站相同。

5. 车辆检修作业

编组站上的车辆检修作业包括在到发线上进行的车列技术检查及不摘车维修；在列检或调车过程中发现车辆损坏，需摘车倒装后送往车辆段或站修所进行的修理（站修）；根据任务扣车送段维修（段修）。

6. 其他少量作业

编组站除了上述作业外，根据具体情况，有时还需办理以下少量作业：

（1）客运作业，包括旅客乘降或换乘。

（2）货运作业，包括货物装卸、换装等。

（3）军用列车供应作业。

为了减少对编组站解编作业的干扰，确保主要任务的顺利完成，在编组站应尽可能不办理或少办理客、货运业务。

（二）编组站的主要设施设备

1. 调车设施设备

调车设施设备是编组站的核心，用以办理列车的解体和编组作业。调车设施设备主要包括调车驼峰、调车场、牵出线、辅助调车场等。

2. 行车设施设备

行车设施设备即接发货物列车的到发线及相关设备，用以办理货物列车的到达和出发作业。行车设施设备根据作业量的大小和作业性质的不同，可设置到发场、出发场（包括通过车场）。

3. 机务设施设备

机务设施设备主要指机务段。编组站的机务段规模比较大，供本务机车和调车机车办理检修和整备作业。

4. 车辆设施设备

车辆设施设备主要包括列检所、站修所和车辆段。

5. 客运设施设备

编组站客运业务很少，一般利用正线接发旅客列车。当客车对数较多时，也可设置1～2条到发线和1～2个旅客站台。

6. 货运设施设备

编组站一般不设专门的货运设施设备，按照具体情况可设零担中转换装站台以及牲畜车、鱼苗车的上水换水设备。

7. 其他设施设备

编组站除上述设施设备外，还设有信号系统、通信系统、照明系统等。

三 编组站布置图

调车设施设备是编组站的核心。调车设施设备的数量与规模以及各车场的相互位置影响编组站布置图的形式。

（一）编组站布置图的分类

我国编组站布置图的基本类型归纳起来共有6类，其他类型都是在这个基础上派生而成的，并且数量很少。为了更清晰地表述编组站布置图的基本排列特征和车场个数，我国铁路行业对编组站布置图有所谓“几级几场”的称呼。

“级”：车站中轴线上车场排列形式。横列式又称为一级式，混合式又称为二级式，纵列式又称为三级式。

“场”：车场个数。同样是双向纵列式，根据车场数量的不同，布置图包含双向三级六场、双向三级八场等形式。

我国编组站的常见类型及形式见表3-4。

我国编组站的常见类型及形式 表3-4

类型	单向横列式	单向混合式	单向纵列式
单向编组站	单向横列式一级三场	单向混合式二级四场 单向混合式二级五场	单向纵列式三级三场
双向编组站	双向横列式	双向混合式	双向纵列式
	—	双向混合式二级四场 双向混合式二级五场	双向纵列式三级六场 双向纵列式三级八场

1. 按照调车设施设备的套数及调车驼峰方向分类

（1）单向编组站：只有一个调车场，上、下行合用一套调车设施设备（包括驼峰、调车场、牵出线），其驼峰溜车方向一般朝向主要改编车流运行方向（也称顺向）。

（2）双向编组站：有两个调车场，上、下行各有一套调车设施设备。两个系统的调车驼峰应朝向各自的上行和下行调车方向。

2. 按照车场的相互位置分类

（1）横列式编组站：上、下行到发场与调车场并列配置。

（2）纵列式编组站：到达场、调车场、出发场纵向排列。

（3）混合式编组站：主要车场纵列、另一部分车场横列。

（二）典型编组站布置图及作业流程分析

下文以双向三级六场编组站为例进行说明。图3-19和图3-20所示为典型的双向三级六场编组站的基本布置图和作业流程图。由图中可以看出，上、下行方向各有一套到达场、调车场、出发场，每套三个车场均依次纵列布置，并组成两个并列的独立系统。双向均为“流水式”作业，弥补了一级三场一个方向解体转线折返走行距离长的缺点，使车站具有较大的改编能力和通过能力。编组站布置图由于车场多、线路容量大，对于调整运行秩序和适应运量波动有较大的潜力和机动性。若采用机械化驼峰，其解编能力可达12000～14000辆/日；若采用自动化驼峰，其解编能力最大可达20000辆/日。

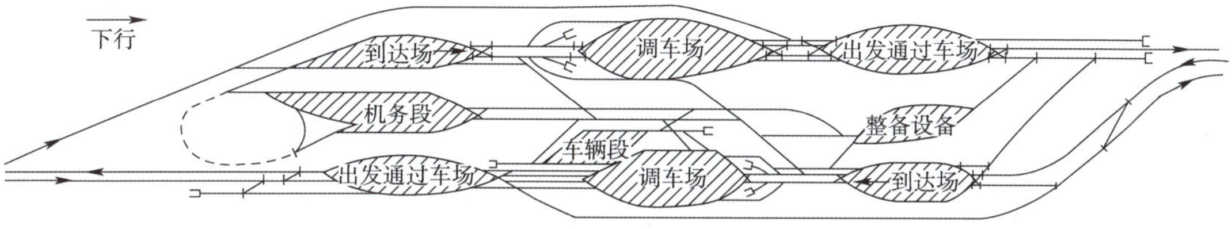

图3-19　双向三级六场编组站基本布置图

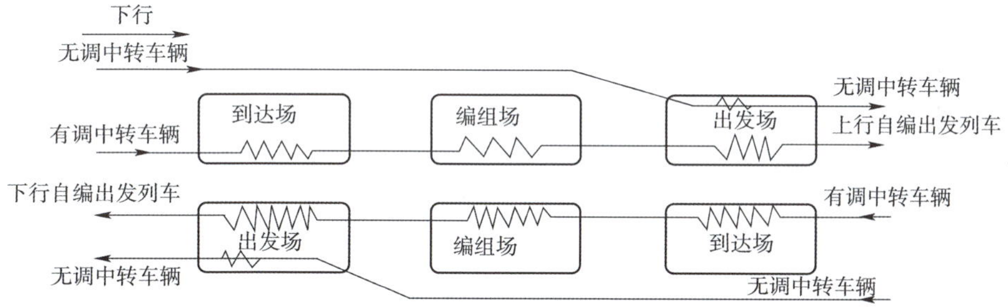

图3-20　双向三级六场编组站作业流程图

衔接3个以上方向的双向三级六场编组站，会产生折角改编车辆的重复解体和转场作业，这会造成多余的走行和作业干扰。一般在两套调车系统间设置场间联络线处理交换车流。此外，由于这种编组站车场分散、股道数量多、工程费用和占地面积都很大，因此，只有当解编作业量很大时才考虑采用。

四　调车设施设备

调车工作是铁路运输过程中的重要组成部分，对于编组站来说，更是日常运输生产的主要活动。调车工作按使用设备分为牵出线调车和驼峰调车。牵出线调车（适合车列的编组作业）靠调车机车的推力作用。驼峰调车（适合车列的解体作业）利用高差的位能，车辆溜放的动力以其自身的重力为主、以调车机车的推力为辅。

（一）驼峰

1. 驼峰的分类

驼峰按每昼夜解体能力和技术装备可分为以下三类：

（1）大能力驼峰。该驼峰每昼夜解体能力在 4000 辆以上，调车线不少于 30 条。该驼峰设 2 条溜放线，并设有车辆溜放速度控制系统、溜放进路自动控制系统及推峰机车遥控系统。

（2）中能力驼峰。该驼峰每昼夜解体能力为 2000～4000 辆，调车线 17～29 条。该驼峰设 2 条溜放线，并设有溜放进路自动控制系统，宜设置机车推峰速度自动控制系统、钩车溜放速度自动或半自动控制系统及推峰机车遥控系统。

（3）小能力驼峰。该驼峰每昼夜解体能力在 2000 辆以下，调车线 16 条及以下。该驼峰设 1 条溜放线，宜设置溜放进路自动控制系统、驼峰机车信号设备或机车遥控系统，也可用简易的现代化调速设备。

2. 驼峰的组成

驼峰范围是指峰前到达场（不设峰前到达场时为牵出线）与调车场头部之间的部分线段（图 3-21）。驼峰包括推送部分、溜放部分和峰顶平台。

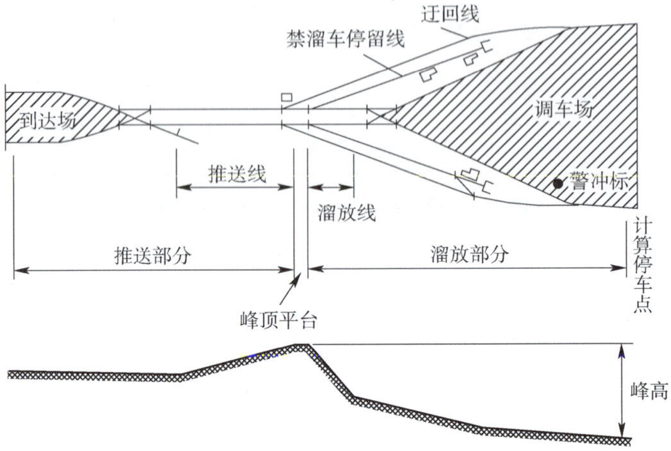

图 3-21　驼峰各组成部分示意图

（1）推送部分：经由驼峰解体的车列，其第一钩位于峰顶平台始端时，车列全长所在的线路范围。其中，由到达场出口咽喉的最外警冲标到峰顶平台始端的线段叫推送线。设置这一部分的目的是使车辆达到必要的高度，并使车钩压紧，以便摘钩。

（2）溜放部分：从峰顶至计算点的线路范围。其中，由峰顶到计算点的线路长度称为驼峰的计算长度，由峰顶至第一分路道岔始端的这段线路称为溜放线。

计算点是指确定驼峰高度时，保证难行车在溜车不利条件下溜到调车场难行线某处停车或具有一定速度的地点。驼峰调车场的调速制式不同，计算点的位置也不同。

（3）峰顶平台：驼峰推送部分与溜放部分的连接部分设置的一段平坡地段。峰顶平台包括压钩坡和加速坡两条竖曲线的切线长，其不包括竖曲线的切线长时叫净平台。

（二）驼峰调速工具

驼峰调速工具是提高驼峰的改编能力、保证作业安全所必需的设备。调速工具用来调控溜放车辆的速度。驼峰调整的制动目的分为间隔制动、目的制动。

间隔制动是保证前后溜放钩车间有必要的间隔距离。该距离能确保道岔来得及转换，使减速器能及时转换制动或缓解的状态，以便车辆顺利通过溜放部分进入调车线。

目的制动是为调车场内的停车制动创造条件，使车辆能停在调车线内的预定地点，不与停留车辆发生冲撞或相距太远而造成过大的“天窗”。

目前，我国铁路上常用的调速工具有制动铁鞋（简称铁鞋）、车辆减速器和车辆减速顶等。

1. 铁鞋

铁鞋对溜放车辆的制动原理，是使溜放车辆的车轮压上铁鞋，迫使铁鞋在钢轨上滑行从而产生制动力。

2. 车辆减速器

目前，我国铁路采用的车辆减速器主要有以下两种：

（1）非重力式减速器。

非重力式减速器利用压缩空气作为动力，由钢轨两侧的制动夹板挤压车轮进行制动，其构造及工作原理图如图 3-22 所示。当需要对车辆进行制动时，操纵制动按钮，使压缩空气进入气缸，活塞杆和杠杆的末端就被压向下方，而缸体连同杠杆的末端则上升，两杠杆末端分开，使夹板合拢而挤压车轮实现制动。

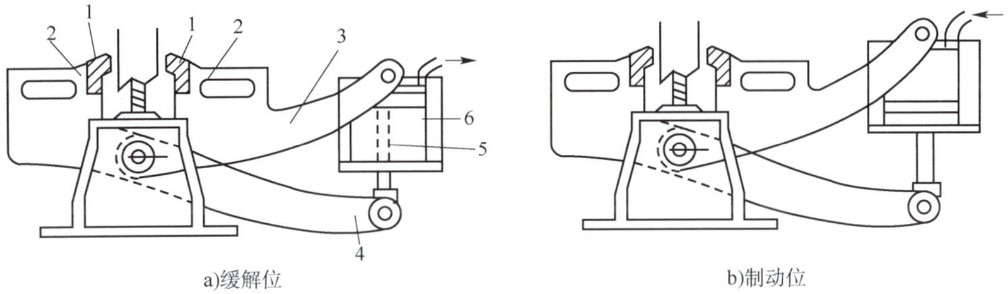

图 3-22　非重力式减速器的构造及工作原理图

1-夹板；2-制动梁；3，4-杠杆；5-活塞杆；6-缸体

（2）重力式减速器。

重力式减速器主要借助车辆自身的重量使制动夹板产生对车轮的压力而进行制动。这种减速器类型很多，我国铁路普遍采用双轨条油压重力式减速器。

重力式减速器与非重力式减速器相比，其优点主要在于制动力的大小可根据被制动车辆的自重大小而自动调节，无须再设置测重设备，也不需要空压和储风设备，成本较低。

3. 车辆减速顶

车辆减速顶由吸能帽和壳体（外壳、活塞组合件、密封组合件和止冲装置）等部分组成。车辆减速顶安装在钢轨一侧，吸能帽斜对轮缘部分，如图 3-23 所示。

车辆减速顶是一种不需要外部能源的、可以自动控制车辆溜放速度的调速工具。当车辆的走行速度低于减速顶的临界速度（事先设定的速度）时，车辆减速顶不起减速作用；当车辆走行速度高于车辆减速顶的临界速度时，车辆减速顶对车辆产生减速作用。

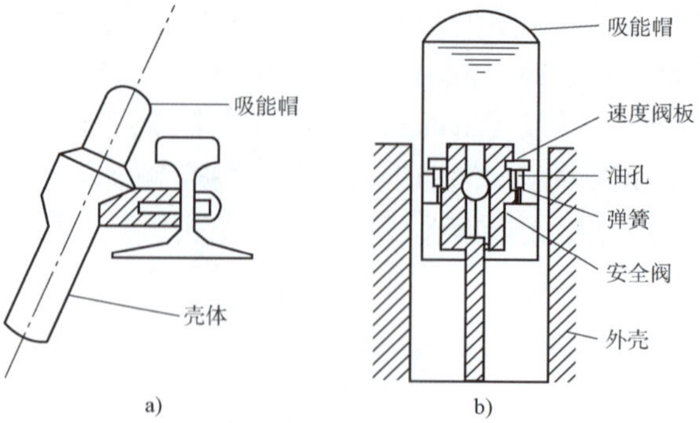

图 3-23　车辆减速顶

车辆减速顶的优点在于灵敏度高、性能良好、维修简便，是一种较好的调速工具。目前我国铁路已在众多编组站采用减速顶。

在机械化驼峰上，除调车场内使用铁鞋制动外，在驼峰溜放部分均采用车辆减速器。而在自动化驼峰上，根据车辆的走行性能、重量、预定的停车地点以及溜放速度等条件，由自动化装置控制减速器的制动能力。

五　编组站综合自动化

驼峰自动化是强化铁路编组站的有效措施之一，也是编组站现代化的主要内容和重要标志。驼峰调车作业的自动化，不仅能提高驼峰作业效率和编组站的改编能力，而且能保证作业安全，改善劳动条件，减轻劳动强度。

驼峰自动化主要包括：车辆溜放速度的自动调节和自动控制，车辆溜放进路的自动选排和自动控制，驼峰机车推送速度的自动调节和自动控制，摘解制动软管和提钩作业的自动化等。其中，最关键的是车辆溜放速度的自动控制，它是驼峰自动化的核心内容。

随着计算机在铁路上的广泛应用，我国编组站也采用计算机进行信息处理和控制。目前，成都北站实现了货物列车解体作业自动化（溜放速度控制、溜放进路控制和推峰机车遥控）、编组作业自动化（编组场尾部采用道岔、信号计算机集中控制）以及信息处理自动化（调车作业计划的编制，编组站现在车管理，列车确报的收集、转发以及统计和分析等）。

从国内外铁路运营的实践来看，编组站作业的综合自动化，能使编组站的工作条件、作业效率、作业安全和工作质量得到很大的改善，这对于加强编组站的生产能力、全面提高编组站的运营管理水平均有显著的效果。通过信息传输网将编组站与全路计算中心连接起来，将为实现整个铁路运输管理自动化创造条件。

单元 3.5　高速铁路车站

一　高速铁路车站的特点及分类

高速铁路车站的分布主要取决于城市分布和市场需求情况。根据高速铁路沿线人口和城镇分布情况，考虑运输组织、设计能力、技术条件、工程条件等，对高速铁路车站进行合理布局，一般取站间距离30～60km。

由于高速列车在列车编组辆数、运营模式、信号制式等方面均不同于普速列车，所以为其服务的高速铁路车站在设计上也不同于其他铁路车站，它在车站设计、功能分类、站线设备等方面有其自身特点。

知识拓展

高速铁路与普速铁路存在以下不同。

1. 铁路轨道不同

高速铁路使用无砟轨道，少部分采用有砟轨道。普速铁路采用有砟轨道。

2. 列车牵引方式不同

高速铁路列车是动力分散式列车。动力分散式牵引方式与动力集中式牵引方式相反，其特点是动力来自分散在列车各个车厢上的发动机，而不是集中在机车上。普速列车是由机车牵引的，采用动力集中式的牵引方式。

3. 信号控制系统不同

我国高速铁路采用中国列车运行控制系统（Chinese Train Control System，CTCS）。高速铁路采用数字控制信号，比传统的模拟信号更加精确和稳定，能确保列车运行更安全。普速铁路采用模拟信号。

4. 建设成本不同

高速铁路建设成本比普速铁路建设成本高。

想一想：高速铁路相比普速铁路这些不同的特点会给高速铁路带来哪些优势？在现实生活中有哪些实际应用？

（一）高速铁路车站的特点

（1）作业单一，只办理客运业务，不办理货运业务。

（2）不办理行包和邮件装卸业务。

（3）车站设计必须突出“安全第一”的设计思想，不仅要充分体现“以人为本、方便旅客”的宗旨，还要考虑总体布局，方便旅客进出站和上下车，并做好与其他交通方式的协调。

（4）客运和行车工作组织、客运设施要适应高效率快速作业的要求。

（二）高速铁路车站的分类

高速铁路车站按业务性质可分为客运站和越行站，按技术作业性质可分为始发站和中间站，按客运量大小可分为特大型站、大型站、中型站及小型站。

二 高速铁路车站设施设备

（一）车站线路

车站线路分为车站正线、站线和辅助线路三种。

（1）车站正线。车站正线是指直接与区间连接的线路。

（2）站线。站线包括到发线、折返线、动车组走行线及站内指定用途的其他线路。

（3）辅助线路。辅助线路包括安全线、避难线、渡线、联络线、岔线及其他线路。

（二）客运服务设施设备

1. 客运站房

客运站房应根据客运量设有便于购买车票、办理行李包裹、候车、问询、引导、广播、携带品寄存，以及为旅客服务的文化、卫生及生活设备；根据规定应设置实名制验证和制证设备、安全检查设备、客运信息查询设备、视频监控设备、行李包裹到达查询设备、垃圾存放设备、消防设备等；根据需要应设置电梯、自动扶梯、无障碍通道和相应的助残设施、污物处理设备、自动售检票和取票设备等。

2. 旅客站台

旅客站台应为高站台，应设置安全标线和停车位置标。旅客站台两端应设置防护栅栏。防护栅栏不得侵限，并悬挂禁行标志。

3. 旅客服务系统

旅客服务系统可支持铁路局集团公司集中运行、中心代管小站运行和车站独立运行等模式。该系统配置相应旅客服务集成管理平台和车站应急处理平台，可实现对车站广播、引导、时钟、查询、视频监控等客运业务的集中管理和控制。

4. 其他

客运站应有站前广场，站台应有雨棚，跨越线路应采用天桥或地下通道。

三 高速铁路车站作业

（一）越行站主要作业

（1）办理正线各种列车的通过。

（2）办理待避列车进出到发线，停站待避。

（3）个别车站设有综合维修工区岔线，办理相关作业。

高速铁路越行站布置图如图 3-24 所示。

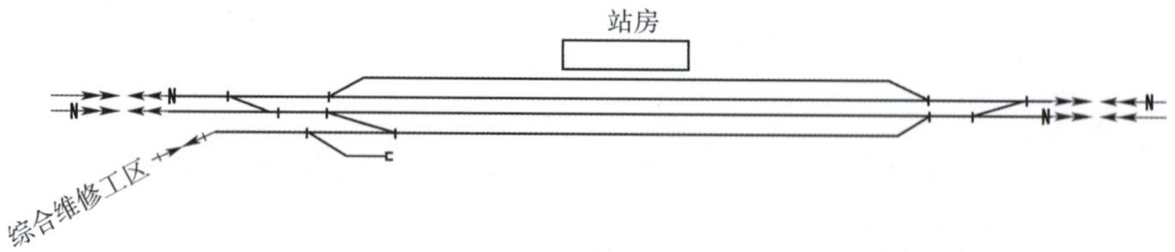

图 3-24 高速铁路越行站布置图

知识拓展

2019 年，国铁集团下发《关于进一步深化高速铁路综合维修生产一体化站段改革的指导意见》（简称《指导意见》），部署设置高铁基础设施段。《指导意见》指出，高速铁路营业里程不超过2000km，且管辖半径一般不大于500km 的铁路局集团公司原则上设置 1 个基础设施段。

基础设施段负责高速铁路基础设施设备日常巡视检查、检测监测、养护维修、故障应急处理、营业线施工管理、路外环境检查等工作。基础设施段设 6 个综合科室，并按“技术 + 生产”重组机构，设立生产技术中心（分为专业维修技术中心和生产调度监控中心），在车间设置上主要分为综合维修车间、电力车间、车载设备车间和机修车间。国铁集团细化用工管理，要求按照创新劳动组织、多专业融合的原则，在综合维修车间设立高速铁路综合维修工，并将轨道车司机、接触网作业车司机合并设置为轨道作业车司机，鼓励培养一岗多能、一专多能人才。

（二）中间站主要作业

（1）办理正线各种列车的通过。

（2）办理停站列车和越行列车进出到发线和旅客上、下车。

（3）有立即折返列车的中间站，办理列车终到、始发作业。

（4）有综合维修工区岔线接轨的中间站，办理相关作业。

（5）一般均设有与既有铁路车站的高、中速联络线，可供旅客列车上下线作业。

高速铁路中间站布置图如图 3-25 所示。

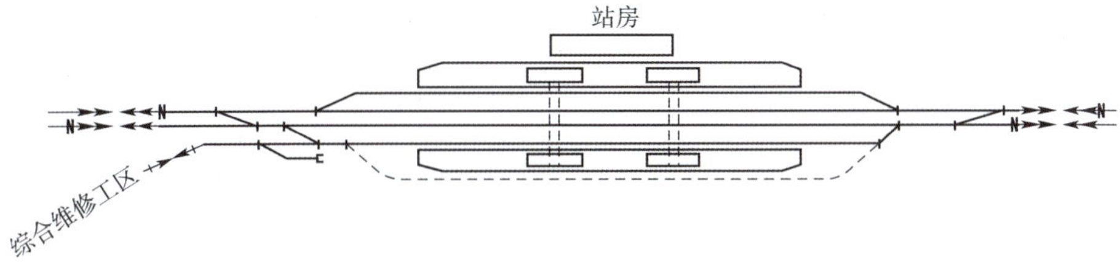

图 3-25　高速铁路中间站布置图

（三）始发（终到）站主要作业

始发站和终到站设置在高速铁路的起点和终点，一般位于大城市的铁路枢纽上，应设有与到发线相衔接的动车段（所）或综合维修基地。始发站和终到站作业基本包含了中间站的全部作业，但与中间站又有所不同，其主要作业包括：

（1）办理高速列车的客运业务。

（2）办理高速列车的始发、终到，动车组的取送和折返作业。

（3）办理动车组的整备、检修作业。

高速铁路始发（终到）站布置图如图 3-26 所示。

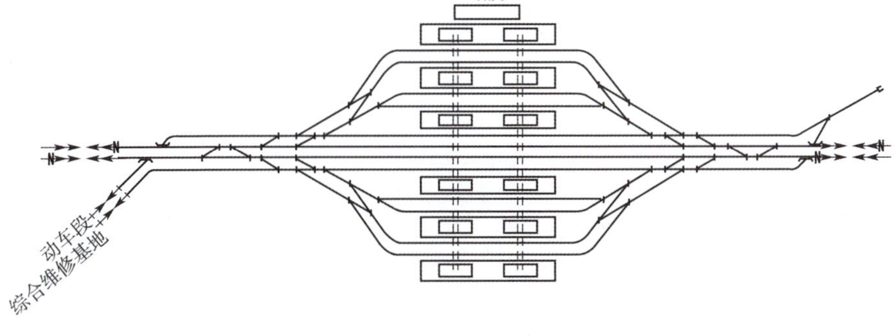

图 3-26　高速铁路始发（终到）站布置图

四　高速铁路车站布局

高速铁路车站既有新建高速铁路车站，也有利用既有高速铁路车站（以下简称既有站）改扩建的高速铁路车站。

（一）新建高速铁路车站

高速铁路车站的站址必须结合城市发展规划确定。新建高速铁路车站的布局有以下两种方案。

1. 地面站

地面站是指建设在一定填土之上的车站。常规地面站布局如图 3-27 所示。

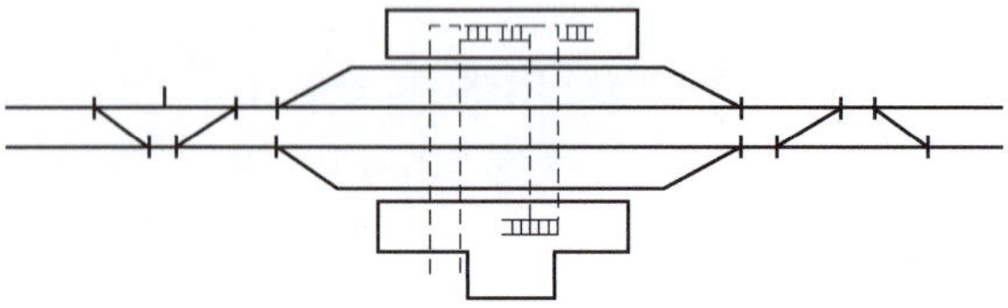

a)平面

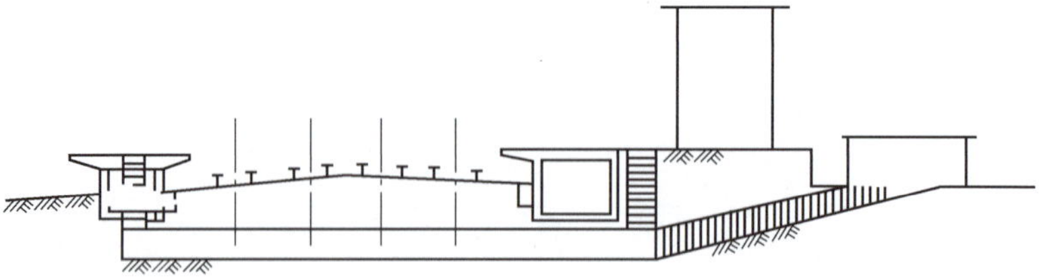

b)立面

图 3-27　常规地面站布局

2. 高架站

车站两端线路因与多处道路交叉而设计为高架线路的车站称为高架站，如图 3-28 所示。候车室高架于车站之上的车站布局如图 3-29 所示。

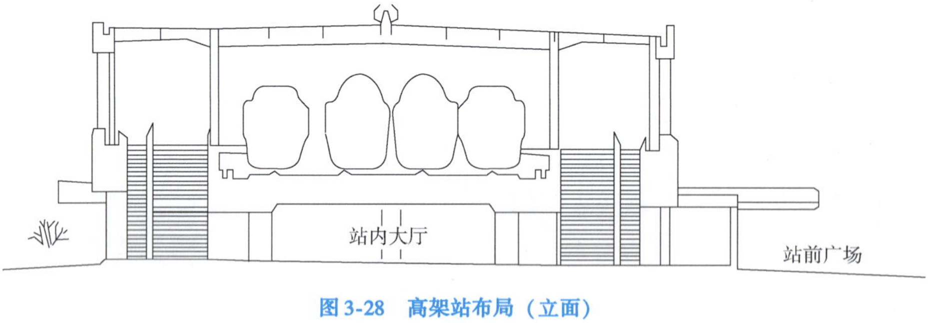

图 3-28　高架站布局（立面）

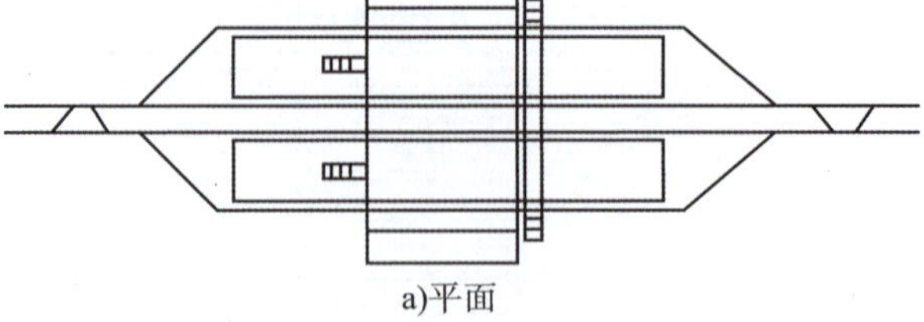

a)平面

图　3-29

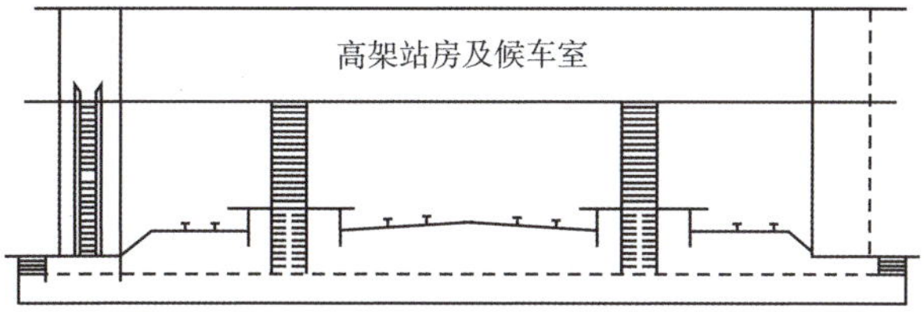

b)立面

图 3-29　候车室高架于车站之上的车站布局

（二）紧邻或利用既有站改扩建的高速铁路车站

1. 高速铁路车站建于既有站之上

在既有站附近修建高速铁路车站，拆迁费用较高，且高速铁路车站与既有站之间有岔线相连。高速铁路车站可以采用全部或部分高架建于既有站之上的方案。既有站上方设高架高速铁路车站布局如图 3-30 所示。

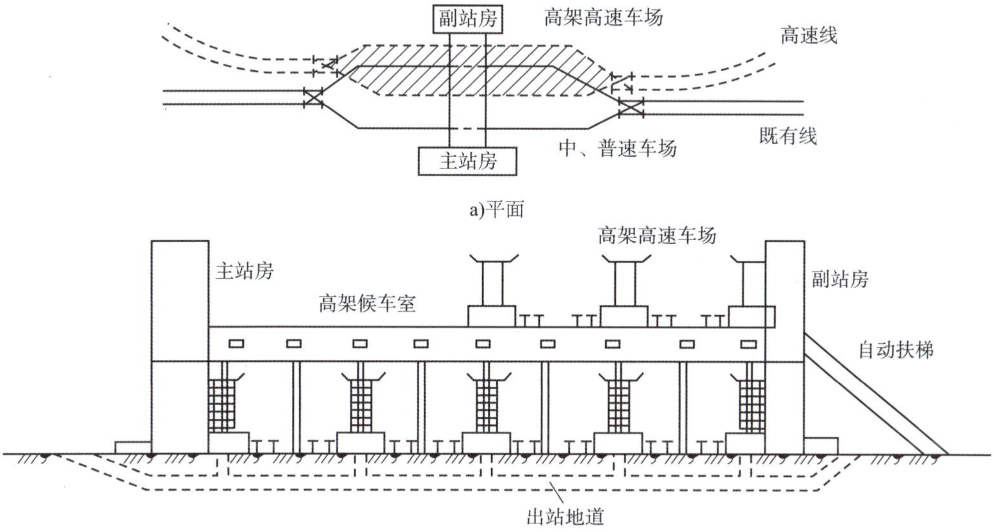

b)立面

图 3-30　既有站上方设高架高速铁路车站布局

2. 高、普速共车场的车站

全部利用既有站、高速正线在站外与既有正线连接、利用既有正线进站、高速正线不直接引入既有站的车站，称为高、普速共车场的车站，如图 3-31 所示。

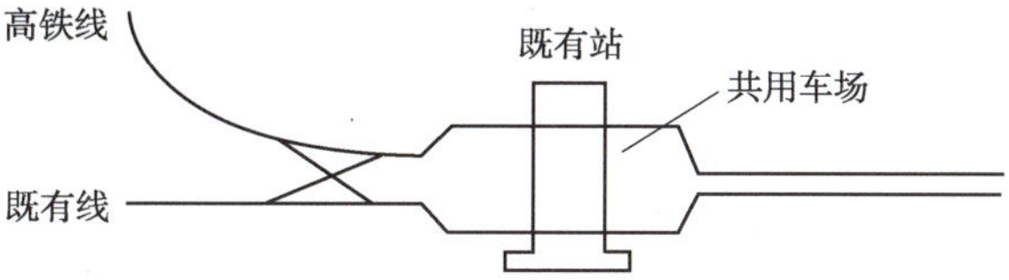

图 3-31　高、普速共车场的车站布局

3. 高、普速分车场的车站

利用既有站改扩建、将高速正线直接引入车站、与既有正线有平行进路通过咽喉的车站，称为高、普速分车场的车站，如图 3-32 所示。

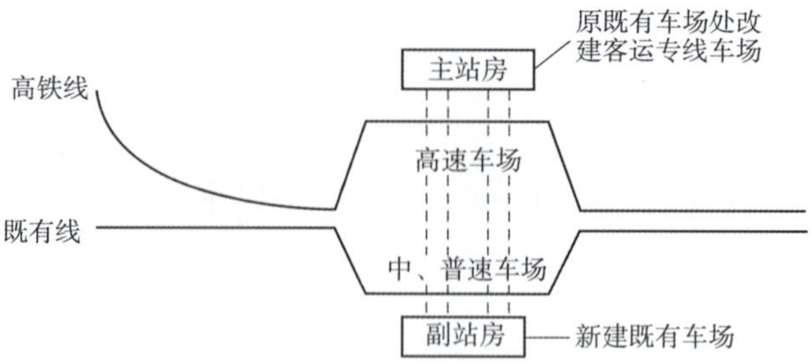

图 3-32 高、普速分车场的车站布局

知识拓展

铁路枢纽

铁路枢纽是指在铁路网的交会点或终端地区，由各种铁路线路、专业车站以及其他为运输服务的有关设备组成的总体。铁路枢纽是铁路网的一个组成部分。

铁路枢纽内各站既有分工又有联系，共同担负着枢纽地区的铁路运输任务。铁路枢纽既是客、货流从一条铁路转运到各接轨铁路的中转地区，又是城市、工业区客、货到发和联运的地区。铁路枢纽除了办理枢纽内各种车站的有关作业外，还办理以下作业：在货运业务方面办理货物的承运、装卸、发送、保管等业务；在客运业务方面办理直通、管内和市郊旅客列车作业；在货物运转方面办理无调中转、改编列车的转线作业和小运转列车作业。此外，铁路枢纽还是组织车流交换、进行机车车辆检修作业、调整列车运行和供应列车牵引动力的重要据点。

《国家中长期铁路网规划》中提出，统筹运输网络格局，按照“客内货外”的原则，优化铁路枢纽布局，完善系统配套设施，修编铁路枢纽总图。创新体制机制，统筹建设运营，促进同步建设、协同管理，形成系统配套、一体便捷、站城融合的现代化综合枢纽。研究制定综合枢纽建设、运营、服务等标准规范。构建北京、上海、广州、武汉、成都、沈阳、西安、郑州、天津、南京、深圳、合肥、贵阳、重庆、杭州、福州、南宁、昆明、乌鲁木齐等综合铁路枢纽。

(1) 客运枢纽。按照“零距离”换乘要求，同站规划建设以铁路客站为中心、与其他交通方式有机衔接的综合交通体，特大城市应强化铁路客运枢纽、机场、城市轨道交通的便捷连接。实施站区地上地下立体综合开发，打造高效、便捷的综合客运枢纽和产城融合发展的临站经济区。同步强化客运枢纽场站设施，完善动车段（所）、客运机车车辆以及维修设施，完善客运枢纽（高铁车站）快件集散等快捷货物服务功能设施。

(2) 货运枢纽。合理布局铁路物流中心、铁路集装箱中心站及末端配送服务设施，扩大货物集散服务网络。按照“无缝化”衔接要求，完善货运枢纽多式联运、集装箱运输、邮政快递运输、国际联运以及集疏运等“一站式”服务设施，提升枢纽集散能力和服务效率。优化货运枢纽编组站，完善货运机车车辆设施。布局建设综合维修基地、应急救援基地以及配套完善铁路战备设施等。以发展枢纽型园区经济为导向，推进传统货运场站向城市物流配送中心、现代物流园区转型发展。

谈一谈：铁路枢纽的发展对于城市经济发展、区域交通连接以及人们日常出行有哪些积极影响？

姓名：________ 班级：________ 学号：________

学习检测

一、知识检测

（一）填空题

1. （　　）是铁路线上设有配线的分界点。

2. 车站和线路所把铁路线路划分成若干个长度不等的段落，这些段落叫作（　　）。

3. （　　）是信号标志的一种，设在两会合线路线间距离为4m的中间，用于指示机车车辆的停留位置，防止机车车辆的侧面冲撞。

4. （　　）是指线路一端的道岔基本轨接头至另一端的道岔基本轨接头的长度。

5. 车站可按技术作业的不同分为（　　）、（　　）和（　　）。

（二）选择题（以下至少有一项是正确的，请将正确的选项填入括号内）

1. 铁路车站按客货运量和技术作业量大小分为（　　）。

   A. 一、二、三、四、五等站

   B. 特等站和一、二、三、四、五等站

   C. 一、二、三、四等站

   D. 特等站和一、二、三等站

2. 高速铁路车站按业务性质可分为（　　）。

   A. 客运站　　B. 货运站　　C. 会让站　　D. 越行站

3. 编组站的（　　）是指在车站中轴线上纵向排列的车场数，（　　）是指全站主要车场的总数。

   A. 列　　B. 级　　C. 排　　D. 场

4. 高铁车站线路设备分为车站（　　）三种。

   A. 正线　　B. 站线　　C. 道岔　　D. 辅助线路

（三）判断题（以下描述正确的打"√"，不正确的打"×"）

1. 线间距是指两相邻线路外侧两股钢轨之间的距离。（　　）

2. 区段站和编组站统称为技术站。（　　）

3. 中间站被称为"列车工厂"。（　　）

4. 双线铁路车站内的线路，从正线起按列车运行方向分别向外顺序编号，上行编单数，下行编双数。（　　）

5. 调车设备是编组站的核心设备。（　　）

（四）思考题

1. 普速铁路车站和高速铁路车站分别有哪些分类？其分类标准是什么？

2. 车站的线路种类有哪些？

3. 中间站、区段站、编组站设备和作业有哪些异同？

4. 高速铁路车站设计应该考虑哪些因素？

二、技能检测

1. 为图 3-33 中车站的线路标注线路名称，标注在横线上。

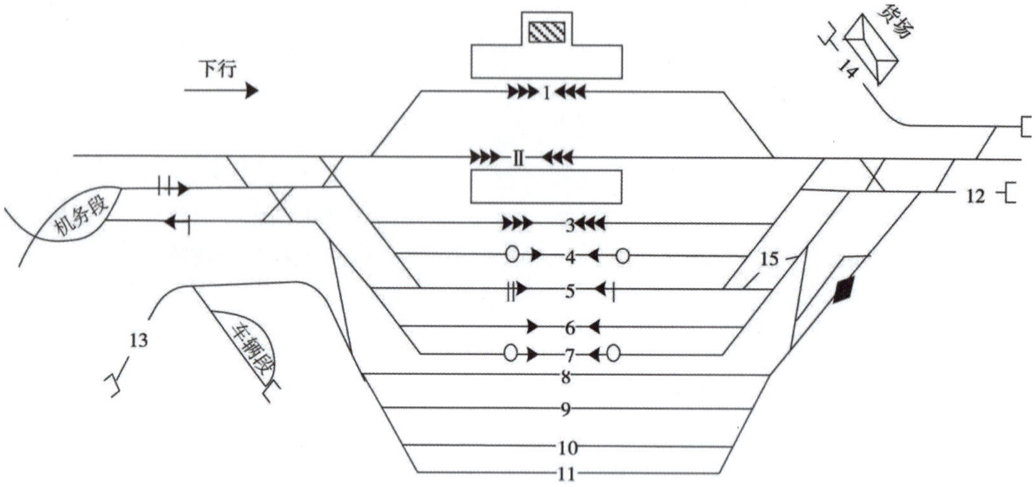

图 3-33

1 道：________；Ⅱ 道：________；5 道：________；9 道：________；12 道：________；14 道：________；15 道：________。

2. 请写出下图中车站设备或者场站的种类。

图片	车站设备或场站名称	图片	车站设备或场站名称

三、素质检测

1. 阅读以下材料

枢纽上的调车“指挥家”

郑州局集团公司郑州站运转车间值班员蒋涛参加工作20余年，先后担任车站制动员、连结员、信号员、值班员等工作岗位，2010年起他牵头负责车站行车调度工作。

他始终坚持“安全为重、畅通为先、服务为本”的工作理念，用实际行动诠释了什么是顽强不屈的坚守，患难与共的担当。日常平均1.81min办理1条接发列车，36.36s办理1条进路，带队参与多条新线开通任务和郑州车站联锁换装、道岔换装等重点施工，累计办理过的接发列车37万多列，连续近十年保持“零违标、零违章、零失误”的工作记录，荣获了全国五一劳动奖章、最美铁路人、全国铁路“新时代·铁路榜样”、河南省五一劳动奖章、郑州局集团公司劳动模范、先进生产（工作）者、技术能手、“星耀家园年度榜样”等荣誉称号。

（摘编自央广网，2024年1月24日）

谈一谈：结合自己或身边人的经历，谈一谈蒋涛这种工作理念在实际工作中的重要性。

查一查：查一查在你感兴趣其他领域，有没有类似蒋涛这样坚守岗位、追求卓越的人物。

想一想：作为一名准铁路人，你会如何将蒋涛的“安全为重、畅通为先、服务为本”的工作理念融入日常工作中？

2. 班组学习任务

阅读以下两个案例，班组共同完成案例分析任务。

【案例1　扶贫慢火车】

四川大凉山普雄至攀枝花的5633/5634次公益性“慢火车”，穿行于我国凉山彝族自治州，为闭塞的山区搭起了一座与山外世界沟通的桥梁。该列车有13节车厢，沿途停靠26个站点，走满全程353km需要9个多小时。这些站点铁路快车不停，汽车开不上去，当地人出行多半依靠这趟慢火车。这辆绿皮车30年来票价不变，成为方便当地人乘坐的“便民车”。

对住在大山里的彝族村民来说，5633/5634次慢火车不是一趟普通列车，而是山里人的赶集车、脱贫路上的助力车。搭上这趟普通列车，村民们除了将山里的土特产带出去销售，也会购买生活必需品。

每当路过喜德站，站外的烈士陵园总会吸引列车长何丹的目光，那里长眠着为建设成昆铁路牺牲的烈士。在她看来，虽然没有高铁的速度，但这趟列车依然继承了当年建设铁路的铁道兵那种“为人民服务”的精神。它为生活在大凉山深处的人们提供了经济、便利的交通，连接着这里和外面的世界，承载着一代又一代人脱贫致富的希望。

请根据此案例完成以下任务。

（1）背景调查分析。

收集并整理关于5633/5634次慢火车的基本信息，包括运行路线、停靠站点、乘客构成、票价历史等。

运用文献资料调查法，调查分析交通不便对大凉山地区居民生活的影响。

（2）慢火车的社会效益分析。

分析慢火车如何促进当地农产品外销，增加村民收入？

探讨慢火车在提供基本出行服务、满足居民日常生活需求方面的作用及加强地区间文化交流、促进民族团结的意义。

（3）“为人民服务”精神的学习与反思。

分析慢火车运营背后所体现的服务理念，包括其历史渊源与现实意义。

讨论如何将“为人民服务”的精神应用于其他公共服务领域，促进社会公平与发展。

【案例2　银西高铁】

2020年12月26日，作为国内“八纵八横”高铁网重要组成部分的银西高铁正式开通运营，成为串联陕甘宁革命老区的首条高速铁路。

银西高铁开通运营以来，全线为促进地方经济发展、方便沿线群众出行发挥了举足轻重的作用。银西高铁通过以线串点、以点带面，促进东中西部良性互动、协调发展，推动西部大开发战略深入实施。银西高铁在为沿线居民提供更加便利的出行条件的同时，串联起陕甘宁革命老区黄金旅游线、革命传统教育线和巩固脱贫攻坚成果的小康线，是一条名副其实的民生线。

新征程，新使命。高速铁路是协同与效率的一扇浓缩“窗口”。银西高铁的开通运营，打通了以银川为中心的沿黄城市带和以西安为中心的关中城市群之间的便捷通道，拉近了宁夏与东南部发达地区的时空距离，进一步提升了宁夏对外开放水平，助力加快建设黄河流域生态保护和高质量发展先行区、推进全面融入“一带一路”和双循环新发展格局。

请根据此案例完成以下任务。

（1）案例背景分析。

收集并整理银西高铁的基本信息，包括线路走向、站点设置、建设历程、技术特点等。

运用文献资料调查法，调查分析交通基础设施对陕甘宁革命老区发展的影响。

（2）社会影响分析。

分析高铁对陕甘宁革命老区旅游业、革命传统教育、脱贫攻坚的推动作用。

分析银西高铁在黄河流域生态保护和高质量发展、融入“一带一路”和双循环新发展格局中的战略地位。

学习评价

评价指标		自我评价（20%）	班组评价（20%）	教师评价（60%）
基础知识（60%）	知识掌握（40%）			
	知识应用（60%）			
能力提升（40%）	自主学习能力（60%）			
	团队合作能力（40%）			

学习总结

个人学习总结：

班组学习总结：

模块4 铁路车辆

问题引入

为了完成运输任务，运送旅客或者货物到达目的地，需要使用特定的承载工具来装载旅客或货物进行运输。这种承载工具是什么呢？另外由于不同的旅客有不同的需求，不同性质和特点的货物有不同的装载需求，什么样的承载工具能满足这些不同的需求呢？答案就是铁路特有的运输工具，即铁路车辆。

学习导航

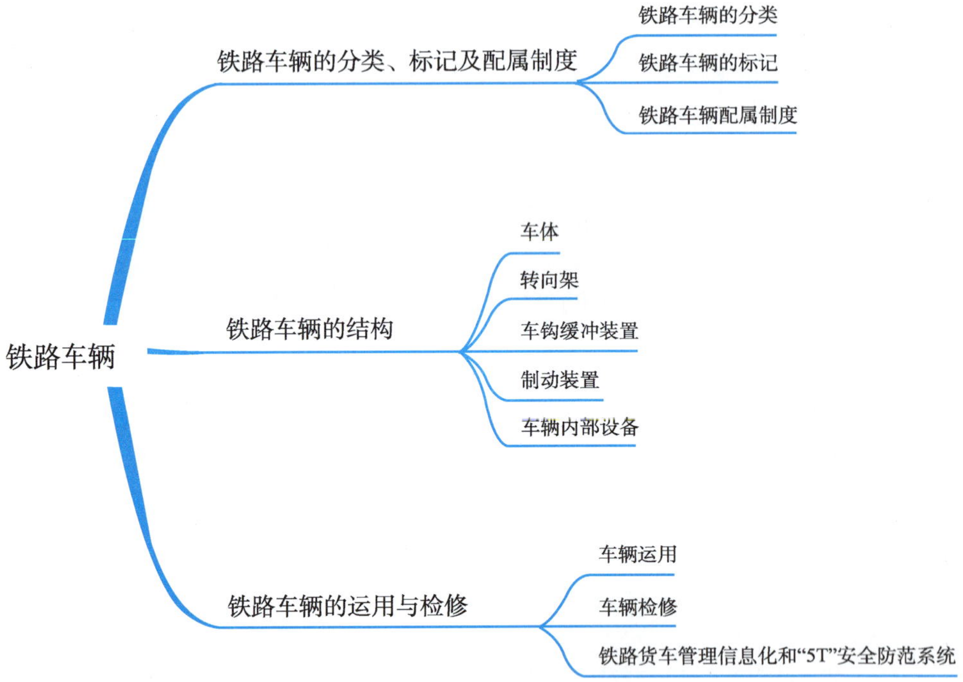

学习目标

知识目标

熟悉铁路车辆的分类、标记；

了解铁路车辆的配属制度；

熟悉铁路车辆的结构；

了解铁路车辆各结构的作用和功能；

了解铁路车辆的运用管理工作；

了解铁路车辆的检修制度。

技能目标

能判别铁路车辆的种类；

能判别铁路车辆标记的含义；

会分析不同铁路车辆结构的组成；

会分析不同铁路车辆结构的作用。

素质目标

提升分析问题、解决问题的思辨能力；

培养团队协作、遵章守纪的职业意识；

增强科技兴国、创新驱动的发展意识。

学习建议

学时要求

建议个人独立自主学习不少于 2 学时，班组合作式学习不少于 2 学时。

学习方法

请依托教材内容，广泛查阅相关资料，可以采取小组讨论、线上线下混合式学习方式。

学习导入

铁路车辆与其他车辆的最大不同点在于这种车辆的轮子必须在专门为它铺设的钢轨上运行。这种特殊的轮轨关系成了铁路车辆结构上最大的特点，并由此产生出其他特点。

（1）自行导向：除铁路车辆之外的各种运输工具几乎全有操纵运行方向的机构，只有铁道车辆通过其特殊的轮轨结构使车轮能沿轨道运行而无须专人掌握运行的方向。

（2）低运行阻力：除坡道、弯道及空气对车辆的阻力之外，铁路车辆运行阻力主要来自走行机构中的轴与轴承以及车轮与轨面的摩擦阻力。铁路车辆的车轮及钢轨都是含碳量偏高的钢材，轮轨接触处的变形较小，而且铁路线路的结构状态也使其运行阻力尽量减小，所以铁道车辆运行中的摩擦阻力较小。

（3）成列运行：以上两个特点决定了铁路车辆可以编组、连挂组成列车。成列运行要求车与车之间需设连接、缓冲装置；且由于列车的惯性很大，每辆车均需设制动装置。

（4）严格的外形尺寸限制：铁路车辆只能在规定的线路上行驶，无法像其他车辆那样主动避让靠近它的物体，为此要制定限界，严格限制车辆的外形尺寸以确保运行安全。

单元 4.1 铁路车辆的分类、标记及配属制度

一 铁路车辆的分类

二维码

认知铁路车辆的种类及配属

铁路车辆按用途可分为货车和客车两大类。

（一）货车车辆的类型

铁路货车是运送货物的车辆，原则上编组在货物列车中使用。货车类型很多，按其用途可分为通用货车、专用货车和特种货车。

1. 通用货车

通用货车可装载多种货物，有下列 3 种类型：

（1）敞车。

敞车如图 4-1 所示。敞车的车体两侧及端部均设有 0.8m 以上的固定墙板，无车顶。敞车主要用于装运散粒货物，如煤、焦炭等；可装运木材、集装箱等无须严格防湿损的货物；也可加盖篷布，运输怕湿损的货物。

（2）棚车。

棚车如图 4-2 所示。棚车车体设有车顶、侧墙、端墙和门窗。棚车主要用于装运各种需防湿损、日晒或散失的货物。除运货外，大部分棚车还可以临时代替客车运送旅客。

图 4-1　敞车

图 4-2　棚车

（3）平车。

平车如图 4-3 所示。平车底架承载面为一平面，通常两侧设有柱插，主要用于装运钢材、机械设备、集装箱、汽车等。

2. 专用货车

专用货车专门运送某些种类的货物，主要有以下 12 种：

（1）罐车。

罐车如图 4-4 所示。罐车设有圆筒形罐体，专用于装载液体、粉状货物。按货物品种分，罐车可分为化工品罐车、机油罐车、沥青罐车、液化气罐车、黏油罐车等。

图4-3　平车

图4-4　罐车

（2）保温车。

保温车如图4-5所示。保温车车体设有隔热材料，车内设有降温和加温设备。保温车主要用于装运易腐货物，如鱼、肉、水果等；也可装运对温度有特殊要求的货物。根据保温设备的不同分类，保温车可分为加冰冷藏车、机械冷藏车、冷藏加温车等。

（3）矿石车。

如图4-6所示。矿石车车体有固定的侧墙、端墙和卸货用的特殊车门，车体比容积小于$1m^3/t$。矿石车主要用于运送各种矿石、矿粉。有的矿石车整个车体能借液压或空气压力向任一侧倾斜，并自动开启侧门，把货物倾泻出来。

图4-5　保温车

图4-6　矿石车

（4）砂石车。

砂石车又称低边车，有高度不足0.8m的侧端墙以防止过载，主要用于运送砂土、碎石等货物。

（5）长大货物车。

长大货物车如图4-7所示。长大货物车车体长度在19m以上，无墙板，载重70t以上。长大货物车主要用于装运质量特大或长度特大的货物。有的车体中部凹下或设有落下孔，便于装载高大货物；有的车辆分为两节，运货时货物被夹持和悬挂在两节之间或通过专门支架跨装于两节车上，称为钳夹车或双联平车，用于装运体积特别庞大的货物。

（6）通风车。

通风车如图4-8所示。通风车车体与棚车相似，但侧端墙上设有百叶窗，顶棚设有通风口等通风设备，使新鲜空气能流入车内，而且能防止雨水侵入车内。通风车主要用于运送鲜果、蔬菜等货物，也可运送一般货物。

（7）家畜车。

家畜车如图4-9所示。家畜车车体与棚车相似，设有通风设备、给水设备、押运人员乘坐空间及饲料堆放间；有的还装有饲料槽。家畜车主要用于运送牛、马、猪、家禽等。

图 4-7　长大货物车

图 4-8　通风车

（8）水泥车。

水泥车车体为圆柱形罐体，其上部有装入水泥的舱孔，下部有漏斗式底开门，专门运送散装水泥。

（9）活鱼车。

活鱼车是运送鱼苗及活鱼用的车辆。车内设有水槽、注排水装置、水泵循环水流装置、通风口、百叶窗、加温装置等设备。

（10）集装箱车。

集装箱车如图 4-10 所示。集装箱车车体设有固定集装箱的设备。集装箱车主要用于装运集装箱。

图 4-9　家畜车

图 4-10　集装箱车

（11）漏斗车。

如图 4-11 所示，漏斗车是车体上设有一个或数个带盖或不带盖的具有一定斜坡的装货斗的车辆，通常依靠货物的自重从漏斗口卸货。

（12）毒品车。

如图 4-12 所示，毒品车是专门运送有毒物品的车辆，如运输农药等。

图 4-11　漏斗车

图 4-12　毒品车

3. 特种货车

特种货车是具有特殊用途的车辆，有下列4种：救援车、除雪车、发电车、检衡车，如图4-13所示。

a)救援车

b)除雪车

c)发电车

d)检衡车

图4-13　特种货车

（二）客车车辆的类型

铁路客车是指载运旅客、为旅客提供服务以及挂运在旅客列车中的其他特种用途的车辆。

1. 载运旅客的车辆

该类型车辆包括硬座车（YZ）、软座车（RZ）、硬卧车（YW）、软卧车（RW），其内部如图4-14所示。

2. 为旅客提供服务的车辆

该类型车辆包括餐车（CA）、行李车（XL），如图4-15所示。

a)硬座车内部

b)软座车内部

图　4-14

c)硬卧车内部　　d)软卧车内部

图 4-14　载运旅客的车辆

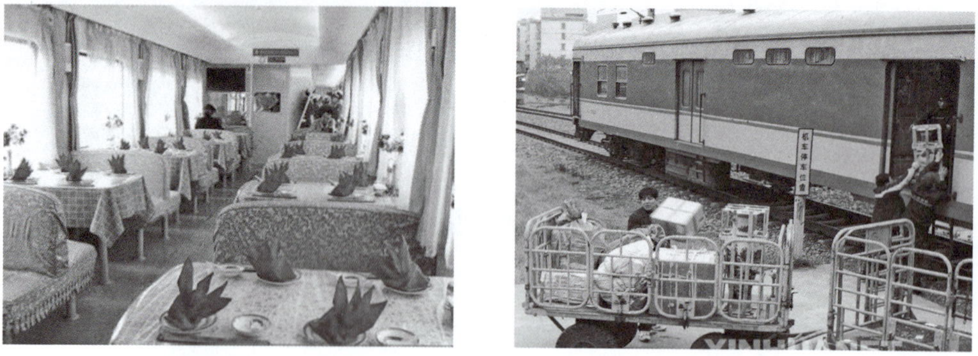

a)餐车　　b)行李车

图 4-15　为旅客提供服务的车辆

3. 特种用途的车辆

该类型车辆包括邮政车（UZ）、公务车（GW）、卫生车（WS）、医疗车（YL）、试验车（SY）、维修车（WX）、文教车（WJ）等。

二　铁路车辆的标记

为便于对客、货车辆进行运用和管理，在车辆指定部位涂打的用于标明车辆配属、车种、车型、用途、编号、主要参数、方向、位置等的文字、数字和符号称为车辆标记。为便于识别并合理使用车辆，凡是国铁集团所属车辆涂刷的标记，称为共同标记；因车辆设有特殊设备或有注意事项而涂刷的标记称为特殊标记。厂矿专用车的标记可由厂矿自定，其中有部分标记与铁路标记不同。

（一）产权标记

1. 国徽

凡是参加国际联运的客车，车体两外侧中部须挂有国徽。

2. 路徽

凡是属于国铁集团的车辆，都应按规定涂刷表示“人民铁路”的路徽，如图 4-16、图 4-17 所示。在货车侧梁的端部还应装产权牌（路徽标志牌）以区别厂矿自备车。

a)　　b)　　c)

图 4-16　铁路货车路徽及产权标记

a)　　b)

图 4-17　铁路客车路徽

3. 自备车辆的产权标记

自备车辆的产权标记主要是指厂矿企业自备车辆的产权标记。标记内容：××企业自备车，企业所在地的特殊到站，如图 4-18 所示。

（二）配属标记

配属标记是指表示车辆配属关系的标记。我国铁路客车和部分货车分别配属给各铁路局集团公司及其所属车辆段负责管理、使用和维修，并在车上涂打所配属的铁路局集团公司、车辆段的简称，如“西局西段”表示西安铁路局集团公司西安客车车辆段（图 4-19）。客车配属标记涂打在车体两端墙外侧左下角，货车一般涂打在侧墙外侧。

图 4-18　自备车辆产权标记

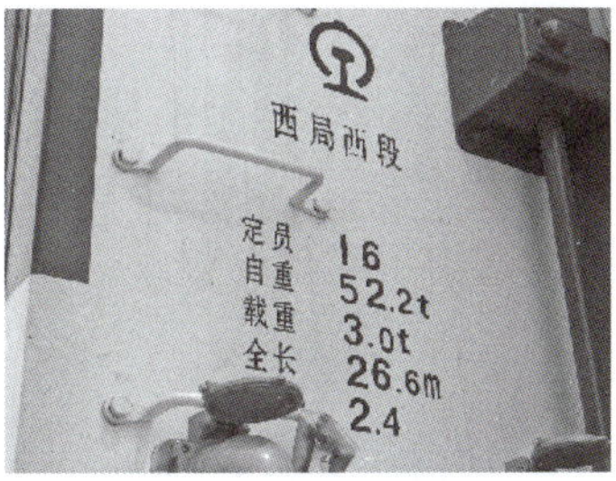

图 4-19　客车配属标记

（三）制造标记

制造标记即新造客车、货车应安装金属的制造厂铭牌。铭牌内容应包括制造厂厂名、制造年份、出厂日期、出厂序号、出厂型号等内容。铭牌式样由各车辆制造单位自行确定。车辆制造标记如图 4-20 所示。

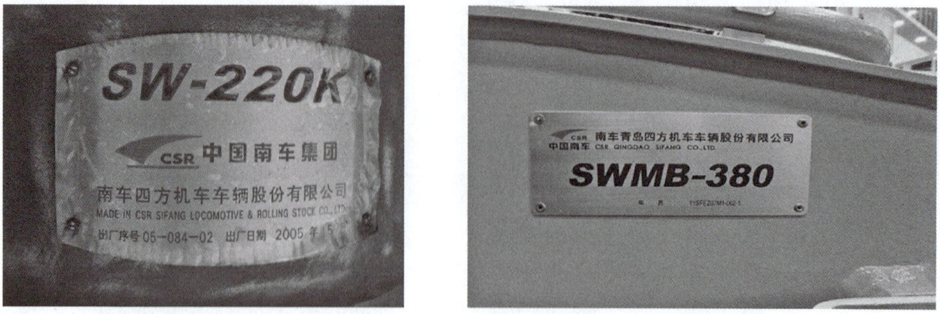

a)　　　　　　　　b)

图 4-20　车辆制造标记

（四）车辆检修标记

车辆检修标记是车辆根据运用年月或走行公里所进行的周期性检修的标记。在进行车辆检修时，必须在规定的位置涂打检修单位的简称和本次及下次检修的日期，以便明确检修责任。

1. 厂、段修标记

厂、段修标记如图 4-21 所示。标记中，第一栏为段修标记，第二栏为厂修标记；左侧为下次检修年月，右侧为本次检修年月及检修单位简称。

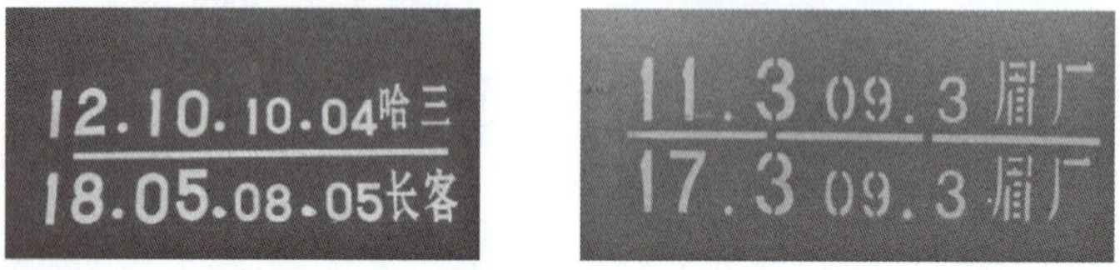

a)　　　　　　　　b)

图 4-21　厂、段修标记

2. 辅修标记

货车辅修标记涂打在厂、段修标记的下方或者右侧，并涂打“辅修”字样，且以表格的形式涂打，如图 4-22 所示。中间一格及右上格为本次检修月日以及承担该次检修的车辆段和列检所的简称，左上格为下次检修的预定月日，下面三格留待下次检修时填写。

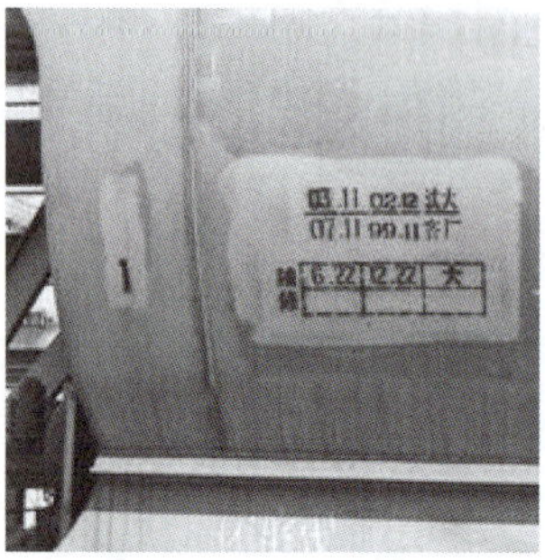

图 4-22　辅修标记

3. 摘车临修标记

货车发生临时故障，需要从列车中摘下，送到修车线上修理，应在车里的端墙上涂打摘车临修标记。例如，空车摘车临修标记为“K08. 4. 18 济”，重车摘车临修标记为“Z08. 5. 18 济”，均表示摘车临修的年、月、日及站修所。

（五）车辆运用标记

1. 车辆性能标记

车辆性能标记是表示客、货车辆性能和构造尺寸的标记，如图 4-23 所示。

货车的性能标记包括载重、自重、全长、换长等，涂打在车体两侧；客车的性能标记包括载重、自重、全长、换长、定员、容积（用于行李车、邮政车）等，涂打在车体两端。

a)货车性能标记　　b)客车性能标记

图 4-23　车辆性能标记

（1）车辆载重：该车允许的最大载质量（t），又称标记载重。

（2）车辆自重：车辆本身的全部质量（t）。

（3）车辆容积：车辆可装货物的体积，以 m^3 为单位（在括号内注明“内长×内宽×内高”，以 m 为单位）。

（4）车辆定员：客车应在客室两内端墙上部和车体外端墙上，按客车设备标明可容纳的额定人数。

（5）车辆全长：在无纵向外力作用的情况下，车辆两端车钩在闭锁位置时测量的两钩舌连接线间的水平距离，以 m 为单位。

（6）车辆换长：车辆长度除以标准长度所得值，为车辆长度的换算标记，即车辆换长。标准长度规定为 11m，最初以 30t 棚车的平均长度为计算标准。标明车辆换长是为了便于计算列车的总长度。

2. 车辆定位标记

车辆定位标记是用来表示车辆方位（前后端位置）和零部件位置的标记。标记的位置要便于对有关零部件进行安装与检修。

（1）车辆方位。

车辆方位一般以制动缸活塞杆推出的方向为第一位车端（一位端），相反方向为第二位车端（二位端）。图 4-24 所示为车辆方位示意图。对于有多个制动缸的车辆，则按照手制动机的位置确定，即手制动机所在一端为车辆的第一位车端。

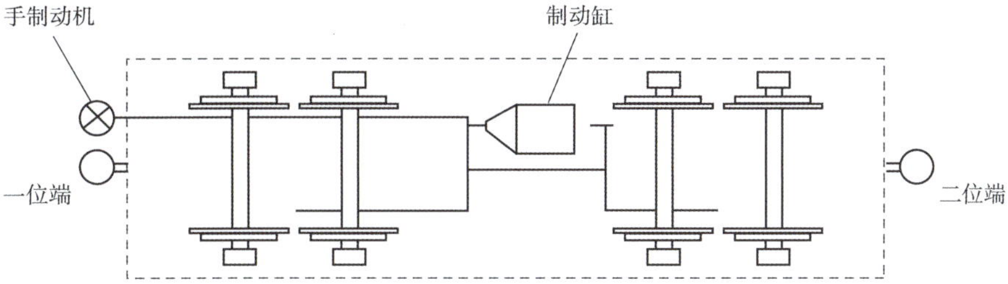

图 4-24　车辆方位示意图

（2）零部件位置。

车辆的车轴、车轮、轴箱、车钩、转向架和其他零件的位置，都是从一位端数起，顺次数到二位端；人站立在车辆的一位端，面向二位端，从一位端数起，顺次数到二位端，左手端为 1、3、5、7 等奇数，右手端为 2、4、6、8 等偶数。

3. 货车特殊标记

货车的特殊标记是指表示车辆的设备、用途及结构特点的各种标记，见表4-1。

货车特殊标记 表4-1

标记名称	标记符号	说明
人字标记	(人)	该棚车设有床托、车窗、便器等。必要时，该棚车可以代替客车运送人员
环形标记		车辆（敞车或棚车）内部设有拴马环或拦马杆座
国际联运标记	(MC)	车辆各部分符合国际联运的技术要求，可以参加国际联运
禁止通过装有车辆减速器的驼峰标记		该车辆下部尺寸与机械化驼峰的减速器尺寸相抵触；受车内设备的限制等，禁止通过装有车辆减速器的驼峰
关字标记	(关)	部分有活动墙板的车辆，放下活动墙板时超过机车车辆限界，装卸货物后必须关好活动墙板
卷字标记	(卷)	车辆（部分敞车、矿石车等）两侧梁端部设有挂卷扬机钢丝绳的挂钩（牵引钩），以便进行卷扬倒车（利用卷扬机钢丝绳牵引车辆移动位置）
集中载重标记	集重 1.5m 70t 3.0m 72t （示意图）	标记载重大于60t的平车、长大货物车等。应在车底架两侧涂刷集中载重标记，标明车辆中部一定尺寸范围内的允许载重
特字标记	(特)	可以装运坦克及其他质量较大的特殊货物的车辆
救援列车标记	—	在车辆两侧中央涂刷200mm宽的白色色带，表示救援列车

（六）车辆车型、车号标记

车辆的车型、车号标记（简称车号），主要由基本型号、辅助型号和车辆制造顺序号码三部分构成。一辆车有固定的一个车号。

1. 基本型号

基本型号用代表车辆种类的一个或者两个大写拼音字母表示，见表4-2。

车辆种类代号 表4-2

货车			客车		
序号	车种	代号	序号	车种	代号
1	敞车	C	1	硬座车	YZ
2	棚车	P	2	软座车	RZ
3	平车	N	3	硬卧车	YW
4	集装箱平车	X	4	软卧车	RW
5	平车-集装箱共用车	NX	5	双层硬座车	SYZ
6	罐车	G	6	双层软座车	SRZ
7	矿石车	K	7	软硬座车	RYZ
8	毒品车	W	8	行李邮政车	XU

续上表

货车			客车		
序号	车种	代号	序号	车种	代号
9	粮食车	L	9	硬卧行李邮政车	YWXU
10	水泥车	U	10	简易座车	DP
11	小汽车双层平车	SQ	11	代用座车	ZD
12	特种车	T	12	餐车	CA
13	长大货物车	D	13	行李车	XL
14	保温车	B	14	邮政车	UZ
15	家畜车	J	15	公务车	GW
16	守车	S	16	卫生车	WS
17	活鱼车	H	17	医疗车	YL
18	砂石车	A	18	试验车	SY
19	自翻车	KF	19	维修车	WX
20	通风车	F	20	文教车	WJ
21	煤车	M	21	发电车	KD

2. 辅助型号

辅助型号表示同一车种的车辆在构造及设备方面的不同特点，用一位或者两位数字及汉语拼音字母表示，并标在基本型号的右下角。例如，YZ_{25G}表示硬座车的车长系列和与同类车的结构区别，其中25G为辅助型号。

3. 车辆制造顺序号码

车辆制造顺序号码是按预先规定的规则而编排的某一车种的顺序号码（表4-3），用于区分同一类型的不同车辆。车辆制造顺序号码用阿拉伯数字表示，记在基本型号和辅助型号的右侧。

车辆制造顺序号码 表4-3

货车制造顺序号码表				
顺号	车种	车号容量	车号范围	预留号
1	棚车	500000	3000000～3499999	3500000～3999999
2	敞车	900000	4000000～4899999	4900000～4999999
3	平车	100000	5000000～5099999	5100000～5199999
4	集装箱车	50000	5200000～5249999	5250000～5499999
5	矿石车	32000	5500000～5531999	5532000～5599999
6	长大货物车	100000	5600000～5699999	5700000～5999999
7	罐车	310000	6000000～6309999	6310000～6999999
8	冷藏车	232000	7000000～7231999	7232000～7999999
9	毒品车	10000	8000000～8009999	—

续上表

货车制造顺序号码表				
顺号	车种	车号容量	车号范围	预留号
10	家畜车	40000	8010000 ~ 8039999	—
11	水泥车	20000	8040000 ~ 8059999	—
12	粮食车	5000	8060000 ~ 8064999	—
13	特种车	10000	8065000 ~ 8074999	8075000 ~ 8999999
14	守车	50000	9000000 ~ 9049999	9050000 ~ 9099999
15	海南车	100000	9100000 ~ 9199999	—
16	自备车	999999	0000001 ~ 0999999	—
17	备用车	2000000	1000000 ~ 2999999	—

客车制造顺序号码表			
顺号	车种	车号范围	车号容量
1	合造车	100000 ~ 109999	10000
2	行李车	200000 ~ 299999	100000
3	邮政车	7000 ~ 9999	3000
4	软座车	110000 ~ 199999	90000
5	硬座车	300000 ~ 499999	200000
6	软卧车	500000 ~ 599999	100000
7	硬卧车	600000 ~ 799999	200000
8	餐车	800000 ~ 899999	100000
9	其他车	900000 ~ 999999	100000

例如，车号为 C_{64T}4871235 和 YZ_{25G}484790 的两辆车，各车号中的字母和数字表示如下：

（1）C_{64T}4871235：C 为基本型号，表示敞车；64T 为辅助型号，表示载重 64t、装有提速转向架的货车；4871235 为货车制造顺序号码。

（2）YZ_{25G}484790：YZ 为基本型号，表示硬座车；25G 为辅助型号，表示集中供电空调车；484790 为客车制造顺序号码。

三　铁路车辆配属制度

国铁集团对客车和一部分货车采用固定配属管理，即根据运输任务的需要和运输设备条件等因素将车辆配属给各铁路局集团公司使用和保管。各铁路局集团公司将车辆配属给所属的车辆段，以完成运输生产任务。

实行固定配属管理的货车包括：机械冷藏车，标记载重 90t 和 90t 以上的长大货车，固定装卸地点循环使用的专列罐车、矿石车或煤车以及少数专用货车。这些车辆由配属车辆段负责保管和检修。

国铁集团对旅客列车固定配属管理实行包乘包修负责制。每次列车均由配属车辆段派出检车乘务员和发电车乘务员随车值乘进行乘检，即对运行中的客车进行技术检查和日常保养，排除一般故障，以确保列车运行安全和车内设备状态良好。机械冷藏车组和有些固定地点循环使用的货物列车也实行包乘制。有检车乘务员的货物列车除按规定在沿途列车检修所进行检修外，行车调度员还要根据列车运行情况和检车乘务员的要求安排途中检修。其他货车不实行配属制度，由各车辆段按区段负责对运行中以及在调车和装卸作业中发生故障的车辆进行检查和修理。

单元 4.2 铁路车辆的结构

铁路车辆的类型多样，构造各不相同，但从基本结构来看，都是由车体、转向架、车钩缓冲装置、制动装置及车内设备组成的。图 4-25 所示为敞车示意图。

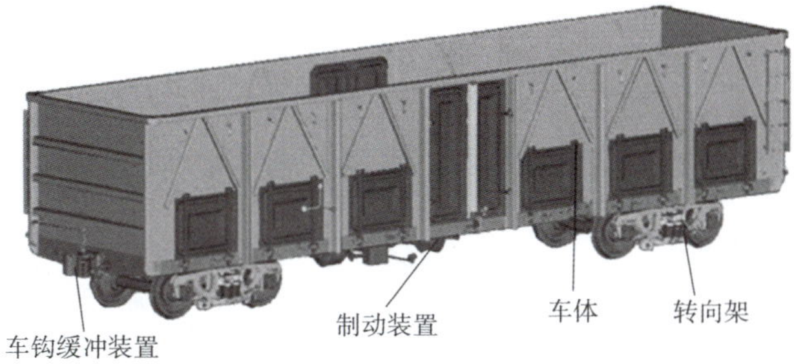

图 4-25 敞车示意图

一 车体

车体是车辆装载货物或乘客的部分，也是安装、连接车辆其他组成部分的基础。

车体主要组成部分包括底架、侧墙、端墙、车顶等。车体的钢结构由许多纵向梁和横向梁（柱）组成，车体底架通过心盘或旁承支承在转向架上。车体钢结构承担自重、载重、整备重量及由于轮轨冲击和弹簧振动而产生的垂直动载荷、纵向载荷和侧向载荷。

（一）底架

底架一般由中梁、纵梁、侧梁、枕梁、横梁、端梁等组成，如图 4-26 所示。

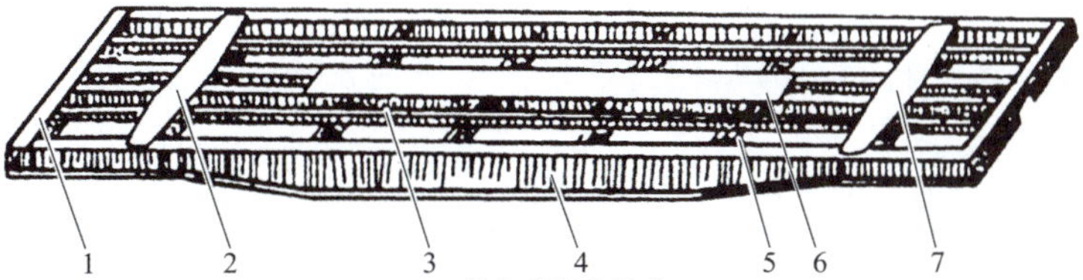

a)货车底架的组成

1-端梁；2，7-枕梁；3-纵梁；4-侧梁；5-横梁；6-中梁

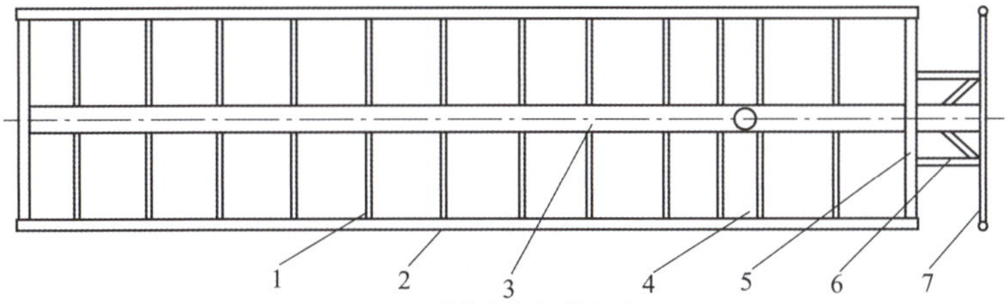

b)22型客车底架的组成

1-横梁；2-侧梁；3-中梁；4-枕梁；5-端梁；6-通过台侧梁；7-通过台端梁

图 4-26 底架

中梁在底架中部贯通全车，它是底架的主梁和其他各梁的支承，因此，它是底架各梁中最主要的受力构件。

侧梁又称边梁，位于底架两侧，与枕梁及各横梁连接。

枕梁承受垂直载荷，它将车底架承受的载荷通过心盘传给转向架的横向梁。

端梁为车底架两端的横向梁，它与中梁、侧梁连接，其上安装端墙。

（二）侧墙、端墙、车顶

如图 4-27 所示，侧墙为板柱式结构，由侧板、侧柱、门柱、上侧梁等组焊而成；端墙为板柱式结构，由端板、端柱、角柱、上端梁等组焊而成；车顶由车顶板、车顶弯梁、车顶侧梁、端弯梁等组焊而成。车顶弯梁为圆弧形结构。

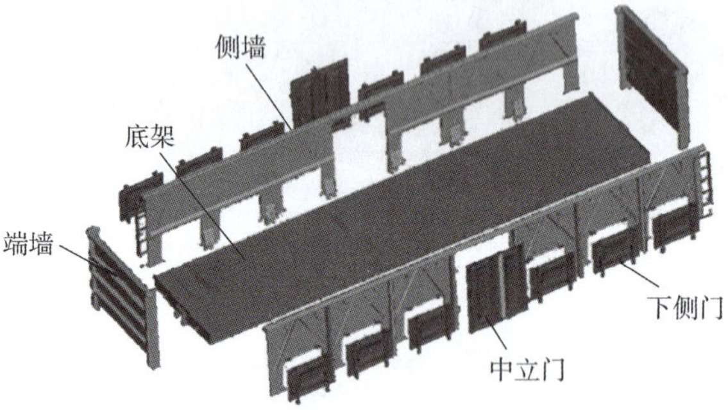

a)敞车侧墙、端墙等的结构

b)棚车车顶

图 4-27　侧墙、端墙、车顶

二　转向架

转向架是由机车车辆走行部的零部件和装置组装而成的独立部件，起支承车体、转向和制动的作用，并保证机车车辆在轨道上安全、平稳地运行。车辆转向架主要由轮对、轴箱装置、侧架（构架）、摇枕、弹簧减振装置、基础制动装置及车体支撑装置组成。

货车转向架和客车转向架的结构差别很大。目前，我国常见的货车转向架有转 8、转 8A、转 8G、转 6、转 9 等，主要用于速度为 100km/h 以下的货物列车；常见的客车转向架包括 202 型、206 型、209T 型、209TK 型、209PK 型等，主要用于普速客车。近年来，为了满足提速的要求，我国使用了一些新型转向架，主要包括：用于速度为 120km/h 以上货物列车的转 K2、转 K3、转 K4、转 K5、转 K6 型等货车转向架；主要用于速度为 200km/h 以上高速客车的 PW-200 型、CW-200 型、SW-220K 型等客车转向架。图 4-28a）所示为货车转 K6 型转向架，图 4-28b）所示为客车 SW-220K 型转向架。

（一）轮对

轮对是由两个车轮紧密地压装在一根车轴上组合而成的，其作用是承受车辆的全部重量，以较高的速度引导车辆在钢轨上行驶，并与钢轨相互作用产生各种作用力。客车轮对和货车轮对的外形及组成如图 4-29 所示。轮对要求两车轮内侧面之间的距离必须保证在（1353 ±3）mm 的范围以内。

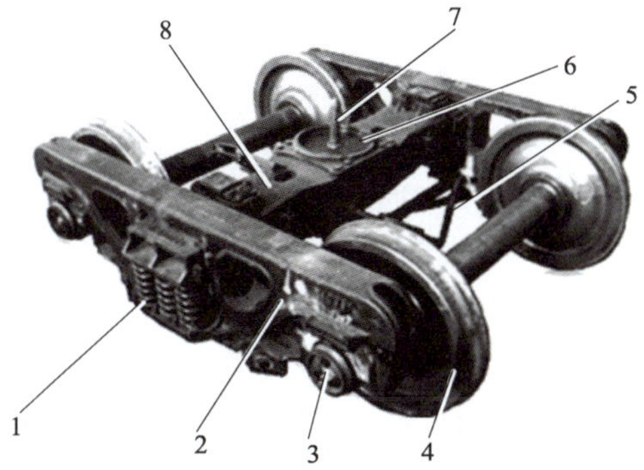

a)货车转K6型转向架

1-摇枕弹簧；2-侧架；3-轴箱；4-轮对；5-基础制动装置；6-下心盘；7-中心销；8-摇枕

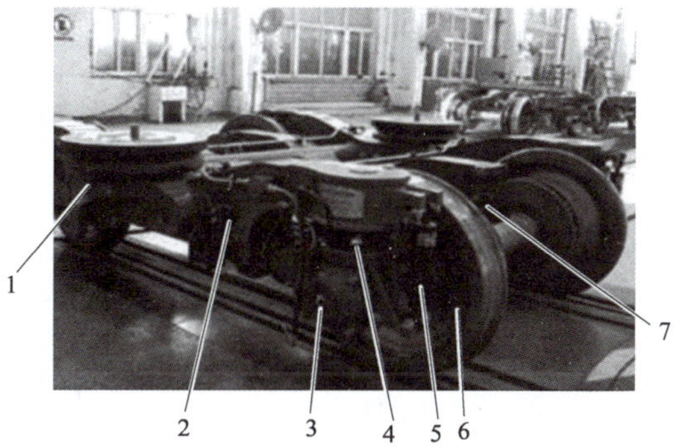

b)客车SW-220K型转向架

1-空气弹簧；2-构架；3-轴箱；4-轴箱弹簧；5-油压减振器；6-轮对；7-基础制动装置

图 4-28　转向架

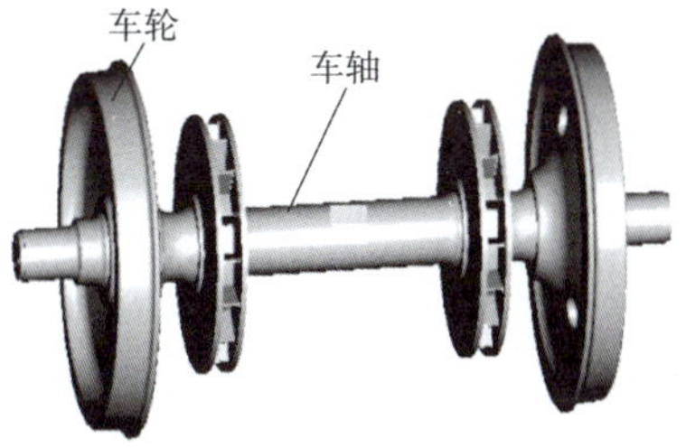

a)客车轮对

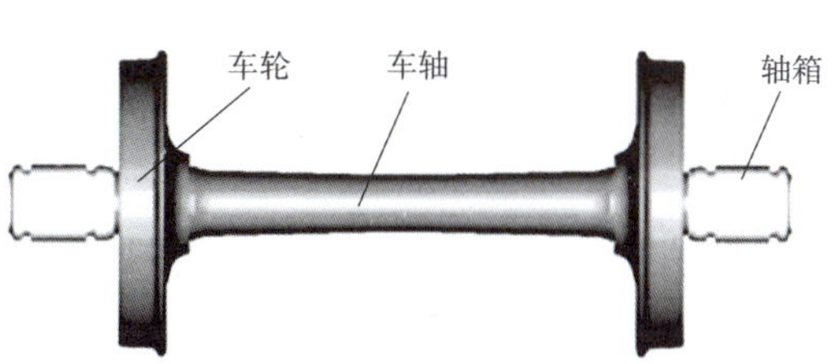

b)货车轮对

图 4-29　轮对的外形及组成

1. 车轮

目前，我国铁路车辆上使用的车轮绝大部分是整体辗钢车轮，它由踏面、轮缘、轮辋、轮毂等部分组成，如图 4-30 所示。车轮与钢轨的接触部分称为踏面。踏面具有一定的坡度，可以使车辆顺利通过曲线，减少车轮在钢轨上的滑动，同时在直线上运行时自动纠正两车轮的位置，使车轮容易恢复到线路中央位置。踏面按形状可分为锥型和磨耗型。轮缘是一个突出的圆弧部分，是保持车辆沿着钢轨运行、防止脱轨的重要部分。轮辋是车轮上踏面下最外的一圈。轮毂是轮与轴之间相互配合的部分。

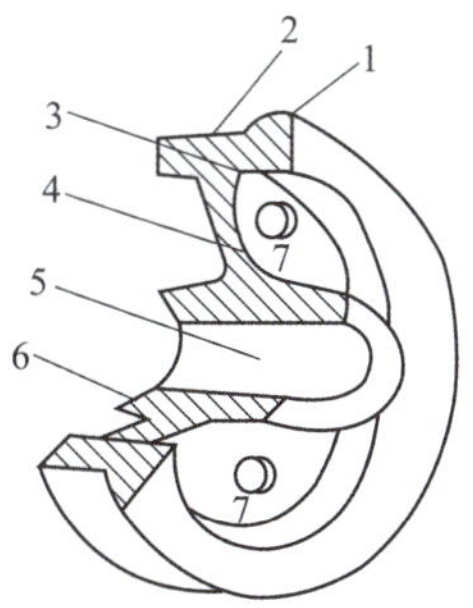

图 4-30　车轮

1-轮缘；2-踏面；3-轮辋；4-辐板；5-轮毂孔；6-轮毂；7-辐板孔

我国铁路客车车轮的标准直径为 915mm，货车车轮的标准直径为 840mm。

2. 车轴

按使用轴承的不同，车轴分为滑动轴承车轴和滚动轴承车轴。目前，我国铁路车辆大部分采用滚动轴承车轴，如图 4-31 所示。其中，轴颈用来安装轴承；轮座用来安装车轮；防尘板座为车轴与防尘板配合的部位，其直径比轴颈直径大、比轮座直径小；轴身是两轮座的连接部分；轴端螺栓孔是滚动轴承车轴安装轴端压板用的孔。

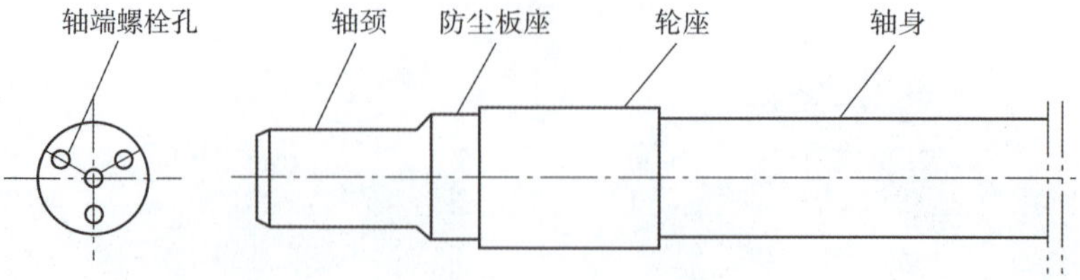

图 4-31　滚动轴承车轴

（二）轴箱装置

图 4-32　轴箱装置

轴箱装置是铁路车辆的重要组成部分，它的作用包括：①将轮对和侧架（构架）连接在一起；②承受车辆的重量，传递各方向的作用力；③保护轴颈，使轴承与轴颈间得到润滑，减少摩擦，防止车辆在高速运行条件下发生热轴事故；④防止尘土、雨水等侵入轴承及轴颈等部分，保证车轮行车安全。图 4-32 所示为轴箱装置。

（三）侧架（构架）和摇枕及弹簧减振装置

1. 侧架（构架）和摇枕

侧架（构架）是转向架的基础，它将转向架各零部件组成一个整体。侧架（构架）既要承受和传递各种作用力及载荷，又要保证其结构形状满足制动装置、弹簧减振装置、轴箱定位装置等的安装要求。

摇枕的作用是将车体作用在下心盘上的力传递给支承在它两端的枕簧，以及将转向架左右两侧架连接成一个整体。图 4-33 所示为货车侧架、摇枕和客车转向架。

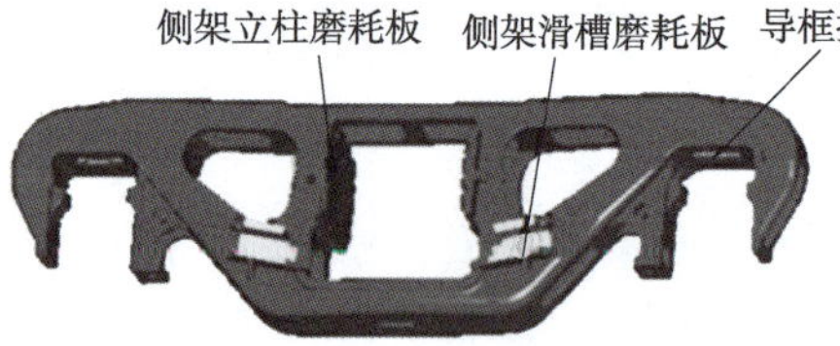

a)货车侧架

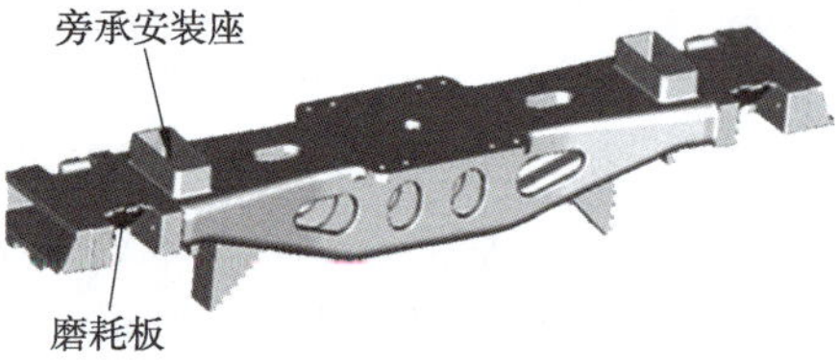

b)货车摇枕

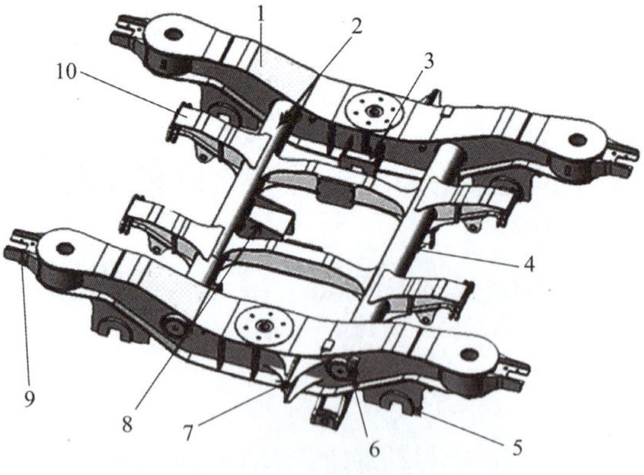

c)客车转向架

图 4-33　货车侧架、摇枕和客车转向架

1-侧梁；2-横梁；3-横向减振器座；4-扭杆座；5-定位座；6-高度阀杆座；7-防过充座；8-牵引拉杆座；9-垂向减振器座；10-制动吊座

2. 弹簧减振装置

弹簧减振装置是为了减少有害的车辆冲击和振动，提高车辆运行的平稳性，从而在车辆转向架上安装的缓和冲击和衰减振动的装置。弹簧主要起缓和作用，减振器起衰减振动的作用。

车辆上使用的弹簧按照材质可分为三类，即钢质弹簧、橡胶弹簧和空气弹簧。图4-34所示为客车（PW-200型）转向架的弹簧减振装置。

图4-34　客车（PW-200型）转向架的弹簧减振装置

常用术语

一系弹簧悬挂：从车体至轮对之间只经过一次弹簧减振装置实施减振。

二系弹簧悬挂：从车体至车轮之间经过两次弹簧减振装置实施减振。

（四）基础制动装置

基础制动装置是指由制动缸活塞推杆和闸瓦之间所使用的一系列杠杆、拉杆、制动梁、吊杆等各种零部件所组成的机械装置。它的作用是把制动缸活塞上的压缩空气推力增大适当倍数以后，均匀地传递给各块闸瓦，使其转变为压紧车轮的机械力，阻止车轮转动而产生制动作用。

基础制动装置按照设置在每个车轮上的闸瓦数及作用方式，可分为单侧闸瓦式、双侧闸瓦式、多闸瓦式和盘形制动基础制动装置等，其中多闸瓦式基础制动装置应用较少。

1. 单侧闸瓦式基础制动装置

单侧闸瓦式基础制动装置（简称单式闸瓦或单侧制动）是只在车轮一侧设有闸瓦的制动方式。我国目前绝大部分铁路货车采用这种形式，其制动原理如图4-35a）所示。单侧闸瓦式基础制动装置一般由组合制动梁、下拉杆、固定杠杆支点、制动杠杆、高摩闸瓦等组成，如图4-35b）所示。

单侧闸瓦式基础制动装置的结构简单，材料节省，便于检查和修理。但制动时，车轮只受一侧的闸瓦压力作用，易使轴箱或滚动轴承的附属配件承载鞍偏斜，形成偏磨，引起热轴现象。此外，由于制动力受闸瓦面积和闸瓦承受压力的限制，制动力的提高也受到限制。闸瓦单位面积承受的压力过大，会导致轮瓦摩擦系数下降，影响制动效果，这不仅会加剧闸瓦的磨耗，还会磨耗闸瓦托，进一步使制动力衰减，影响行车安全。

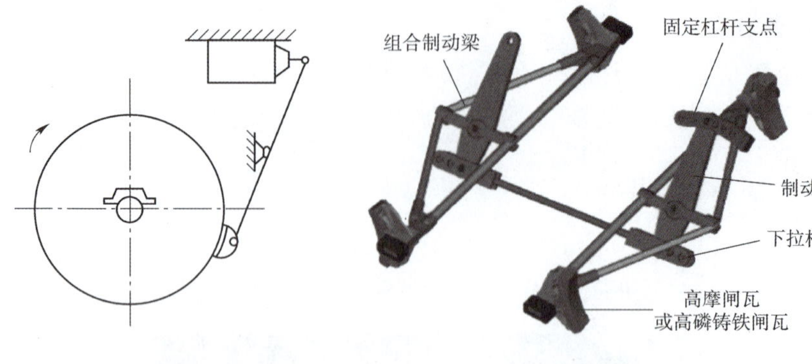

a)制动原理示意图　　b)结构示意图

图 4-35　单侧闸瓦式基础制动装置

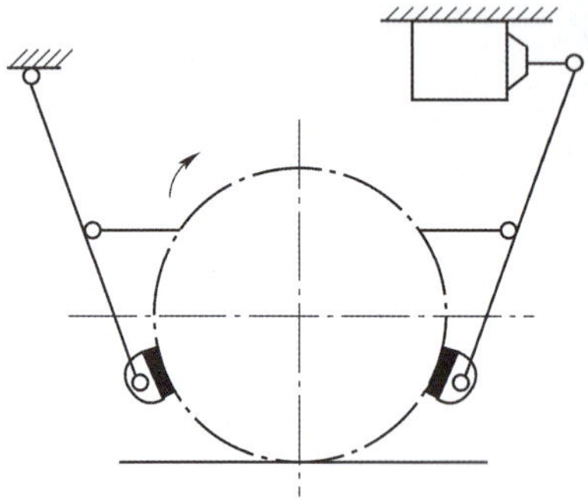

图 4-36　双侧闸瓦式基础制动装置

2. 双侧闸瓦式基础制动装置

双侧闸瓦式基础制动装置是在车轮两侧均有闸瓦的制动方式。双侧闸瓦式基础制动装置如图 4-36 所示。

一般客车和特种货车的基础制动装置大多采用这种形式。由于双侧闸瓦式基础制动装置在车轮两侧都装有闸瓦，所以闸瓦的摩擦面积比单侧闸瓦式基础制动装置增加了 1 倍。闸瓦单位面积承受的压力较小，这不但能提高闸瓦的摩擦系数，而且散热面积大，可降低闸瓦与车轮踏面的温度，减少闸瓦的磨耗量，延长车轮的使用寿命。

3. 盘形制动基础制动装置

盘形制动基础制动装置是指制动时闸瓦压紧制动盘而产生制动作用的制动方式（图 4-37）。盘形制动基础制动装置有两种类型：①轴盘式制动，是制动盘安装在车轴上的制动装置；②轮盘式制动，是制动盘安装在车轮上的制动装置。

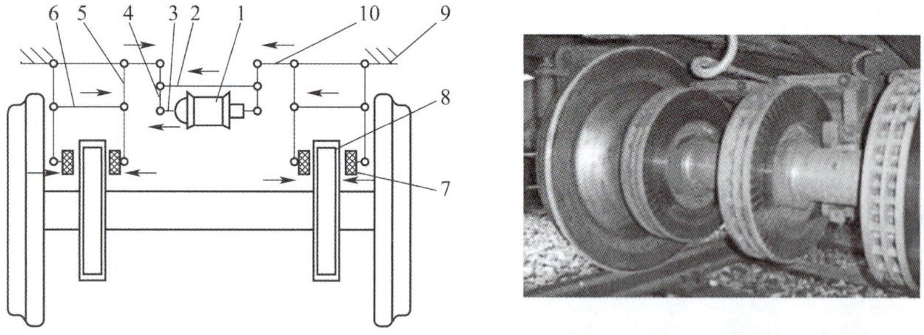

a)基本结构示意图　　b)实物图

图 4-37　盘形制动基础制动装置

1-制动缸；2-连接拉杆；3-制动缸活塞；4-制动缸杠杆；5-钳形杠杆；6-钳形杠杆拉杆；7-闸片；8-制动盘；9-固定支点；10-拉杆

目前，我国的快速客车（速度为 120km/h 以上）大都采用盘形制动装置。

三　车钩缓冲装置

车钩缓冲装置是用来连接列车中各车辆并使各车辆保持一定距离的装置。它能传递和缓和列车在运行中或在调车时所产生的纵向力和冲击力，能起到连挂、牵引、缓和冲击的作用。图4-38所示为车钩连挂图。

a)

b)

图4-38　车钩连挂图

车钩缓冲装置由车钩和缓冲装置两部分组成，通过钩尾框、钩尾销与车体连成一个整体。图4-39所示为车钩缓冲装置。

图4-39　车钩缓冲装置

1-钩舌；2-钩身；3-钩尾；4-钩尾销；5-钩尾框；6，8-从板；7-缓冲器

（一）车钩

1. 车钩的分类和组成

车钩是用来实现机车和车辆之间或车辆和车辆之间的连挂，传递牵引力及冲击力，并使车辆之间保持一定距离的车辆部件。

（1）车钩的分类。

车钩按开启方式分为上作用式车钩和下作用式车钩两种。上作用式车钩，其车钩提杆位于钩头上方；下作用式车钩，其车钩提杆位于钩头下方。车钩按其结构类型分为自动车钩、密接式自动车钩等。所谓自动车钩，是指先将一个车钩的提杆提起后，再用机车拉开车辆或与另一车辆车钩碰撞时，能自动完成摘钩或挂钩动作的车钩。密接式自动车钩多为高速铁路车辆所用。

知识拓展

密接式车钩

车辆之间的连接装置通常包括车钩及电气与风管连接器。车钩是其中最基本也是最重要的部件。由于动车组运行速度高，制动力大，调速频繁，动车组的车钩必须为密接式车钩，且应具有空气管路和电气通路的自动连接功能。密接式车钩属于刚性车钩，它要求两钩连接后，其间没有上下和左右的移动，而且纵向间隙也限制在很小的范围内。

想一想：密接式车钩一般运用在哪些车辆中？

我国铁路货车采用的主型车钩为13号车钩，包括13A型和13B型车钩。为了满足大秦线运煤万吨列车的特殊要求，我国还研制了16号、17号车钩。16号车钩为转动车钩，一般装在车辆的一位端；17号车钩为固定车钩，一般装在车辆的二位端，两个车钩搭配使用。从2005年起，我国新制造的70t及以上货车全部采用17号车钩。图4-40所示为17号车钩缓冲装置。

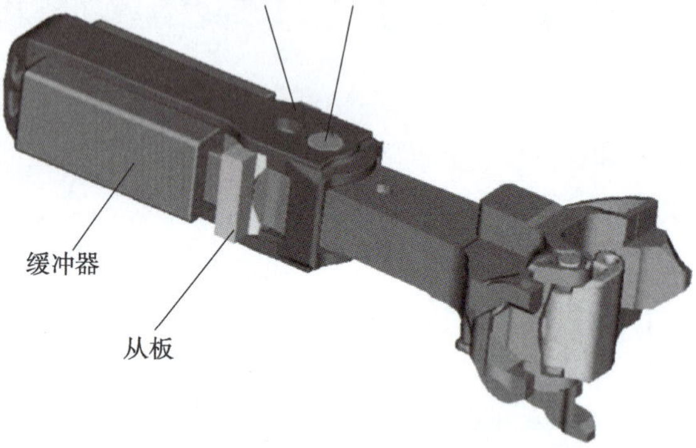

图4-40　17号车钩缓冲装置

我国铁路客车采用的主型车钩为15号车钩，其中25T型客车使用的车钩为密接式车钩。

（2）车钩的组成。

图4-41　车钩

车钩由钩头、钩身和钩尾三部分组成。车钩前端粗大的部分称为钩头，在钩头内装有钩舌、钩舌销、钩提销、钩舌推铁和钩锁铁，如图4-41所示（钩舌推铁被钩舌挡住）。车钩后部称为钩尾，钩尾上开有垂直扁锁孔，以便与钩尾框连接。

钩头与钩舌通过钩舌销相连接。钩头是车辆摘挂的重要部分；钩舌可绕钩舌销转动，用于连挂和摘解车辆，并起传递牵引力的作用，钩身是传递牵引力和冲击力的部位。钩尾用来安装钩尾框。

2. 车钩三态作用

车钩组成零件处于不同的位置时起着不同的作用，有锁闭、开锁、全开三种状态，称为车钩三态作用。

（1）锁闭位置：两个车钩处于互相连挂的位置。如图4-42a）所示，钩锁铁挡住钩舌的尾部，使钩舌不能绕钩舌销向外自由转动，这时钩锁铁的臀部 A 坐在钩舌推铁的端部，称为锁闭位置。车钩处于锁闭状态时，连挂中的车辆不会自动分离。

（2）开锁位置：钩锁铁已被提起，钩舌可以向外转开的位置，如图4-42b）所示。车钩处于开锁状态时，连挂的车辆可分离。

（3）全开位置：钩舌已经完全处于向外转开的位置。如图4-42c）所示，当钩锁铁处于开锁位置后，继续提升钩锁销，钩舌推铁将钩舌推至全开的位置。车钩处于全开状态时，相邻车辆可连挂。

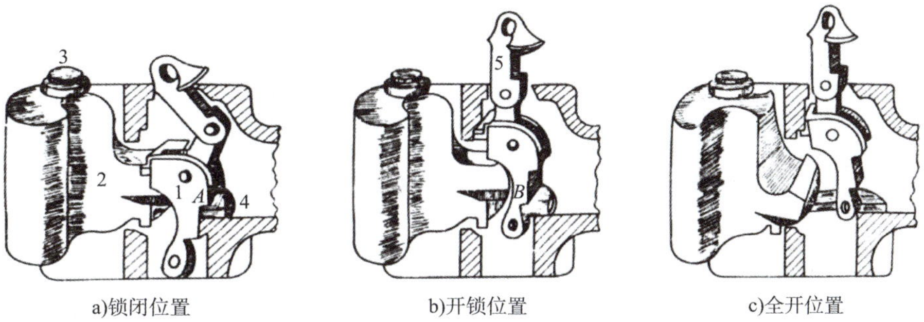

图4-42　车钩三态作用

1-钩锁铁；2-钩舌；3-钩舌销；4-钩舌推铁；5-钩锁销

（二）缓冲器

1. 缓冲器的作用及工作原理

缓冲器用来缓和列车在运行中由于机车牵引力的变化或在起动、制动以及调车作业时车辆相互碰撞而引起的纵向冲击和振动。其工作原理：借助压缩弹性元件来缓和冲击作用力，同时在弹性元件变形过程中利用摩擦和阻尼吸收冲击能量。

2. 缓冲器的分类

目前，我国铁路货车车辆上主要采用的缓冲器有以下几种：

（1）摩擦式缓冲器，包括2号缓冲器、MT-2型缓冲器（图4-43）、MT-3型缓冲器（图4-44）、ST型缓冲器（图4-45）。

图4-43　MT-2型缓冲器

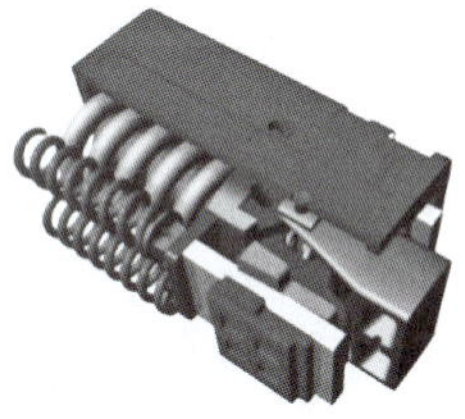

图4-44　MT-3型缓冲器

图4-45　ST型缓冲器

（2）摩擦橡胶式缓冲器，包括MX-1型缓冲器（图4-46）、MX-2型缓冲器、HM-1型缓冲器（图4-47）、HM-2型组合式缓冲器。

图4-46　MX-1型缓冲器

图4-47　HM-1型缓冲器

我国铁路客车使用的缓冲器有G1型缓冲器（图4-48）、弹性胶泥缓冲器、橡胶缓冲器。其中，新造车上使用G1型缓冲器，25T提速客车上全部使用KC15型弹性胶泥缓冲器，如图 4-49 所示。

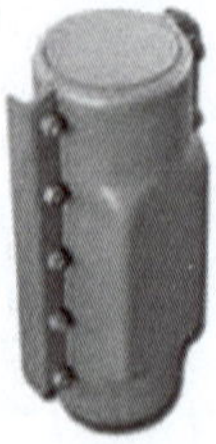

图 4-48　G1 型缓冲器

图 4-49　KC15 型弹性胶泥缓冲器

四　制动装置

列车上能够实现制动作用和缓解作用的装置称为列车制动装置。车辆制动装置是列车制动装置的基本单元。车辆制动装置包括空气制动机（快速旅客列车配装电空制动机）、人力制动机和基础制动装置三部分。

（一）空气制动机

空气制动机是指车辆制动装置中利用压缩空气作为制动力来源，以制动主管的空气压力变化来控制分配阀（控制阀）产生动作，实现制动和缓解作用的装置。

1. 空气制动机的组成

空气制动机的部件，一部分装在机车上，另一部分装在车辆上，如图 4-50 所示。

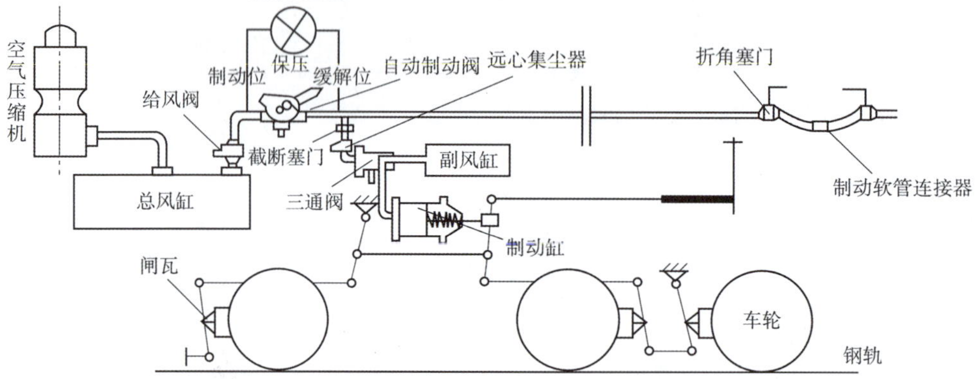

图 4-50　空气制动机

（1）机车上的空气制动机。

机车上的空气制动机包括空气压缩机、总风缸、自动制动阀等。空气压缩机产生的压缩空气储存在总风缸内。列车车辆的制动与缓解由机车司机操纵制动阀来实现。

（2）车辆上的空气制动机。

①制动管。

制动管包括制动主管、制动软管和制动支管。

制动主管安装在车底架下面，贯通全车，是传递压缩空气的管路。机车司机通过机车上的自动制动阀（大阀）来操纵制动主管中的空气压力变化，从而控制全列车各制动机产生应有的动作。制动软管能在列车通过曲线或各车辆间距发生变化时保证压缩空气的畅通。制动支管用“T”形接头连接于制动主管。

知识拓展

图 4-51 制动软管

进行制动软管（图 4-51）分解作业时，制动软管总成应完全分解，否则在车辆强行拉扯下，制动软管骨架层会受到损伤，最后会产生爆破。

列车头部和列车尾部制动软管不允许在大于或等于 90° 的折弯或自然垂直时使用，必须对连接器端进行固定，否则会使制动软管发生脱层、内胶磨损或骨架层发生疲劳断裂。

想一想：什么情况下会造成制动软管发生损坏？

②折角塞门。

折角塞门安装在制动主管的两端，用以开通或关闭制动主管与制动软管之间的通路，从而关闭空气通路和安全摘挂机车、车辆。折角塞门如图 4-52 所示。

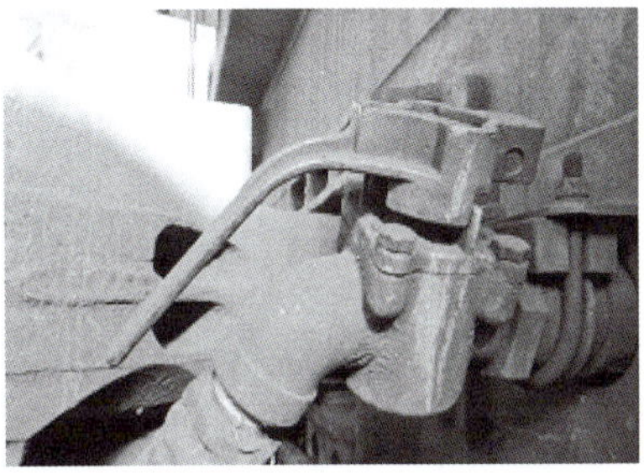
a)

b)

图 4-52 折角塞门

③截断塞门。

截断塞门安装在制动支管上远心集尘器的前方，当列车中的车辆因装载特殊货物或者列车进行检修作业需要停止该车辆制动机的作用时，关闭该车的截断塞门，可切断车辆制动机与制动主管的压缩空气通路，同时排出副风缸和制动缸的压缩空气，使制动机缓解，以便检修人员安全操作。截断塞门如图 4-53 所示。

a)

b)

图 4-53 截断塞门

④远心集尘器。

远心集尘器安装在制动支管上的截断塞门与三通阀之间，用于清除制动主管压缩空气带来的沙土、水分、锈垢等不洁物质，保证压缩空气的洁净。

⑤三通阀（分配阀或控制阀）。

三通阀是车辆制动机中十分重要的部件。它连接制动支管、副风缸和制动缸，用来控制压缩空气的通路，使制动机起制动或缓解的作用。

⑥副风缸。

副风缸用于缓解位储存压力空气，作为制动时制动缸的动力源。

图 4-54　制动缸

⑦制动缸。

制动缸将压缩空气的压力转化为机械部件的推力，通过三通阀的作用，制动缸接受副风缸送来的压缩空气，将制动缸活塞向外推出，将空气压力转化为机械推力，从而使基础制动装置动作，最后使闸瓦压紧车轮或制动盘，产生制动作用。制动缸如图 4-54 所示。

⑧空重车调整装置。

在大型车辆上，如果不论空重状态都施加同样大小的制动力。对空车来说，制动力过大，容易损坏车辆。用空重车调整装置来控制降压风缸与制动缸的通路，可以达到调整制动力的目的。空重车调整装置包括空重车转换手把和空重车转换塞门。

2. 空气制动机的工作原理

空气制动机的工作原理示意图如图 4-55 所示。

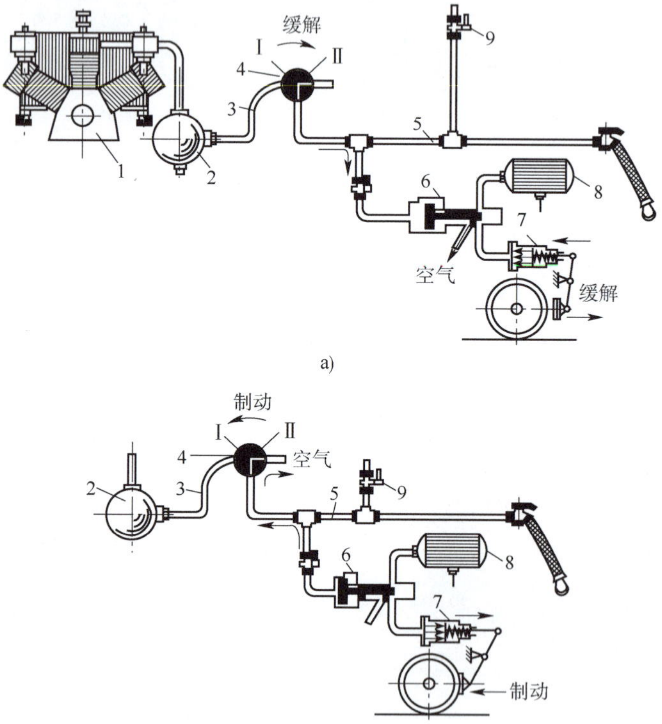

图 4-55　空气制动机的工作原理示意图

1-空气压缩机；2-总风缸；3-总风缸管；4-制动阀；5-列车管；6-三通阀；7-制动缸；8-副风缸；9-紧急制动阀；Ⅰ-制动位；Ⅱ-缓解位

（1）增压（充气）缓解作用。

当制动阀手柄置于缓解位Ⅱ时，总风缸的风经制动阀进入列车管（充风增压），并进入三通阀，将三通阀（主）活塞推至右极端（缓解位），并经三通阀活塞套上部的“充气沟”进入副风缸，此时，制动缸经三通阀（缓解槽和排气孔）通入空气，如制动缸原来在制动状态则可得到缓解。

（2）减压制动作用。

当制动阀手柄置于制动位Ⅰ时，列车管经制动阀通入空气（排风减压），副风缸的风压将三通阀（主）活塞推向左极端（制动位），从而打开三通阀上通往制动缸的孔路，使副风缸的风可通往制动缸，产生制动作用。

3. 电空制动机

电空制动机是电控空气制动机的简称，是在空气制动机的基础上加装电磁阀等电气控制部件组成的。其特点是制动的操纵用“电”来控制，但制动的原动力还是压缩空气。而且，当制动机的电控因故失灵时，它仍可实行“气控”（压缩空气控制），临时变成空气制动机。

（二）人力制动机

在每节车辆的一位端，都装有一套人力制动机，可以用人力来使单节车辆（车组）减速或停车。人力制动机应具有以下功能：①调车作业时，用于调速；②列车在途中运行产生坡停时，用于制动；③当车辆停在站线上时，防止溜逸。

图4-56　固定链条式人力制动机

我国铁路货车的人力制动机大多是固定链条式人力制动机，如图4-56所示。新型货车人力制动机主要有FSW型人力制动机、NSW型人力制动机（图4-57）和脚踏式制动机（图4-58）。客车人力制动机主要有螺旋拉杆式和蜗轮蜗杆式两种。

图4-57　NSW型人力制动机

图4-58　脚踏式制动机

（三）基础制动装置

基础制动装置设在转向架上，是利用杠杆原理，将空气制动机或人力制动机产生的制动力扩大适当倍数，再均衡地向各个闸瓦传力的装置。客车多采用双瓦式基础制动装置，货车多采用单瓦式基础制动装置。

五 车辆内部设备

车辆内部设备是一些能良好地为运输对象服务而设于车体内的固定附属装置，如客车上的席座、卧铺、照明、给水、取暖、通风、空调、行李架等。货车由于类型不同，内部设备也千差万别，一般来说比客车简单。

单元 4.3 铁路车辆的运用与检修

铁路车辆的运行条件十分复杂，在运行中不可避免地会发生磨耗、裂纹、折损、变形、松弛、腐蚀等损伤。损伤的发生和发展会降低车辆的运用性能，甚至使得车辆不能继续使用。

为了保证铁路客货运输工作安全、不间断地进行，就要加强对车辆运用的管理，定期对车辆进行检修。车辆运用与检修工作的中心任务是及时发现和消除车辆零部件在运用中出现的不良状态，以恢复其正常的运用性能。

二维码

认知铁路车辆运用与检修

一 车辆运用

（一）车辆运用管理工作

车辆运用管理工作是铁路运输组织的重要组成部分。加强车辆运用管理工作，对提高车辆检修质量，降低运营成本，加速车辆周转，保证安全、优质、高效地完成铁路运输任务都具有重要意义。车辆运用管理工作实行“国铁集团-铁路局集团公司-车辆段”大三级和“车辆段-运用车间-班组（作业场）”小三级管理。

（二）车辆主要运用技术指标

1. 现在货车

现在货车是指每日 18：00 时管内现有的全部货车，包括运用货车和非运用货车。

（1）运用货车。参加铁路运输生产的一切空、重货车，统称为运用货车。

（2）非运用货车。不参加铁路运输生产的非生产性货车和企业自备车、租用的空货车，统称为非运用货车。

2. 现在客车

现在客车是指每日 18：00 时管内现有的全部客车，包括运用客车和非运用客车。

（1）运用客车。凡是办理旅客营运的客车，统称为运用客车。

（2）非运用客车。凡是不办理旅客营运的客车以及技术状态不良、不能编挂于列车中运行的客车，均为非运用客车。

3. 车辆保有量

（1）货车保有量：每个铁路局集团公司都需要保持一定数量的运用货车，才能完成所承担的运输任务。因此，国铁集团在每月编制运输计划时，会分配给各铁路局集团公司一定的运用货车保有量。同样，各铁路局集团公司也会分配给所属各车站一定的运用货车保有量。

（2）客车保有量：由国铁集团分别配属给各铁路局集团公司的客车数量。

二 车辆检修

目前，我国铁路车辆的检修制度是以计划预防性检修为主、以状态修为辅的检修制度。该制度在计划预防性检修的前提下，逐步扩大实施状态修、换件修和主要零部件的专业化集中修。

计划预防性检修包括车辆定期检修和车辆日常维修两大类。

（一）车辆定期检修

1. 普通客、货车定期检修

我国铁路客车的定期检修修程分为厂修、段修和辅修三级修程，货车采用的定期检修修程分为厂修、段修、辅修和轴检四级修程。

（1）厂修。

厂修一般在车辆工厂内施行。按规定应对车辆的各部分装置进行全面的分解检查、彻底修理，并进行必要的技术改造工作。经过厂修，车辆各部分装置应得到全面恢复，并与新造车基本接近。厂修后应涂打厂修标记。

（2）段修。

段修在车辆段施行。段修的主要任务是分解检查车辆的转向架、车钩缓冲装置、制动装置等部件，检查并修理车辆（包括车体及其附属装置）的故障。修完后涂打段修标记。

（3）辅修。

辅修主要是对制动装置和轴箱油润部分施行检修，并对其他部分做辅助性修理，做到螺栓紧固、配件齐全、作用良好。辅修后应涂打辅修标记。

（4）轴检。

货车滑动轴承轴检的主要目的是保持轴箱油润部分的良好状态，防止车辆燃轴。轴检后应涂打轴检标记。

2. 快速客车定期检修

从 2002 年 1 月 1 日开始，速度为 160km/h 的 25K 型客车及其他速度为 160km/h 的客车按走行公里检修，修程分为四级：A1（安全检修）级、A2（400000km 段修）级、A3（800000km 段修）级、A4（大修）级。

A1 级：周期为运行 200000km（±20000km）或运行不足 200000km，但距上次 A1 级以上修程时间超过 1 年者。

A2 级：周期为运行 400000km（±100000km）或运行不足 400000km，但距上次 A2 级以上各修程时间超过 2 年者。

A3 级：周期为运行 800000km（±100000km）或运行不足 800000km，但已做过一次 A2 级修，距上次 A2 级修程超过 2 年者。

A4 级：运行超过 2400000km（±400000km），但距新造或上次 A4 级修程超过 10 年者。

（二）车辆日常维修

日常维修又称运用维修（日常保养），其基本任务是保证运用中的车辆具有良好的技术状态，及时发现和处理车辆中发生的一切故障，保证行车安全。

1. 货车日常维修

货车日常维修包括技术检查和故障修理。

(1) 技术检查对货车的技术状态进行检查，以便发现故障。根据作业场地和列车性质的不同，列车技术检查又可分为到达检查、始发检查和直通中转检查。

(2) 故障修理对所发现的故障及时进行摘车修理或不摘车修理。货车日常维修在铁路沿线的列车检修所（简称列检所）和站修所进行。

2. 客车日常维修

客车日常维修由客车整备所（简称库列检）或客车技术检查站（简称客技站）、乘务检车员和客车列检所（简称客列检）三者共同完成。

(1) 客车整备所。

客车整备所（库列检）负责对返回客车整备所的车列进行技术检查、日常维修和定期检修，以及进行清扫、消毒、整备（上煤、上水）等作业，使之保持良好的技术状态，达到出库质量要求标准，然后将车辆交给乘务检车员。

(2) 乘务检车员。

乘务检车员实行固定人员、固定车组的包乘制，任务是随车巡视，并对规定的检修范围实行包检、保修，以保证旅客列车安全运行到终点站。如列车中途遇到不能完成的不摘车修故障，须报前方客车列检所。

(3) 客车列检所。

客车列检所的任务是对旅客列车进行技术检查，并配合乘务检车员检修，保证列车安全、正点运行到下一个客车整备所。

三 铁路货车管理信息化和“5T”安全防范系统

我国铁路部门积极推进货车信息化建设，开发出了运用货车技术管理信息系统（HMIS）。从货车制造源头开始，到检修、运用的全过程，全面纳入信息化管理，并通过货车车号自动识别系统（AEI），实现全程实时追踪，形成了货车技术信息“网络传输、全面覆盖、信息共享、全程跟踪”的现代化管理体系，为货车管理现代化搭建了新的技术平台，同时为运输指挥现代化提供了技术支持，使我国成为世界上少数几个能够利用信息技术组织运输和货车管理的国家。

在铁路货车安全防范手段创新方面，我国自主研发了货车“5T”安全防范系统，即红外线轴温探测系统（THDS）、货车运行故障动态检测系统（TFDS）、货车运行状态地面安全监测系统（TPDS）、货车滚动轴承早期故障轨边声学诊断系统（TADS）和客车运行安全监控系统（TCDS）。近年来，国铁集团按照“分散检测、集中报警、网络监控、信息共享”的基本要求，整合“5T”安全防范系统监测信息，依靠红外线、声呐、摄像、传感等先进技术，对货车进行全天候不停车检查，实现了运行货车技术状态动态监测，全面提高了铁路运输安全保障的能力。

"5T"安全防范系统利用计算机、数字摄像、声学、光学等先进的技术设备，使车辆检车员从传统的室外体力检车劳作转为在室内观察检测系统计算机显示的车辆各部位技术状态，不仅免除了车辆检车员的体力劳作，更重要的是列车一旦停车，一切检测结果就会显示出来，大大提高了检车效率，并且无人为因素影响，准确率高。

1. 红外线轴温探测系统

红外线轴温探测系统利用轨边红外线探头，对通过车辆的每个轴承温度实时检测，并将检测信息实时上传到车辆安全监控中心，通过配套故障智能跟踪装置，实现车次、车号跟踪及热轴货车车号的精确预报，对热轴车辆进行跟踪报警，重点防范热切轴事故。红外线轴温探测系统已实现联网运行，每个探测站对过往车辆和轴温探测信息都能直观显示，实现跟踪报警。

2. 货车运行故障动态检测系统

货车运行故障动态检测系统利用轨边高速摄像头，对货车进行动态检测，及时发现货车运行故障，重点检测货车走行部、制动梁、悬吊件、枕簧、大部件、车钩缓冲器等关键部位，重点防范制动梁脱落事故，防范摇枕、侧架、车钩缓冲器大部件裂损、折断以及枕簧丢失和蹿出等危及行车安全的隐患。

3. 货车运行状态地面安全监测系统

货车运行状态地面安全监测系统利用轨道测试平台，对车辆安全指标进行动态检测，重点检测货车运行安全指标——脱轨系数、轮重减载率，并检测是否存在车轮踏面擦伤、剥离以及货物超载、偏载等危及行车安全的情况；重点防范货车脱轨事故，以及车轮踏面擦伤、剥离，货物超载、偏载等安全隐患；加大了货车运行安全监控力度，实现了货车运行安全监测。

4. 货车滚动轴承早期故障轨边声学诊断系统

货车滚动轴承早期故障轨边声学诊断系统采用声学技术及计算机技术，利用轨边噪声采集阵列，实时采集货车滚动轴承噪声，通过数据分析，及早发现轴承早期故障；重点检测货车滚动轴承内外圈滚道、滚子等的故障；在发生热轴故障之前，对轴承故障进行早期预报，与红外线轴温探测系统互补，防止切轴事故发生，确保行车安全。

5. 客车运行安全监控系统

客车运行安全监控系统通过车载系统对客车运行关键部件进行实时监测和诊断；通过无线、有线网络，将监控信息向地面传输、汇总，形成实时的客车安全监控运行图，使各级车辆管理部门及时掌控客车运行及安全情况；重点检测速度为160km/h及以上客车的轴温及制动系统、转向架的安全指标，检测火灾报警系统、客车供电系统、电气系统及空调系统的运行安全状况，防范客车热轴事故，防范火灾事故，防范走行部、制动部、供电、电气设备及空调故障。

随着"5T"安全防范系统的广泛使用，若每500km左右建立一个大型的车辆检修基地，每250km左右建立一个"5T"安全防范系统车辆运行安全监控站，从减少检车人员、提高检测准确率、缩短检测时间等方面来看，可大大缩短车辆周转时间，提高铁路运输能力，进而提高铁路运输经济效益。

拓展阅读

一丝不苟列检，护航中欧班列

中国铁路成都局集团有限公司货车检车员伍洪章1992年参加工作，2013年被授予重庆市五一劳动奖章，2015年被评为全国铁路劳动模范，2017年被授予全国五一劳动奖章。

作为班列检查组组长，伍洪章经常担当重点列车运输保障和车辆事故调查等急难险重任务，每一次都能圆满完成。伍洪章先后带领车间技术骨干承担重点运输任务检车工作120余次，参与车辆故障和行车信息调查处理300多起，带队为500余趟中欧班列提供安全保障，未发生任何差错，成为重庆西车辆段最值得信赖的列车运行安全“护航人”。

（摘编自搜狐网，2020年7月12日）

岗课赛证

货车检车员

铁路货车检车员（图4-59）是铁路行车特有工种，其工作场地一般在货车编组站的始发场和到达场，主要职责是对每列到达和始发的列车进行技术状态检查，保证列车的运行安全，有着“列车大夫”的俗称。

图4-59　货车检车员

全路货车运用系统职业技能竞赛包括理论考试和实际操作两部分，实际操作部分主要包括车辆检查、分解组装17型车钩配件、更换120型控制阀主阀和紧急阀等。技能竞赛可提升一线员工的技能水平，增强了业务能力以及应急救援的能力，更可使员工通过相互交流认识到自身的不足之处。

货车检车员设中级（国家职业资格四级）、高级（国家职业资格三级）、技师（国家职业资格二级）、高级技师（国家职业资格一级）四个等级。

姓名：________ 班级：________ 学号：________

学习检测

一、知识检测

（一）填空题

1. 铁路货车类型很多，按其用途可分为（　　）货车、专用货车和（　　）货车。

2. 凡是参加国际联运的客车，车体两外侧中部须装有（　　）。

3. 车辆的方位一般以制动缸活塞杆推出的方向为（　　）位端，以相反方向为（　　）位端。

4. 车钩组成零件在处于不同的作用位置时起着不同的作用，有（　　）、（　　）、（　　）三种作用，称为车钩三态作用。

5. 目前我国铁路车辆的检修制度是以（　　）修为主、以（　　）修为辅的检修制度。

（二）选择题（以下至少有一项是正确的，请将正确的选项填入括号内）

1. 以下属于特种用途的车辆有（　　）。

A. UZ　　B. GW　　C. P　　D. YZ

2. 新造客车、货车应安装金属的制造厂铭牌，铭牌应包括（　　）以及出厂型号等内容，式样由各车辆制造单位自行确定。

A. 制造厂厂名　　B. 制造年份　　C. 出厂日期　　D. 出厂序号

3. 车体主要组成部分包括（　　）。

A. 底架　　B. 侧墙　　C. 端墙　　D. 车顶

4. 车钩缓冲装置的作用有（　　）。

A. 连挂　　B. 牵引　　C. 缓和冲击　　D. 防止脱轨

5. 普通货车定期检修的修程有（　　）。

A. 厂修　　B. 段修　　C. 辅修　　D. 轴检

（三）判断题（以下描述正确的打“√”，不正确的打“×”）

1. 凡是属于国铁集团的车辆，都应按规定涂刷国徽。（　　）

2. 车辆载重是指该车允许的最大载质量（t），又称标记载重。（　　）

3. 车轮踏面是一个突出的圆弧部分，是保持车辆沿着钢轨运行、防止脱轨的重要部分。（　　）

4. 普速铁路车辆的车钩为密接式车钩。（　　）

5. 空气制动机的工作原理为减压制动，增压缓解。（　　）

（四）思考题

1. 简答题

（1）什么是铁路车辆配属制度？

（2）请说出图4-60各个车号中的数字和字母的含义。

图 4-60　简答题示意图

(3) 车体的主要作用是什么?

(4) 转向架由哪几部分组成?

(5) 怎么分辨车钩的三态作用?

(6) 车辆制动装置由哪几部分组成?

(7) 什么是现在客车?

(8) 计划预防性检修有什么优缺点?

(9) 货车有几个修程?

二、技能检测

1. 识图判断以下图片中车辆的类型，并分析适合装运货物的类型。

图片	车辆类型	适合装运货物种类

2. 结合已学的线路知识，请思考在运输时，铁路车辆的车轮导向功能需要配合什么设备方能实现？同时请思考，列车从一条线路移动到另一条平行线路或支线需要配合什么设备实现？

3. 查阅相关资料，了解铁路车辆空气制动机的工作原理。

三、素质目标检测

1. 阅读以下材料

老兵陈景明："退伍不褪色"，安全守护春运

春运期间，无数旅客平安踏上归途，而在这背后，却有着众多铁路人的默默坚守。中国铁路广州局集团有限公司维修班组工长、党员陈景明就是这些铁路人中的一员（图4-61）。

图 4-61　阅读材料示意图

“调度命令已下达，时间……命令内容……”2021 年 2 月 2 日 5：50，陈景明正在认真地核对调度命令。寒气逼人的冬日早晨，天还未亮，收到可以上道检修 THDS 设备的命令后，意味着春运中繁忙的一天又开始了。

THDS 指的是铁路货车红外线轴温探测系统，能够实时对每辆铁路货车的轴温进行非接触式采集，通过对铁路车辆轮对运行时的温度进行“内科监控”形成“心电图”（轴温波形图），再通过“心电图”来判断车辆是否存在故障。它是保障行车安全的重要设备。

“陈师傅，1 号磁钢尺寸偏低。”工人胡晓理边测量边说。“线路上的磁钢受到外力冲击，尺寸很容易发生改变，我们一定不要掉以轻心，赶紧拿工具调整。”陈景明说道。调整好 1 号磁钢尺寸后，陈景明和队员认真检查了线路其他磁钢及轨边设备，并将尺寸记录在台账本上。许多尺寸数据都要精确到毫米。陈景明对每个部件的尺寸标准早已烂熟于心。

陈景明是一名退伍军人，部队的生活磨炼了他的意志，也培养了他吃苦耐劳的精神。“退伍不褪色”的他，在工作中时刻以军人标准严格要求自己，发挥模范带头作用。由于工作积极负责，他带领的班组所检修的设备故障率极小，动态联检成绩经常在车间名列前茅。他本人多次被单位评为先进工作者。

陈景明所在的梅汕维修班组地处粤东山区，管辖范围内的 THDS 设备大多分布在偏远山区，最远的设备需要走一段崎岖的山路才能到达探点。

2021 年春运对陈景明来说极其不容易，因为他的妻子自 2020 年底开始，因为中风造成下肢行动不便需要专人照顾。然而，为了确保春运期间设备正常运行，为了列车能安全通过他负责的每个站点，陈景明从不抱怨，在简单安排好妻子生活后，立马带领组员奔波在大山间的各个探点，在春运前完成了所有设备的专项整治，为运输安全提供了保障。

2021 年 2 月 2 日 7：50，陈景明带领组员完成了从室外到室内设备的检查、紧固、清扫，完成了从热靶标定到系统标定再到探头标定，确认设备正常后，作业结束。在初升的太阳下，陈景明带领组员列队离开线路。

“列车安全通过的那一瞬间，我觉得每一个铁路设备检修人都了不起！”陈景明说。

（摘编自中国新闻网，2021 年 2 月 5 日）

谈一谈： 如何理解平凡与伟大的辩证关系？

查一查： 查阅相关资料，了解铁路货车红外线轴温探测系统的功能和作用。

想一想： 该新闻体现了铁路人什么样的精神？

2. 班组学习任务

讨论分析车轴温度过高会产生怎行的后果？通过哪些方法可以及时发现车轴温度过高的情况？

学习评价

评价指标		自我评价（20%）	班组评价（20%）	教师评价（60%）
基础知识（60%）	知识掌握（40%）			
	知识应用（60%）			
能力提升（40%）	自主学习能力（60%）			
	团队合作能力（40%）			

学习总结

个人学习总结：

班组学习总结：

模块5 铁路机车

问题引入

铁路车辆作为动载工具装载货物或旅客进行运输，需要有一个设备提供牵引动力。这个牵引动力来自哪里呢？就是我们常说的“火车头”——机车。

铁路车辆连挂成车列后，由机车牵引方能沿钢轨运行。在车站，车辆的转线以及货场取送车辆等各项调车作业，也都由机车完成。

因此，为了完成客、货列车的牵引和车站的调车作业，铁路运输系统必须保证具有数量足够、牵引性能良好的机车；同时，还必须加强对机车的保养与检修工作，正确组织对机车的合理运用等工作。

学习导航

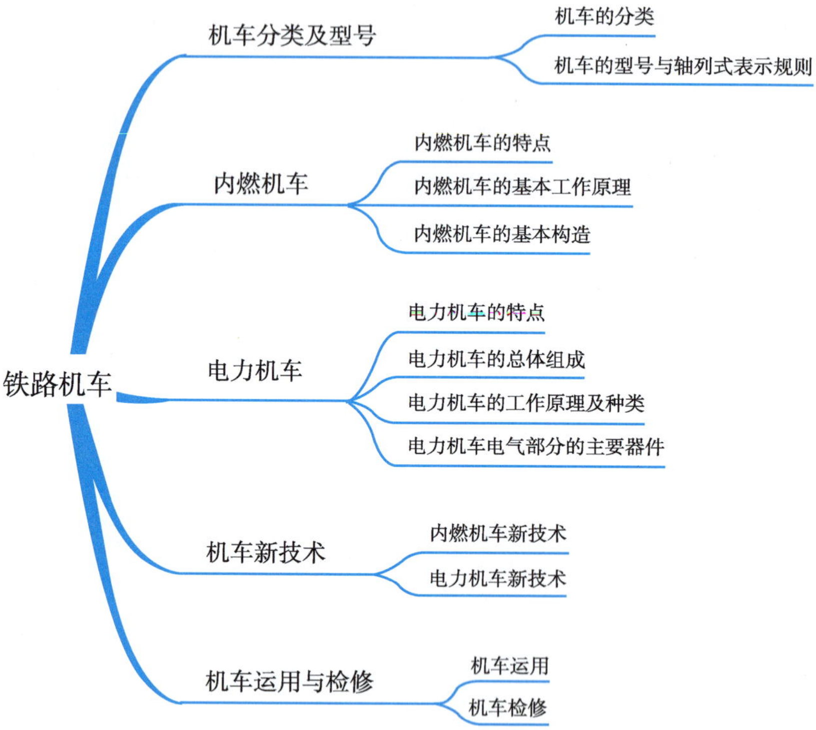

学习目标

知识目标

熟悉铁路机车的分类；

了解铁路机车的型号；

熟悉内燃机车的特点和工作原理；
了解内燃机车的构造；
熟悉电力机车的特点和工作原理；
了解电力机车的构造；
了解铁路机车新技术；
了解铁路机车运用与检修制度。

技能目标

能判别铁路机车的种类；
会分析内燃机车的特点和工作原理；
会分析电力机车的特点；
会分析内燃机车的结构；
会分析电力机车的结构。

素质目标

提升分析问题、解决问题的思辨能力；
培养团队协作、遵章守纪的职业意识；
增强科技兴国、创新驱动的发展意识。

学习建议

学时要求

建议个人独立自主学习不少于 2 学时，班组合作式学习不少于 2 学时。

学习方法

请依托教材内容，广泛查阅相关资料，采取小组讨论、线上线下混合式学习方式。

单元5.1 机车分类及型号

一 机车的分类

（一）按用途分类

按用途分类，机车可分为客运机车、货运机车、客货通用机车（通用机车）、调车机车、工矿机车五种。

1. 客运机车

客运机车是牵引客车车列的机车，需要有较高的运行速度和起动加速度，并能长距离行驶，但牵引力无须很大。

2. 货运机车

货运机车是牵引货车车列的机车，必须有相当大的牵引力，能长距离行驶，但运行速度不必很高。

3. 客货通用机车(通用机车)

客货通用机车（通用机车）的性能介于客运机车和货运机车之间。

4. 调车机车

调车机车是指车站内或编组站（场）用于车列的解体和编组的机车，可进行牵出、转线和车辆的取送等作业。因为调车机车起动和停车频繁、正向和反向行驶频繁，所以应有足够的黏着质量、牵引力、起动加速度，必要的功率和良好的换向性能，运行速度可较低。

5. 工矿机车

工矿机车是担任采掘、冶金、石油、化工、林业等企业内部运输和工厂内部运输的机车。工矿机车的功率一般比铁路干线用的机车小，其速度要求也不高，但必须有足够的牵引力。对于供某些特殊工厂运输用的机车，还必须有防火、防爆等设施。

（二）按动力装置分类

按动力装置分类，机车可分为热力机车和电力机车两种。

1. 热力机车

热力机车所装的原动机属于热机，如蒸汽机车、内燃机车等。这类机车都是自带能源的机车，能独立地行驶。

（1）蒸汽机车是通过蒸汽机把自带燃料的热能转换成机械能，用来牵引列车的一种机车。蒸汽机车的热效率很低，一般只有9%左右，而且煤、水消耗量很大，对环境有较大的污染，因此在现代铁路运输中，蒸汽机车已逐渐被其他新型机车取代。

（2）内燃机车是由柴油机、燃气轮机通过传动装置驱动的机车，是我国铁路机车的主要类型。目前国产内燃机车的主要车型为东风系列（DF）型内燃机车。东风

(DF_{11}) 型机车如图 5-1 所示。

2. 电力机车

电力机车是以电能为牵引动力的一种现代化交通运输工具。由于电力机车的牵引动力是电能，所以又称电力牵引。电力机车本身不带能源，必须由外部供给电能。专门给电力机车供给电能的装置叫作牵引供电系统。电力机车就是通过车顶上装的受电弓从牵引供电系统获得电能，由电动机通过传动装置驱动运行。

电力机车是我国铁路机车的重要类型，它具有功率大、短时过载能力强、运行速度高、加速快、牵引力大、环境污染小等优点，是机车发展的主要方向。我国电力机车的主要车型是和谐（HX）系列电力机车，如图 5-2 所示。

二维码

认知电力机车

图 5-1 东风 (DF_{11}) 型内燃机车

图 5-2 和谐（HX）系列电力机车

（三）按走行装置形式分类

按走行装置（走行部）形式分类，机车可分为车架式机车和转向架式机车两种。

1. 车架式机车

车架式机车采用连杆或万向轴成组驱动轮对，这种走行装置具有结构简单、造价低等优点，但固定轴长，通过曲线线路困难，不适合高速行驶通过，动轴数一般不超过 3 根，所以仅用于小机车和调车机车。

2. 转向架式机车

转向架式机车的走行装置与车辆走行装置相似，使用最为普遍。单节机车的转向架一般为 2 台，也有 3 台甚至 4 台的，每台转向架的轴数为 2 ~ 4 根。其优点是固定轴距短，容易通过曲线，弹簧减振系统完善，利于高速运行且检修方便等。

二 机车的型号与轴列式表示规则

（一）机车的型号表示规则

一般用汉字表示机车的类型，如用“东风”表示电传动内燃机车，用“东方红”表示液力传动内燃机车，用“韶山”表示国产电力机车；也可用汉语拼音字母表示，如 DF 表示“东风”，SS 表示“韶山”。进口内燃机车类型用汉语拼音字母“ND”和“NY”表示，其中 N 表示内燃机车，D 表示电传动，Y 表示液力传动。汉字或拼音字母右下角的数字，则表示该型机车投入运用的序号，如 SS_1、SS_4 等。

和谐型电力机车（HXD）是我国与国外企业合作制造的交流传动重载货运电力机

车。HXD 后面的数字代表该型机车的制造公司，数字不同表示制造公司不同，如 HXD1 为中国南车集团株洲电力机车有限公司制造，HXD2 为中国北车集团大同电力机车有限责任公司制造。

和谐型内燃机车（HXN）也是我国设计制造的交流传动重载货运内燃机车。HXN 后面的数字代表该型机车的制造公司，数字不同表示制造公司不同，如 HXN3 为中国北车集团大连机车车辆有限公司制造，HXN5 为中车南车戚墅堰机车有限公司制造。

和谐号高速动车组用 CRH（中国高速铁路的英文缩写）表示。CRH 右下角的数字代表该型动车组的制造公司，数字不同表示制造公司不同，如 CRH_2 为南车四方机车车辆股份有限公司制造，CRH_3 为北车唐山机车车辆有限公司制造。

（二）机车轴列式表示规则

轴列式是用数字或字母表示机车走行装置结构特点的一种简单方式。下面以转向架式机车为例，介绍其轴列式表示规则。

转向架式机车轴列式表示规则：以英文字母表示每台转向架的动轴数，如 A 即 1、B 即 2、C 即 3、D 即 4 等；注脚“0”表示每一动轴为单独驱动，无注脚表示动轴为成组驱动，“-”表示转向架之间无直接机械连接。如果三轴转向架的中间轴为非动轴，两端轴为动轴，则该转向架的轴列式为 A1A，该机车轴列式表示为 A1A-A1A，其中字母 A 表示一根动轴，数字 1 表示一根非动轴。图 5-1 所示的 DF_{11} 型电传动内燃机车的轴列式为 C_0-C_0，表示该机车有两台三轴转向架，单独驱动。

单元 5.2 内燃机车

1905 年，美国通用电气公司（GE）研制出了第一台内燃机车，其采用一台英制 103kW 的汽油机驱动直流发电机，为车轴上的直流电动机供电。1910 年，第一台柴油机内燃机车问世，由美国 GE 公司制造。1924 年，第一台干线内燃机车在苏联问世，最高速度 50km/h。1925 年，美国制造出第一台正式在铁路上使用的调车机车。1923 年，德国人海尔曼 · 费廷格尔和克鲁肯贝格制造了第一台液力传动内燃机车。1984 年，美国在 GM60 系列和 GEDaSh8x 系列机车上开始大量运用计算机控制，开始了内燃机车的计算机时代。

我国内燃机车经历了早期研制、定型生产、自主开发、采用先进技术开发新型内燃机车四个阶段。

一 内燃机车的特点

1. 热效率高、能耗低

内燃机车的热效率可以达到 30% ~35. 5%，可以实现石油资源的高效利用。

2. 水的消耗少

内燃机车用的冷却水可以循环使用，消耗很少。

3. 投资少

电力牵引必须组建牵引供电系统，这使得电力牵引比内燃牵引总投资高。

此外，内燃机车还具有乘务条件好、牵引性能好、起动加速快、电气制动可靠等优点。

二 内燃机车的基本工作原理

内燃机车的原始动力来自柴油机。燃料在汽缸内燃烧，所产生的高温高压气体在汽缸内膨胀，推动活塞往复运动，连杆带动曲轴旋转对外做功，将燃料的热能转化为机械能。柴油机发出的动力传输给传动装置，通过对柴油机、传动装置的控制和调节，将与机车运行工况匹配的输出转速和转矩送到每个车轴齿轮箱驱动动轮。动轮产生的轮周牵引力传递到车架，由车架端部的车钩变为挽钩牵引力来拖动或推送车辆。

三 内燃机车的基本构造

内燃机车一般由柴油机、传动装置、车体、转向架、辅助装置等组成。下面简要介绍柴油机、传动装置和车体。

（一）柴油机

柴油机是内燃机车的动力装置，又称压燃式内燃机。柴油机是将汽缸内的柴油燃烧产生的热能转变为柴油机曲轴输出的机械能的动力机械。柴油机的每一次工作循环（一次能量转换过程）由进气、压缩、燃烧膨胀、排气四个过程组成。

（二）传动装置

传动装置是为了使柴油机的功率传到动轴上且使功率能满足机车牵引要求的装置。柴油机的扭矩-转速特性和机车的牵引力-速度特性完全不同，不能用柴油机直接驱动机车动轮。因此，内燃机车必须加装传动装置以满足机车的牵引要求。

二维码

认知内燃机车

常用的传动方式有机械传动、液力传动和电力传动。

1. 机械传动

机械传动：在柴油机与轮对之间设置离合器、变速箱，通过变速箱改变柴油机曲轴与轮对间的传动比来调节机车牵引力和运行速度。因机械传动功率受到限制，目前铁路内燃机车已不再采用该方式。

2. 液力传动

液力传动装置主要由液力传动箱（含液力变扭器）、车轴齿轮箱、万向轴等组成。液力变扭器（又称变矩器）是液力传动机车最重要的传动元件，由泵轮、涡轮、导向轮组成。泵轮和柴油机曲轴相连，泵轮叶片带动工作液体使其获得能量，获得能量的工作液体在涡轮叶片流道内流动，从而将能量传给涡轮叶片，由涡轮轴输出机械能做功，通过万向轴、车轴齿轮箱将柴油机功率传给机车动轮；工作液体从涡轮叶片流出后，经导向轮叶片的引导，又重新返回泵轮。液力传动方式操纵简单、可靠，特别适用于多风沙和多雨的地带。内燃机车的液力传动示意图如图 5-3 所示。

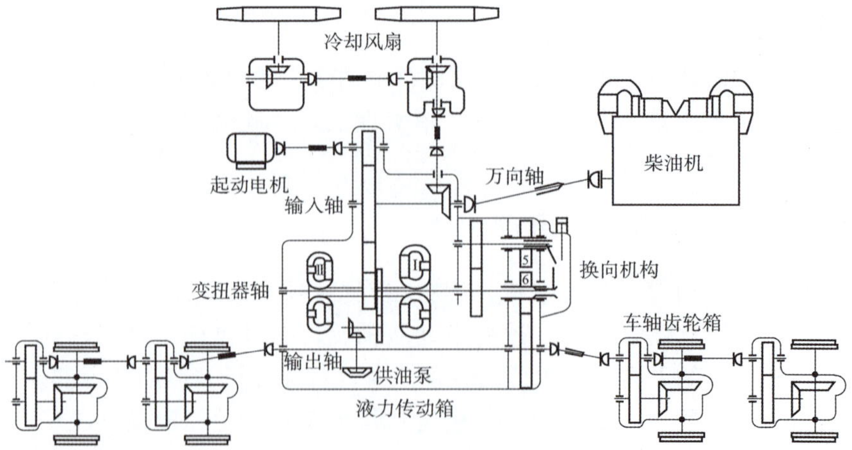

图 5-3　内燃机车的液力传动示意图

3. 电力传动

电力传动即柴油机带动发电机发电，再供给牵引电动机驱动轮对运转。电力传动可以分为如下三种：

（1）直-直电力传动：牵引发电机和电动机均为直流电机，柴油机带动直流牵引发电机，将直流电直接供给各直流牵引电动机驱动机车动轮。

（2）交-直电力传动：柴油机带动三相交流同步发电机，发出的三相交流电经过大功率半导体整流装置变为直流电，供给直流牵引电动机驱动机车动轮。

（3）交-交电力传动：可以分为交-直-交电力传动和交-交电力传动两种形式。

①交-直-交电力传动：发动机带动三相同步交流牵引发电机，发出的交流电通过整流器到达直流中间回路，直流中间回路中恒定的直流电压通过逆变器调节振幅和频率，再将直流电逆变成三相变频调压交流电压，供给交流牵引电动机驱动机车动轮。目前，此种形式的应用最为广泛。

②交-交电力传动：发动机带动三相同步交流牵引发电机，发出的交流电通过变频装置直接变为三相变频交流电，供给交流牵引电动机驱动机车动轮。

（三）车体

车体是车架上部的外壳，是内燃机车的骨架，是安装柴油机及其辅助设备的基础，起到保护机车上的人员和机器设备不受风、沙、雨、雪的侵袭的作用。另外，车体还是传力的重要部件。对于高速内燃机车，其车体头部还需设计成流线型。

车体按其承受的载荷情况，分为整体承载式和非整体承载式。现代大功率机车往往把车体侧壁、驾驶室、底架等组焊在一起，使其成为一个整体承载的结构。

单元 5.3　电力机车

一　电力机车的特点

电力机车是从接触网获取电能，通过变压器降压，用牵引电动机驱动的机车。

（一）电力机车的优点

1. 可利用多种能源

电力机车的能源可以由热力、水力、天然气甚至地热、原子能、太阳能等转换而来，只要有相应的发电站，便可以利用对应的能量。

2. 功率大

由于电力机车上没有产生能量的装置，也没有能量储备，因此在同样的机车重量下，其功率要比自给式机车大。机车的单位质量所具有的功率称为机车的比功率。机车的比功率是衡量机车技术水平的一个标志。目前，电力机车的比功率一般可达到 40 ~ 60kW/t。

3. 速度快

由于电力机车功率大，因而可以获得较高的速度。目前，一般客运电力机车的运行速度为 160 ~ 200km/h，货运电力机车为 120 ~ 140km/h。随着新型机车的不断出现，目前，电力牵引的高速动车运行速度为 300 ~ 400km/h。

4. 效率高

电力机车本身的效率为 80% ~ 85%。但考虑到整个电力牵引系统，其平均效率不是固定的，这与供电系统的电能来源有关。在由水力发电站供电的情况下，电力牵引的效率可达到 60% ~ 70%。

5. 过载能力强

机车在起动、牵引重载列车和通过困难区段时，具有一定的过载能力是十分重要的。对于能量非自给的电力机车，其能量来自供电系统，因此电力机车的过载能力仅受牵引电机的限制，而牵引电机的过载能力是较高的。

6. 运输成本低

电力机车检修工作量小，维修周期长，每两次大修之间的运行公里数为蒸汽机车和内燃机车的 2 倍。由于电力机车运输能力的增加足以补偿电气化的初期投资，所以铁路电气化的长远经济效益好。

7. 司机劳动条件好，无烟气排放污染

电力机车不冒烟，不排废气，通过长大隧道时，乘务人员和旅客可免受烟气之苦，从而也为广大旅客创造了清洁的旅行条件。此外，电力机车可以将接触网电能再供给列车使用而不影响牵引功率，不用装设车下柴油发电机组，也不用发电车，提高了列车的舒适度和经济性。

8. 不受外界条件限制

在山区和高寒地区，电力机车的功率发挥得更好。

（二）电力机车的缺点

（1）对通信干扰较大，且必须组建牵引供电系统，因此初期修建费用较高。

（2）电力机车本身没有动力源，电能来自外部的电缆，如遇自然灾害、战争等不可抗力状况引发断电就无法运行，甚至可能引发事故。

知识拓展

我国最早于1914年在抚顺煤矿使用电力机车（1500V直流电力机车）。1958年12月28日，我国第一台干线铁路电力机车试制成功，命名为6Y1型。1966年，株洲电力机车厂与株洲电力机车研究所共同试制成功了SS_2型机车，并先后研制出SS_3型、SS_4型、SS_5型、SS_6型、SS_7型、SS_8型、SS_9型电力机车。

从20世纪70年代末开始，我国铁路一直在进行中小功率变流机组的地面试验研究和大功率的交-直-交电力机车的研制。1996年6月，我国首台交流传动电力机车AC4000型电力机车研制成功。和谐系列货运电力机车是中国中车股份有限公司与国外企业合作，并国产化生产的新一代交流传动货（客）运机车。

二 电力机车的总体组成

电力机车由机械部分、电气部分和空气管路系统三部分组成。

（一）机械部分

机械部分包括车体、转向架、车体与转向架连接装置和车钩缓冲装置。

（1）车体：由底架、驾驶室、台架、侧墙、车顶等部分组成；用来安放各种设备，也是乘务人员的工作场所。

（2）转向架：由构架、弹簧悬挂装置、基础制动装置、轮对、轴箱装置、驱动装置组成；是承受车辆自重和载重、在钢轨上行走的部件。

（3）车体与转向架连接装置：既是活动关节，又承担各个方向力的传递作用。

（4）车钩缓冲装置：其作用和结构与车辆的车钩缓冲装置相同。

（二）电气部分

电气部分是指机车上的各种电气设备及其连接导线，包括主电路、控制电路、辅助电路以及它们的保护系统。

（1）主电路：由牵引电动机以及与之相连接的电气设备和导线共同组成；是电力机车最重要的组成部分，决定着机车的基本性能。主电路中流过全部的牵引负载电流，其电压为牵引电动机的工作电压或者接触网的电压，所以主电路是电力机车上的高电压、大电流的回路。它将接触网上的电能转变成列车牵引所需的牵引动力。

（2）控制电路：由司机控制器、继电器等控制电器组成的低压小功率电路。控制电路的作用是使机车主电路和辅助电路中的各种电器按照一定的程序动作。

（3）辅助电路：供电给电力机车上的各种辅助电机的电气回路。辅助电机驱动多种辅助机械设备，如冷却牵引电动机和制动电阻用的通风机，给各种气动器械提供所需压缩空气的压缩机等。

（三）空气管路系统

空气管路系统，也称风力系统，按照功能可以划分为四个部分。

（1）风源系统：负责生产、储备、调控压缩空气，提供洁净、干燥、稳定的压缩空气。

（2）制动机管路系统：供给机车和车辆制动所需的压缩空气。

（3）控制管路系统：供给机车电气设备（包括主断路器、受电弓等）所需要的压缩空气。

（4）辅助管路系统：供给机车撒砂装置、风喇叭、刮水器等辅助装置所需的压缩空气。

三 电力机车的工作原理及种类

电力机车从接触网上获取电能，经机车相关电路供给机车牵引电动机，从而使牵引电动机产生转矩，将电能转变为机械能，经过齿轮的传递，驱动机车动轮转动。

接触网供给电力机车的电流有直流和交流两种。由于电流制式不同，所用的牵引电动机也不一样，基本上可以分为直-直流电力机车、交-直流电力机车、交-直-交流电力机车三类。

（一）直-直流电力机车

直-直流电力机车采用直流制供电。牵引变电所内设有整流装置，将三相交流电变成直流电后再送到接触网上。因此，电力机车可直接从接触网上取得直流电供给直流串励牵引电动机使用，简化了机车上的设备。

（二）交-直流电力机车

交-直流电力机车采用交流制供电。目前世界上大多数国家都采用工频（50Hz）交流制或25Hz低频交流制。在这种供电制式下，牵引变电所将三相交流电改变成25kV单相工频交流电后送到接触网上。电力机车在运行过程中，经受电弓将接触导线供给的单相工频交流电引入机车内部，经过主断路器再进入主变压器降压，交流电从主变压器的牵引绕组经过硅机组整流后转换为直流电，然后向直流（脉流）牵引电动机供应直流电。由于接触网电压比直流制时提高了很多，接触网导线的直径可以相对减小，从而减少了有色金属的消耗和建设投资。因此，工频交流制得到了广泛应用，世界上绝大多数电力机车采用的是交-直流电力机车。

（三）交-直-交流电力机车

交-直-交流电力机车采用交流无整流子牵引电动机（三相异步牵引电动机），受电弓将交流网压引入机车变压器一次侧绕组，经变压器二次侧绕组降压后整流，将交流电转换为直流电，再通过逆变器将直流电转换为电压和频率可调的三相交流电，供给三相异步牵引电动机实现牵引运行。这种电动机在制造、性能、功能、体积、质量、成本、维护、可靠性等方面远比整流子电动机优越得多。这种机车具有优良的牵引能力，是电力机车发展的趋势。图5-4所示为电力机车交流传动的原理示意图。

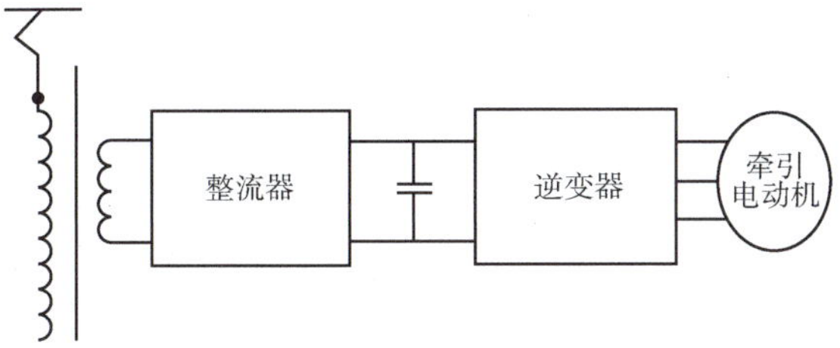

图5-4　电力机车交流传动的原理示意图

四 电力机车电气部分的主要器件

（一）受电弓

SS_8型电力机车在机车车顶外部安装两台单臂受电弓。受电弓的弓头升起后与接触网导线接触，从接触网上获得电流，并通过车顶母线将电流传送到车内供电动机使用。受电弓弓头与接触网导线接触受流的部分，其上装有粉末冶金滑板。机车运行时，弓头能随接触导线的高度和弛度变化而做前后、上下的动作，以便改善受流质量。受电弓的升降受控制机构及传动风缸中压缩空气的控制。机车正常运行时，一般只升后弓，另一只受电弓备用。图 5-5 所示为 DSA350 型受电弓。

（二）主断路器

主断路器（图 5-6）是电力机车的一个重要器件，它担负着断开和接通接触网、接入机车 25kV 电路的任务，并且对主电路的短路、过流、接地等故障状态起着最后一级保护作用。SS_8型电力机车采用 TDZIA-10/25 型空气断路器，它是一种带外隔离开关的断路器。分断时，主触头先行分开将电流切断，经过一段时间后，隔离开关再分开形成电路隔离，之后主触头自行恢复闭合状态；闭合时，只需将隔离开关的闸刀合上即可。另外，这种空气断路器是利用压缩空气来灭弧并且利用压缩空气作为操作能源的电器。

图 5-5　DSA350 型受电弓

图 5-6　主断路器

（三）主变压器

主变压器是交-直流电力机车上的一个重要部件，如图 5-7 所示。主变压器的任务是将从接触网上获得的高压交流电转换为低压交流电。SS_8型电力机车上的主变压器中有 5 种线圈，即高压网侧线圈、牵引线圈、辅助线圈、励磁线圈和列车供电线圈。其中，高压网侧线圈通过受电弓接入 25kV 高压电路。牵引线圈用来给牵引电动机供电。辅助线圈用来给辅助电动机等设备供电。励磁线圈在电阻制动时给电动机提供励磁电流。列车供电线圈向列车提供电源。

（四）牵引电动机

SS_8型电力机车共有 4 台直流串励牵引电动机，分别安装在前后两台转向架上，通过驱动齿轮与轮对车轴相连。SS_8型电力机车和电力传动内燃机车一样，当电力机车在牵引状态时，牵引电动机将电能转换为机械能，驱动机车运行；当电力机车在电阻制动状态时，牵引电动机将列车的机械能转换为电能，产生列车的制动力。牵引电动机如图 5-8 所示。

（五）变流装置

变流装置是 SS_8 型电力机车的主要部件之一，它主要由大功率整流管、晶闸管和其他附件组成，如图 5-9 所示。

图 5-7　主变压器

图 5-8　牵引电动机

图 5-9　变流装置

（六）平波电抗器

经变流装置整流后的输出电压是脉动电压，由于脉动电压在牵引电动机电路中产生脉动电流，脉动电流会影响牵引电动机的换向，而牵引电动机自身的电感很小，不足以将电流滤平到允许的脉动范围内，所以要求在牵引电动机电路中串接平波电抗器。SS_8 型电力机车在牵引电动机的四条支路中分别串有一个平波电抗器，用以抑制该支路中的谐波电流分量，改善牵引电动机的换向。

（七）司机控制器

司机控制器是司机用来操纵机车运行的控制电器。司机利用它来控制电路中的低压电器，从而控制主电路中的电气设备。SS_8 型电力机车每端驾驶室都装有一台主司机控制器、一台调车控制器（又称辅助司机控制器）和一台电空制动控制器。

单元 5.4　机车新技术

现代科技发展日新月异，国内外铁路牵引动力在技术上和运用上发展很快，特别是为适应客运高速和货运重载的需要，我国不断引进和吸收国外先进技术和工艺，新机型、新装备不断涌现。2006 年以来，和谐型大功率交流传动 HXN3 型、HXN5 型内燃机车和 HXD 系列电力机车的研制成功及批量投入运用，标志着我国铁路机车成功实现了由交-直流传动向交流传动的转化。

二维码

认知机车新技术

一　内燃机车新技术

轴列式为 C_0-C_0 的 HXN3 型和 HXN5 型内燃机车都是重载货运机车，最高运行速度为 120km/h，牵引电动机的输出功率为 4410kW，牵引性能优越，黏着利用率高，起动加速度快，可靠性高。它们的柴油机节能、排放低，是世界最大功率等级的经济、环保型机车柴油机。

和谐型内燃机车采用大功率交-直-交流传动方式，其牵引电动机为交流异步电动机，具有功率大、重量轻、结构简单、可靠性高、维护工作量小等特点；牵引变流器采用先进的大功率绝缘栅双极型晶体管芯片（IGBT）器件，控制性能优良，可靠性高；控制部分采用先进的计算机网络控制系统，数据传输量大，牵引及制动控制性能优良，设备状态监测与系统自诊断功能完善；车体、转向架、车钩与缓冲器、轮对驱动系统以及制动系统均能充分满足牵引重载列车的需要。HXN5 型内燃机车的技术已达到世界先进水平。图 5-10 所示为 HXN5 型内燃机车的总体布置图。

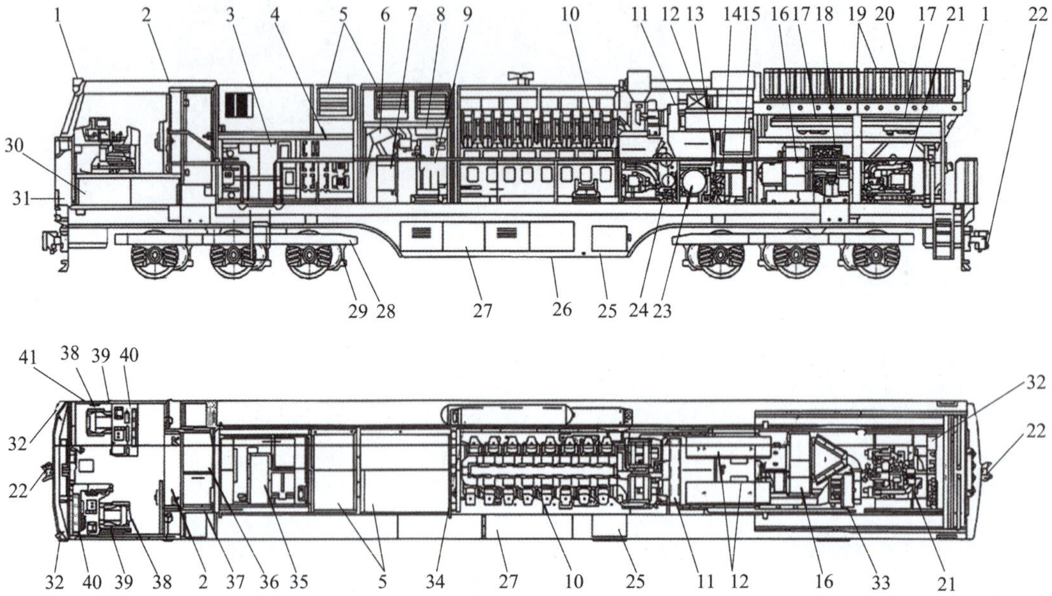

图 5-10　HXN5 型内燃机车的总体布置

1-头灯；2-控制设备柜；3-牵引逆变器；4-功率装置柜；5-电阻制动装置；6-发电机组通风道；7-辅助发电机；8-CTS 转换开关；9-牵引发电机；10-柴油机；11-空气滤清器箱；12-膨胀水箱；13-低压燃油泵；14-预润滑机油泵；15-润滑油冷却器；16-牵引电动机通风机；17-冷却风扇；18-通风机滤清器箱装配；19-散热器百叶窗；20-散热器；21-空气压缩机组；22-车钩；23-润滑油滤清器；24-燃油滤清器；25-污油箱；26-燃油箱；27-蓄电池箱；28-转向架；29-牵引电动机；30-空调；31-标志灯；32-砂箱；33-排尘风机；34-总风缸；35-逆变/发电机组通风机；36-卫生间；37-行车安全设备柜；38-座椅；39-取暖器；40-操作台；41-制动柜

从图 5-10 中可看出，机车上面部分为相对独立的五个室：驾驶室、辅助室、发电机室、柴油机室和冷却室。驾驶室位于机车前端，冷却室位于机车后端。车体左右两侧在辅助室前端部位和冷却室后端部位均设有扶梯，供司乘人员上下。驾驶室后端墙左右两侧设有通往机车外部走廊的门。

车架下面中部为承载式燃油箱，燃油箱右侧设有两个总风缸，两个总风缸之间装有高压安全阀；总风缸前端设有空气干燥器、辅助用风精滤器，总风缸后端设有制动用风精滤器。燃油箱左侧设有蓄电池箱。机车控制区是机车上的封闭区域，其中安放了由电子控制和电功率调节系统组成的若干设备。

HXN5 型内燃机车的结构特点如下：

（1）车架采用双箱形梁结构、整体式燃油箱。燃油箱与车架做成一体，参与承载。这是我国内燃机车首次采用参与承载的整体式燃油箱，这种结构增加了车架的强度，减轻了机车的重量。

（2）转向架构架为钢板焊接的箱形结构。由中心销传递牵引力，焊装在车体底架的中心销插入转向架构架上的牵引座，由牵引座向中心销传递纵向力。利用橡胶堆支承的横向变形，车体可以相对转向架弹性横动，这是速度达到 120km/h 的转向架必备的功能。

（3）机车采用整体碾钢车轮、闸瓦制动、牵引电动机滚动抱轴承悬挂。

（4）设有两个独立的通风冷却系统：牵引电动机通风冷却系统，辅助室、逆变器、发电机组通风冷却系统。

（5）轴箱轴承为整体密封的圆锥滚子滚动轴承，轴箱用导框定位，由轴箱与导框的横向间隙提供三轴转向架中间轴的 ±15mm 自由横动量。

二　电力机车新技术

HXD1 型和 HXD2 型电力机车是八轴机车，轴列式 2（B_0-B_0），轴功率 1200kW，现已在运煤专线大秦线运行，可单机牵引 1×10^4t、双机牵引 2×10^4t 重载列车。和谐型电力机车 HXD3 是轴功率 1200kW 的六轴机车，轴列式为 C_0-C_0，可在繁忙干线单机牵引 5000t 重载列车。

以上三种电力机车均为重载货运机车，最高运行速度为 120km/h。机车采用交-直-交流传动方式。牵引电动机为异步电动机，具有功率大、重量轻、结构简单等优点；采用先进的车载计算机网络控制系统，牵引及制动控制性能优良，设备状态监测与系统自诊断功能完善；采用再生制动，节能效果显著。随着和谐型大功率交流传动电力机车的批量生产并投入运行，它将逐步取代 SS_4型电力机车在重载牵引中的地位。

在设计制造 HXD1 型、HXD2 型、HXD3 型电力机车的基础上，2008—2009 年，我国又进一步成功研制了轴功率为 1600kW 的 HXD1B 型和 HXD3B 型电力机车。这两种电力机车都是六轴机车，轴列式 C_0-C_0，轴重 25t，单节机车功率达 9600kW，是当今世界上单节功率最大的电力机车。HXD3 型电力机车的主要设备布置图如图 5-11 所示。

HXD3 型电力机车采用 IGBT 型水冷变流器，采用交流电动机矢量控制系统，采用牵引电动机轴控方式。机车采用网络控制技术，满足环境温度 −40 ~ +40℃、海拔在 2500m 以下的条件。考虑到不同的线路情况，可以 3 台机车重联控制运行。

HXD3 型电力机车装有 2 台结构相同的三轴转向架，机车全长约 21m，机车轮周功率 7200kW，最大起动牵引力 570kW，最高运行速度 120km/h。HXD3 型电力机车的主要特点如下：

（1）机车总体设计：采用高度集成化、模块化的设计思路；采用中间走廊，电气屏柜和各种辅助机组分功能对称布置在中间走廊的两侧；采用了规范化驾驶室，尽量考虑单司机值乘的要求。

（2）机车装有 2 台结构相同的三轴转向架，牵引力传递系统采用中央低位平拉杆推挽式牵引装置，具有黏着利用率高的特点。

（3）机车车体采用整体承载的框架式车体结构，有利于提高车体的强度和刚度，车体整体能够承受 3400kN 的静压力和 2700kN 的拉力而不产生永久变形。

（4）转向架采用滚动抱轴承半悬挂结构，二系弹簧悬挂装置采用高圆螺旋弹簧。

（5）采用独立通风冷却技术。牵引电动机采用顶盖百叶窗进风的独立通风冷却方式；牵引变流器冷水和牵引变压器油冷采用水、油复合式铝板冷却器，由车顶直接进风冷却；辅助变流器采用车外进风冷却的方式；还考虑了驾驶室的换气和机械间的微正压通风。

（6）采用计算机控制集成化气路的空气制动系统，机械制动采用轮盘制动。

（7）采用了新型双塔空气干燥器，有利于压缩空气的干燥，降低了制动系统阀杆的故障率。

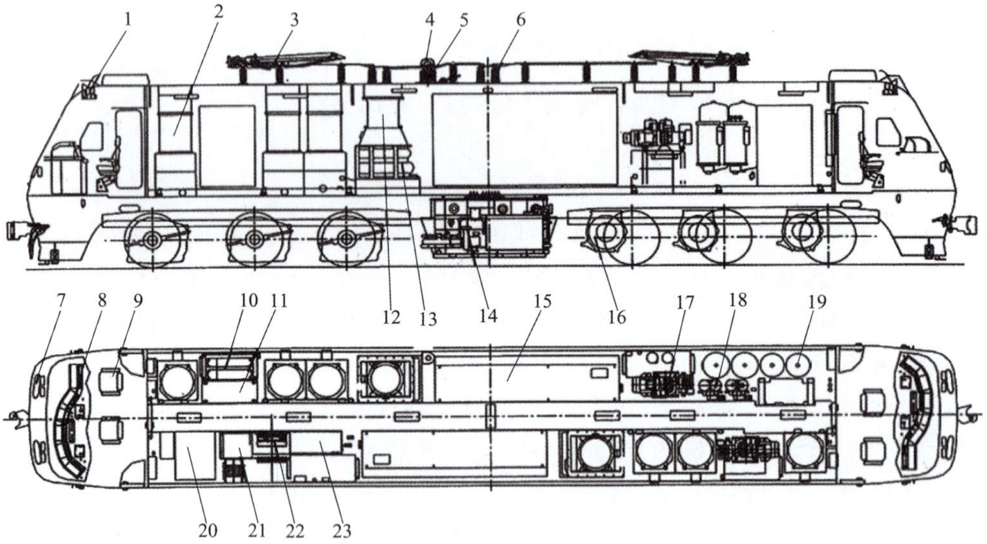

图 5-11　HXD3 型电力机车的主要设备布置图

1-前照灯；2-牵引电动机通风机组；3-受电弓；4-主断路器；5-高压电压互感器；6-高压隔离开关；7-标志灯；8-操作台；9-座椅；10-滤波柜；11-蓄电池充电器；12-复合冷却器通风机组；13-复合冷却器；14-牵引变压器；15-变流器；16-牵引电动机；17-空气压缩机；18-空气干燥器；19-总风缸；20-卫生间；21-综合通信柜；22-监控柜；23-控制电器柜

单元 5.5　机车运用与检修

机车的运用和检修是铁路运输工作的重要组成部分，也是铁路机务部门的基本任务。保质保量地进行机车检修，确保机车状态良好，经济、合理地运用机车，对安全、高效地完成铁路运输任务具有十分重要的意义。

一　机车运用

机车运用的一个特点是，机车只要离开机务段，就要受到车站有关人员的调度和指挥。所以，机务部门和行车部门关系特别密切，必须协调配合才能安全、优质地完成运输任务。

（一）机车交路

机车交路是机车固定担当运输任务的周转区段，也称机车牵引区段。机车交路按用途不同分为客运机车交路和货运机车交路；按区段长度不同分为一般机车交路和长交路；按机车运转制不同分为循环运转制、半循环运转制、肩回运转制和环形小运转制交路。图 5-12 所示为机车交路图例。

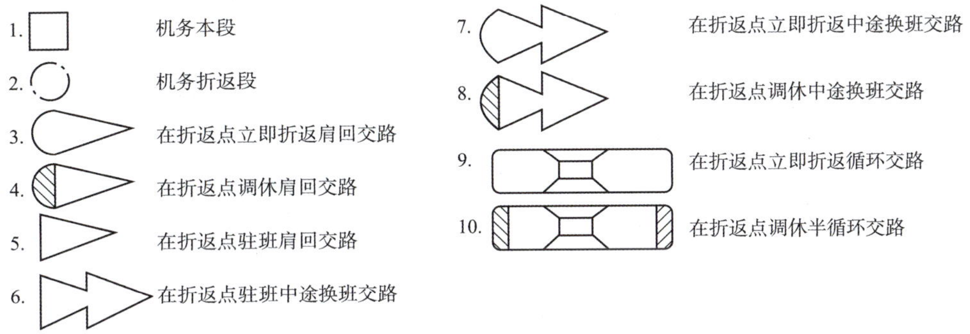

图 5-12　机车交路图例

（二）机车运转制

机车运转制是指机车在交路上从事列车作业的方式。目前，我国铁路上采用的机车运转制主要有肩回运转制、循环运转制、半循环运转制和环形运转制。

机车牵引列车在一个交路区段内往返一次后即进入本段的运转方式，称为肩回运转制。我国铁路区段上，担当牵引任务的机车多采用肩回运转制。肩回运转制又可分为单肩回运转制、双肩回运转制、多肩回运转制等几种。图 5-13a）所示为双肩回运转制示意图。机车的长短交路均可采用这种运转方式。

机车牵引列车在相邻两个交路区段内做往返连续运行，直到需要进行中检或定期检修时才进入本段的运转方式，称为循环运转制。图 5-13b）所示为循环运转制示意图。

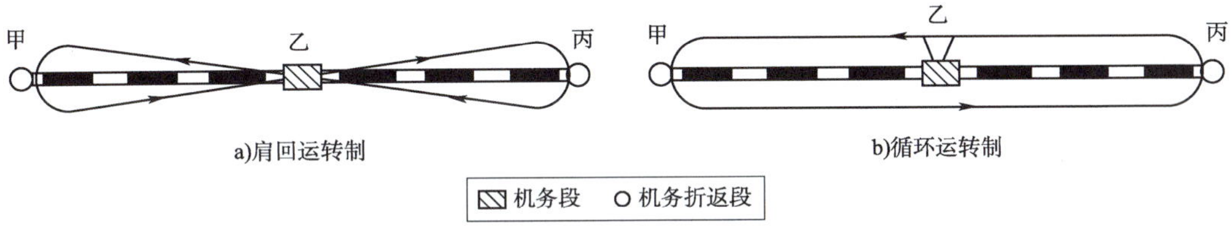

图 5-13　双肩回运转制和循环运转制

机车牵引列车在相邻两个交路区段内往返运行一次后即进入本段的运转方式，称为半循环运转制。

环形运转制是指机车牵引列车在一个交路区段内连续运行几个往返后才进入本段进行整备作业。环形运转制适用于小运转列车、市郊列车或运量较大的短交路区段列车等。

（三）机车乘务制度

机车乘务制度是指机车乘务员使用机车的制度，分为包乘制、轮乘制和轮包结合制。

包乘制一般采用四班制，4 个乘务组固定使用一台机车，轮流值乘，由一名较优秀的司机担任司机长，每 5 ~ 7 台机车设指导司机一名，指导司机对分管的各机车乘务机班进行技术指导和工作监督与检查。

轮乘制机车没有固定的乘务组，各乘务组轮流上车值乘，按一定的顺序轮流值乘不同的机车。一般每 15 ~ 20 个乘务组设一名指导司机，机车的日常保养与检查维修由地勤车间或地勤组承担。轮乘制提高了机车的利用率和乘务员的劳动效率，也提高了铁路运输效率；但机车的保养及检修条件较差，因此对机车本身的质量要求较高。

轮包结合制适用于机车长交路。机车由几个固定的乘务组包管，当机车出机务段或回机务段（出、入库）时，由该固定乘务组值乘，在交路上运行时由各乘务组按一定的顺序轮流上车值乘。该乘务制度是包乘制与轮乘制相结合的一种方式，既提高了机车的利用率和乘务员的劳动效率，又加强了机车的保养工作。

二 机车检修

机务段是铁路沿线负责机车运用和检修工作的基层生产单位，一般设在编组站或区段站上。此外，为便于机车的整备和乘务员的换乘，在机车交路的折返点，还应设有机务折返段。所谓机车整备，是指机车在出段牵引列车或担任调车工作以前，需要供应机车必需的物资和做好各项准备工作。机务段和机务折返段设置的基本原则是最大限度地满足牵引列车的需要，并充分发挥各项设备的能力和机车运用效率。机务段之间距离的长短，应考虑机车乘务员的连续工作时间和机车类型，并结合编组站、区段站的位置，尽可能长距离地设置。

（一）机务段的工作和设备

根据各机务段所承担任务的情况，国铁集团所有机车都分别配属于各个机务段，并由机务段来组织和计划本段所属机车的运用和检修工作，同时机务段也负责组织机车乘务人员的工作。

配属给机务段的机车，一般分配在若干个牵引区段里往返牵引列车或固定在某个车站上担任调车工作。机车类型不同，整备作业的内容也不一样。内燃机车和电力机车的整备作业项目见表 5-1。

内燃机车、电力机车的整备作业项目　　表 5-1

<table>
<tr><th colspan="3">需要供应的物资</th><th colspan="4">需要做的准备工作</th></tr>
<tr><th>项目</th><th>内燃机车</th><th>电力机车</th><th>项目</th><th colspan="2">内燃机车</th><th>电力机车</th></tr>
<tr><td rowspan="2">燃料</td><td rowspan="2">√</td><td rowspan="2">—</td><td rowspan="2">机车转向</td><td>一般</td><td>—</td><td rowspan="2">—</td></tr>
<tr><td>单向</td><td>√</td></tr>
<tr><td>水</td><td>√</td><td>—</td><td>机车擦拭</td><td colspan="2">√</td><td>√</td></tr>
<tr><td>砂</td><td>√</td><td>√</td><td>检查</td><td colspan="2">√</td><td>√</td></tr>
<tr><td>润滑油</td><td>√</td><td>√</td><td>给油</td><td colspan="2">√</td><td>√</td></tr>
<tr><td>擦拭材料</td><td>√</td><td>√</td><td>机车乘务组交接班</td><td colspan="2">√</td><td>√</td></tr>
</table>

为了完成以上整备作业，机务段内必须修建相应的整备设备，如机车整备线、加油站、上水管、上砂管以及存储与发放油脂、化验、排水、照明设备等。

整备设备的布置，应保证各项整备作业能平行或流水线式地进行，并应具备足够的能力，以压缩整备作业时间，提高机车的运用效率。

（二）机车检修的周期和内容

机车经过一定时期的运用后，各部件都会发生磨耗、变形或损坏。为了保证机车的正常运行，延长使用期限，除了机车乘务员的日常检查和保养外，还必须进行各种定期检修工作。

除大修在机车工厂进行外，其余的机车定期检修一般都在机务段内进行。因此，机务段必须具有机车的整备及检修设备，如各种检修库及辅助车间等。

机车类型不同，它们的检修周期和检修内容也各不一样，内燃机车和电力机车的检修周期一般根据机车的走行公里数确定，见表5-2。

内燃机车、电力机车的检修周期 表5-2

修程	检修机车		调车、小运转机车	
	内燃机车	电力机车	内燃机车	电力机车
大修	800000km ± 100000km	1600000 ~ 2000000km	8 ~ 10 年	不少于15年
中修	230000 ~ 300000km	400000 ~ 500000km	2.5 ~ 3 年	不少于3年
小修	40000 ~ 60000km	80000 ~ 100000km	4 ~ 6 个月	不少于6个月
辅修	不少于20000km	10000 ~ 30000km	不少于2个月	不少于2个月

各种修程所包括的内容在相关规程中都有具体规定。大修是机车全面恢复性修理，大修后的机车基本上须达到新车的水平；中修主要是修理走行装置；小修主要是对有关设备进行测试、维修等；辅修是临时性的维修和养护。

为了进一步提高修理质量与效率，我国吸取国内外以往经验，积极进行修制改革。目前，同车辆检测一样，我国机车检测也在逐渐推广预防性计划检修制度，并且在预防性计划检修的前提下，逐步实行状态修、换件修和主要零部件的集中修。建立和逐步完善现代化的机车运用和维修制度是我国未来一段时期深化机务改革的重点工作。

知识拓展

机车应用5G新技术，中国铁路进入发展新阶段

2019年9月4日，首台搭载5G设备的和谐HXD3D型402号大功率电力机车驶入某机务段机车整备场。90s后，15.6G的机车视频数据自动转储完成，这是全球范围内首次在铁路机车上应用5G技术。

近年来，我国的网络通信技术发展迅速，令世人叹服。5G技术的革新，让我国在通信领域走到了世界的前列。铁路机车搭载5G设备试验成功，这对我国铁路来说具有里程碑意义，“全球首次”更说明我国在世界铁路行业处于领先位置。

以此次视频数据转储为例，采用以往的传输方式，需要经过专用U盘转储、人员操作上传等步骤，由于通信技术的限制，同样大小的数据总耗时约20min，并且信息安全保障性较差。而如今，通过5G技术，可将时间缩短为原来的1/15，删减了烦琐的操作程序，使得工作效率大幅度提升，既省时又节约人力。可以说，5G技术推动了我国铁路向“信息化、智能化”前进。

随着我国铁路技术的不断革新，列车运行速度提升，区域协同合作加快，人才、信息、科技资源共享步伐进一步加快。2018年，我国铁路进一步深化铁路供给侧结构性改革，不断提升服务质量，改善旅客出行体验。5G技术在机车上成功应用，使旅客

在列车运行中的上网环境得到巨大改善，使铁路为广大旅客的出行提供更加优质、更为人性化的服务。

（摘编自人民网，2019 年 9 月 6 日）

1. 讨论目标。

5G 技术还能在哪些方面提升铁路的运营效率和服务质量？

2. 讨论准备。

（1）查阅互联网，进一步增强对 5G 技术的理解及其在铁路行业应用的认识。

（2）关注铁路行业的信息化、智能化发展趋势，对提升铁路的运营效率和服务质量提出建议。

3. 讨论要求。

（1）班组讨论：学生可以在班组内分享想法，共同探讨 5G 技术在铁路行业的创新应用方案。

（2）角色扮演：学生可以扮演铁路部门技术人员的角色，模拟提出和实施 5G 技术创新应用方案的场景。

拓展阅读

驾驶动车，兴路强国

中国铁路广州局集团有限公司广州机务段高铁司机周树强（图 5-14）1993 年 12 月参加工作，入路以来，先后熟练驾驶内燃机车、电力机车以及和谐号、复兴号动车组列车等 20 多种车型，参与了京汉、京沪、广深港等十多条高铁线路的联调联试，累计安全行车超过 280 万 km，先后获得全国技术能手、全路优秀共产党员、全路首席技师、全路技术能手、广东省劳动模范等荣誉称号。

图 5-14　工作中的周树强

选择了一种职业，就选择了一种报国的方式。周树强选择了司机岗位，在驾驶室的小小空间里，在动车组操纵的天地间，驾驶每一趟车，都坚守高标准，每次遇到工作难题都勇敢攻克。他实现了“零违章、零违纪、零事故”。凭借自主创新的动车组驾驶方法，他多次被选拔为专特运司机，全部高标准完成任务。周树强的优秀事迹，引领着一批又一批的高铁司机为兴路强国贡献力量。

（摘编自澎湃新闻，2019 年 7 月 19 日）

铁路机车电工

铁路机车电工（图5-15）的主要工作内容为检修电力机车主型电机、变压器、变流装置、电气线路，以及电力机车高、低压试验及故障查找处理等。铁路机车电工能依据主型电力机车受电弓、主断路器、位置转换开关、接触器、司机控制器等的工艺标准进行检修作业，会使用试验台进行试验；能依据电机、变压器的检修工艺进行解体、检修试验；能依据变流装置的检修工艺进行解体检修试验，能对整流器和逆变器进行测试；会单独分析主型电力机车的电气线路，熟知电力机车主型部件的检修规程；能进行主型电力机车的高、低压试验，能对主型电力机车控制电路故障进行判断和处理，能依据故障现象查找主型电力机车电气试验故障等。

a)

b)

图5-15　铁路机车电工

2023年10月11日上午，铁路机辆系统职业技能竞赛机车检修整备工种决赛在中国铁路成都局集团有限公司重庆机务段拉开帷幕，全国18个铁路集团公司的90名机车电工参赛。本次比赛内容包括理论知识、机车动态试验、电工基本技能、机车整备工静态检查考试等。通过比赛，打造检整系统高技能人才队伍。通过赛学结合、互动提高，选树先进典型、弘扬工匠精神。

在职业等级方面，铁路机车电工设初级（国家职业资格五级）、中级（国家职业资格四级）、高级（国家职业资格三级）、技师（国家职业资格二级）、高级技师（国家职业资格一级）五个等级。

铁道概论（活页式教材）
（第4版）

姓名：________ 班级：________ 学号：________

学习检测

一、知识检测

（一）填空题

1. 内燃机车一般由柴油机、（　　）、车体、（　　）、（　　）等组成。

2. 电力机车是从（　　）获取电能，通过变压器降压，用（　　）驱动的机车。

3. 电力机车的电气部分是指机车上的各种电气设备及其连接导线，包括（　　）、（　　）、（　　）以及它们的保护系统。

4. （　　）是铁路沿线负责机车检修和运用工作的基层生产单位，一般设在（　　）站或区段站上。

5. 机车在牵引状态时，牵引电动机将（　　）能转换为（　　）能，驱动机车运行；当机车在电阻制动状态时，牵引电动机将列车的（　　）能转换为（　　）能，产生列车的制动力。

（二）选择题（以下至少有一项是正确的，请将正确的选项填入括号内）

1. 型号为“ND”的机车表示为进口的（　　）。

A. 电传动的内燃机车　　B. 液力传动的内燃机车

C. 电传动的电力机车　　D. 液力传动的电力机车

2. 电力传动形式可以分为（　　）。

A. 直-直　　B. 交-直　　C. 交-直-交　　D. 交-交

3. 电力机车由（　　）组成。

A. 机械部分　　B. 电气部分

C. 空气管路系统部分　　D. 车体部分

4. 电力机车的特点包括（　　）。

A. 功率大　　B. 速度快

C. 司机劳动条件差　　D. 效率高

5. 机车交路按机车运转制分为（　　）交路。

A. 循环运转制　　B. 半循环运转制

C. 肩回运转制　　D. 环形小运转制

（三）判断题（以下描述正确的打“√”，不正确的打“×”）

1. 按动力装置分类，电力机车属于热力机车。（　　）

2. DF_{11} 型电传动内燃机车的轴列式为 C_0-C_0，表示该机车有两台三轴转向架，单独驱动。（　　）

3. 主电路的作用是使机车主电路和辅助电路中的各种电器按照一定的程序动作。（　　）

4. 轴列式为 C_0-C_0 的 HXN3 型和 HXN5 型内燃机车都是重载货运机车。（　　）

5. 机车牵引列车在相邻两个交路区段内做往返连续运行，直到需要进行中检或定期检修时才进入本段的运转方式，称为肩回运转制。（　　）

（四）思考题

（1）总结我国的机车类型，并举例说出5种机车类型。

（2）铁路机车按照动力装置可分成哪几类？各有什么特点？

（3）请说出轴列式 C_0-C_0 代表的含义。

（4）简述内燃机车的基本工作原理。

（5）内燃机车有哪些基本构造？

（6）电力机车有哪些特点？

（7）电力机车按照电流制式不同可分成哪几类？

（8）简述受电弓的功用。

（9）电力机车的检修周期是如何规定的？

（10）什么是机车交路？

（11）机车运转制度有哪几种？

二、技能检测

判断以下图片中机车装置的名称，并分析其功能和作用。

图片	机车装置	功能和作用

续上表

图片	机车装置	功能和作用

三、素质检测

1. 阅读以下材料

透过驾驶室，看中国铁路变迁

请阅览图 5-16 ~ 图 5-20，并完成图 5-20 后的学习任务。

图 5-16 上游型蒸汽机车驾驶室，该机车主要用于矿山运输

图 5-17 东风 4D 型内燃机车驾驶室，该机车主要用于速度为 160km/h 准高速铁路

图 5-18　韶山 9 型电力机车驾驶室，该机车主要用于铁路干线列车牵引

图 5-19　和谐号 CRH380B 型动车组驾驶室

图 5-20　复兴号 CR400AF 型动车组驾驶室

注：图 5-16 ~ 图 5-20 摘自《光明数字报》(2021 年 2 月 7 日)。

谈一谈：我国铁路机车乘务员（铁路司机）的工作环境发生了怎样的变化？

想一想：这种变化体现了铁路人什么样的精神？

查一查：登录铁道论坛网等相关网站查阅相关资料，了解铁路乘务制度的发展历程，并分析不同类型的乘务制度适用的机车交路类型。

2. 班组学习任务

查阅相关资料，总结内燃机车和电力机车的特点，并分析哪类机车适合车站调车工作、哪类机车适合牵引列车工作？

学习评价

评价指标		自我评价（20%）	班组评价（20%）	教师评价（60%）
基础知识（60%）	知识掌握（40%）			
	知识应用（60%）			
能力提升（40%）	自主学习能力（60%）			
	团队合作能力（40%）			

学习总结

个人学习总结：

班组学习总结：

模块6　动车组

问题引入

经过多年发展，我国高速铁路取得了世界瞩目的成绩。一说到高速铁路，我们就会联想到高速列车：漂亮的流线型车身、风驰电掣的速度、宽敞明净的车厢。我们也常听到“陆地航班”“贴地飞行”“追风之旅”等对高速列车的赞语。高速列车实质就是高速动车组列车，动车组技术是高速铁路系统的核心技术。什么是动车组？动车组有哪些特点？动车组与我们常说的普通旅客列车的区别有哪些？

学习导航

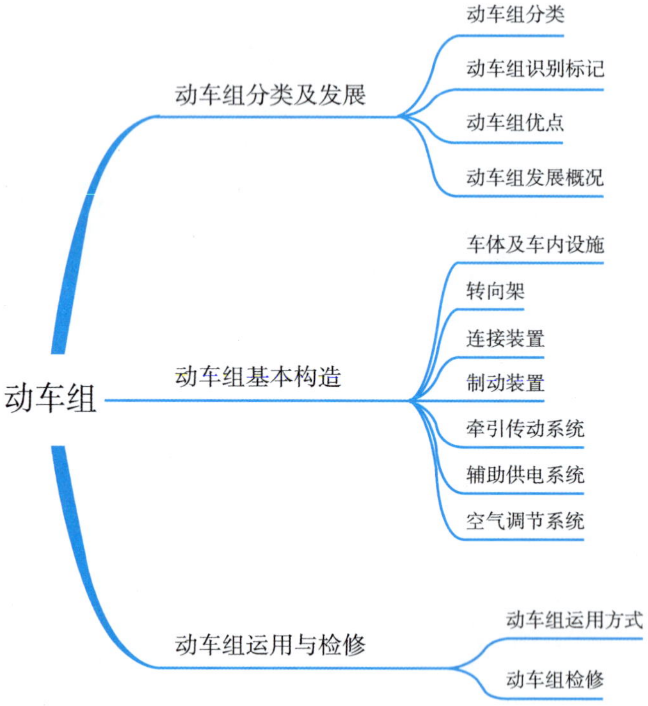

学习目标

知识目标

了解动车组发展概况；

熟悉动车组识别标记；

掌握动车组分类及优点；

熟悉动车组构造及其功能；

了解动车组运用方式及检修要求。

技能目标

能判别动车组的类型；

能判别动车组组成部分；

能分析动车组各组成部分功能；

能区分动车组不同的运用方式。

素质目标

培养服务指挥、听从领导的大局意识；

增强技术自主、敢为人先的创新意识；

树立艰苦奋斗、坚持不懈的劳动精神。

学习建议

学时要求

建议个人独立自主学习不少于 2 学时，班组合作式学习不少于 2 学时。

学习方法

依托教材内容本身，广泛查阅相关资料，可以采取小组讨论、现场考察实践、任务驱动、线上线下混合式学习方式。

单元 6.1 动车组分类及发展

动车组，是国内外铁路客运广泛采用的车型，是自带动力、固定编组、可双向开行的列车。它是高效率、大密度的载运工具，具有安全可靠、运行快捷、乘坐舒适、编组灵活等特点。动车组是由动力车和拖车或全部由动力车连挂在一起组成的车组。其中，带有动力的车辆称为动车（用 M 表示），不带动力的车辆称为拖车（用 T 表示）。

二维码

认知动车组的分类、特点及发展概况

近年来，我国在引进国外先进动车组技术的基础上大力开展自主创新。目前，我国已有多种国产动车组投入运营，尤其是和谐号系列高速动车组大量投入使用，标志着我国高速动车组技术水平已处于世界前列。

一 动车组分类

（一）按动力源分类

按动力源分类，动车组分为内燃动车组（DMU）和电力动车组（EMU）两种。目前国内外所采用的动车组多数都是电力动车组。

内燃动车组按传动装置形式的不同可分为内燃液力传动动车组和内燃电力传动动车组。其中，内燃电力传动动车组牵引具有投资少、见效快、经济性能好等特点。例如，英国的 HST 高速列车、德国的 VT610 内燃动车组都采用内燃电力传动牵引。此外，内燃电力传动还可用于尚未电气化的高速铁路区段，也可以作为加速发展高速铁路建设的一种过渡牵引形式。

电力动车组有直-直电力传动、交-直电力传动及交-直-交电力传动、交-交电力传动等形式。直-直电力传动和交-直电力传动是以直流牵引电动机为动力的直流电力传动方式。交-直-交电力传动和交-交电力传动是以交流牵引电动机为动力的交流电力传动方式。

（二）按牵引动力的配置方式分类

按牵引动力的配置方式分类，动车组分为动力集中式和动力分散式两种。

动力集中式动车组只有两端为动力车或只有一端为动力车，其余均为拖车。由于动力装置安装比较集中，动力集中式动车组具有检查维修方便、电气设备的总重量相对较小等优点。但其缺点也比较突出，即动车的轴重较大，速度等级不高。

动力分散式动车组又分为完全分散和相对分散两种模式。完全分散模式是指高速列车编组中的车辆全部为动力车，这种模式较少采用。相对分散模式是指高速列车编组中的车辆一部分是动力车，其余部分为无动力的拖车。目前我国的高速动车组均为此种模式。

动力分散式动车组具有最大轴重小、对线路的影响小、列车总体利用率高、列车的牵引及制动性能好、可靠性高、运用成本低等优点，但也具有牵引力设备数量多、总重量大等缺点。动力分散式动车组是当今世界铁路动车组，特别是高速动车组技术发展的方向。

（三）按用途分类

按用途分类，动车组主要分为客运动车组、货运动车组、特殊用途动车组等。在我国，动车组主要用于旅客运输。但在国外，也有少部分动车组用于货物运输，如日本 M250 列车、法国 TGV 列车。此外，动车组也有其他特殊的用途，如高速综合检测动车组，集成了通信、信号、轨道、动力学、弓网及综合六大检测系统的数百种检测设备，解决了满足速度 400km/h 以下各种检测设备的结构、强度等性能和布局匹配的问题，满足了检测系统的高速、实时、同步检测需求，实现了对车体、构架、轮对应力载荷和气动载荷等列车性能在不同速度、不同服役条件下的实时跟踪检测，为高速铁路安全运行和高速路网的能力保持提供了强有力的运维支持和保障。

（四）按车辆转向架布置和车辆之间的连接方式分类

按车辆转向架布置和车辆之间的连接方式分类，动车组可分为独立（转向架）式和铰接（转向架）式两种。独立（转向架）式动车组是指动车组每节车辆的车体都置于两台转向架上，车辆与车辆之间用密接式车钩缓冲装置连接；铰接（转向架）式动车组是指动车组两相邻车体的连接处放置一个共用转向架，车辆之间用弹性铰相连接。

二 动车组识别标记

动车组也和普通铁路客运车辆一样，应有运用识别标记，标记内容包括路徽、配属局段简称、车型、车号、定员、最高运行速度、制造厂名及日期等。我国电气化区段运行的动车组，应有“电气化区段严禁攀登”的标志。

各种动车组的运用识别标记基本相似，下面仅针对我国动车组的相关标记作详细介绍。

（一）动车组的型号和列车编号

动车组的型号和列车编号涂打在动车组首、尾车驾驶室外的两侧侧墙上，每车 2 处，其型号和编号如图 6-1 所示。

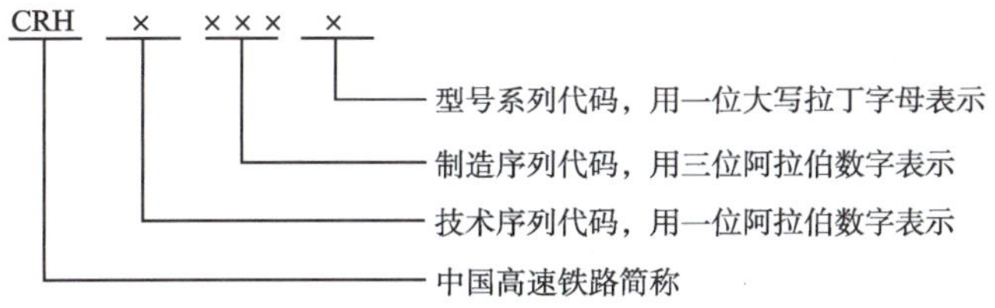

图 6-1 动车组的型号和列车编号

1. 技术序列代码分配

1——BST（青岛四方庞巴迪铁路运输设备有限公司）动车组。

2——青岛四方机车车辆股份有限公司/川崎重工业株式会社动车组。

3——唐山机车车辆有限公司/西门子股份公司动车组。

5——长春轨道客车股份有限公司/阿尔斯通有限公司动车组。

2. 制造序列代码

按不同的技术序列单独编排，顺序由 001 ~ 999 依次排列。

3. **型号系列代码**

按动车组的速度等级、车种确定。对已有的动车组规定如下：

A——运营速度 200～250km/h，8 辆编组，座车。

B——运营速度 200～250km/h，16 辆编组，座车。

C——运营速度 250～300km/h，8 辆编组，座车。

D——运营速度 250～300km/h，16 辆编组，座车。

E——运营速度 200～250km/h，16 辆编组，卧车。

4. **动车组型号和车号示例**

图 6-2 所示为中车青岛四方机车车辆股份有限公司的第 20 列、运营速度为 200km/h、8 座车辆编组的 CRH 动车组。

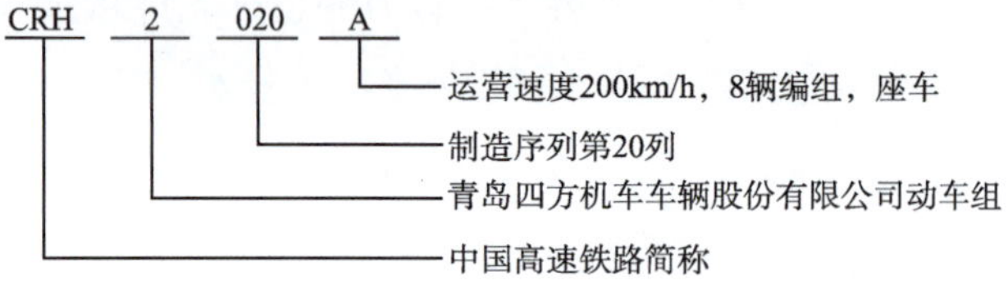

图 6-2　动车组的型号和列车编号

（二）动车组车辆的车种和编号

动车组车辆的车种和编号由拼音字母加 6 位阿拉伯数字构成（图 6-3），涂打于每辆车的两侧，每车 4 处。

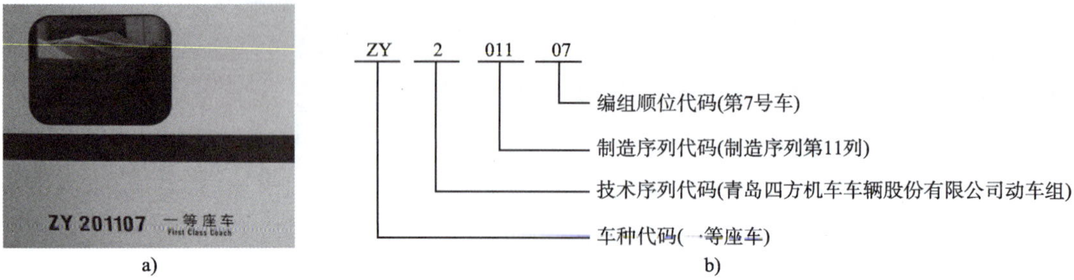

图 6-3　动车组车辆的车种与编号

1. **车辆的车种代码**

我国动车组车辆的车种代码是以车种名称的汉语拼音首写字母表示的，见表 6-1。动车组 1 号和 0 号车均设有驾驶室，可在两端操纵驾驶。

动车组车辆的车种代码　　表 6-1

车种代码	ZY	ZE	ZG	WR	WG	SW	SWG	CA	ZYG	ZEC
车种名称	一等座车	二等座车	高级座车	软卧车	高级软卧车	商务车	商务车/观光车	餐车	一等座车/观光车	二等座车/餐车
备注	—	—	VIP	4 人包间	2 人包间	—	—	含酒吧车	—	—

2. **编组顺位代码**

动车组车辆的编组顺位代码：以 2 位阿拉伯数字表示，位置排列编号自首车起从“01”开始顺序排列，尾车的排列编号为“00”。

例如，图 6-3 所示为中车青岛四方机车车辆股份有限公司的第 11 列动车组，它的编组顺位是第 7 位，属于一等座车。

（三）新一代动车组 CRH380 的运用标记

对于 CRH380 动车组，为体现新一代高速动车组自主创新和速度特征，在既有动车组编号规则的基础上，对其型号、车号及座席号的编制重新规定如下。

1. CRH380 系列动车组的型号和列车编号

CRH380 系列动车组的型号和列车编号的基本构成为 CRH380A-6001L，其中：

CRH——含义同前，即中国高速铁路的简称；

380——时速特征代码，体现最高运营速度为 380km/h；

（1）技术序列代码。以大写英文字母 A、B、C、D 表示不同型号动车组。其中：

A——中车青岛四方机车车辆股份有限公司新一代高速动车组；

B——中车长春轨道客车股份有限公司新一代高速动车组；

C——中车唐山机车车辆有限公司新一代高速动车组；

D——BST 新一代高速动车组。

（2）制造序列代码。以四位阿拉伯数字表示。新一代动车组统一编号，以 6 字开头，各制造厂制造序列号按已签订合同数量以百位间隔分配不同的号段，并按出厂时间顺序编排，具体分配如下：

中车青岛四方机车车辆股份有限公司（140 列 CRH380A）：6001 ~6140；

中车长春轨道客车股份有限公司（110 列 CRH380B）：6201 ~6310；

中车唐山机车车辆有限公司（70 列 CRH380C）：6401 ~6470；

青岛四方庞巴迪铁路运输设备有限公司（80 列 CRH380D）：6601 ~6680。

（3）编组数量代码。以一位大写英文字母表示，L 表示 16 辆编组，8 辆编组时不带标号。

2. CRH380 系列动车组车辆的车种和编号

图 6-4 所示的 CRH380 系列动车组车辆的车种及编号的基本形式为 ZYG630101。

ZYG——车辆车种代码，是车种名称的汉语拼音首写字母缩写，包括：SW 为商务车（设置了可躺式 VIP 座椅车），ZY 为一等座车，ZE 为二等座车，CA 为餐车，ZEC 为餐座合造车，ZYG 为一等座车/观光车，ZEG 为二等座车/观光车。

6301——制造序列代码。

01——车辆编组顺位代码，以两位阿拉伯数字表示。

（四）座位编号规则

动车组座位号采用数字和字母组合的方式表示，数字表示排号，字母表示位置，如图 6-5 所示。座椅排号从车辆 1 位端开始按顺序编排，用阿拉伯数字表示。座椅位置采用 A、B、C、D、F 5 个英文字母表示，其中，3 +2 座椅排列中，3 人座椅用 A、B、C 表示，分别代表靠窗、中间和走廊位置，2 人座椅用 D、F 表示，分别代表走廊、靠窗位置；2 +2 座椅排列分别用 A、C 和 D、F 表示；2 +1 座椅排列分别用 A、C 和 F 表示。这样，无论是何种座椅排列，A、F 都代表靠窗座椅，C、D 都代表走廊座椅。

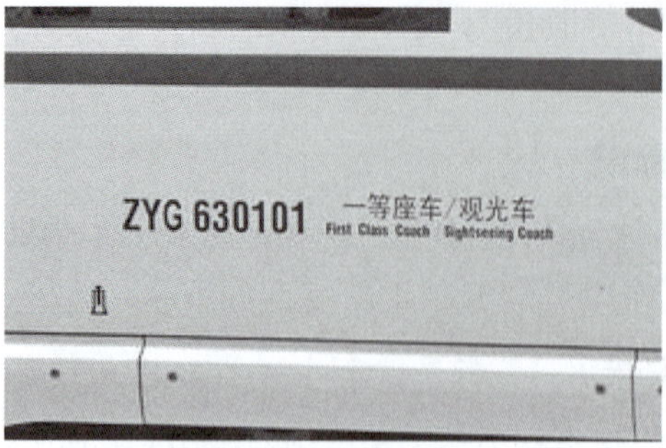

图 6-4　CRH380 系列动车组车辆的车种及编号

图 6-5　动车组座位号

三　动车组优点

相对于传统的机车车辆模式，动车组在运营上有许多优点，尤其是动力分散式动车组的优点更为明显，主要有以下几点：

（1）起动加速快。动力分散式动车组的驱动轴较多，黏着性能比较稳定，容易实现高速运转。动力效率较高，起动加速快。

（2）转换运行方向方便。由于动车组在两端都有驾驶室，因此，转换运行方向较为方便，可以加快运转速度。在保证安全的前提下，可明显提高行车密度，从而提高整个铁路网的运输能力。

（3）重联解编方便。动力分散式动车组比较容易组合成长短不同的列车。可以根据客流的大小，单组或重联来适应客运需求。由于动车组中每组都是既有动力车又有拖车，因此，加挂动车组不影响速度，少挂动车组也不影响动力的发挥。

（4）制动效果好。因为电力动车组有较多的电动机，所以再生制动能力良好。另外，动车组一般都采用两种或两种以上制动方式，制动效果更为显著。

（5）对线路影响小。由于动车组的牵引设备分散布置在各动力车上，因此能够降低列车的轴重，减小运行阻力，减少对铁路线路的影响，并降低了维修保养费。

（6）更加环保。高速动车组的内部装饰和化工材料全部符合国际环保相关规定的要求，卫生间均采用集便式便器，集中收集排放污物，不会对列车行经路段造成污染；车内外噪声也非常小，将噪声污染降到了最低。

四　动车组发展概况

（一）国外动车组的发展概况

国际上常见的动车组有日本新干线，德国 ICE，法国 TGV、欧洲之星，意大利 ETR 等。日本川崎重工、法国阿尔斯通、德国西门子、加拿大庞巴迪和意大利菲亚特公司掌握速度 200km/h 及以上动车组集成和关键部件技术，并具有批量生产能力。

1964 年 10 月 1 日，日本东海道新干线东京—大阪高速铁路正式投入商业运营，同时，由 16 辆全部为动力车编组的 0 系新干线动车组（图 6-6）开始在这条线路上运行。东海道新干线是世界上第一条完全按照高速行车技术条件建造的铁路，其安全运营的最高速度达 210km/h；而 0 系新干线列车是世界上最早投入商业运营的高速铁路动车组，使速度为200km/h的高速列车技术由试验研究阶段跃升为商业运营阶段。这为日本铁路的发展开创了新纪元，也为当时被称为“夕阳”产业的世界铁路注入了巨大的活力，成为世界铁路发展史上的一座里程碑。在0系之后，日本又开发制造了100系、200系、300系、400系、500系、700系、800系、E1系、E2系、E3系和E4系等高速动车组列车。

1903年，德国率先运行了由钢轨供电的动车组。该动车组由4节动车和2节拖车编组而成。同年8月14日，德国又运行了由接触网供电的动车组，这是世界上第一列由接触网供电的单相交流电动车组。同年10月，西门子公司制造的三相交流电动车组进行了高速试验，首创时速210.2km的历史性纪录。虽然德国制造和运用动车组较早，其动车组技术在世界上也一直处于领先地位，但其高速动车组投入商业运营相对较晚，直到1991年，其最早一代ICE1型列车（图6-7）才正式投入商业运营，比日本的0系新干线晚了20多年。在ICE1型列车投入运营后，德国又相继研制了ICE2型、ICE3型、ICE4型、ICE-T型等高速动车组列车。

图6-6　日本新干线的0系列车

图6-7　德国的ICE1型列车

1981年，法国第一代TGV-PSE动车组创造了最高试验速度380km/h的世界纪录（图6-8）；1990年5月，第二代TGV列车又以515.3km/h的试验速度刷新世界纪录；1993年6月，象征着TGV第三代的TGV Reseau是世界上第一列密封的列车，其客舱是压力封装的，克服了在高速运行下气压的巨大变化对旅客舒适度的影响；1994年，欧洲之星动车组（图6-9）投入运营；1996年双层TGV列车被研制出来，在仅需提高4%牵引功率的前提下，客容量提高了45%。近年来，法国研究和开发了实际运营速度可达360km/h以上的第四代TGV——Nouvelle Generation TGV。如今，TGV技术已经成为法国对外出口的一项技术。很多国家的高速列车都是由TGV演变而来的，如西班牙引进了TGV技术后研发的AVE高速列车，韩国从TGV演变而来的KTX动车组等。

图6-8　TGV-PSE动车组

图6-9　欧洲之星动车组

（二）国内动车组的发展概况

1998 年，我国第一列商用动车组“春光号”投入运营。通过引进和消化国际先进技术，大力开展自主创新，我国的动车组发展迅速，目前已有十余种动车组投入商业运营。我国将引进国外技术、国内外联合设计生产的 CRH 动车组车辆均命名为“和谐号”，其通常是指2007 年4 月18 日起在我国铁路第六次提速调图后开行的 CRH 动车组列车。CRH 为英文缩写，全名 China Railway High-speed，中文意思为“中国高速铁路”，是我国高速铁路系统建立的品牌名称。

2017 年6 月26 日，由我国铁路总公司牵头组织研制、具有完全自主知识产权、达到世界先进水平的标准动车组——复兴号动车组在京沪高铁两端正式双向首发。复兴号（CR）动车组的速度高于和谐号（CRH）动车组，有 CR400 系列、CR300 系列和 CR200 系列，分别对应 350km/h、250km/h、160km/h 三种持续运行速度等级，型号中的数字代表最高时速，如 400 代表最高速度可达 400km/h。

动车组的运营，不仅为我国铁路客运增加了一种新型的交通工具，而且带动了其他行业的发展，同时为铁路运输带来了新的活力，为我国铁路创造了良好的经济效益和社会效益。随着我国城市化进程的持续发展和城市化水平的不断提高，以及高速铁路和城际铁路的建设和运营，我国动车组除了在中长途旅客运输中起到重要作用外，在中短途运输、大城市近郊和城际旅客运输中也有着巨大的市场潜力，具有良好的发展前景。

我国高速铁路开行的和谐号（CRH）动车组有 CRH_1、CRH_2、CRH_3、CRH_5、CRH_6、CRH380A、CRH380B、CRH380C、CRH380D 等车型，开行的复兴号（CR）动车组已有 CR400AF 和 CR400BF、CR300AF、CR300BF、CR200J 五种型号。

1. 和谐号动车组

（1）CRH_1 型。

CRH_1 型动车组是由中车青岛四方机车车辆股份有限公司与加拿大庞巴迪宇航公司的合资公司——青岛四方庞巴迪铁路运输设备有限公司（BST）生产的。CRH_1 型动车组如图 6-10 所示。

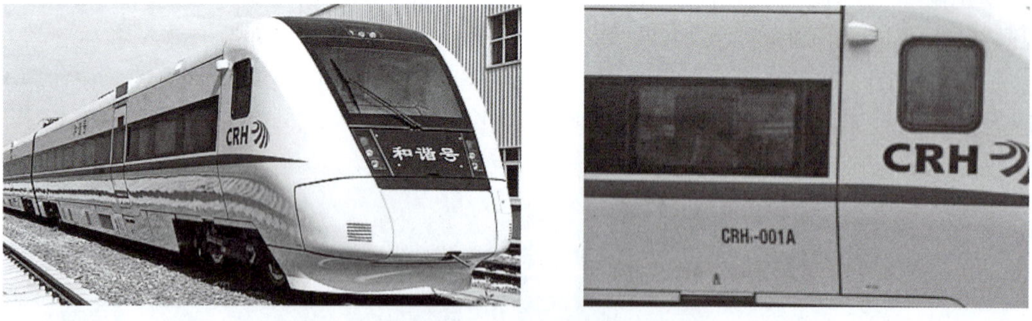

图 6-10 CRH_1 型动车组

（2）CRH_2 型。

CRH_2 型动车组是由中车青岛四方机车车辆股份有限公司联合川崎重工，引进川崎重工的新干线 E2-1000 型动车组技术，由中车青岛四方机车车辆股份有限公司负责在国内生产的。CRH_2型动车组如图 6-11 所示。

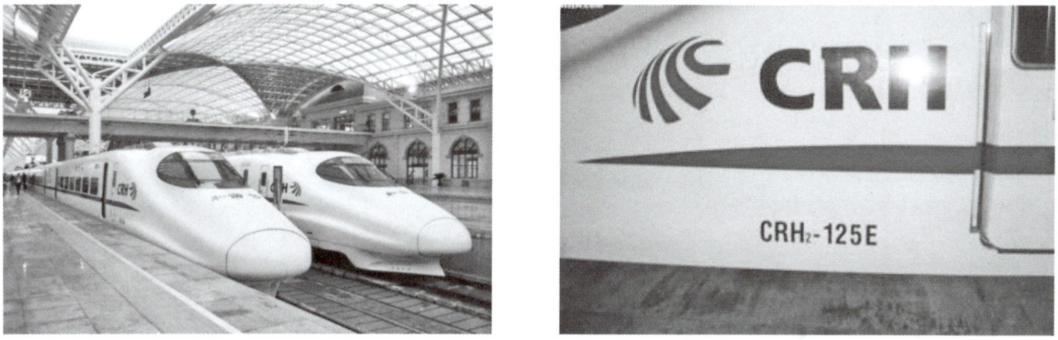

图 6-11　CRH_2型动车组

（3）CRH_3型。

CRH_3型动车组是由中车唐山机车车辆有限公司联合德国西门子公司，引进西门子的 ICE3 型动车组技术，由中车唐山机车车辆有限公司负责在国内生产的。CRH_3型动车组如图 6-12 所示。

图 6-12　CRH_3型动车组

（4）CRH_5型。

CRH_5型动车组是由我国中车长春轨道客车股份有限公司联合法国阿尔斯通公司，引进法国阿尔斯通公司的技术（车体以法国阿尔斯通公司的 SM3 动车组为原型），由中车长春轨道客车股份有限公司负责在国内生产的。CRH_5型动车组主要配属在北方地区，如图 6-13 所示。

图 6-13　CRH_5型动车组

CRH_1 ~ CRH_5 型动车组主要技术参数见表 6-2。

CRH_1 ~ CRH_5 型动车组主要技术参数 表 6-2

车型	CRH_1			CRH_2				CRH_3	CRH_5
	CRH_1 A	CRH_1 B	CRH_1 E	CRH_2 A	CRH_2 B	CRH_2 C	CRH_2 E	CRH_3 C	CRH_5 A
运营开始年份	2007	2009	2009	2007	2008	2008	2008	2008	2007
最高运营速度（km/h）	200	250	250	250	250	350	250	300	250
编组	5M3T	10M6T	10M6T	4M4T	8M8T	6M2T	4M4T	4M4T	5M3T
起动加速度［km/（h·s）］	2.16	2.16	2.16	1.46	1.46	1.46	1.46	1.54	1.8
车辆尺寸（mm）	长：25800 宽：3328 高：4040 头车长：26950	长：25800 宽：3328 高：4040 头车长：26950	长：25800 宽：3328 高：4040 头车长：26950	长：25000 宽：3380 高：3700 头车长：25700	长：25000 宽：3380 高：3700 头车长：25700	长：25000 宽：3380 高：3700 头车长：25700	长：25000 宽：3380 高：3700 头车长：25700	长：24175 宽：3265 高：3890 头车长：25865	长：25000 宽：3200 高：4270 头车长：27600
受电弓数	2	4	4	2	4	2	4	2	2
最大轴重（t）	16	16	16	14	14	14	14	17	17
齿轮比	3.27	3.27	3.27	3.03	3.03	—	3.03	2.79	2.5
牵引电机功率（kW/台）	265	265	265	300	300	300	300	562	550
电力电子器材	IGBT	IGBT	IGBT	IGBT	IGBT	IGBT	IGBT	IGBT	IGBT
牵引控制	C/I 控制	C/I 控制	C/I 控制	C/I 控制	C/I 控制	C/I 控制	C/I 控制	C/I 控制	C/I 控制
制动控制	再生 + 空气	再生 + 空气	再生 + 空气	再生 + 空气	再生 + 空气	再生 + 空气	再生 + 空气	再生 + 空气	再生 + 空气

注：1. 表中数据参考《350km/h 高速电动车组通用技术条件》（TB/T 3600—2020）。

2. IGBT 为绝缘栅双极型晶体管。

（5）CRH_6型。

CRH_6型城际动车组是为满足我国区域经济快速发展和城市群崛起对城际轨道交通的需求而研制的一种新型运输工具，填补了我国轨道交通客运装备领域的一项空白。作为城际动车组全新技术平台的首个车型，CRH_6 型城际动车组是经原铁道部科技立项，国家高速动车组总成工程技术研究中心、高速列车系统集成国家工程实验室的创新成果。它继承了和谐号系列高速动车组安全、成熟、舒适、可靠等优点，具备快起快停、快速乘降、载客量大及高速持续运转的特点，适用于城市间以及市区和郊区间的短途通勤客运，也起到衔接高铁和城轨的纽带作用，完善了我国轨道交通层次架构。

（6）CRH380 型。

①CRH380A 型。

CRH380A 型电力动车组是由中车青岛四方机车车辆股份有限公司在 CRH_2C（CRH_2-300）型电力动车组基础上自主研发的 CRH 系列高速动车组，最高营运速度达 380km/h。2010 年 12 月 3 日，在京沪高铁联调联试时，CRH380A 型动车组最高速度达到 486. 1km/h。

②CRH380B 型。

CRH380B 型动车组是中车长春轨道客车股份有限公司、中车唐山机车车辆有限公司在 CRH_3C 的基础上联合研发的新一代高速动车组。

③CRH380C 型。

CRH380C 型动车组是中车长春轨道客车股份有限公司在 CRH_3C、CRH380BL 的基础上研发的新一代高速动车组，与 CRH_3C 相比，其运营速度由 300km/h 提高至 350km/h，最高运营速度由 350km/h 提高至 380km/h。CRH380C 型动车组如图 6-14 所示。

图 6-14　CRH380C 型动车组

④CRH380D 型。

CRH380D 型电力动车组由青岛四方庞巴迪铁路运输设备有限公司研发，原项目名称为 CRH-380，2010 年 12 月中旬，铁道部重新分配动车组车号，动车组车号改为 CRH380D 系列。2014 年 2 月，2 组 CRH380D 系列动车组出厂。

CRH380 型动车组的主要技术参数见表 6-3。

CRH380 型动车组的主要技术参数　　表 6-3

车型	CRH380A	CRH380AL	CRH380B	CRH380BL	CRH380CL	CRH380D
运营开始年份	2010	2011	2012	2011	2013	2015
最高运营速度（km/h）	380	380	380	380	380	380
编组	6M2T	14M2T	4M4T	8M8T	8M8T	4M4T

续上表

起动加速度[km/(h·s)]	1.46	1.74	1.44	1.46	1.51	1.44
车辆尺寸(mm)	长：24500 宽：3380 高：3700 头车长：26250	长：25000 宽：3380 高：3700 头车长：26250	长：24175 宽：3257 高：3890 头车长：25535	长：24175 宽：3257 高：3890 头车长：25535	长：24175 宽：3257 高：3890 头车长：26200	长：25800 宽：3358 高：4160 头车长：27450
受电弓数	2	4	2	4	4	2
最大轴重（t）	15	15	17	17	17	17
齿轮比	2.379	2.379	2.429	2.429	2.429	2.436
牵引电机功率(kW/台)	400	385	586	586	615	630
电力电子器材	IGBT	IGBT	IGBT	IGBT	IGBT	IGBT
牵引控制	C/I 控制	C/I 控制	C/I 控制	C/I 控制	C/I 控制	C/I 控制
制动控制	再生+空气	再生+空气	再生+空气	再生+空气	再生+空气	再生+空气

注：表中数据参考《350km/h 高速电动车组通用技术条件》（TB/T 3600—2020）。

2. 复兴号动车组

（1）CR400 系列。

CR400 系列有 CR400AF、CR400BF 两种型号。CR400AF 型号的动车组由中车青岛四方机车车辆股份有限公司生产制造，CR400BF 由中车唐山机车车辆有限公司生产制造。CR400AF 和 CR400BF 是速度均为 350km/h 的动力分散式标准动车组，采用 4 动 4 拖的 8 辆编组。CR400 系列动车组的主要技术参数见表 6-4。

CR400 系列动车组的主要技术参数 表 6-4

车型	CR400AF	CR400BF
最高运行速度（km/h）	350	350
最高试验速度（km/h）	385	385
定员（人）	576	576
编组形式	4 动 4 拖	4 动 4 拖
长度（m）	209	209
车辆高度（m）	4.05	4.05
车体宽度（m）	3.36	3.36
轴重（t）	≤16	≤17
轮周牵引功率（kW）	9750	10140

注：表中数据参考《350km/h 高速电动车组通用技术条件》（TB/T 3600—2020）。

（2）CR300 系列。

CR300 系列是自 CR400 系列（350km/h 级）、CR200J 系列（160km/h 级）之后，

复兴号动车组的第三个级别，有 CR300AF、CR300BF 两种型号。CR300AF 动车组由中车青岛四方机车车辆股份有限公司研发生产，CR300AF 由中车长春轨道客车股份有限公司和中车唐山机车车辆有限公司生产制造，均采用 4 动 4 拖的 8 节编组形式。CR300 系列动车组的主要技术参数基本一致，见表 6-5。

CR300 系列动车组的主要技术参数 表 6-5

车型	CR300AF	CR300BF
最高运行速度（km/h）	250	250
最高试验速度（km/h）	300	300
定员（人）	613	613
编组形式	4 动 4 拖	4 动 4 拖
长度（m）	209	209
车体宽度（m）	3. 36	3. 36
车辆高度（m）	4. 05	4. 05
轴重（t）	≤17	≤17
轮周牵引功率（kW）	5460	5460
昵称	“蓝妹妹”“海之蓝”	“蓝暖男”“天之蓝”

注：表中数据参考《350km/h 高速电动车组通用技术条件》（TB/T 3600—2020）。

（3）CR200J。

CR200J 型动车组是一款动力集中式的电力动车组，为复兴号动车组系列中最低等级的产品，同时也是复兴号家族中第一款动力集中式的电力动车组，以 HXD1G 型、HXD3G 型电力机车与 25T 型客车为原型，由国铁集团和中车股份有限公司牵头，中车唐山机车车辆有限公司、南京浦镇车辆有限公司、大连机车车辆有限公司、中车青岛四方机车车辆股份有限公司、株洲车辆有限公司、大同电力机车有限责任公司共 6 家公司联合研制。其试验速度为 210km/h、运营速度为 160km/h，可开行长途列车，也可开行短途和城际列车。截至 2019 年 12 月 31 日，该型号列车已在京沪铁路、京九铁路、沪昆铁路、兰渝铁路、京广铁路、南昆铁路等若干条客运专线或客货混线上投入运用。

CR200J 型动车组可以采用短编组（1 动 8 拖）和长编组（2 动 18 拖）两种编组形式。短编组由 1 节带驾驶室的 KZ25T 型客车、7 节不带驾驶室的 25TA/25TB 型客车和 1 辆复兴 1 型动力集中式动车组动力车（FXD1-J）［复兴 3 型动力集中式动车组动力车（FXD3-J）］组成。长编组由含有 18 辆拖车的拖车组与 2 辆首尾相对的 FXD1-J（或 FXD3-J）型动力车组成。动力车分列编组的前后两端进行推挽运行。与短编组不同，长编组不设带驾驶室的拖车。

单元 6. 2 动车组基本构造

目前，世界上运营的动车组种类繁多，仅国内运用的高速铁路动车组，就有和谐

号的 CRH_1、CRH_2、CRH_3、CRH_5、CRH380A 等多种型号，各种类型的动车组在设计、制造上都有一些区别，但基本构造通常都包括车体及车内设施、转向架、连接装置、制动装置、牵引传动系统、辅助供电系统以及空气调节系统等部分。

一 车体及车内设施

车体是用于旅客乘坐和司机驾驶的部分，也是安装和连接其他设备与部件的基础，它由侧墙、端墙、车顶、底架、车头等部分组成。动车组车体分为带驾驶室车体和不带驾驶室车体两种。车内设备是指服务乘客的车内固定附属装置，包括车门、车窗、座席、驾驶室、乘务员室、照明装置、供水、通风、取暖、空调、安全设备、行李架、旅客信息服务系统等。图6-15、图6-16 所示为我国和谐号 CRH380A 型动车组部分车辆的车厢内部布置图。

a)一等座客室　　b)二等座客室

图 6-15　和谐号 CRH380A 型动车组客室

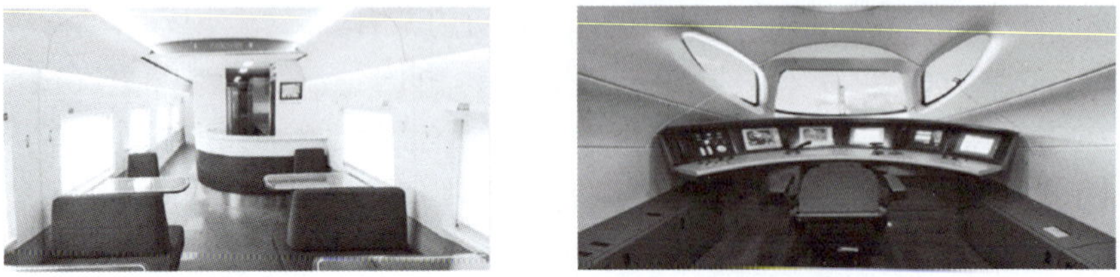

a)餐厅　　b)驾驶室

图 6-16　和谐号 CRH380A 型动车组餐厅和驾驶室

为了满足高速行车的要求，保证行车安全和旅客的舒适性，动车组一般将车头设计成流线型，车体选用轻量化、高强度的材料，并通过运用车体的密封隔声技术，使得车体具有良好的密封性和隔音效果。

（一）车体结构流线型

随着列车运行速度的提高，周围空气的动力作用对列车和列车运行性能产生影响；同时，列车高速运行引起的气动现象对周围环境也产生影响。对于高速动车组来说，流线型车头可以有效地减少列车运行空气阻力以及列车交会压力波，并有效解决运行稳定性等问题。

另外，车身的外形一般设计成细长、无棱角的流线型；采用与车身横断面形状相吻合的裙板遮住车下设备，使得车体表面光滑、平整；车窗、车门与车体齐平，手把、扶杆凹装在车体表层内，以尽量减少凸出物；除受电弓外，顶板上尽可能不安装其他部件，使顶部光滑、平整。

（二）车体及车内设施轻量化

1. 车体及车内设施轻量化的意义

为了节省牵引功率，减小列车高速行驶所引起的动力作用对线路结构、机车车辆结构产生的损伤，提高旅客乘坐的舒适度，需要最大限度地降低高速动车组的轴重。对于高速铁路动车组，在保证客车使用寿命和客车结构承受各种载荷的工况下，实现车体及车内设施轻量化具有非常重要的意义。具体体现在以下几点：

（1）节省列车牵引功率。

（2）减小列车运行阻力。

（3）减小高速行驶所引起的动力作用对线路结构、机车车辆结构产生的损伤，减少工程和维修费用。

（4）有利于改善列车的运行品质。

（5）有利于环保。轴重的下降，既减小了列车运行时沿线路基的振动，也降低了轮轨之间的噪声，有利于环保。

2. 车体及车内设施的轻量化技术

（1）车体结构的轻量化技术。

实现车体结构轻量化主要可以通过两个途径：

①采用新材料。目前，国外高速动车组的车体材料主要有不锈钢、高强度耐候钢和铝合金。从使用效果和发展趋势来看，铝合金由于具有较好的塑性，挤压成型容易，且具有良好的耐腐蚀性，能够延长客车的使用寿命，减轻检修工作量，因此，其成为动车组车体的主要材料。

②合理优化结构设计。在保证车体强度和刚度的基础上，应充分利用等强度理论和结构的有限元分析软件，对车体结构进行优化设计，减轻车辆自重。国内外经验证明，通过优化设计，车体结构重量可显著降低。图6-17所示为日本新干线300系动车组采用的大型中空挤压铝型材焊接结构，它不仅可以明显降低车体重量，还可以大幅度减少焊接工作量，简化车辆的制造工艺。

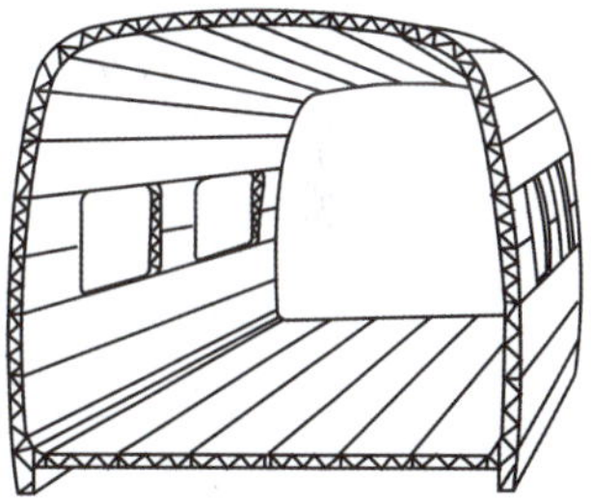

图6-17 大型中空挤压铝型材焊接结构

（2）车内设施的轻量化技术。

动车组的车内设施质量约占客车总质量的20%，故对其进行轻量化设计具有非常重要的意义。目前，国际上车内设施的轻量化主要通过采用新型材料来实现，如车门、车窗、行李架、座椅、供水设备、卫生设备等，均通过选用轻合金、高分子工程材料或复合材料来减轻设备重量，而车内装饰板材则广泛采用薄膜铝合金墙板、工程塑料顶板来实现设备的轻量化。

（三）良好的车体气密性

列车通过隧道或在运行中与其他列车交会时，车内压力发生巨大变化，旅客会产生耳痛等不适的感觉，因此必须提高动车组车体的气密性，使车内压力不受车外压力的影响。目前世界上提高动车组气密性主要是从车体结构和部件上考虑，采用的密封技术主要包括：

（1）车体金属结构采用连续焊，以消除焊接气隙，对不能施焊的部位采用密封胶密封。

（2）车门采用密封性能良好的塞拉门，台风挡采用橡胶大风挡，并保证渡板处的密封良好。

（3）车窗采用固定式车窗，车窗玻璃的结构、强度和车窗的组装工艺要保证密封的可靠性和耐久性。

（4）列车空调通风装置的换气系统设立压力控制，如在进、排气风口安装压力保护阀，在排气风道中装设带有节气阀的排风机、安装压力保护通风机等，从而既保证正常的通风换气，又保证车内压力控制在有限值之内。

（5）装设水的密封装置，防止洗脸室、卫生间以及空调机组冷凝水排水管在外部高压时的回流。另外，对直通车下的管路和电缆孔均采取必要的密封措施。

（四）优质的车体隔声性能

由于动车组运行速度较高，它所产生的噪声也比较大。为了降低车内噪声，除了要削弱噪声源发出的噪声之外，还要提升车体的隔声性能。提升车体隔声性能的主要技术措施包括如下几种：

（1）在车体金属表面涂刷防振阻尼层，使钢结构的声频振动转化为热能消散，减少声波的辐射和声波振动的传递，从而减小车内噪声。

（2）采用双层墙结构，以增强整体隔声量。

（3）采用带空气层的双层车窗，减小从侧面传入车内的噪声，以提高车窗的隔声效果。

（4）车内选用吸声效果好的高分子聚合材料。

（5）采取提高车体气密性的措施，同样可以起到隔声作用。

二 转向架

动车组的每个车体下都装有转向架，其中动车下面是动力转向架［图6-18a)］，拖车下面是拖车转向架［图6-18b)］，它们的主要区别是动力转向架有牵引电机和驱动装置，而拖车转向架没有。动车组转向架置于车体和轨道之间，除了要承担车体、车内设施及乘坐旅客的全部重量外，更重要的作用是牵引和引导车辆沿轨道行驶，确保动车组运行安全、高速、平稳。

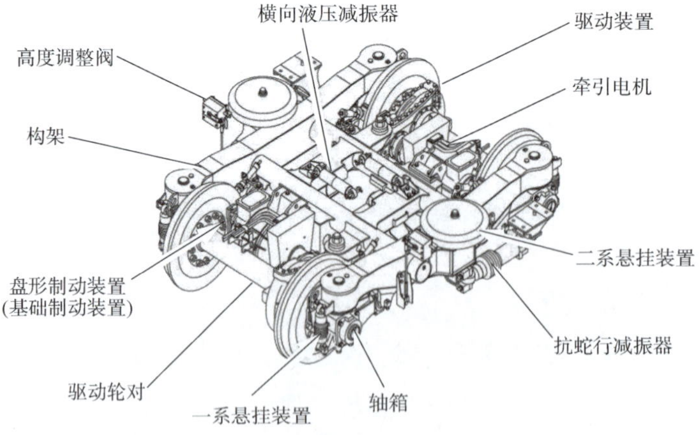

a)动力转向架

图 6-18

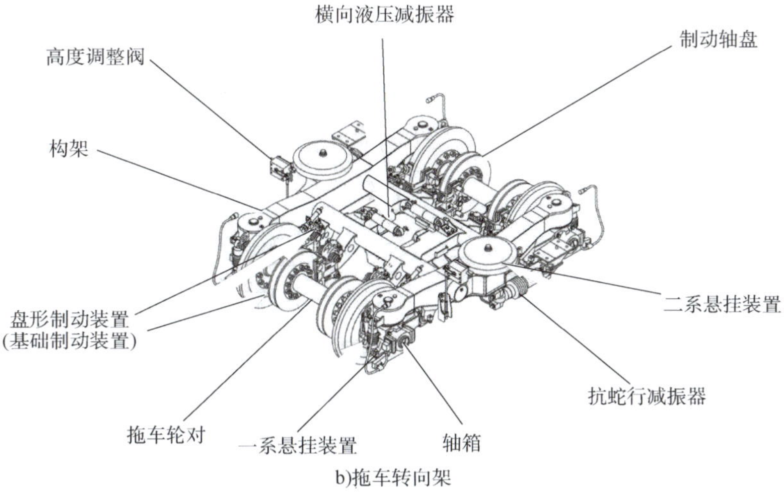

b)拖车转向架

图 6-18　动车组转向架

（一）转向架的构造

转向架是保证动车组运行品质和安全的关键部件，它主要由构架、轮对轴箱装置、牵引装置、驱动装置、弹簧悬挂装置和基础制动装置组成。

1. 构架

构架是转向架的骨架，是安装各种零部件的载体，并承受和传递垂向力、水平力等。构架一般主要由侧梁、横梁、相关支座、连接梁等构成，它们都要具备足够的强度。

2. 轮对轴箱装置

轮对轴箱装置（图 6-19）主要由车轮（动车为动力车轴、拖车为非动力车轴）、轴箱定位装置等部件组成。轮对轴箱装置的作用包括：承受列车重量并向钢轨传递该重量，在负重条件下以较高的速度引导车辆在钢轨上行驶；通过轴箱定位装置（图 6-20），轮对相对于构架前后、左右活动，以适应线路状况；某些制动力也可以通过轮对实现。

3. 牵引装置

牵引装置是车体与转向架的连接装置，用以传递车体与转向架之间的水平力等，同时保证车体与转向架之间的回转运动。不同类型的转向架，其牵引装置也不同。例如，Y32 型转向架的牵引装置，其牵引力是通过钢丝绳连接车体和转向架构架后直接传递的，牵引钢丝绳一端连接在装于构架的中间纵向梁下部的一个“十”字形座上，另一端则连接在一个螺杆上，通过弹簧悬挂装置与车体下的牵引座相连。这样的传递方式可以使车体与转向架之间完全是弹性连接。

4. 驱动装置

驱动装置由齿轮装置（图 6-19 中的“3”）、轴承、通气装置、接地装置等构成，主要作用是对主电动机的旋转进行减速，传动给车轴。

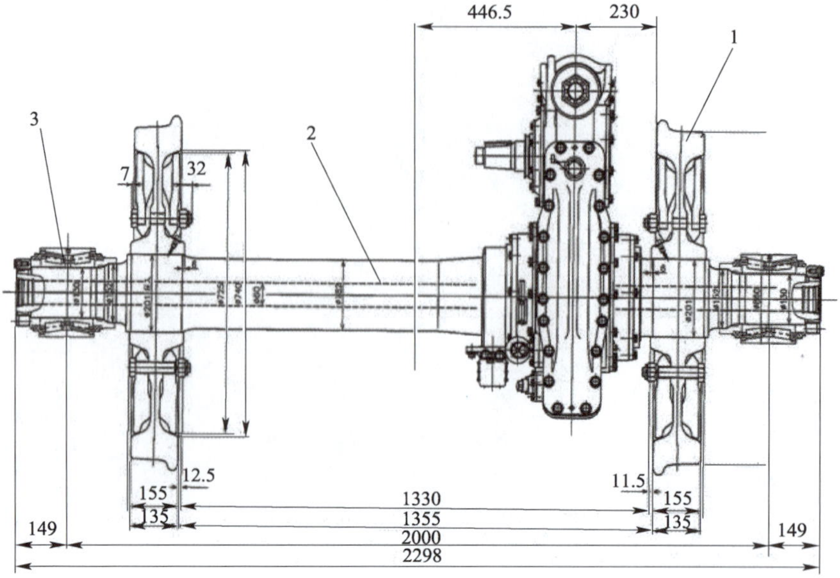

图 6-19　轮对轴箱装置（尺寸单位：mm）
1-车轮；2-车轴；3-轴箱定位装置

图 6-20　轴箱定位装置

5. 弹簧悬挂装置

弹簧悬挂装置是转向架支撑车体的装置，它不仅能够保证一定的轴重分配，还起到缓和轮轨冲击、保证车辆运行平稳等作用。弹簧悬挂装置由空气弹簧（图 6-21）、横向减振器、抗蛇行减振器、自动高度调节阀等构成。设在轮对和构架之间的弹簧悬挂装置称为轴箱弹簧装置或一系悬挂装置，设在构架与车体之间的弹簧悬挂装置称为中央弹簧悬挂装置或二系悬挂装置。

6. 基础制动装置

动车组一般采用摩擦制动和动力制动相结合的方式，其中摩擦制动方式多采用盘形制动和电磁涡流制动，动力制动方式则采用电阻制动或再生制动。动车组基础制动装置一般由制动盘、制动闸片、制动缸、防滑器、踏面清扫器等组成，其中制动盘的种类有用于动力转向架的“动车轮盘制动盘”，和用于拖车转向架的“拖车轮盘制动盘”“拖车轴制动盘”等。图6-22所示为我国 CRH_2 型动车组的制动夹钳。

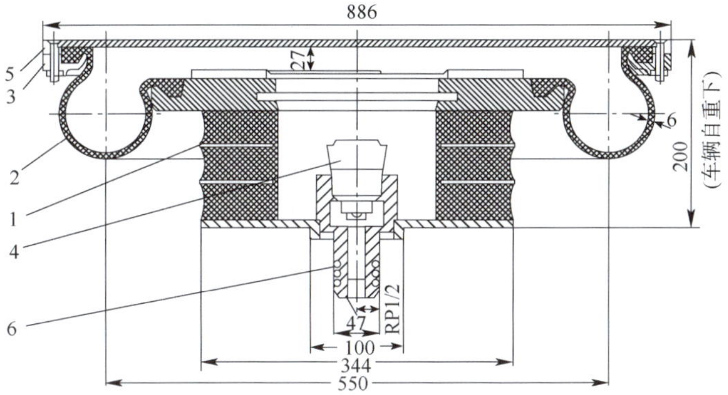

图6-21　空气弹簧（尺寸单位：mm）

1-座体组成；2-橡胶囊；3-压环；4-节流阀；5-上盖；6-O形密封圈

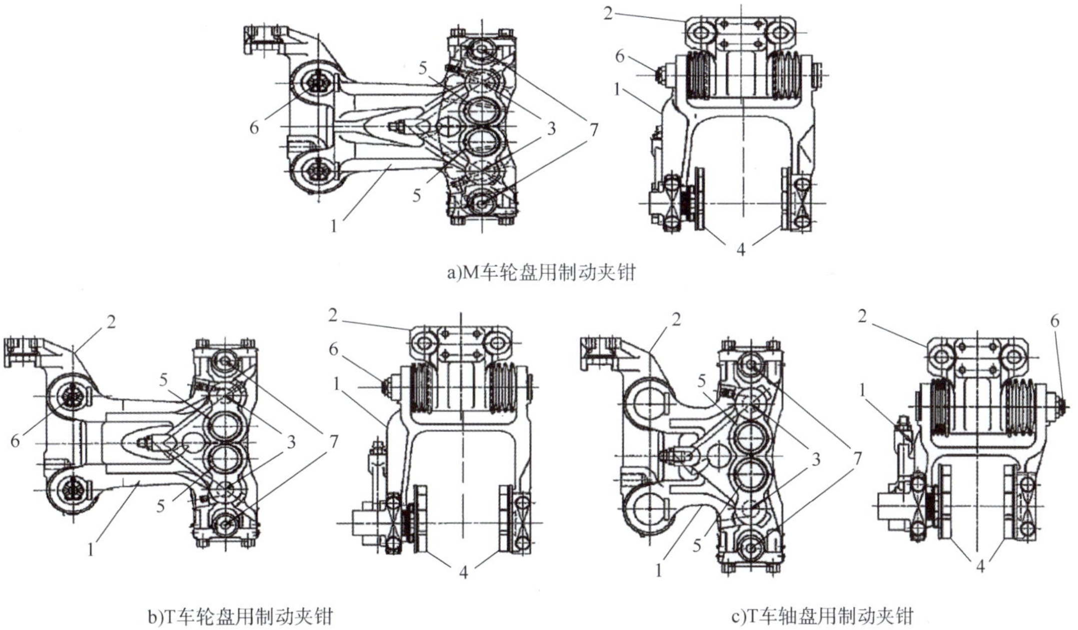

a)M车轮盘用制动夹钳

b)T车轮盘用制动夹钳

c)T车轴盘用制动夹钳

图6-22　CRH_2 型动车组制动夹钳

1-夹钳体；2-支持架；3-油压缸；4-闸片；5-间隙调整装置；6-支持销；7-挡销

（二）转向架的性能

动车组转向架应具备的性能包括如下。

1. 高速运行的稳定性

列车在钢轨上运行，随着速度的加快可能会出现蛇行运动，从而造成转向架的运动失稳，损伤车辆及线路，影响旅客舒适度。动车组通常采用轴箱定位装置和回转阻尼装置来抑制蛇行运动，确保车辆运行的稳定性。

2. 通过曲线的安全性

高速列车通过曲线时，过大的侧压力会造成轮轨的剧烈磨损。因此，选择合理的踏面形状与较小的踏面斜度，可以防止发生脱轨、倾覆。

3. 旅客乘坐的舒适度

虽然影响舒适度的因素很多，但振动是动车组整个运行过程中始终存在的，动车组引起的噪声也会使旅客产生疲劳。在动车组转向架中，采用了空气弹簧和橡胶件以降低轮轨噪声，提升了旅客乘坐的舒适度。

（三）转向架结构轻量化技术

在保证必要性能的前提下，动车组转向架也要尽量实现轻量化。国外高速动车转向架轻量化的主要措施之一是采用无摇枕结构，由中央空气弹簧直接支承车体重量。此外，还可以采取其他轻量化措施，如取消端梁使构架结构轻量化，采用铝合金制作轴箱及齿轮箱，以及采用轻型轮对等。

三 连接装置

动车组连接装置主要用于连接各个车辆并传递牵引力与制动力，不仅可以起到缓冲和减振作用，还可以保证车辆的密封性。动车组连接装置一般由密接式车钩装置、风挡、空气及电气连接设施和车体间减振器等构成。其中，空气及电气连接设施包括列车总风管、列车通信总线连接、制动控制线连接、供电母线连接、电路电气设备连接、高压电线连接等。

目前，世界各国的高速动车组普遍采用密接式车钩装置。例如，日本新干线动车组车钩全部采用密接式车钩方式。该装置的两车钩连接面的纵向间隙一般都小于2mm，上下、左右偏移也很小，为提高列车的运行平稳性和电气线路、风管的自动对接提供了保证。在车钩连接的同时，贯通全列车的控制信息线路通过密接车钩的电气连接器自动接通。密接式车钩装置如图6-23所示。

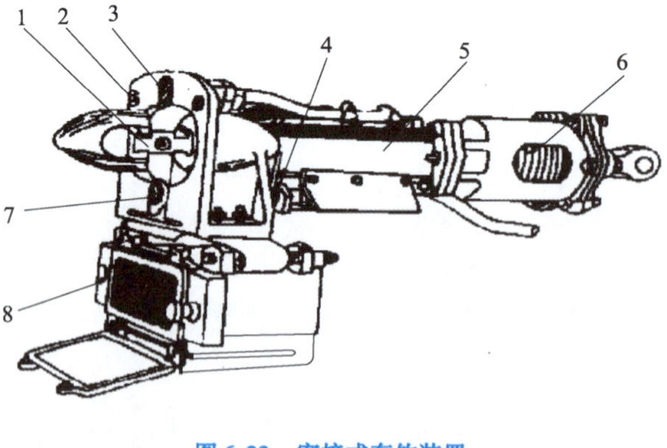

图6-23 密接式车钩装置

1-钩舌；2-解钩风管连接器；3-总风管连接器；4-截断塞门；5-钩身；6-缓冲器；7-制动风管连接器；8-电气连接器

（一）连挂

两车钩连挂时，凸锥插进对方相应的凹锥孔中，这时凸锥的内侧面在前进中压迫对方的钩舌转动，使解钩风缸的弹簧受压，钩舌沿逆时针方向旋转；当两钩连接面接触后，凸锥的内侧面不再压迫对方的钩舌，此时由于弹簧的作用，钩舌处于闭锁位置，如图6-24a）所示。

（二）分解

司机操纵解钩阀，此时压缩空气由总风管进入前车（后车）的解钩风缸，同时经解钩风管连接器送入相连挂的后车（前车）解钩风缸，活塞杆向前推并带动解钩杆，使钩舌转动至开锁位置，此时两钩即可解开，如图6-24b）所示。另外，也可以通过人力推动解钩杆，使钩舌转动至开锁位置，实现两钩的分解。

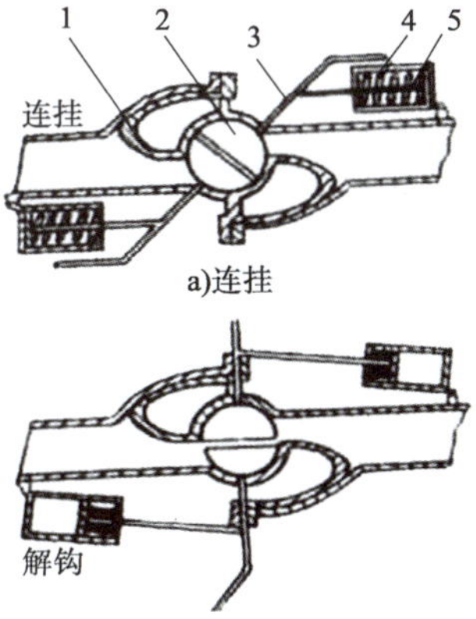

图6-24　密接式车钩

1-钩头凸锥；2-钩舌；3-解钩杆；4-弹簧；5-解钩风缸

四　制动装置

（一）制动装置的条件

制动装置是列车安全、正点运行的重要保证，也是提高列车运行速度的前提条件。动车组制动装置应具备的条件如下：

（1）尽可能缩短制动距离以保障列车安全。

（2）保证高速制动时车轮不滑行。

（3）司机操纵制动系统灵活、可靠，能适应列车自动控制的要求。

（二）制动方式

目前，铁路上所采用的制动方式有摩擦制动和动力制动两大类。其中，摩擦制动包括闸瓦制动、盘形制动和电磁轨道制动三类，动力制动包括电阻制动、再生制动、电磁涡流制动等。由于动车组运行速度较高，它对制动装置的要求也很高。动车组常采用摩擦制动与动力制动的复合制动模式，表6-6列出了部分国家高速动车组的制动方式。

部分国家高速动车组的制动方式　　表6-6

国　别	列车名称	动力车制动方式	非动力车制动方式
中国	CRH380A	再生制动＋空气制动	电磁涡流制动＋盘形制动
日本	0系列	电阻制动＋盘形制动	电磁涡流制动＋盘形制动
	100系列	电阻制动＋盘形制动	
	300系列	再生制动＋盘形制动	
法国	TGV-PSE	电阻制动＋闸瓦制动	盘形制动＋闸瓦制动
	TGV-A	电阻制动＋盘形制动	盘形制动
	TGV-N	再生制动＋盘形制动	盘形制动＋电磁轨道制动
德国	ICE	再生制动＋盘形制动	电磁涡流制动＋盘形制动

动车组制动控制系统包括动力制动控制系统、空气制动控制系统、电子防滑器及

基础制动装置等。动车组制动系统应推行轻型化和免修化，以减少维修工作量。

动车组的制动按照制动功能又可分为常用制动、快速制动、紧急制动、耐雪制动、辅助制动等几类。

五 牵引传动系统

目前世界上的高速动车组一般都采用电力牵引传动方式，牵引传动系统由主电路、高压设备、受电弓、主断路器、主变压器、牵引变流器、牵引电动机及电传动系统的保护等组成。

由于动车组列车运行速度较高，电力牵引高速动车组的受电与电力牵引常速列车的受电相比，具有一些显著的特点：接触网与受电弓的波动特性发生变化，受电弓产生的噪声较大，所受的空气阻力较大，使得空气动态力对高速受电有很大影响，需要的牵引功率较大等。

图 6-25 所示为动车组受电弓的结构图。

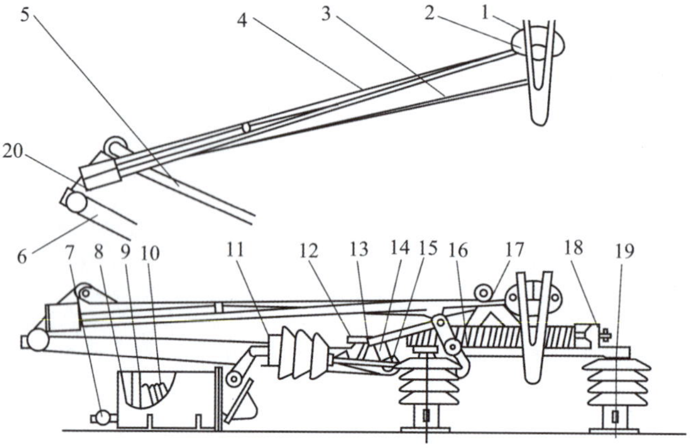

图 6-25 动车组受电弓的结构图

1-滑板弓头；2-弓头支承装置；3-平衡杆；4-上框架；5-推杆；6-下臂；7-缓冲阀；8-传动风缸；9-活塞；10-降弓弹簧；11-拉杆绝缘子；12-滑环；13-扇形板；14-拐臂；15-转轴；16-升弓弹簧；17-底架；18-升弓弹簧螺母；19-支持绝缘子；20-铰链座

近年来，各国动车组的电力牵引传动系统由早期的直流牵引电动机驱动改为交流感应电动机驱动，即采用了交流传动系统，不仅实现了牵引电动机的小型轻量化，而且减轻了电动机的日常维护、检修工作量。交流传动系统的优点主要包括：①交流电动机体积小、重量轻，输出功率大，很适合高速动车组；②功率因数可控制到 1；③再生制动机淘汰了电阻器，在重量减轻的同时，腾出了车下空间；④因不需要像直流电动机那样的整流电刷，故易于保养；⑤在功率相同时，架线电流降低等。

六 辅助供电系统

辅助供电系统由辅助变压器、辅助整流用变压器、滤波电容器、输入侧电磁接触器、充电电阻、放电电阻、控制单元、蓄电池等部分组成。辅助供电系统可在应急情况下及维修用电时为空气压缩机、空气调节系统、采暖设备、照明设备、旅客服务设备、冷却通风机、应急通风装置等设备供电，其应急用电量至少要能持续 2h。

七 空气调节系统

动车组有较好的气密性，因此必须解决好车内的通风换气问题。动车组列车内的通风换气是通过空气调节系统来实现的。动车组的空气调节系统与普通客车的空调系统有很大的区别，它包括客室空调装置、通风系统、驾驶室空调换气装置等几部分。

为了实现动车组轻量化，并减小车体断面积和高速运行的空气阻力，目前世界上新型高速动车组客室空调装置一般都安装在车下。另外，为了确保车外气压变化很大时仍能正常地通风换气，同时保证客车的气密性，高速客车的通风换气装置都设计成可控式。

八 其他

除了上述基本构造外，动车组还配置了给排水系统、配电盘、车辆信息控制装置、车载信息系统、行车安全装置等。

单元6.3 动车组运用与检修

由于动车组是指列车的牵引动力装置（相当于机车）和载客装置（相当于客车车底）固定为一体的特殊车底，因此，动车组具有机车和客车车底双重性质，但其运用方式又不同于传统的机车和车辆。

一 动车组运用方式

由于动车组的特殊性，其运用方案不同于普通列车的机车和车辆，需要根据动车组自身的技术特点设置与之相适应的运用方式。根据国内外对动车组运用和研究的现状，动车组运用方式可分为固定区段运用方式、不固定区段运用方式和半固定区段运用方式三种。

二维码

认知动车组的运用

（一）固定区段运用方式

固定区段运用方式是指动车组在指定的线路上运行，并且在其运行区段采用固定的运用方式，它与既有铁路客车车底的运用方式一致。动车组固定区段运用方式又分为站间固定周转方式和两区段套跑周转方式，如图6-26所示。

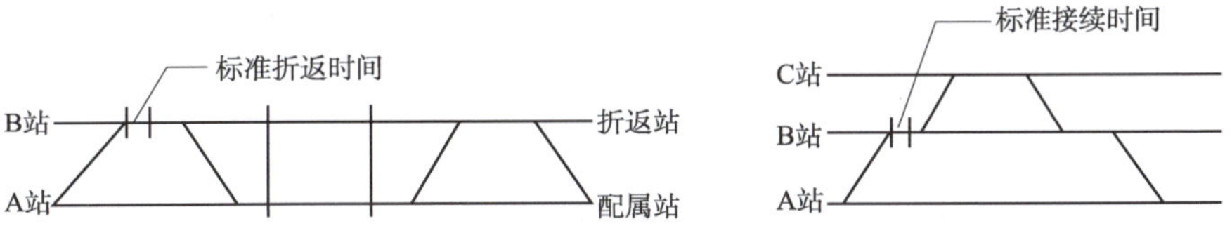

a)站间固定周转方式　　b)两区段套跑周转方式

图6-26　动车组固定区段运用方式示意图

固定区段运用方式的优点：动车组在固定区段内运行，有利于动车组的管理，并可根据客流变化采用不同的车辆编组方案，运用组织比较简单，便于高速铁路的运输组织。缺点：不利于提高动车组效率，不能减少动车组的使用数量，也不利于高速动车组的检修。具体来讲，在动车组检修期间需要有一定数量的备用车组来替代，如果备用车组由各区段分别配备，则全线总备用车组数量较大且利用率不高；由于高速动车组的维修技术复杂、设备昂贵，只能集中配置，需将所有动车组的维修作业集中在维修中心进行，所以，对于与维修中心不邻接的区段，需要检修的动车组必须专程送检，检修结束后又需专程回送。

（二）不固定区段运用方式

不固定区段运用方式是指动车组完成一次列车任务后，下一次所承担的列车任务的运行区段无限制。这种运用方式以全线为系统，统筹考虑动车组的使用与维修来安排动车组的运用，有利于提高动车组的使用效率，减少动车组数量，是一种比较合理的动车组运用方式。高速动车组比较发达的国家均采用这种运用方式。但是，由于该方式动车组接续安排比较周密，一旦出现较大的随机干扰，动车组运用所受的影响也大；另外，由于假定各动车组之间无差别，动车组的编成不能根据不同区段的客流特点而改变，可能造成输送能力的浪费。

（三）半固定区段运用方式

半固定区段运用方式是指一部分动车组采用固定区段运用方式，而其余动车组采用不固定区段运用方式。它是介于固定区段运用方式和不固定区段运用方式之间的一种方式。

二 动车组检修

目前，我国铁路动车组采用的是计划预防维修制度，即利用监测和诊断设备，对动车组进行定期的检查和调整，恢复动车的性能，防止故障的发生。定期检修在动车段（检修基地）内进行。动车段（检修基地）担负动车组的所有固定维修作业，以及日常整备、维修和临时性的维修工作。

当动车组在运行过程需要运行检修时，则在动车组运用所内进行。动车组运用所主要负责高速动车的日常整备和运行维修工作，以及其他临时性的维修工作。

（一）检修级别及检修周期

1. 检修级别

动车组的检修级别根据检修的需求可分为一级检修、二级检修、三级检修、四级检修、五级检修。

一级检修（D1 级，例行检查）：日常性检查，维护保养；对动车组车顶、车底、车体两侧、车内、驾驶室等部位实行快速例行检查、试验和故障处理的检修作业。

二级检修（D2 级，专项检查）：对动车组各系统零部件实施周期性维护保养、检测、试验。在实际运用中，通常需要配属单位对“周期相同、部位接近、性质类似”的检修项目进行合理组合，科学安排生产计划。

三级检修（D3 级，重要部件分解检修）：对转向架及其主要零部件进行分解检修，同时对制动系统等进行状态检查和功能测试。

四级检修（D4 级，系统全面分解检修）：恢复性检修，对各系统进行解体检修。相对于三级检修，进一步扩大了分解检修系统范围，包括制动系统、电气系统等。

五级检修（D5 级，整车全面分解检修）：对全车进行解体检查，较大范围更新零部件，车体涂漆，使检修后接近新车水平。

运行过程中的设备状态维护和监控，由值乘的随车机械师负责。

一级、二级检修属运用检修（维护性质），三级至五级检修属高级检修。

2. 检修周期

检修周期是指相同级别检修之间的间隔时间或使用期限，级别越高，周期越长。各型号动车组检修周期见表6-7。

各型号动车组检修周期 表6-7

检修级别	CRH_1	CRH_2	CRH_3	CRH_5
一级检修	运行里程 4000km 或 48h	运行里程 4000km 或 48h	运行里程 4000km 或 48h	运行里程 4000km 或 48h
二级检修	15 天	30000km 或 30 天	20000km	60000km
三级检修	1200000km	450000km 或 1 年	1200000km	1200000km
四级检修	2400000km	900000km 或 3 年	2400000km	2400000km
五级检修	4800000km	1800000km 或 6 年	4800000km	4800000km

（二）检修方式及检修工艺

1. 检修方式

（1）换件修。

无论是运行修程，还是高级修程，对在检修中出现故障的零部件，都要采取更换同样零部件的方式进行维修。拆下的部件可送到制造工厂或其设立的派出机构进行检修，修竣后经检验合格才能继续装车使用。

（2）集中修。

动车组的定期检修都集中安排在检修基地，运用所仅承担日常的例行检查和部分临修作业，动车组的大部件或关键部件的检修集中在相应的制造工厂或其设立的派出机构。

（3）状态修。

动车组一些设备（如旅客服务型设施）采用状态修的方式，随检随修，始终保持其技术状态良好。对于部分设备或部件，按照其使用寿命的界定，在不满足使用要求情况下，在其发生故障前予以更换（采用监视型的状态修）。

（4）均衡修。

为减少大修检修停时间，通过换件的方式将部分部件安排在运行过程中或其他较低级修程中进行检修，以减少大修时的工作量，尽可能压缩动车组在修时间。

2. 检修工艺

（1）D1 级、D2 级检修工艺。

D1 级、D2 级检修工艺包括轮对踏面诊断、吸污作业、车体清洁、检修及故障处理、必要的检测、存放。

（2）D3 级检修工艺。

D3 级检修工艺包括转向架分解检修流程和牵引系统部分分解检修流程，必要时要进行车体的气密性试验。

（3）D4 级、D5 级检修工艺。

D4 级、D5 级检修工艺包括车体清洗，吸污作业，高压试验，拆解编组，设备拆卸、部件检修、检测和调试，车体检修，气密性试验，单元（车）试验，恢复编组，整列调试及试验。

知识拓展

空气给高速列车带来的烦恼

高速列车漂亮的流线型车头、平整光滑的车体、与车体融为一体的车下设备，这些都是针对列车高速运行时空气带来的“烦恼”而设计的。那么，空气会给高速列车运行带来哪些“烦恼”呢?

1. 空气阻力

列车运行阻力由机械阻力和空气阻力组成。机械阻力包括车轮在轨道上滚动时形成的摩擦阻力，以及列车的轴承摩擦阻力。车轮在轨道上滚动时的摩擦阻力与列车质量成正比，轴承摩擦阻力和列车运行速度成正比。列车运行空气阻力与列车运行速度成正比。假如列车运行速度提高到原来的 2 倍，空气阻力将提高到原来的 4 倍。

空气阻力主要由三部分组成：一是列车车头迎风受到的正面压力，列车尾部由于空气尾流引起空气稀薄而产生的向后的拉力，这样由于头部及尾部压力差形成的阻力称为压差阻力；二是由于空气黏性而引起的作用于车体表面的摩擦阻力；三是由车辆底架、车顶设备、门窗、车辆间连接风挡等车辆表面凹凸结构引起的干扰阻力。高速列车车头为什么要设计成流线型呢？其主要目的是减小压差阻力。同时，车体侧壁几乎没有凹凸不平的地方，车厢底部的各种装置全被光滑平整的“车裙”——裙板罩住，车厢顶部的受电弓也用专门的导流罩保护起来，这些都是为了减小由空气引起的摩擦阻力和干扰阻力。

2. 气动噪声

高速前行的列车会引起空气流紊乱，其产生的气动噪声是一个让人烦恼的问题。高速列车气动噪声能量与列车速度的 6 ~ 8 次方成正比。如果把列车速度从 200km/h 提高到 300km/h，气动噪声约提高 10 ~ 14dB。如何解决这个问题呢?

根据空气动力学的原理，设计人员把流线型车头设计得尖而长，把车辆断面积尽量减小，同时使车体尽量平整光滑，不出现凹凸的部分。为了减小高速列车气动噪声，除了在车体设计上下功夫外，还要减小车辆顶部受流系统引起的气动噪声，为此要对受电弓及其周边装置进行优化设计。

3. 微气压波

高速列车进入隧道后，隧道内的空气受到挤压，形成压力波以音速向隧道出口方向快速推进。压力波到达出口时，一部分压力波以脉冲状的形式向四周发射出去，同时产生爆破声，这种波被称为隧道微气压波。隧道微气压波可以传递到距离隧道400m远的地方，对生活在隧道附近的居民来说是噪声污染。

微气压波的大小与到达隧道口的压力波面的压力变化的程度成正比，与到出口的距离成反比。压力变化的程度又与列车进入隧道速度的3次方成正比。一般而言，解决微气压波问题主要有4种措施：

(1) 减小列车横断面积与隧道横断面积的比值（称作阻塞比），即增大隧道横断面积或减小列车横断面积都是减小微气压波的有效措施；

(2) 在隧道入口处设置缓冲段，使隧道口径逐步变化，从而使微气压波变化缓慢；

(3) 在列车车体设计上下功夫，减小车体断面积并对车头流线型进行优化设计；

(4) 利用隧道中的分支坑道，作为微气压波的旁通通路。

4. 列车表面压力波

列车会车时，相对运动的列车车头对空气形成挤压，便会在列车相会一侧的侧壁产生压力波。显然，列车速度越高，会车产生的压力波也就越大。高速列车会车时产生的强烈压力波传入车厢后，会导致车内空气压力发生变化，如果该压力变化不能被控制在一定的范围内，会严重影响旅客舒适度。不仅如此，会车产生的压力波过大还会对列车、线路设施及站场相关人员的安全带来影响。因此，如何减小高速列车会车时的列车表面压力也是高速列车车体设计要考虑的因素。

如果高速列车头部细长、呈流线型，会车时的表面压力波幅值就可显著减小。除优化车头设计外，增加线路的线间距离、降低会车速度也是减小会车表面压力波的有效手段。同时，列车在隧道中会车比在明线上会车产生的列车表面压力波更大。影响隧道会车表面压力波的因素包括列车速度、列车长度、阻塞比、两列车进入隧道的时差等。因此，为了将隧道内会车产生的表面压力波控制在一定的范围内，合理设定隧道通过速度、阻塞比以及列车进入隧道时差等都是非常重要的。

探一探：高速列车与空气的“较量”还有哪些？

铁道概论（活页式教材）
（第4版）

姓名：________ 班级：________ 学号：________

学习检测

一、知识检测

（一）填空题

1. 按牵引动力的配置方式分类，动车组有（　　）和（　　）两种。
2. 我国动车组的发展起步较晚，（　　）年第一列商用动车组（　　）投入运营。
3. 动车组车体分为（　　）车体和（　　）车体两种。
4. 动车组一般将车头设计成（　　），车体选用（　　）、（　　）的材料。
5. 动车组常采用（　　）与（　　）的复合制动模式。

（二）选择题（以下至少有一项是正确的，请将正确的选项填入括号内）

1. 动力集中式动车组具有的优点有（　　）。
   A. 检查维修方便　B. 电气设备总质量较小
   C. 轴重较大　D. 牵引力设备数量多
2. （　　）是最早制造和运用动车组的国家。
   A. 法国　B. 德国　C. 日本　D. 意大利
3. 以下属于“复兴号”动车组车型的有（　　）。
   A. CR400AF　B. CR300AF　C. CRH380A　D. CR200J
4. （　　）年，“和谐号”动车组上线运行。
   A. 2000　B. 2001　C. 2004　D. 2007
5. 以下属于转向架组成部分的有（　　）。
   A. 构架　B. 牵引装置
   C. 轮对及轴箱定位装置　D. 基础制动装置

（三）判断题（以下描述正确的打“√”，不正确的打“×”）

1. 由于铝合金具有较好的塑性，且挤压成型容易，因此，铝合金将成为动车组车体的主导材料。（　　）
2. 动车组连接装置将动车组的车体与转向架连接在一起，用以传递车体与转向架之间的水平力。（　　）
3. 制动装置是列车安全、正点运行的重要保证，也是提高列车运行速度的前提条件。（　　）
4. 动车组固定区段运用方式的优点是有利于提高动车组效率，减少动车组使用数量。（　　）
5. CRH380 动车组的型号中“380”的含义是指最高设计速度为380km/h。（　　）

（四）思考题

1. 根据所学知识，并结合个人的生活经验，分小组讨论并分析动车组与传统旅客列车各自的优势。

2. 对比CRH和CR系列动车组，分小组讨论我国不同系列动车组的利弊及未来发展趋势。

二、技能检测

1. 判断以下图片对应的结构名称，并分析其功能。

图片	结构名称	功能

2. 根据下表中描述的运用方式，确定动车组运用方式类型，并分析其优缺点。

内容	运用方式类型	优缺点
与既有铁路客车车底的运用方案一致的动车组运用方式		
完成一次列车任务后，下一次所承担任务的运行区段无限制的运用方式		

3. 查阅相关文献，了解我国动车组的发展历程，对比分析和谐号动车组和复兴号动车组的不同点。

三、素质检测

1. 阅读下面的材料

我国新一代标准动车组复兴号动车组于2017年6月26日在京沪高铁线正式双向首发。它由国铁集团牵头研制，具有完全自主知识产权，并达到世界先进水平。这意味着中国高铁告别跟跑者历史，开启领跑新征程，加速实现科技强国梦。

复兴号动车组大量采用我国国家标准、行业标准、国铁集团企业标准等技术标准，同时采用了一批国际标准，具有良好的兼容性能。在254项重要技术标准中，中国标准占84%。

复兴号动车组构建了体系完整、结构合理、先进科学的高速动车组技术标准体系，标志着我国高速动车组技术全面实现自主化、标准化和系列化，极大增强了我国高铁的国际竞争力。

事实上，高铁华丽转身的背后，有一段长达5年的故事。我国2012年开始研发标准动车组；2014年完成方案设计；2015年，完成标准动车组下线任务，开展了标准动车组试验和运用考核，并进行了420km/h交会、重联试验。如今，复兴号动车组穿梭于京沪高铁，宛如银色长龙疾驰在中国大地上，绘出一幅幅流动画面。

谈一谈：复兴号动车组具有什么重要的特性，标志着中国高铁发展到哪一新阶段？

查一查：在复兴号动车组的重要技术标准中，中国标准占了多少比例？

想一想：复兴号动车组的成功研发对增强我国高铁的国际竞争力有何重要意义？

2. 阅读下面的材料

中车青岛四方机车车辆股份有限公司梁建英（图6-27），是国家高速列车青岛技术创新中心主任，高铁列车技术专家，中国高速列车整车研制、系统集成创新领域的技术带头人和领军人物，先后荣获国家科技进步特等奖、中国青年科技奖、茅以升铁道工程师奖、铁道科技特等奖、全国五一巾帼标兵、全国三八红旗手等荣誉。

图6-27 工作中的梁建英

30年多来，她始终奋战在科研一线，带领科研团队矢志创新、敢为人先，解决了一系列关键技术“卡脖子”难题，成功研制“和谐号”“复兴号”等高速动车组，从时速 200km 到 350km 高速动车组，将高速动车组关键核心技术牢牢掌握在中国人自己手里，不断刷新高速列车的“中国速度”，实现了中国高铁从“跟跑”到“领跑”的跨越发展。

（摘编自齐鲁网，2023 年 3 月 11 日）

谈一谈：梁建英勇于创新和敢为人先的精神在我们的学习和生活中有多重要？

查一查：在高速动车组关键技术研发历程中还有哪些大国工匠？

想一想：梁建英获得了众多荣誉，但更重要的是她对社会的巨大贡献，那么个人荣誉和社会贡献之间应该如何平衡？

3. 班组学习任务

班组共同学习动车组结构组成及工作原理，讨论分析各结构组成的功能是如何助力动车组系统功能实现的？作为铁路一线生产班组，分析如何处理好整体与局部、系统与要素之间关系？

学习评价

<table>
<tr><th colspan="2">评价指标</th><th>自我评价（20%）</th><th>班组评价（20%）</th><th>教师评价（60%）</th></tr>
<tr><td rowspan="2">基础知识（60%）</td><td>知识掌握（40%）</td><td></td><td></td><td></td></tr>
<tr><td>知识应用（60%）</td><td></td><td></td><td></td></tr>
<tr><td rowspan="2">能力提升（40%）</td><td>自主学习能力（60%）</td><td></td><td></td><td></td></tr>
<tr><td>团队合作能力（40%）</td><td></td><td></td><td></td></tr>
</table>

学习总结

个人学习总结：

班组学习总结：

模块7　铁路信号与通信系统

问题引入

在车站内，一趟趟列车有进有出，铁路部门如何保证列车不会在进出口“咽喉处”发生冲突、不会在行驶中与前方列车发生追尾碰撞，其他进站列车不会闯入本列车所进入的轨道呢？在站内、在区间的列车或车列运行是如何实现制约的呢？

铁路运输的特点是列车必须沿着一定的轨道运行，而且运行速度高、载质量大、制动距离长，因此必须采取一定措施确保铁路运输的安全和效率。长期实践证明，铁路信号与通信系统对保证行车安全、提高运输效率、改善运输人员劳动条件等起着非常重要的作用。随着科学技术的发展，尤其是计算机技术、网络技术、现代通信技术的发展，铁路信号与通信系统在铁路运输中起的作用越来越重要，其发展水平已经成为铁路现代化的重要标志，是实现铁路行车向高速度、高密度和重载方向发展的重要保证。

学习导航

- 铁路信号与通信系统
  - 铁路信号系统
    - 铁路信号的分类
    - 铁路信号系统的故障-安全原则
    - 铁路信号技术的发展趋势
    - 铁路电务部门的组织机构及其职能
  - 铁路信号基础设备
    - 信号装置
    - 轨道电路
    - 转辙机
    - 继电器
    - 其他设备
  - 车站信号联锁设备
    - 联锁概述
    - 6502电气集中联锁
    - 计算机联锁
  - 区间闭塞设备
    - 半自动闭塞
    - 站间自动闭塞
    - 自动闭塞
  - 列车运行控制系统
    - CTCS概述
    - CTCS-0级和CTCS-1级列控系统
    - CTCS-2级列控系统
    - CTCS-3级列控系统
  - 行车调度指挥系统
    - 列车调度指挥系统
    - 分散自律调度集中系统
  - 铁路通信系统
    - 铁路专用通信系统概述
    - GSM-R

学习目标

知识目标

掌握铁路信号与通信的基本概念、原理和发展历程，理解信号与通信系统在铁路运输中的作用和重要性。

能够详细了解铁路信号系统的各子系统构成，理解各子系统的主要功能。

具备对信号与通信设备进行日常维护、故障诊断和基本维修的能力。

理解铁路信号与通信系统之间的关联性和集成应用。

技能目标

熟悉铁路通信技术原理，能够在实际工作中灵活应用这些技术原理解决通信问题。

理解铁路信号与通信系统间的关联，能够实现系统间有效集成和信息交换。

在遇到紧急情况时，能够迅速采取措施，根据应急预案进行故障应急处理，保障铁路运输不间断。

培养自我学习的习惯，关注行业动态和技术进展，不断提升个人技能，适应铁路信号与通信技术的快速发展。

素质目标

培养专业精神和责任感，严谨对待铁路信号与通信工作。

强化对铁路运输安全的深刻认识，理解铁路信号与通信系统在保障行车安全中的关键作用，树立牢固的安全第一观念。

培养创新意识和批判性思维，在理论学习和实践中探索新技术、新方法，促进铁路信号与通信技术的进步。

学习建议

学时要求

建议个人独立自主学习 2 学时，班组合作式学习 2 学时。

学习方法

依托本教材内容及扩展学习资源，结合文献资料查阅、标准规范学习、小组讨论、模拟软件练习、案例分析及线上线下混合式学习等方式开展学习。

单元 7.1 铁路信号系统

铁路信号系统是保证行车安全、提高区间和车站通过能力以及提高编组站编解能力的自动控制及远程控制的系统。铁路信号系统基础设备包括信号装置、轨道电路、转辙机、继电器等。它们是构成信号系统的基础。

二维码

认知铁路信号

铁路信号系统的作用：传递指挥行车的命令，保证列车运行与调车作业安全，有效提高铁路运输效率，降低运输成本，改善行车人员的劳动条件。

铁路信号系统是计算机技术、现代通信技术和控制技术在铁路运输生产过程中的具体应用。现代信号技术是实现列车有效控制、提高铁路通过能力、向运输人员提供实时信息的必备手段，是列车提速与发展高速铁路的关键技术之一。随着信息技术和网络技术的发展，铁路信号和通信系统已由过去铁路运输的“眼睛”和“耳朵”变成了铁路的“中枢神经”，发挥着越来越重要的作用。

一 铁路信号的分类

铁路信号在狭义上是指用于指示列车运行及调车工作的命令，是在行车和调车工作中对乘务人员及与行车有关的人员指示列车运行条件而规定的物理特征符号。铁路信号是通过特定物体（包括信号灯、仪表、音响设备）的颜色、形状、位置和声音等向铁路司机传达有关前方路况、机车车辆运行条件、行车设备状态以及行车命令等信息。行车和调车人员必须按铁路信号显示的要求执行，才能确保铁路运输安全并提高生产效率。

根据铁路信号所借助载体的物理特征，铁路信号可分为视觉信号和听觉信号两种。

（一）视觉信号

视觉信号是以物体或灯光的颜色、形状、位置、数目或数码显示等特征表示的信号，如信号机、信号牌、信号灯、信号旗、火炬等设备显示的信号。

视觉信号分为固定信号、手信号和移动信号三大类。固定信号是铁路信号的主要信号，手信号和移动信号作为补充和辅助。

1. 固定信号

在固定地点安装的铁路信号设备显示的信号称为固定信号，如图 7-1a）所示。固定信号是铁路通信信号的重要组成部分，在我国铁路上，依据运营要求，固定信号采用下列基本信号：

（1）要求停车的信号，一般叫作“禁止信号”或“停车信号”。

（2）要求注意或减速运行的信号、准许按规定速度运行的信号，则称为“进行信号”或“允许信号”。

固定信号的基本颜色及其基本意义：红色是停车，黄色是注意或减速运行，绿色则是按规定速度运行，如图 7-1b）所示。

在固定信号的显示中，除了采用红色、黄色、绿色三种基本颜色以外，还可以采用蓝色和月白色。蓝色表示为“容许信号”或“禁止调车信号”，月白色则表示为“引导信号”或“准许调车信号”。

a)固定信号

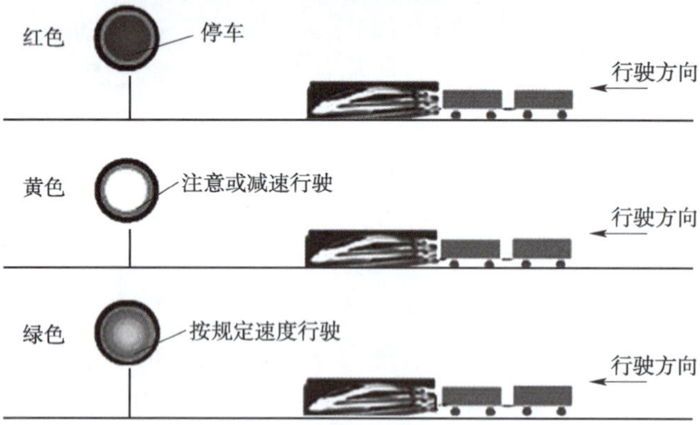

b)信号颜色的含义

图 7-1　固定信号

2. 手信号

用手拿信号灯、信号旗或用手势显示的信号称为手信号，如图 7-2 所示。

a)　　b)

图 7-2　手信号

3. 移动信号

临时设置的信号牌、信号灯等称为移动信号。

此外，视觉信号根据其使用的范围还可分为昼间信号、夜间信号及昼夜通用信号。在昼间遇降雾、暴风雨雪及其他情况，致使停车信号显示距离不足 1000m、注意信号或减速信号显示距离不足400m、调车信号及调车手信号显示距离不足200m时，应使用夜间信号。隧道内只采用夜间信号或昼夜通用信号。

（二）听觉信号

听觉信号是以不同声响设备发出声响的强度、频率、长短和数目等特征来表示的信号，如用号角、口笛、响墩发出的声响及机车、轨道车鸣笛等发出的信号，都属于听觉信号。听觉信号的特点是传递距离近、易于消逝、容易受到干扰，多用于站内调车等情况。

二 铁路信号系统的故障-安全原则

铁路信号故障是指在规定的时间内和规定的条件下，信号设备规定的功能（部分和全部）受到限制或丧失。

保证行车和车站作业安全的铁路信号系统，应具有必要的安全性和可靠性。安全性是指在规定的时间内和规定的条件下，有关设备不发生危险的概率。可靠性是指设备在规定的时间内和规定的条件下，完成规定功能的能力。

影响铁路运输安全的因素主要有两方面：①路外因素，包括人为因素和自然因素；②路内因素，包括设备不良和违章作业。铁路信号的重要作用之一是保证列车运行的安全，而这种安全的实现总是把“系统故障时让列车停止运行”作为首要方针。铁路规定，信号系统出故障时把信号显示变为让列车停止运行的红灯作为安全侧，这是传统的铁路信号安全技术的一个重要特点。也就是说，当铁路信号系统内部发生故障时，信号系统应以特殊的方式做出反应并将列车导向安全侧，即给出不危及行车安全的信号，如立即关闭信号、给出禁止信号、禁止列车驶入信号机防护的空间等，以确保行车安全。

在继电信号设备中，故障-安全的实现以具有非对称错误特性的信号继电器和闭路原理作为基础，实现信号设备整体性的故障-安全。

实现故障-安全原则的具体技术措施主要包括：

（1）防止由人的错误操纵而引起的各种联锁及闭塞技术。

（2）故障后使功能软化或降级使用技术，如自动闭塞中绿灯烧坏改亮黄灯。

（3）应急顶替技术，如电源故障时利用蓄电池供电。

（4）检测、报警和预防性养护技术。

（5）冗余技术，如多重设备。

（6）器件的降额使用技术，如信号灯泡的降压使用等。电子设备的故障-安全要考虑使用故障-安全逻辑。

三 铁路信号技术的发展趋势

随着信息技术的发展和高速铁路信号技术的应用，当前铁路信号技术发展的总体趋势如下。

（一）多种先进技术集成的趋势日益明显

随着信息技术的不断快速发展，计算机、通信、控制技术和全球定位系统、地球信息系统、全球移动通信系统技术等在铁路信号中大量应用。根据不同的运输需求，可将列车占用检查、列车精确定位、列控信息无线传输、列车运行控制、列车进路控制、调度集中等先进技术集成到列车运行控制系统（简称列控系统）中。

（二）控制模式发生重要转折

铁路信号的控制模式正逐渐从传统的以地面信号设备为控制对象、开环控制方式、信息单向传输向今后的以列车为控制对象、闭环控制方式、信息双向传输转变。

（三）信息化、综合化的趋势日益明显

随着铁路调度指挥系统（TDCS）、调度集中控制系统（CTC）、驼峰综合自动化、铁路专用移动通信（GSM-R）系统、列控系统、电务管理信息系统的应用，信号系统正在形成行车调度及列车运行控制实时数据网和管理信息网，综合实现行车控制、调度指挥、运输管理、行车安全、客货服务等方面的信息共享。信息化是铁路运输行业现代化的标志。

（四）高可靠性技术日趋成熟

随着铁路信号控制系统的日益计算机化、网络化、电子化，系统广泛采用高可靠性技术，如双机热备等冗余措施被普遍采用，智能诊断、自动判别、故障报警、自动转换实现了高可用度，这是铁路信号广泛采用计算机技术、电子技术后带来的明显优势。目前，高可靠性技术在铁路信号中的应用日益成熟。

四 铁路电务部门的组织机构及其职能

下面就铁路电务各部门的组织机构及其职能作简要说明。

（一）铁路电务运营部门

铁路电务运营部门负责保证铁路通信信号设备的正常运用及维护工作。铁路通信信号维护工作实行铁路局集团公司、电务段两级管理。国铁集团工电部直接领导铁路电务运营部门（简称部内）各业务处（通信处、信号处、技术处），对各铁路局集团公司电务处进行业务指导。部内各业务处对各铁路局集团公司电务处及其下设各业务科（信号科、通信科、综合科、列车运行监控科、安全科）进行业务指导。各铁路局集团公司电务处除直接领导处内各业务科外，对各电务段进行业务指导。电务段长直接领导电务段内各业务科、车间（现场、检修、中修、电子设备、车载设备）、工区。电务段各业务科对各车间、工区进行业务指导。

国体集团工电部是负责铁路信号的职能部门，除直接领导部内各业务处外，还对各铁路局集团公司电务处进行业务指导。

电务处是铁路局集团公司实施电务专业管理的主管部门，主要承担更新改造工程、大中维修、安全管理、施工管理、生产调度、技术管理、质量管理、通信工作、设备动态检测、电务信息技术维护等管理职责。

铁路电务运营部门的基层单位是电务段，负责信号设备的日常维修及中修。电务段的管辖范围，由铁路局集团公司根据信号设备的布局和维修生产的需要等条件确定。电务段是电务专业管理的责任主体。

目前，随着客运专线建设的全面启动，信号系统集成和运营维护工作将成为电务

部门面临的重要战略任务，面向客专运营的维修体制、管理模式将提上新的议事日程，必须形成科学合理的客专维修体制。

（二）铁路电务科研部门

铁路电务科研部门包括中国铁道科学研究院通信信号研究所、北京全路通信信号研究设计院集团有限公司、各铁路局集团公司的科研所以及铁路高等院校。该部门主要从事开发和研究通信信号的新产品、新系列、新制式。

（三）铁路电务设计部门

铁路电务设计部门主要包括北京全路通信信号研究设计院集团有限公司，中铁第一、第二、第三、第四、第五勘察设计院集团有限公司的通号处，中铁电气化局集团有限公司设计院，各铁路局集团公司电务处的大修设计室。该部门负责铁路新线建设和既有线改造、大修信号工程的设计。

（四）铁路电务工程部门

铁路电务工程部门包括中国铁路通信信号集团公司所属各工程公司、各铁路工程局电务工程处等。该部门负责铁路新线建设或既有线改造的信号设备的施工。

（五）铁路电务工业部门

铁路电务工业部门包括中国铁路通信信号集团公司所属的各通信工厂、信号工厂、电缆厂，以及各铁路局的电务工厂等。该部门负责生产通信信号器材。

单元7.2 铁路信号基础设备

在铁路信号与通信系统中，铁路信号基础设备是十分重要且关键的技术装备，是保证铁路运输安全、提高运输能力和效率的基础。

铁路信号基础设备包括信号装置、轨道电路、转辙机、继电器等。它们是构成信号系统的基础。

一 信号装置

按发出信号的机具能否移动分类，信号装置可分为固定信号装置和移动信号装置。

在固定地点安装的信号设备就是固定信号装置。固定信号装置是铁路信号基础设备的重要组成部分。而临时设置的信号牌、信号灯以及用于手信号的信号旗、车载设备等则属于移动信号装置。

固定信号装置包括信号机和信号表示器。为了指示列车运行和调车作业，铁路必须根据需要设置各种信号机和信号表示器。信号机和信号表示器是各种信号系统中不可缺少的组成部分。

（一）信号机

信号机用以形成信号显示，防护站内进路、防护区间、防护危险地点，指示列车和调车车列的运行条件，具有严格的防护意义。

1. 信号机的设置及状态

地面固定信号机一般设于线路左侧。如果两线路之间的距离不足以装设信号机时，在特殊情况下，如线路左侧没有装设信号机的条件或因曲线、隧道、桥梁等影响，装在右侧比装在左侧显示距离更远，则在保证不致使司机误认的条件下，经铁路局集团公司批准，也可设于线路右侧。

任何信号机不得侵入铁路建筑限界。

信号机有关闭和开放两种状态。将信号机经常保持显示状态作为信号机的定位。信号机定位的确定应考虑保证行车安全、提高运输效率或信号显示自动化等因素。例如，进站、出站信号机对行车安全起到极其重要的作用，规定以显示停车信号——红灯为定位。

2. 信号机的分类

（1）按信号机的构造分类。

按信号机的构造分类，地面信号机可分为色灯信号机和臂板信号机。其中，臂板信号机已被淘汰。

色灯信号机是用灯光的颜色、数目及亮灯状态表示信号含义的信号机，具有昼夜显示一致、占用空间小等特点，但需可靠的交流电源。

色灯信号机按构造又分为透镜式色灯信号机、组合式色灯信号机和发光二极管（LED）式色灯信号机三种。

透镜式色灯信号机采用透镜组将光源发出的光线聚成平行光束。其特点是结构简单、安装方便、控制电路所需电缆芯线少。透镜式色灯信号机得到广泛采用。透镜式色灯信号机按机构的结构不同又分为二显示透镜式色灯信号机和三显示透镜式色灯信号机两种，另有单显示的信号机构。

组合式色灯信号机是为提高在曲线上的显示距离而研制的新型信号机。信号机构采用组合形式，一个灯位为一个独立单元，配一种颜色，使用时根据需要进行组合。其工作原理：信号灯泡发出的光通过滤色片变成色光，经非球面透镜聚成平行光束，再由偏光镜折射偏散，能保证信号显示在曲线线段上的连续性。

LED 式色灯信号机的机构大小同透镜式色灯信号机，其信号机构由铝合金材料构成，重量大大减轻，便于施工安装，密封条件好；信号点灯单元由发光二极管构成，使用寿命长，可以做到免维护。

（2）按信号机的安装方式分类。

按安装方式分类，信号机可分为高柱信号机和矮型信号机。

高柱信号机的信号机构安装在信号机柱上，一般用于显示距离要求较远的场合。高柱信号机具有显示距离远、观察位置明确等优点。因此，为保证安全，提高效率，进站、正线出站、接车进路、通过、预告、驼峰等信号机必须采用高柱信号机，如图 7-3 所示。

矮型信号机设于接近建筑限界下部外侧的基础上，一般用于显示距离要求不远的场合，如图 7-4 所示。

（3）按信号机的用途分类。

信号机按用途可分为进站、出站、通过、进路、预告、接近、遮断、驼峰、驼峰辅助、复示、调车道口等信号机。其中，进站、出站、通过、进路、驼峰、调车等信号机都能独立构成信号显示，下面将进一步介绍。预告信号机和复示信号机不能独立存在，而是附属于主体信号机，叫作从属信号机。预告信号机从属于进站信号机、所间区间的通过信号机和遮断信号机。复示信号机从属于进站、出站、进路、驼峰、调车等信号机。道口信号机主要设于铁路平交道口。

图7-3 高柱信号机

图7-4 矮型信号机

①进站信号机。

进站信号机用来防护车站，指示进站列车的运行条件，保证接车进路的正确和安全可靠。进站信号机设于车站入口距进站道岔尖轨尖端（顺向为警冲标）不少于50～400m的地点。进站信号机和出站信号机的设置位置如图7-5所示。

进站信号机采用绿、黄、黄、红、月白五个灯位的色灯信号机。一个绿色灯光表示准许列车按规定速度经正线通过车站；一个黄色灯光表示准许列车经道岔直向位置，进入站内正线准备停车；两个黄色灯光表示准许列车进入站内到发线停车；一个红色灯光表示不准列车越过该信号机；一个绿色灯光和一个黄色灯光表示进路信号机在开放状态，出站信号机在关闭状态，准许列车进入站内停车；一个红色灯光和一个月白色灯光表示引导信号，准许引导接车。进站信号机如图7-6所示。

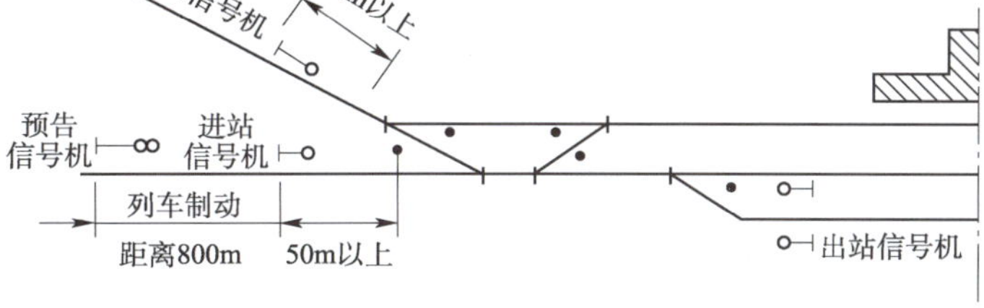

图7-5 进站信号机和出站信号机的设置位置

图7-6 进站信号机

②出站信号机。

出站信号机用来防护区间，指示列车可否由车站进入区间，如图7-7所示。出站信号机设于发车线警冲标内侧（图 7-5）。出站信号机一般兼作调车信号机。出站信号机的灯光配列有不同的情况：在半自动闭塞区段，为红、绿、月白三种基本灯位；在自动闭塞区段，增设一个黄灯灯位。

图 7-7　出站信号机

一个红灯表示停车，不准越过信号机。一个月白灯表示准许调车。绿灯和黄灯则显示与区间闭塞方式有关：

a. 在非自动闭塞区段，一个绿灯表示准许列车由车站出发；双绿灯表示准许列车由车站开往次要线路。

b. 三显示自动闭塞区段，单向运行时，绿灯点亮，表示运行前方至少有两个闭塞分区空闲；黄灯点亮，表示运行前方只有一个闭塞分区空闲。

c. 四显示自动闭塞区段，绿灯点亮，表示运行前方至少有三个闭塞分区空闲；绿灯和黄灯同时点亮，表示运行前方有两个闭塞分区空闲；黄灯点亮，表示运行前方只有一个闭塞分区空闲。

③通过信号机。

通过信号机的作用是指示列车能否进入该信号机所防护的闭塞分区或所间区间。通过信号机设在自动闭塞区段的闭塞分区分界处（图 7-8），以及非自动闭塞区段的所间区间的分界处（图 7-9）。

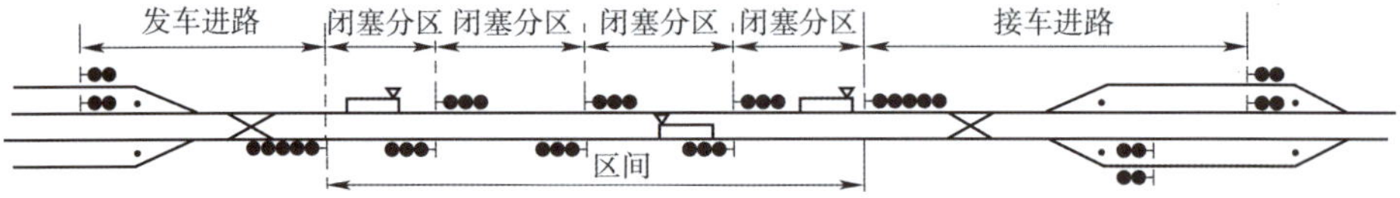

图 7-8　自动闭塞区段的通过信号机设置位置示意图

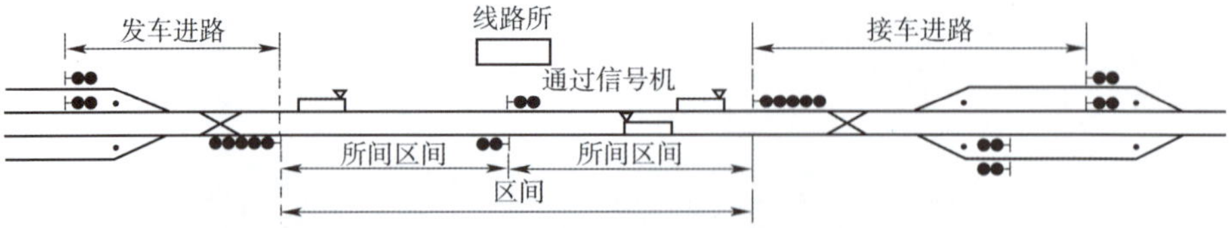

图 7-9　非自动闭塞区段的所间区间信号机设置位置示意图

三显示自动闭塞区段，通过信号机采用黄、绿、红三个灯位，三种显示，两列列车间以间隔三架通过信号机运行；四显示自动闭塞区段，通过信号机采用绿、红、黄三个灯位，增加绿黄显示共四种显示，两列列车间以间隔四架通过信号机运行。

④调车信号机。

调车信号机（图 7-10）用于指示调车机车能否越过该信号机进行调车作业。车站根据调车作业的实际需要设置调车信号机。调车信号机为两种显示：

a. 点亮月白灯，准许调车车列超过该信号机。

b. 点亮蓝灯，禁止调车，调车车列不得越过该信号机。

⑤遮断信号机。

为防护平交道口（铁路与公路的平面交叉点）、桥梁、隧道以及塌方落石等危险地点而设置的信号机，叫作遮断信号机，如图7-11所示。遮断信号机的设置位置距其防护地点不得少于50m。

图7-10　调车信号机

图7-11　遮断信号机

遮断信号机为单显示信号机：①点亮红灯不准列车越过该信号机；②遮断信号机不着灯时，不起信号作用。

⑥预告信号机。

预告信号机的作用是预告主体信号机的显示，预先告诉司机主体信号机的状态，以防止冒进绝对信号。预告信号机如图7-12所示。

（二）信号表示器

信号表示器是对行车人员传达行车或调车意图，或对信号机显示进行某些补充说明所用的器具，没有防护意义。信号表示器分为道岔、脱轨、进路、发车、发车线路、调车及车挡表示器。发车表示器如图7-13所示。

图7-12　预告信号机

图7-13　发车表示器

二 轨道电路

轨道电路是利用钢轨作为导体，两端加以机械绝缘（电气绝缘），用引接线连接电源和接收设备所构成的电气回路。轨道电路可用来监督铁路线路是否有车占用、线路是否完整以及将列车运行与信号显示等联系起来，即通过轨道电路向列车传递行车信息。轨道电路是铁路信号的重要基础设备，它的性能直接影响行车安全和运输效率。

（一）轨道电路的组成及基本原理

简单的轨道电路如图 7-14 所示。轨道电路的送电设备设在送电端，由轨道电源和限流电阻组成。轨道电路的受电设备设在受电端，一般采用继电器，称为轨道继电器。送、受电设备一般放在轨道旁的变压器箱或电缆盒内，轨道继电器设在信号楼内。送、受电设备由引接线（钢丝绳）直接接向钢轨或通过电缆过轨后由引接线接向钢轨。

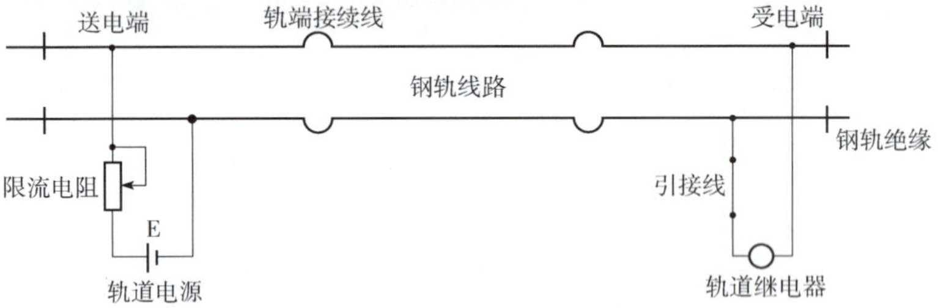

图 7-14　简单的轨道电路

轨道电路的基本原理：当轨道电路内钢轨完整，且没有被列车占用时，轨道继电器吸起，表示轨道电路空闲；当轨道电路被列车占用时，轨道继电器被列车轮对分路，轮对电阻远小于轨道继电器线圈电阻，流经轨道继电器的电流大大减小，轨道继电器落下，表示轨道电路被列车占用。

（二）轨道电路的作用

轨道电路的作用如下：

（1）监督列车的占用，反映线路空闲状况。利用轨道电路监督列车在区间或列车和调车车列在站内的占用情况，是反映线路空闲状况最常用的方法。轨道电路能够反映该段线路是否空闲，可以为开放信号、建立进路或构成闭塞提供依据。

（2）传递行车信息。例如，移频自动闭塞利用轨道电路传递不同的频率来反映前行列车的位置，以此决定各信号机的显示，为列车运行提供行车命令。轨道电路中传送的行车信息，为列车运行自动控制系统直接提供了控制列车运行所需要的前行列车位置、运行前方的信号机状态和线路条件等有关信息，用以决定列车运行的目标速度，控制列车在当前运行速度下是否减速或停车。

（三）轨道电路的基本工作状态

1. 轨道电路的调整状态

轨道电路的调整状态，就是轨道电路完整和空闲、接收设备（如轨道继电器）正常工作时的状态。

2. 轨道电路的分路状态

轨道电路的分路状态，就是轨道电路被列车占用的状态。在分路状态，应使轨道电路的接收设备处于不工作状态。

3. 轨道电路的断轨状态

轨道电路的断轨状态，是指轨道电路的钢轨在某处折断时的情况。此时，虽然钢轨已经断开，但轨道电路仍然可以通过大地构成回路，轨道电路的接收设备中还会有一定数量的电流流过。为了确保安全，当轨道电路的钢轨折断时，其接收设备应停止工作。

（四）常用的两种轨道电路

1. 交流连续式轨道电路

交流连续式轨道电路（图7-15）是闭路式轨道电路，采用交流连续供电方式，钢轨中传送的是50Hz交流电，接收端接整流式轨道继电器。送电端设轨道变压器，将220V交流电压降压后，经限流电阻送至钢轨；受电端从钢轨接收到电压后经中继变压器升压，使轨道继电器吸起。这种轨道电路仅适用于非电力牵引区段。

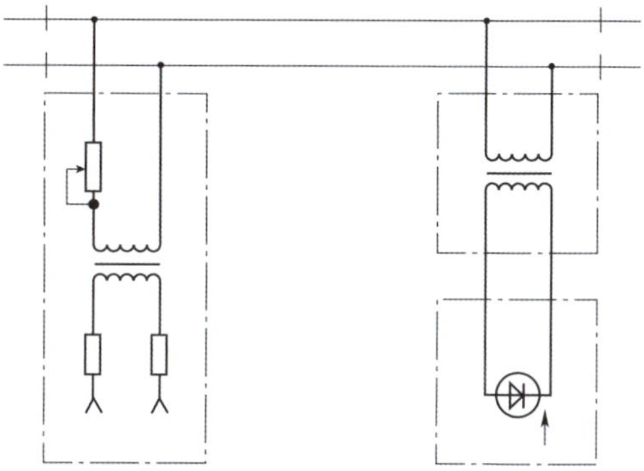

图7-15 交流连续式轨道电路

2. 25Hz相敏轨道电路

我国铁路电气化区段均采用工频50Hz交流供电，两根钢轨既是牵引电流的回流通道，又是轨道电路信号电流的传输通道。25Hz相敏轨道电路采用25Hz交流供电，与50Hz的牵引电流区分。25Hz相敏轨道电路能防护牵引电流的基波、谐波干扰，以保证轨道电路设备安全、可靠地工作。

轨道电路接收设备可采用交流二元二位感应继电器或微电子相敏轨道电路接收器。由于微电子接收器的性能优于交流二元二位轨道继电器的性能，因此，目前大量推广使用25Hz微电子相敏轨道电路。

在铁路电气化区段，25Hz相敏轨道电路必须采用扼流变压器，它安装于轨道电路机械绝缘节两侧的轨道电路送电端和受电端。扼流变压器要保证牵引电流顺利通过钢轨绝缘，而又不让轨道电路电流流入相邻区段。25Hz相敏轨道电路也可应用于非电气化区段，与应用于电气化区段不同的是不需要安装扼流变压器。

三 转辙机

转辙机（图7-16）是道岔转辙装置的核心和主体，它与外锁闭装置和各类杆件等其他装置共同完成道岔的转换和锁闭，改变道岔开通方向，锁闭道岔尖轨（和可动心轨），反映道岔位置。转辙机对于保证行车安全，提高运输效率，改善行车人员的劳动强度起到非常重要的作用。

（一）转辙机的作用

（1）转换道岔的位置，根据需要转换至定位或反位。

（2）道岔转至所需位置且密贴后，实现锁闭，防止外力转换道岔。

图 7-16　转辙机

（3）正确地反映道岔的实际位置，在道岔的尖轨密贴于基本轨后，给出相应的表示。

（4）道岔被挤或因故处于“四开”（两侧尖轨均不密贴）位置时，及时给出报警及表示。

（二）对转辙机的基本要求

（1）作为转换装置，应具有足够大的拉力，以带动尖轨做直线往返运动；当尖轨受阻不能运动到底时，应随时通过操纵转辙机使尖轨回复原位。

（2）作为锁闭装置，当尖轨和基本轨不密贴时，不应锁闭；一旦锁闭，应保证不致因列车通过道岔时的振动而错误解锁。

（3）作为监督装置，应能正确地反映道岔的状态。

（4）道岔被挤后，在未修复前不应再使道岔转换。

（三）转辙机的分类

转辙机的分类方式有多种，下面主要介绍三种。

1. 按动作能源和传动方式分类

转辙机按动作能源和传动方式可分为电动转辙机、电动液压转辙机和电空转辙机。

电动转辙机由电动机提供动力，采用机械传动的方式，如图 7-17 所示。多数转辙机都是电动转辙机，包括我国铁路大量使用的 ZD6 系列转辙机、S700K 型电动转辙机和 ZD（J）9 型电动转辙机。

电动液压转辙机（简称电液转辙机）由电动机提供动力，采用液力传动的方式。ZY（J）系列转辙机属于电动液压转辙机，如图 7-18 所示。

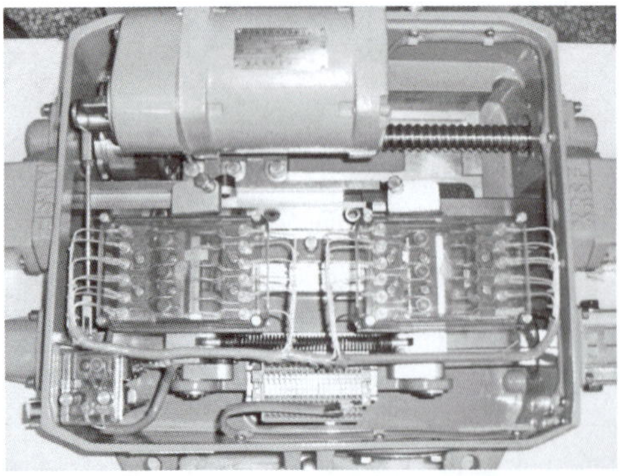

图 7-17　电动转辙机

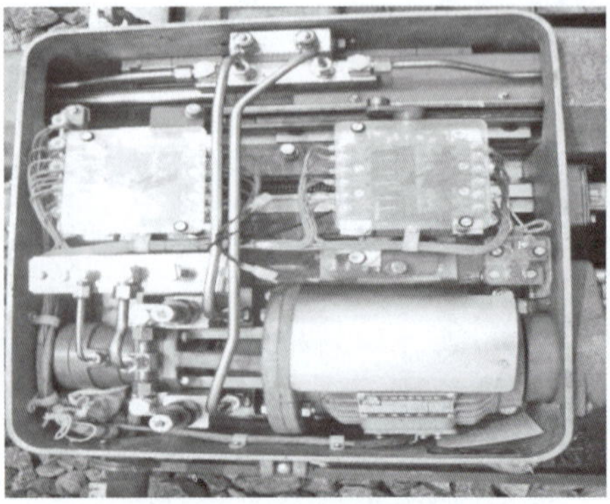

图 7-18　电动液压转辙机

电空转辙机以压缩空气为动力，由电磁换向阀控制。ZK 系列转辙机属于电空转辙机。

2. 按供电电源分类

转辙机按供电电源可分为直流转辙机和交流转辙机。

直流转辙机采用直流电动机，工作电源是直流电，如图 7-19 所示。ZD6 系列电动转辙机、ZY 系列电动液压转辙机、电空转辙机都是直流转辙机。

交流转辙机采用三相交流电源或单相交流电源，以三相异步电动机或单相异步电动机（现大多采用三相异步电动机）作为动力，如图 7-20 所示。目前推广的提速道岔用的 S700K 型电动转辙机和 ZYJ7 型电动液压转辙机均为交流转辙机。

图 7-19　直流转辙机

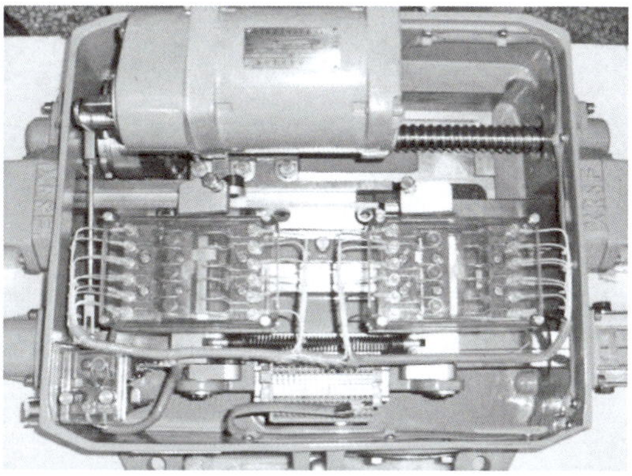

图 7-20　交流转辙机

3. 按锁闭道岔的方式分类

转辙机按锁闭道岔的方式可分为内锁闭转辙机和外锁闭转辙机。

内锁闭转辙机依靠转辙机内部的锁闭装置锁闭道岔尖轨，属于间接锁闭方式。ZD6 系列等大多数转辙机均采用内锁闭方式。由于内锁闭方式的锁闭可靠程度较差，列车对转辙机的冲击大。

外锁闭转辙机虽然内部也有锁闭装置，但主要依靠转辙机外的外锁闭装置锁闭道岔，将密贴尖轨直接锁于基本轨，斥离尖轨锁于固定位置，属于直接锁闭方式。用于提速道岔的 S700K 型电动转辙机和 ZYJ7 型电动液压转辙机均采用外锁闭方式。外锁闭方式锁闭可靠，列车对转辙机几乎无冲击。

（四）常用的两种转辙机

1. ZD6 系列电动转辙机

ZD6 系列电动转辙机主要由电动机、减速器、摩擦连接器、转换锁闭装置、自动开闭器、挤切销和移位接触器等部件组成，由动作杆和表示杆连接道岔尖轨，其构图如图 7-21 所示。ZD6 系列电动转辙机实物图如图 7-22 所示。

电动机为电动转辙机提供动力。减速器降低转速，以变换为较大转矩。摩擦连接器防止在道岔转换过程中尖轨被阻后烧坏电机和使机件受损。转换锁闭装置将旋转运动改变为直线运动以带动道岔尖轨移动，并完成最后的内部锁闭。自动开闭器反映道岔的位置，在转换过程中自动接通或断开电动机电路。挤切销和移位接触器用以在挤岔时保护转辙机内部部件不受损害，同时向车站值班员报警。安全接点（又称遮断器）是为了确保维修人员的安全而设置的，只有插入手摇把，断开电动机电路才能进行检修或人工变换道岔位置。

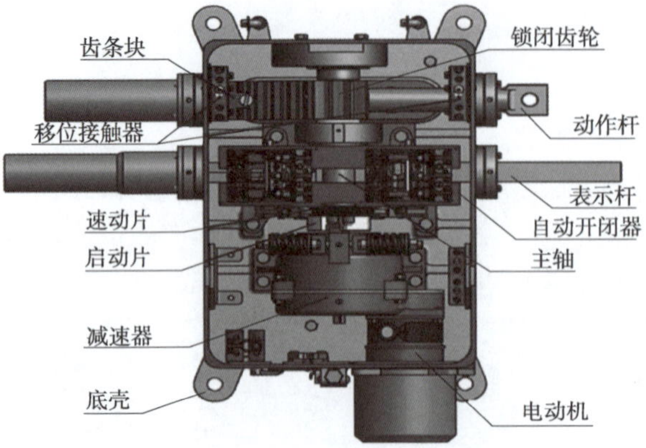

图 7-21　ZD6 系列电动转辙机结构图

图 7-22　ZD6 系列电动转辙机实物图

2. S700K 型电动转辙机

S700K 型电动转辙机主要由外壳、动力传动机构、检测和锁闭机构、安全装置、配线接口五大部分组成。其优点是结构先进，工艺精良，不但解决了长期困扰信号维修人员的电机断线、故障电流变化、接点接触不良、移位接触器跳起和挤切销折断等惯性故障，而且可以做到“少维护，无维修”，符合我国铁路运营的特点和发展方向。S700K 型电动转辙机实物图如图 7-23 所示。

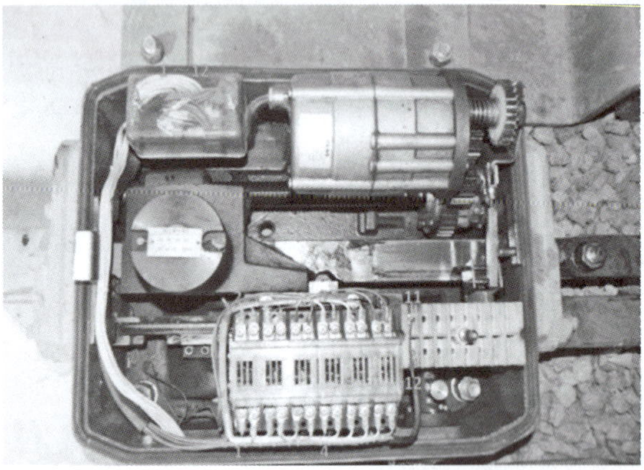

图 7-23　S700K 型电动转辙机实物图

为了满足列车提速后的行车安全和提高运输效率的要求，道岔转换装置必须做到高安全、高可靠、长寿命、少维护。ZD6 系列电动转辙机不能满足这样的要求，它的直向过岔速度只允许为 120km/h。为此，必须采用 S700K 型电动转辙机、ZYJ7 型电动液压转辙机或 ZD（J）9 型电动转辙机。它们具有共同的特点：①采用外锁闭方式，尖轨及心轨的动态安全由外锁闭保证；②两根尖轨由联动改为分动；③尖轨、心轨均用两点牵引，可实现全程密贴以及全程夹异物检查，确保了列车运行安全；④采用三相异步电动机，故障少、寿命长。

四 继电器

继电器是一种电磁开关，用来构成逻辑关系。利用继电器接点可构成各种信号控制电路，完成严密的联锁关系，控制信号机和转辙机等的动作。继电器在铁路信号系统中应用广泛。

继电器能以较小的电信号控制执行电路中的大功率设备，能够控制数个对象和数个回路，也能控制远距离的对象，以完成复杂的逻辑关系。在采用计算机之前，铁路信号控制曾大量使用继电器。

继电器的开关性能良好，具有闭合阻抗小、断开阻抗大，抗雷击性能强，无噪声，温度影响小，能控制多回路等特点。图 7-24 所示为继电器实物图和原理示意图。

a)

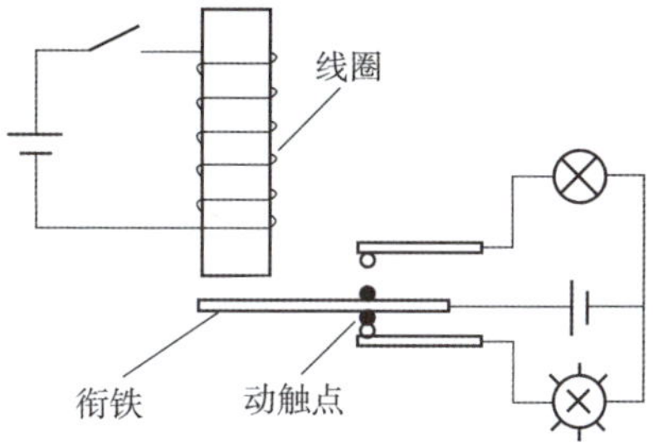

b)

图 7-24 继电器实物图和原理示意图

五 其他设备

（一）计轴器

计轴器是对列车通过铁路线路某一点（计轴点）的车轴数量进行计数的检测设备。在一个区段的两端设置计轴点，其目的有两个：①通过核对两计轴点的车轴数是否相等，检查计轴点之间线路是否空闲；②通过记录列车通过计轴点的时间，判定列车的运行速度。计轴器实物图如图 7-25 所示。

图 7-25 计轴器实物图

1. 计轴器的组成

计轴器由传感器、计数比较器、传输设备等部分组成。当车辆轴数的信息需要远距离传输时，计轴器还需采用传输设备。

（1）传感器是计轴器的基础设备，其作用是将机车、车辆通过的车轴数转换成电脉冲信号。早期使用的传感器一般是机械式，目前一般采用电磁式传感器。电磁式传感器由磁头、发送器和接收器三部分组成。磁头有一个发送线圈和一个接收线圈，分别装在钢轨的两侧。发送器向磁头的发送线圈馈送较高频率的电流，使其周围产生交变磁场，并通过空气、钢轨、扣件等不同介质环链到磁头的接收线圈，感应出交流电压。车轴通过磁头时，车轮的屏蔽作用和轮缘的扩散作用，使环链到磁头的接收线圈的磁通量发生变化，并使感应电压显著降低。接收器则将这个变化的感应电压转换成车轴电脉冲信号。

（2）计数比较器主要由计数器、鉴别器和比较器组成。计数比较器将进出两个计轴点之间的车轴电脉冲信号进行计数和比较，以判断区间（或轨道区段）是否空闲。

（3）传输设备主要由电信号发送器和电信号接收器组成。多采用频率数码传输方式。

2. 计轴器的工作原理

计轴器利用传感器、计数比较器来记录和比较驶入和驶出轨道区段的车辆轴数，以此确定轨道区段的占用或空闲。其工作原理：当列车出发，车轮进入轨道传感器作用区时，计算机开始计轴；轮对经过传感器磁头时，向计算机传送轴脉冲信号，计算机开始计数，判定车轮运行方向，以此确定对轴数是累加计数还是递减计数。系统规定，凡是进入防护区段的轮轴数进行加轴运算，凡是远离防护区段的轮轴数进行递减运算。计轴器的工作原理示意图如图 7-26 所示。

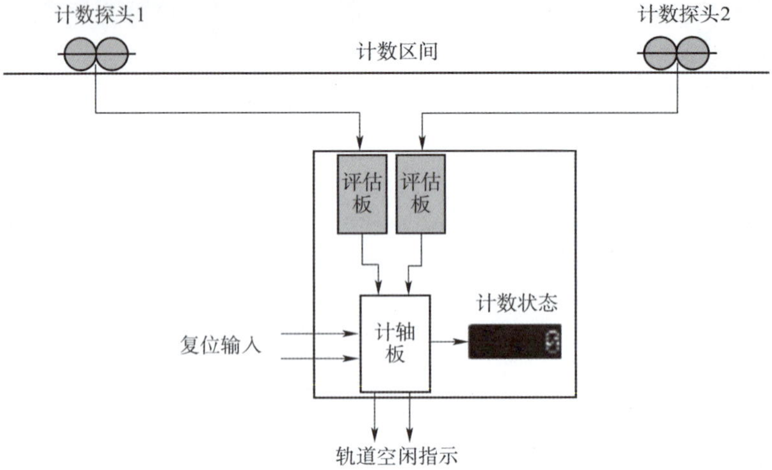

图 7-26　计轴器的工作原理示意图

（二）应答器

应答器是一种用于地面向列控车载设备传输信息的传输设备。应答器可分为固定（无源）应答器和可变（有源）应答器。应答器能向车载子系统发送“报文”信息，不仅可以传送固定信息，还可以连接轨旁单元传送可变信息。应答器实物图如图 7-27 所示。

图 7-27　应答器实物图

应答器向列控车载设备传送以下信息：

（1）线路基本参数：线路坡度、轨道区段等参数。

（2）线路速度信息：线路最大允许速度、列车最大允许速度等。

（3）临时限速信息：当由于施工等原因需要对列车运行速度进行限制时，向列车提供临时限速信息。

（4）车站进路信息：根据车站接发车进路，向列车提供“线路坡度”“线路速度”“轨道区段”等参数。

（5）道岔信息：给出前方道岔侧向允许列车运行的速度。

（6）特殊定位信息：升降弓、进出隧道、鸣笛、列车定位等。

（7）其他信息：固定障碍物信息、列车运行目标数据、链接数据等。

单元7.3 车站信号联锁设备

车站信号联锁设备是重要的铁路信号基础设备，用于完成车站内建立进路、转换道岔、开放信号以及解锁进路等作业，实现道岔、信号、进路之间的联锁关系，以保证行车安全，提高作业效率。车站信号联锁系统是核对和检查铁路车站进路、道岔和信号机之间相互联系、相互制约的联锁关系的自动控制系统，也称车站联锁控制系统或车站联锁设备，简称联锁设备。

联锁设备由各种车站信号设备组成，其主要功能是通过技术手段对车站内信号机、道岔、轨道电路等基本信号设备按照规定的要求进行实时控制，以保证列车或调车车列在站内的作业安全。联锁设备分为非集中联锁和集中联锁两大类。其中，非集中联锁设备已逐渐被淘汰，集中联锁设备又分为继电器集中联锁和计算机联锁。车站联锁控制系统早期采用继电集中联锁，目前多采用计算机联锁。随着信号技术的不断发展，计算机联锁正逐步取代继电器集中联锁。

一 联锁概述

（一）联锁的基本概念

1. 联锁的定义

车站内有许多线路，它们用道岔连接着。列车和调车车列在站内运行所经过的径路，称为进路。按各道岔的不同开通方向可以构成不同的进路，如图7-28所示（图中字母代表不同信号设备）。

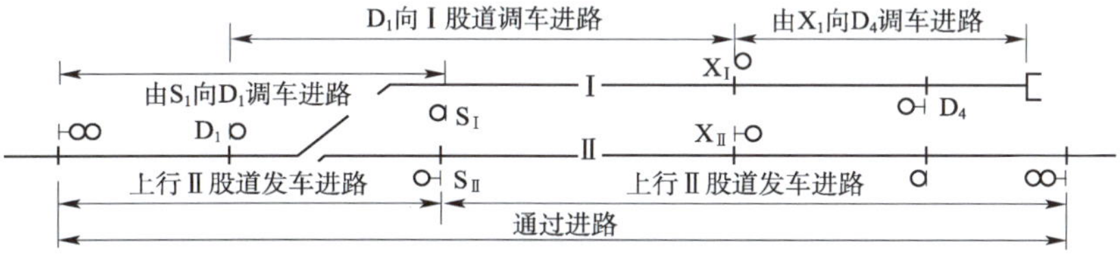

图7-28 进路示意图

只有当进路处于安全状态时，列车或调车车列才能进入进路。因此，每条进路的始端必须设置信号机来防护，列车和调车车列必须依据信号的开放来通过进路。

当两条进路有相互重叠或交叉的部分且不能以道岔位置来区分时，这两条进路互为敌对进路。防护这两条进路的信号机，互为敌对信号机。

上述信号、道岔、进路之间的这种相互制约关系，称为联锁关系（简称联锁）。

2. 联锁的基本内容

（1）防止建立会导致机车车辆冲突的进路。只有进路上各区段空闲时才能开放信号。如果进路上有车占用却开放信号，则会引起列车、调车车列与原停留车冲突。

（2）必须使列车或调车车列经过的所有道岔均锁闭在与进路开通方向相符合的位

置。进路上有关道岔必须在规定位置才能开放信号。如果进路上有关道岔开通位置不对却开放信号，则会引起列车、调车车列进入异线或挤坏道岔。信号开放后，其防护的进路上的有关道岔必须被锁闭在规定位置，而不能转换。

（3）必须使信号机的显示与所建立的进路相符。敌对信号未关闭时，防护该进路的信号机不能开放；否则列车或调车车列可能造成正面冲突。信号开放后，与其敌对的信号也必须被锁闭在关闭状态，不能开放。

（二）联锁设备

要实现上述联锁关系的核对和检查，必须有一套安全、可靠的自动控制系统，即车站联锁控制系统（简称联锁设备）。联锁设备的任务就是安全、可靠地控制车站联锁区域内的信号、道岔和进路，并实现它们之间的相互制约。

目前，铁路广泛应用的联锁设备主要有两种：一种是应用多年的以继电器为核心的继电器集中联锁设备，另一种是以计算机为核心的计算机联锁设备，这两种设备实际上都属于电气集中联锁设备，但习惯上人们把继电器集中联锁称为电气集中。我国铁路车站的继电器集中联锁设备大多为6502电气集中联锁设备。随着计算机联锁技术的发展，继电器联锁设备正在逐步被计算机联锁设备取代，尤其是新建和改造车站已经全部使用计算机联锁设备。

二 6502电气集中联锁

（一）设备组成

6502电气集中车站的信号设备由室外设备和室内设备两部分组成，如图7-29所示。

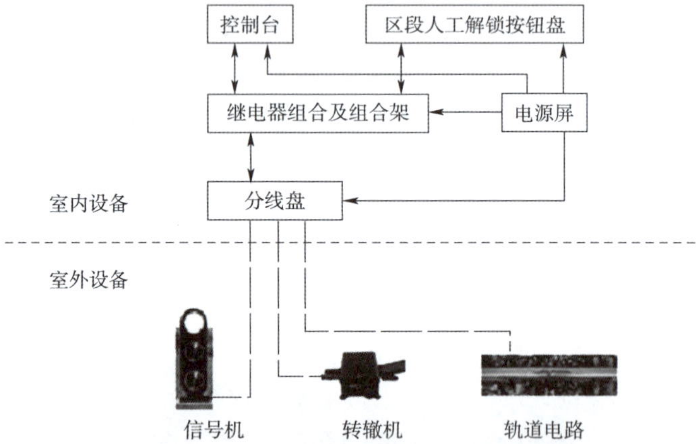

图7-29　6502电气集中车站的信号设备的组成

6502电气集中信号楼内的设备主要有控制台、区段人工解锁按钮盘、继电器组合及组合架、电源屏和分线盘。室外设备主要有信号机、转辙机、轨道电路和电缆线路。

（二）设备功能

6502电气集中联锁设备主要完成联锁控制功能和显示及报警功能。

1. 控制功能

（1）进路控制。操纵人员通过按压相关的进路按钮可以自动选排出符合操纵意图的进路，并实现对进路的自动锁闭。车列经过进路时，随着车列的占用出清能够实现逐段自动解锁。

（2）道岔控制。排列进路的过程中与该进路相关的道岔在顺序启动后可以同时自动转换，前一条进路选出即可排列下一条进路。进路建立的过程中道岔一直锁闭，直到进路解锁。此外，对任一集中控制的道岔均可进行单独操纵、单独锁闭、单独解锁。

（3）信号控制。排列进路时，随着进路的自动锁闭，防护该进路的信号自动开放，而且受车列运行的控制，信号会自动关闭。信号一旦关闭后，不经人为操纵不会自动重复开放。

2. 显示及报警功能

通过控制台可以提供各种操作提示、车列运行位置显示、信号设备动作及状态的表示。此外，当发生挤岔、灯丝断丝、保险熔断、电源切换等故障及列车接近时，设备会自动提供报警信号，以便及时处理。

三 计算机联锁

随着计算机技术的不断发展，世界各国已采用计算机设备来实现对车站联锁的控制，即计算机联锁。目前铁路新线建成和既有线改造中，计算机联锁系统作为主要的车站联锁设备，已成为铁路信号技术设备自动化、信息化的标志，是保证铁路运输安全、高效的关键设备。

（一）计算机联锁的基本原理

实现计算机联锁控制主要经过信息输入、联锁运算和信息输出三个环节。计算机联锁的基本原理：通过操作输入通道和接口接收由操作设备（控制台）产生的操作信息；通过状态输入通道和接口采集室外信号设备的状态信息。计算机按照联锁程序的要求对输入的信息进行分析处理和复杂的逻辑运算（联锁运算），由此形成对信号设备的控制信息和各种表示信息。控制信息通过输出通道和接口控制道岔转换和信号变换显示，表示信息则通过表示输出通道和接口控制显示器将信息显示出来。某线路计算机联锁示意图如图 7-30 所示。

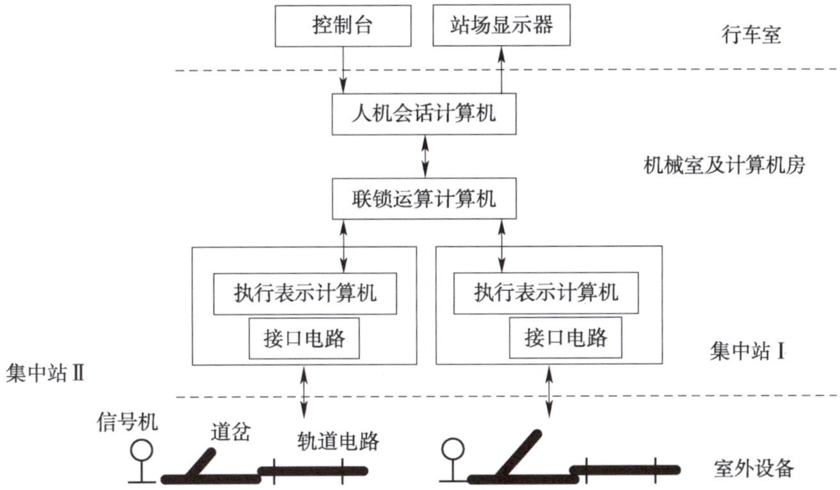

图 7-30 某线路计算机联锁示意图

（二）计算机联锁系统的硬件

计算机联锁系统主要由联锁控制计算机系统、人-机对话设备、输入/输出通道与接口、继电器结合电路及其监控对象（如信号机、道岔、轨道电路）等部分组成。

1. 联锁控制计算机系统

联锁控制计算机系统（简称主机）是计算机联锁系统的核心，它要完成所有信息的处理、接口管理及与外部设备的信息交换。由于计算机联锁系统接收和处理的信息多而且复杂，为了保证运算的质量和速度，目前应用的各种型号的计算机联锁设备均采用多机系统，即将人-机对话、联锁运算、系统监测等功能分别用不同的计算机来处理。所以，主机是由几个子系统组成的，一般包括上位机（也称操作表示机、控制显示机或监视控制机）、下位机（也称联锁处理机）、电务维修机（也称监测机）等。

2. 人-机对话设备

计算机联锁系统大多采用人-机对话设备，该设备具有操作、表示合一的界面。显示器显示设备状态，鼠标输入命令，音箱提供语音报警。维修机上有供电务维修人员维护监测使用的键盘、鼠标、显示器及打印机等。

3. 输入/输出通道与接口

输入/输出通道与接口是连接主机与外部设备的纽带。在计算机联锁系统中，主机一方面通过人-机接口接收值班员的操作命令，同时为显示设备提供各种表示信息；另一方面，通过与监控对象之间的输入通道和接口采集现场设备的状态信息，经过逻辑运算后，形成控制命令，通过与监控对象之间的输出通道和接口控制现场的信号设备。

由于在现有的计算机联锁系统中，监控对象的执行部件仍然是继电器，因此，与主机相连时，需要通过输入通道将继电器接点的开关状态变换成计算机能够接收的数字信号（数据）后，才能经由接口送入计算机。同样，计算机输出的控制命令也需要输出通道的变换和传送才能驱动继电器。

4. 继电器结合电路

由于铁路信号对安全性的要求非常高，目前国内的计算机联锁系统受软、硬件技术水平的限制，还不能完全取代继电器。控制、监督室外信号设备的最后一级执行部件仍然采用继电器。一般的计算机联锁系统所用的继电器的数量为 6502 电气集中联锁系统的 1/3 左右。

（三）计算机联锁设备的基本功能

随着现代计算机控制技术的发展，计算机联锁设备的功能已远远超过继电器联锁设备，许多功能是继电器联锁无法实现的。计算机联锁设备主要包括以下功能。

1. 控制功能

计算机联锁设备具有 6502 电气集中联锁设备的所有控制功能。

2. 显示功能

由于采用大屏幕显示器，计算机联锁系统能够提供非常直观、清晰、形象的各种显示，包括站形显示、现场信号设备状态显示、按钮操作提示、系统的工作状态显示、故障报警显示等。

3. 记录储存和故障诊断功能

计算机联锁系统最突出的优点是储存容量大，具有较强的记忆功能，计算机联锁系统不但能够及时提供当前的信息显示，而且能够提供历史的信息显示；不但能够自动监测系统自身运行的状况，而且在室外信号机、道岔或轨道电路灯信号设备发生故障或参数异常时，能够及时给出报警提示，以便及时处理。

4. 结合功能

计算机联锁系统可以与调度集中、计算机监测、列车运行控制等远程自动化系统直接进行数据交换和信息传送，灵活地与其他系统结合，以实现多网合一，节省了设备数量。

单元 7.4 区间闭塞设备

闭塞区间指的是两个车站（线路所）之间的铁路线。根据区间线路的数目，闭塞区间分为单线区间、双线区间和多线区间（如三线区间）。车站向区间发车时，必须确认区间无车，在单线区间还必须防止两站同时向一个区间发车。

组织列车在区间运行的方法，一般称为行车闭塞法（简称闭塞）。用以完成闭塞作用的设备称为闭塞设备。

区间闭塞设备是为了保证区间行车安全、按照一定的方法（如空间间隔法）组织列车在区间运行、提高运输效率的系统。空间间隔法用来控制两运行列车之间保持一定的距离，一个区间（或闭塞分区）同时只允许一列列车运行。区间闭塞的基本原则：在同一区间（闭塞分区）只准许一列车运行，一旦列车占用区间（闭塞分区），不准许其他列车驶入。

行车闭塞制式大致经历了电报或电话闭塞→路签或路牌闭塞（人工闭塞）→半自动闭塞→自动闭塞的发展过程。目前我国铁路，单线多采用半自动闭塞，双线多采用自动闭塞。

一 半自动闭塞

半自动闭塞以出站信号机或线路所的通过信号机显示的进行信号作为列车占用区的凭证，发车站的出站信号机或线路所的通过信号机必须经两站同意，办理闭塞手续后才能开放，列车进入区间后自动关闭，在没有检测区间中是否留有车辆的设备时，须由接车站值班员确认列车完全到达的信息，办理解除闭塞手续；在列车未到达接车站以前，向该区间发车用的所有信号都不得开放，这就保证了两站间的区间内同时只有一列列车运行。这种方法既需要人工操纵，又需要依靠列车的自动动作，所以叫半自动闭塞。

半自动闭塞的基本要求如下：

(1) 甲站要求向乙站发车，必须经乙站同意后，甲站出站信号机才能开放。

（2）列车由甲站出发进入区间后，出站信号机自动关闭，实现区间闭塞，两站再不能向区间发车。

（3）列车到达乙站后，方可解除闭塞，闭塞解除前两站出站信号机都不能开放。

（4）设备发生故障后，不能正常解除闭塞，在确认列车已全部到达车站，经双方同意后方可用故障复原方式解除闭塞。

目前我国铁路使用最多的半自动闭塞是用于单线区间的64D型继电半自动闭塞，它由半自动闭塞机、轨道电路、操纵和表示设备以及闭塞电源、闭塞外线等部分组成。此外，由于车站的出站信号机和进站信号机要配合半自动闭塞设备，所以它们之间用电路相连，共同完成接发车任务。

二 站间自动闭塞

在半自动闭塞区段增加和继电半自动闭塞设备配套的区间空闲检查设备，自动检查区间占用或空闲情况，实现列车到达后的自动复原，构成站间自动闭塞。这是半自动闭塞的现代化方向。站间自动闭塞不同于半自动闭塞，不必人工办理闭塞和到达复原；也不同于自动闭塞，其区间不划分闭塞分区，不通过信号机。

区间检查设备有两类：计轴器和长轨道电路。采用计轴器的优点：①能对长区间进行检查；②具有较高的可靠性、安全性及适用性；③在国外铁路应用较为普遍，并积累了很好的运用经验。因此，我国铁路目前多采用计轴器。

在现有64D型继电半自动闭塞设备的基础上增加计轴器等核心设备，则构成计轴自动站间闭塞。在每个区间的两端站各设一套计轴设备与原64D型继电半自动闭塞的结合电路，当计轴设备发生故障时，仍可使用半自动闭塞。

三 自动闭塞

国内广泛应用的固定自动闭塞系统（fixed autoblock system，FAS）基于轨道电路和固定闭塞分区，通常简称为自动闭塞。

自动闭塞的原理：将站间铁路线路划分为若干个闭塞分区，在每个闭塞分区入口处设立通过信号机，在整个自动闭塞区段各闭塞分区设轨道电路（计轴器），通过轨道电路（计轴器）将列车运行和通过信号机的显示联系起来，根据列车运行自动变换通过信号机的显示，将闭塞分区占用情况自动通知给追踪列车，在列车运行过程中自动完成闭塞，无须人工参与。

（一）自动闭塞的优点

自动闭塞和半自动闭塞相比，有以下优点：

（1）由于两站间的区间允许续行列车追踪运行，大幅度地提高了行车密度，显著地提高了区间通过能力。

（2）由于不需要办理闭塞手续，简化了办理接发列车的程序，既提高了通过能力，又大大减轻了车站值班员的劳动强度。

（3）由于通过信号机的显示能直接反映运行列车所在位置以及线路状态，因而确保了列车在区间运行的安全。

（二）自动闭塞的分类

1. 按行车组织方法分类

自动闭塞按行车组织方法可分为单线双向自动闭塞、双线单向自动闭塞和双线双向自动闭塞。

在单线区段，既要运行上行列车又要运行下行列车。为了调整双方向列车的运行，在线路两侧都要装设通过信号机，这种自动闭塞称为单线双向自动闭塞。

在双线区段，以前多采用单方向运行的方式，即一条铁路线只允许上行列车运行，而另一条铁路线只允许下行列车运行。为此，对于每条铁路线仅在一侧设立通过信号机，这样的自动闭塞称为双线单向自动闭塞。

为了充分发挥铁路线路的运输能力，在双线区段的每条线路上都能双方向运行列车，这样的自动闭塞称为双线双向自动闭塞。反方向一般按站间闭塞行车。

双线单向自动闭塞只防护列车的尾部，而单线双向自动闭塞和双线双向自动闭塞必须对列车的尾部和头部两个方向进行防护。为了防止两方向的列车正面冲突，有如下规定：正方向通过信号机亮灯，反方向通过信号机灭灯。只有在需要改变运行方向而且区间空闲的条件下，由车站值班员办理一定的手续后才能允许反方向的列车运行。所以单线双向自动闭塞和双线双向自动闭塞必须设置改变运行方向的电路。

2. 按通过信号机的显示制式分类

自动闭塞按通过信号机的显示制式可分为三显示自动闭塞和四显示自动闭塞。

三显示自动闭塞区段的通过信号机采用三显示机构，自上而下是黄灯、绿灯、红灯。它能预告列车运行前方两个闭塞分区的状态。三显示自动闭塞示意图如图7-31所示。

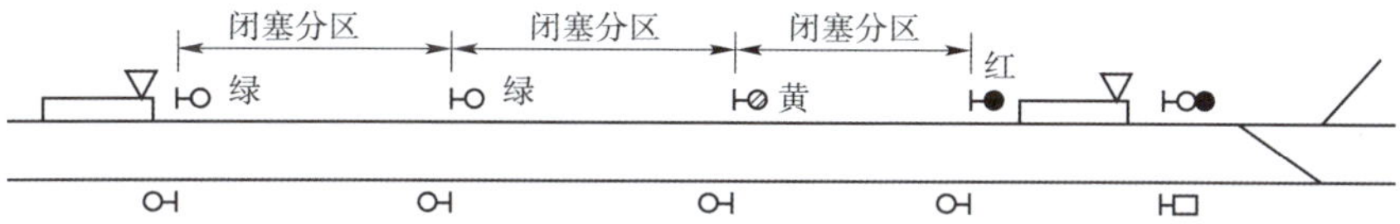

图7-31　三显示自动闭塞示意图

然而，在列车速度和行车密度不断提高的情况下，在一些繁忙的客货混运区段，各种列车的运行速度和制动距离相差很大，三显示自动闭塞难以满足运营要求，于是出现了四显示自动闭塞。四显示自动闭塞是在三显示自动闭塞的基础上增加绿灯、黄灯显示，它能预告列车运行前方三个闭塞分区的状态。四显示自动闭塞示意图如图7-32所示，信号机构仍采用三显示自动闭塞，自上至下依次是绿灯、红灯、黄灯。绿灯和黄灯同时点亮时，表示运行前方有两个闭塞分区空闲。绿灯点亮时，表示运行前方有三个及以上闭塞分区空闲。黄灯、红灯的显示意义同三显示自动闭塞。

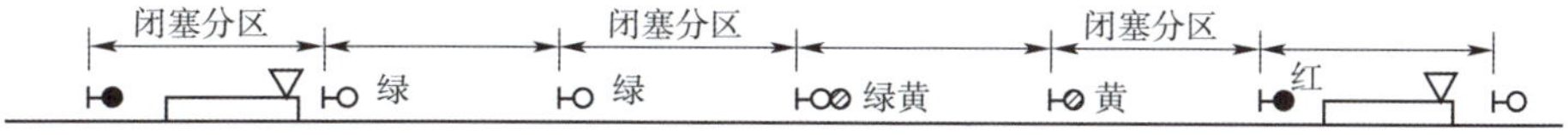

图7-32　四显示自动闭塞示意图

（三）移频自动闭塞

移频自动闭塞是目前我国应用最为广泛的自动闭塞，也是今后自动闭塞的发展方向。

1. 移频自动闭塞的概念

移频自动闭塞以钢轨为通道，采用移频信号的形式传输低频控制信号，自动控制区间通过信号机的显示指示列车运行；以移频轨道电路为基础，选用频率参数作为控制信息，采用频率调制的办法，把低频信号搬移到较高频率的载频上去，形成振幅不变、频率随低频信号作周期性变化的移频信号。应用移频信息的自动闭塞称为移频自动闭塞。

2. 移频自动闭塞的工作原理

在移频自动闭塞区段，移频信息的传输是按照运行列车占用闭塞分区的状态，迎着列车的运行方向，自动向前方闭塞分区传递信息的。下面以图 7-33 为例，说明四显示移频自动闭塞的工作原理。图 7-33 中，下行线有 A、B 两列列车运行，A 列车运行在 1G 分区，B 列车运行在 5G 分区。由于 1G 分区有列车占用，防护该闭塞分区的通过信号机 7 显示红灯，这时 7 信号点的发送设备自动向前方闭塞分区 2G 发送 26. 8Hz 调制的、中心载频为 2300Hz 的移频信号；当 5 信号点的接收设备接收到该移频信号后，通过信号机 5 显示黄灯，此时 5 信号点的发送设备自动地向前方闭塞分区 3G 发送 16. 9Hz 调制的、中心载频为 1700Hz 的移频信号；当 3 信号点的接收设备接收到该移频信号后，通过信号机 3 显示绿灯，同样，3 信号点的发送设备又自动地向前方闭塞分区 4G 发送 13. 6Hz 调制的、中心载频为 2300Hz 的移频信号；当 1 信号点的接收设备接收到此移频信号后，通过信号机 1 显示绿灯，1 信号点的发送设备又自动地向前方闭塞分区 5G 发送 11. 4Hz 调制的、中心载频为 1700Hz 的移频信号。这样，就可根据列车占用闭塞分区的状态，自动改变地面信号机的显示，准确地指挥列车运行，实现自动闭塞。后续列车 B 可根据前方通过信号机的显示安全行车。

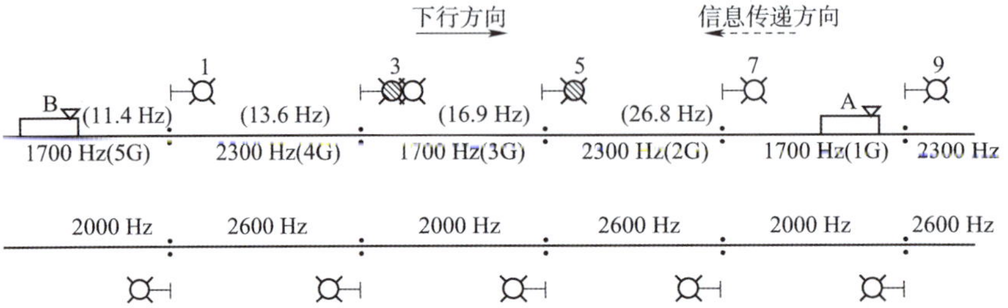

图 7-33　四显示移频自动闭塞工作原理图

单元 7. 5　列车运行控制系统

随着铁路运输任务越来越重，列车运行速度越来越快，保证运输安全的问题也越来越突出。完全靠人工瞭望、人工驾驶列车已经不能保证行车安全了，即使装备了机车信号和自动停车装置，也只能保证列车在一般运行速度条件下安全，无法实现高速列车的安全保证，因为只靠机车信号和自动停车装置不能完全防止超速行车和冒进信号的现象发生。

为了适应铁路跨越式发展战略，实现对列车间隔和速度的自动控制，进一步提高运输效率，保证行车安全，2003 年 10 月，铁道部参照欧洲列车运行控制系统（ETCS）制定了我国列车运行控制系统（CTCS）技术规范和相应的 CTCS 技术条件。

列车运行控制系统（以下简称列控系统）能自动控制列车运行，即以技术手段对列车运行方向、运行间隔和运行速度进行控制，在保证列车运行安全的前提下，以最佳运行速度驾驶列车。列控系统的地面设备和车站联锁设备主要实现联锁控制功能，并生成列车控制所需的基础数据，通过车-地信息传输通道将地面控制信息传送给列车，经列车运行控制车载设备处理后，生成列车速度控制曲线，监督控制列车安全、高速运行。

一 CTCS 概述

列控系统是用于控制列车运行速度、保证行车安全和提高运输能力的控制系统，是计算机、通信、控制等信息技术与信号技术高度集成与融合的产物。CTCS 技术规范以分级的形式满足不同线路的运输需求，在不干扰机车乘务员正常驾驶的前提下有效地保证了列车运行的安全。

（一）CTCS 的基本功能

1. 安全防护功能

在任何情况下防止列车无行车许可运行，防止列车超速运行，防止列车超过进路允许的速度，防止列车超过线路结构规定的速度，防止列车超过机车车辆构造速度，防止列车超过临时限速及紧急限速，防止列车超过铁路有关运行设备的限速，防止列车溜逸。

2. 人-机界面

人-机界面（driver machine interface，DMI），以字符、数字及图形等方式显示列车运行速度、允许速度、目标速度和目标距离。实时给出列车超速、制动、允许缓解等表示以及设备故障状态的报警；具有标准的列车数据输入界面，可以根据运营和安全控制要求对输入数据进行有效性检查。

3. 检测功能

具有开机自检功能和运行中动态检查功能，能够记录设备的关键数据以及关键动作，并提供监测接口。

（二）CTCS 的应用等级

针对我国铁路不同的线路、不同的信息传输方式和闭塞技术，CTCS 划分为 5 个等级，依次为 CTCS-0 级、CTCS-1 级、CTCS-2 级、CTCS-3 级和 CTCS-4 级，以满足不同线路、不同速度的需求。

CTCS-0 级是面向既有线的现状，由目前使用的通用式机车信号和运行监控记录装置构成的列控系统。

CTCS-1 级是面向运行速度在 160km/h 以下的区段，由主体机车信号和加强型运行监控记录装置组成的列控系统。它需在既有设备的基础上强化改造，达到机车信号主体化的要求，增加点式设备，实现列车运行安全监控。

CTCS-2 级是面向提速干线和高速新线，采用车-地一体化设计、基于轨道电路传输信息的列控系统。它适用于各种限速区段，地面可不设通过信号机，机车乘务员凭车载信号行车。

CTCS-3 级是面向提速干线、高速新线或特殊线路，基于无线传输信息并采用轨道电路等方式检查列车占用状况的列控系统。

CTCS-4 级是面向高速新线或特殊线路，完全基于无线传输信息的列控系统。地面可取消轨道电路，不设通过信号机，由铁路无线闭塞中心（RBC）和车载验证系统共同完成列车定位和完整性检查，实现虚拟闭塞或移动闭塞。

二 CTCS-0 级和 CTCS-1 级列控系统

运行速度在 160km/h 以下线路可采用 CTCS-0 级或 CTCS-1 级列控系统。大部分运行速度在 160km/h 以下的铁路线路，将地面信号机作为指挥列车的行车凭证，利用联锁和自动闭塞设备，配合车载“机车信号 + 监控装置”构成 CTCS-0 级框架模式。CTCS-1 级列控系统通过增加应答器替代司机人工介入的操作。CTCS-1 级列控系统的框架模式：“主体机车信号 + 监控装置 + 应答器”。

（一）机车信号

机车信号自 20 世纪 80 年代在我国铁路迅速普及，对行车安全起显著作用。机车信号的技术水平不断得到提高，出现了高可靠性的通用机车信号和主体化机车信号。

1. 机车信号概述

机车信号，又称机车自动信号，是用设在机车驾驶室的机车信号机自动反映机车运行条件，指示给司机机车运行情况的信号。机车上应安装机车信号机，在地面线路上也应安装相关装置，使机车能接收到反映地面信号的信息。

机车信号能复示地面信号机的显示，改善司机的瞭望条件。由于气候条件不良或地形条件不良时，司机往往不能在规定距离内确认信号显示，存在冒进信号的危险。采用机车信号后，大大提高了司机接收信号的可靠性，其效果十分显著。目前，随着机车信号可靠性的提高，机车信号已开始从辅助信号转为主体信号。

2. 通用机车信号

通用机车信号是指利用计算机和数字信号处理技术自动识别和接收各种自动闭塞信息，译码后通过机车信号机显示，为列车自动停车装置和列车运行超速防护系统提供的信息。由于通用机车信号可靠性不高，未按主体化进行设计，故不能作为主体信号使用。

（二）LKJ2000 型列车运行监控装置

LKJ2000 型列车运行监控装置主要由主机箱、显示器、速度传感器、压力传感器等组成。列车行车命令通过轨道传送给机车，地面线路数据存储在监控主机中。

LKJ2000 型列车运行监控装置的主要功能如下：

（1）速度控制功能。主要用于防止列车越过关闭的地面信号机，防止列车以高于道岔允许的最高运行速度通过岔区，防止列车以高于运行区段线路允许的最高速度运行，防止机车以高于规定的限制速度进行调车作业；在列车停车情况下，防止列车溜逸；可按列车运行提示要求控制列车不超过临时限速等。

（2）显示和警告提示功能。显示运行前方地面信号机的种类和编号、显示列车距前方地面信号机的距离、显示控制速度和列车实际运行速度、显示运行线路状况、显示机车优化操纵曲线以及其他运行参数和设备状态等。当实际运行速度接近控制速度、机车信号显示状态变化、列车运行前方有分相绝缘、接近联控呼唤地点时，进行语音警告提示。

（3）运行记录功能。记录内容包括日期、时间、机车型号、车次、列车编组、运行公里标、运行实际速度、模式控制速度、列车管压力、机车信号显示状态等。

（4）地面分析处理功能。将车载记录的运行数据经过翻译、整理，以直观的全程记录、运行曲线、各种报表等形式再现列车运行全过程，为机务的现代化管理及事故分析提供强有力的工具。

LKJ2000 型列车运行监控装置的硬、软件达不到故障-安全要求，所需地面数据不是由地面实时传递，而是储存在机车上，按列车坐标提取，一旦发生差错将危及行车安全，所以它只能作为一种过渡设备使用。

三 CTCS-2 级列控系统

在我国铁路第六次大提速中，主要采用了 CTCS-2 级列控系统。目前我国铁路的动车组列车上都装备了 CTCS-2 级列控系统车载设备，在 200 ~ 250km/h 的客运专线上也采用了 CTCS-2 级列控系统。

CTCS-2 级列控系统是基于轨道电路和点式信息设备传输列车运行许可信息，并采用目标距离模式监控列车安全运行的列控系统。CTCS-2 级列控系统结构和运行示意图如图 7-34 所示。

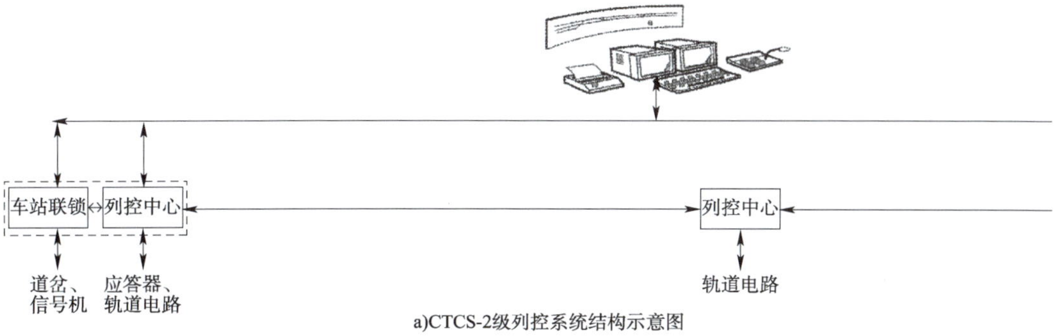

a)CTCS-2级列控系统结构示意图

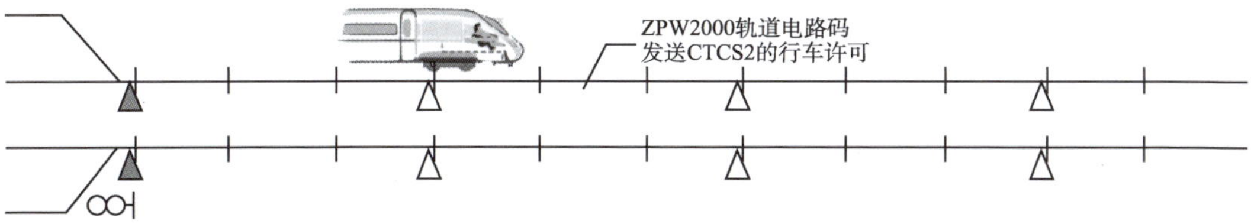

b)CTCS-2级列控系统运行示意图

图 7-34 CTCS-2 级列控系统结构和运行示意图

（一）地面系统

在 CTCS-2 级列控系统中，轨道电路实现列车占用检查及完整性检查，并连续向车载设备传送空闲闭塞分区数量等信息。应答器向车载设备传输定位信息、线路参数、进路参数、临时限速和停车等信息。列控中心具有轨道电路编码、应答器报文储存和调用、区间信号机点灯控制、站间安全信息（区间轨道电路状态、中继站临时限速信息、区间闭塞和方向条件等信息）传输等功能，根据轨道电路、进路状态及临时限速等信息产生行车许可，通过轨道电路及有源应答器将行车许可传给列控车载设备。

（二）车载设备

车载设备根据地面设备提供的信号动态信息、线路参数、临时限速等信息和动车组参数，按照目标-距离模式生成控制速度，监控列车安全运行。

车载设备的主要功能：列控数据采集，静态列车速度曲线计算，动态列车速度曲线的计算，缓解速度的计算，列车定位、速度的计算和表示，运行权限和限速在人-机界面上的表示。运行权限和限速的监控，在任何情况下防止列车无行车许可运行，防止列车超速运行，防止列车溜逸。列车超速时，车载可采取声光报警、切除牵引力、动力制动、空气常用制动、紧急制动等措施进行超速防护。发生故障时，可及时报警提醒机车乘务员并对故障设备进行必要的隔离。可对司机行为进行监控、反向运行防护。可对 CTCS-2 级列控系统信息进行记录。

四　CTCS-3 级列控系统

CTCS-3 级列控系统是基于无线传输信息并采用传统方式检查列车占用情况的列车运行控制系统。它面向提速干线、高速新线或特殊线路，基于无线通信的自动闭塞或虚拟自动闭塞，可以叠加在既有干线信号系统上。CTCS-3 级列控系统适用于各种限速区段，地面可不设通过信号机，司机凭车载信号行车，可满足客运专线和高速运输的需求；采取目标-距离控制模式和准移动闭塞方式，同时具有 CTCS-2 级列控系统的功能。

CTCS-3 级列控系统运行示意图如图 7-35 所示。CTCS-3 级列控系统包括地面设备和车载设备。

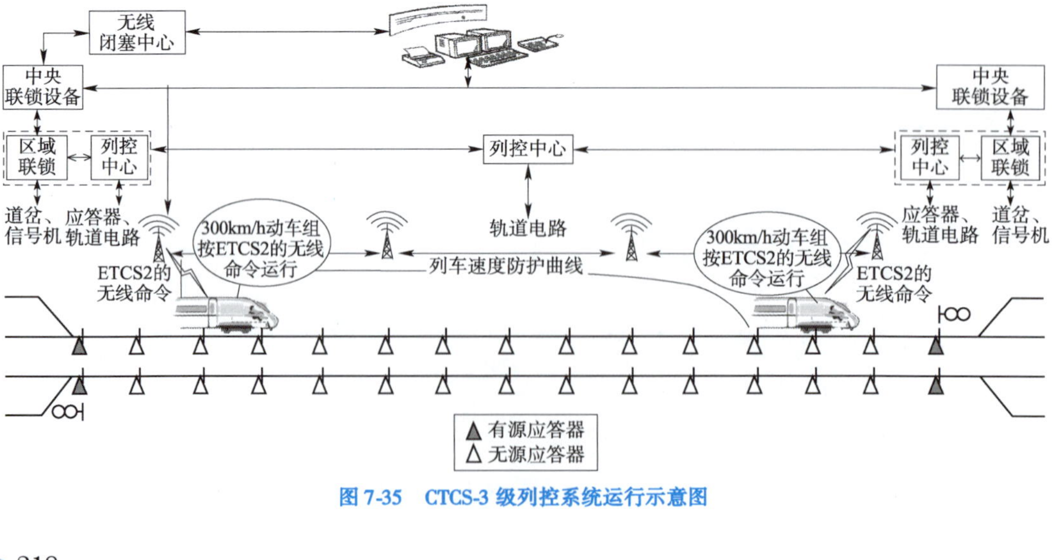

图 7-35　CTCS-3 级列控系统运行示意图

（一）地面设备

地面设备由移动闭塞中心（RBC）、列控中心（TCC）、ZPW-2000（UM）系列轨道电路、应答器（含LEU）、GSM-R（铁路移动通信系统）通信接口设备等组成。

RBC根据轨道电路、联锁进路等信息生成行车许可，并通过GSM-R将行车许可、线路参数、临时限速传输给CTCS-3级车载设备；同时通过GSM-R接收车载设备发送的位置和列车数据等信息。

TCC接收轨道电路的信息，并通过联锁系统传送给RBC；同时，TCC具有轨道电路编码、应答器报文储存和调用、站间安全信息传输、临时限速等功能，满足后备系统的需要。

（二）车载设备

车载设备由车载安全计算机（VC）、GSM-R无线通信单元（RTU）、轨道电路信息接收单元（TCR）、应答器信息接收模块（BTM）、记录单元（JRU/DRU）、人-机界面（DMI）、列车接口单元（TIU）等组成。

车载安全计算机根据地面设备提供的行车许可、线路参数、临时限速等信息和动车组参数，按照目标距离连续速度控制模式生成动态速度曲线，监控列车安全运行。

单元7.6 行车调度指挥系统

行车调度指挥系统包括列车调度指挥系统（train operation dispatching command system，TDCS）和分散自律调度集中系统。

一 列车调度指挥系统

TDCS是覆盖全路的调度指挥管理系统，是以现代计算机技术、计算机网络技术、通信技术、多媒体技术、数据库技术为基本技术手段，改造传统落后的铁路调度方式，实现铁路各级运输调度对列车运行实行透明指挥、实时调整、集中控制的现代化信息系统。

TDCS的应用实现了铁路运输组织的科学化、现代化，增加了运能，提高了效率，减轻了调度人员的劳动强度，改善了调度指挥的工作环境。以TDCS为平台，组建分散自律、智能化、高安全性、高可靠性的新一代调度集中系统，是实现铁路提速、高速以及减员增效的跨越式发展的根本保证。

（一）TDCS的主要优点

调度指挥管理现代化是铁路运输管理现代化的重要标志，也是铁路运输信息化建设和应用的重点。TDCS的应用是对传统调度指挥模式的革命性突破，可以大大地减轻行车调度员和车站值班员的劳动强度，极大地提高调度管理水平和运输生产效率。

1. 无纸化的调度办公

最初，行车调度指挥依靠的是一张图、一支笔、一把尺、一块橡皮、一部电话的工作模式。使用TDCS后，行车调度员通过点击鼠标即可实现运行线的自动铺画、调整，下达阶段计划和调度命令等操作。列车运行的到发点由 TDCS 自动采集并生成实际运行图，每班的运行图可以打印输出。

2. 网络化的信息交换

在 TDCS 中，行车调度员和车站值班员的信息交换全部采用网络传输，包括计划的下达、到发点的上报、调度命令的下达等信息。通过 TDCS 的应用，以信息和网络技术替代既有的信息交换方式，提高了信息交换的效率和质量，实现了调度指挥的无声化，改善了行车调度员的工作环境。

3. 自动化的计划调整

针对三小时阶段计划的自动调整可由计算机自动调整替代调度员人工调整，特别是单线调度区段，计算机自动调整可极大地减轻行车调度员的工作强度，行车调度员只需把握几个重点会让策略，进行人工干预，其他工作由计算机完成。TDCS 自动调整列车会让计划、智能判别列车运行必须满足的逻辑关系，实现对车站设备的直接自动控制，满足调度集中的需要。

4. 集中化的调度控制

在调度集中（CTC）区段，TDCS/CTC 系统可以做到几百公里之外的车站全部由调度所集中控制，调度员在调度台上便可直接控制车站的联锁设备、进行远程作业，甚至有些车站可以实现无人值守，通过调度集中系统的自律机逻辑判断与决策，实现列车进路的自动控制，使整个运输调度工作跨上一个新台阶。

（二）TDCS 的网络体系结构及系统构成

1. TDCS 的网络体系结构

TDCS 由核心层、区域层、接入层组成，包含国铁集团调度指挥中心的 TDCS、铁路局集团公司的 TDCS、车站调度子系统，可实现全路调度指挥自动化和现代化。

（1）核心层。由国铁集团调度指挥中心的 TDCS 和国铁集团调度指挥中心至各铁路局集团公司的广域网构成，是整个 TDCS 广域网的中枢，各节点关键部分和功能采用合理的冗余配置以保证其安全、可靠。国铁集团调度指挥中心至各铁路局集团公司中心之间均采用双专线连接。两条专线分别连接两套设备，选用两条物理路由，最大限度地保证 TDCS 核心层不中断。

（2）区域层。由各铁路局集团公司 TDCS 组成的网络构成，主要负责汇聚接入层各信源点采集的信息并上传至各铁路局集团公司、国铁集团，并把国铁集团、各铁路局集团公司下达的阶段计划、调度命令等信息传至相关接入层的受信点。

（3）接入层。由铁路沿线信源点（各站、场、段）组成的网络构成，包括区段、枢纽和分界口 TDCS。

在三层结构中，主要系统间的接口包括：基层网与路局中心的接口，路局中心与部中心的接口，相邻路局中心之间的接口，TDCS 与铁路运输管理信息系统（TMIS）的接口，TDCS 与现有其他系统的接口。

2. TDCS 的系统构成

我国铁路调度指挥是以行车调度为核心，以站段为基础，实行各铁路局集团公司和国铁集团两级调度管理的体制。TDCS 由调度指挥中心和车站子系统组成，如图 7-36 所示。

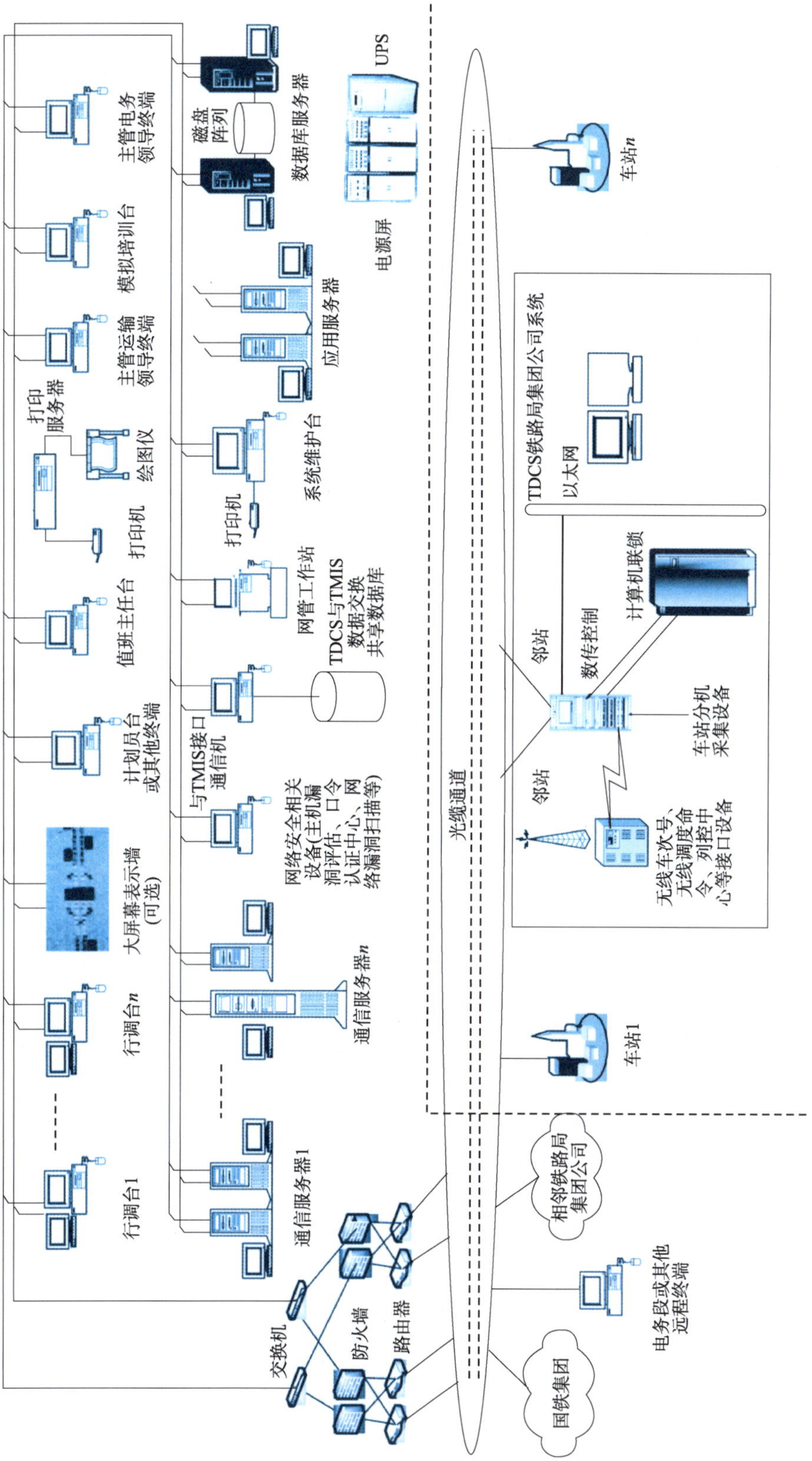

图7-36 TDCS的系统构成

（1）调度指挥中心包括国铁集团调度指挥中心和各铁路局集团公司调度指挥中心。设置数据库服务器、应用服务器、通信前置服务器、GSM-R 通信服务器、大屏幕投影系统（表示墙系统）、网络设备、电源设备、防雷设备、网管工作站、系统维护工作站、调度员工作站、值班主任工作站、计划员工作站、综合维修工作站等。

（2）车站子系统即基层信息采集系统，主要设备包括车站分机、车务终端、网络设备、电源设备、防雷设备、联锁系统接口设备和无线系统接口设备等。

（三）TDCS 的功能

TDCS 提供多功能调度监督、实时宏观监视、调度信息管理和统计以及技术资料检索、显示、打印等一系列辅助调度作业的功能。

1. 调度监督

调度监督设备的基本功能包括：列车跟踪显示、调度监督历史回放、列车计划/实迹运行图绘制。

2. 实时宏观监视

国铁集团调度指挥中心可显示全路各局间分界口的宏观显示及展开、主要干线运输状况的宏观显示及展开、线路列车密度显示、全路枢纽运输状况的宏观显示及展开、全路港口口岸作业状况显示、全路煤炭装卸点作业情况显示，以及其他视图、图像显示。

3. 调度信息管理和统计

调度信息管理和统计是指铁路局集团公司调度中心的行车调度信息管理、机车调度信息管理、车辆调度信息管理、客运调度信息管理、货运调度信息管理和运输统计报表管理。

4. 技术资料检索、显示、打印

通过技术资料检索、显示、打印系统，可方便、快捷地查询、打印所需的各种技术资料。

5. 三小时列车运行计划的生成和执行

TDCS 根据基本图生成日班计划，再根据日班计划生成阶段计划。将阶段计划中的车次及到发时刻与实际运行信息进行比较，如果实际运行与计划一致，车站按照计划继续执行；如果实际运行与计划产生了差异，如出现晚点，则对计划进行调整。调整后的计划下达车站，车站按新计划排列进路，开放信号，接、发列车，通过 TDCS 自动采集列车到发时刻以及车次跟踪信息，并通过网络传送到中心。

二 分散自律调度集中系统

分散自律调度集中系统是采用智能化分散自律设计原则，以列车运行阶段计划控制为中心，兼顾列车和调车作业的高度自动化的调度指挥系统。

（一）调度集中系统概述

1. 调度集中系统的概念

调度集中系统即调度集中控制（centralized traffic control，CTC）系统，是控制中心对

某一调度区段的信号设备进行集中控制，对列车进行直接指挥、管理的技术设备系统。

调度集中系统的主要功能是集中控制列车进路，实现行车管理的自动化和遥控化。调度集中系统的基本结构如图 7-37 所示。遥信是指车站被控对象的各种表示信息通过网络传送至控制中心，实现列车运行信息传送自动化；遥控是指调度员在控制中心直接掌握所辖区段的列车运行情况，以确定列车的行动，并利用技术手段通过传输网络直接控制所辖区段的各个车站的接发车进路，实现列车传达指令的遥控化。

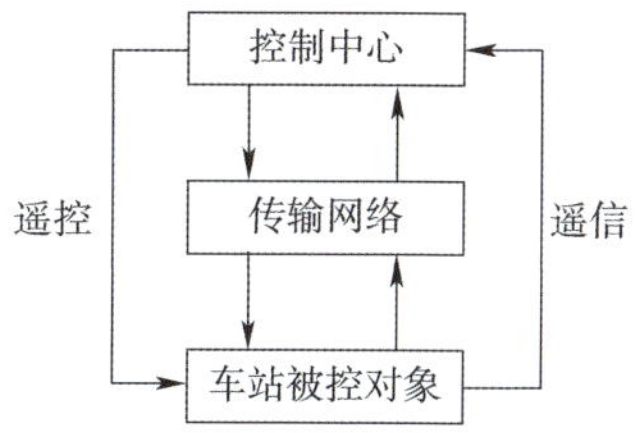

图 7-37　调度集中系统的基本结构

2. 调度集中系统的优点

（1）提高运输效率，改善指挥行车方法。调度集中系统使得调度员能够及时了解整个区段内列车的运行情况和设备状态，不用浪费大量的收点、记录和电话联系时间，有更多的时间来思考、调整和优化列车运行调整计划，进而更好地利用列车运行调整计划自动控制列车的运行，提高了运输效率，并能充分发挥区间通过能力，明显减轻了行车指挥人员的劳动强度。

（2）减员增效，降低成本。控制中心自动表示集中遥控办理进路以及列车运行情况，可以把车站行车人员从办理行车有关的业务中解放出来，减少了行车及信号操作人员。

（3）便于灵活处理重大事件。在控制中心可以迅速、准确地指挥行车。因为列车运行情况能够实时表示，所以当发生事故时能迅速、妥善地处理。

（二）分散自律调度集中系统

分散自律调度集中系统是以分散自律控制模式为基本特征的调度集中系统。系统遵守的基本原则是列车作业优于调车作业，调车作业不得干扰列车作业。采用智能化分散自律设计原则，以列车运行调整计划为中心，兼顾列车作业与调车作业，解决了列车与调车相互干扰的问题，实现了在不影响列车运行的原则下，允许中心和车站通过调度集中系统自主进行调车作业。

1. 分散自律调度集中系统的基本原理

采用分散自律调度集中系统的车站设立了自律机，按照列车运行调整计划和《车站行车工作细则》正常接发车以及协调列车与调车作业的冲突，实现列车与调车作业的统一控制（这一原则叫作“分散自律”控制原则）。

分散自律调度集中系统的基本原理图如图 7-38 所示。调度中心根据运输实际情况，编制列车运行调整计划，并适时地将调整计划下达给各个车站的自律机，由车站自律机根据列车运行调整计划自动生成列车进路操作指令，并根据车次号追踪结果，适时地将进路操作命令传送给联锁系统执行，实现了车站作业和远程调度指挥。有人值守车站还能接收车站调车作业计划，

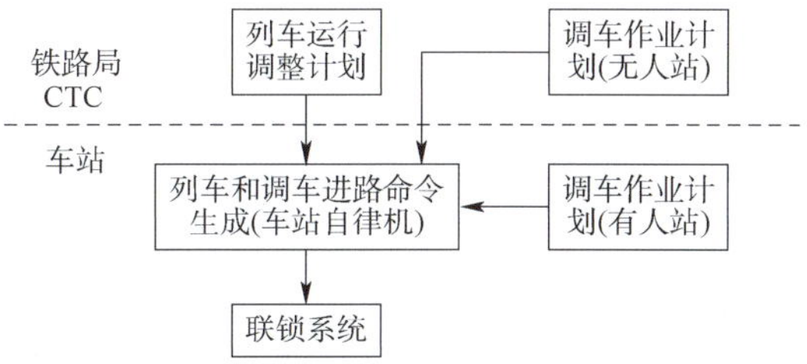

图 7-38　分散自律调度集中系统的基本原理图

无人值守车站接收 CTC 中心调车作业计划，在不影响列车的前提下自动生成调车进路操作命令并下达给联锁系统执行，以实现调车作业和列车作业协调进行，解决列车作业和调车作业的矛盾。车站自律机体现了既受 CTC 中心集中控制，又按各站调车作业情况自行处理的机理。

2. 分散自律调度集中系统的结构与功能

我国铁路分散自律调度集中系统由各铁路局集团公司 CTC 中心子系统和车站子系统两级构成。系统采用通用的互联网体系结构，调度中心通过交换机将调度中心各种设备连接成一个局域网，各站交换机将车站设备连接成一个局域网；通信网络将中心局域网和各车站局域网连成一个广域网。如图 7-39 所示，分散自律调度集中系统由调度中心、车站、网络通信三部分构成。

铁路局集团公司调度中心由调度中心服务系统和调度中心应用系统两部分组成。

（1）调度中心服务系统。

调度中心服务系统主要提供应用系统后台服务，它由调度中心总机房设备构成，主要设备包括数据库服务器、应用服务器、通信服务器、GSM-R 通信接口服务器、CTC/TDCS 接口服务器、系统维护工作站、网络管理工作站、电源设备及防雷设备。以下简要介绍数据库服务器和应用服务器。

①数据库服务器存储分散自律调度集中系统的运行图数据、车站信息、区段信息等基础静态数据，以及计划数据、调度命令、站场表示信息、实际运行图等动态数据。

②应用服务器是后台服务系统的核心，负责整个系统的数据收发、数据处理以及数据存储等工作，完成运行图的自动调整，向分散自律调度集中系统所有工作台提供行车表示信息、列车编组信息、车次号跟踪信息、列车报点信息等。

（2）调度中心应用系统。

调度中心应用系统主要提供局调度中心各相关工种的操作界面和培训功能。主要设备包括调度员工作台、助理调度/操作员合一工作台、综合维修工作台、值班主任台、计划员台、培训台、打印机、绘图仪等。以下简要介绍调度员工作台、助理调度/操作员合一工作台、综合维修工作台。

①调度员工作台是列车调度员的工作平台，主要实现监控管辖区段范围内列车运行位置、指挥列车运行的功能。例如，调整和下达列车阶段计划，维护实迹运行图，下达调度命令以及与相邻区段列车调度员交换信息。

②助理调度/操作员合一工作台，主要实现 CTC 中心人工进路操作控制、闭塞办理、非正常处理等功能，以及实现无人值守车站的调车作业计划的编制、调整和指挥以及在自律约束条件下调车进路的人工办理等相关功能。

③综合维修工作台，主要用于设备日常维护、天窗修、施工以及故障处理方面的登记、销记手续办理，并具有设置临时限速，区间、股道封锁等功能，完成维修调度命令的编制、下达以及审批等功能。实际运用中应根据调度台作业的繁忙情况来决定是否设置综合维修调度工作台，对于不繁忙的调度工作，可将其功能合并到列车调度员工作台上。

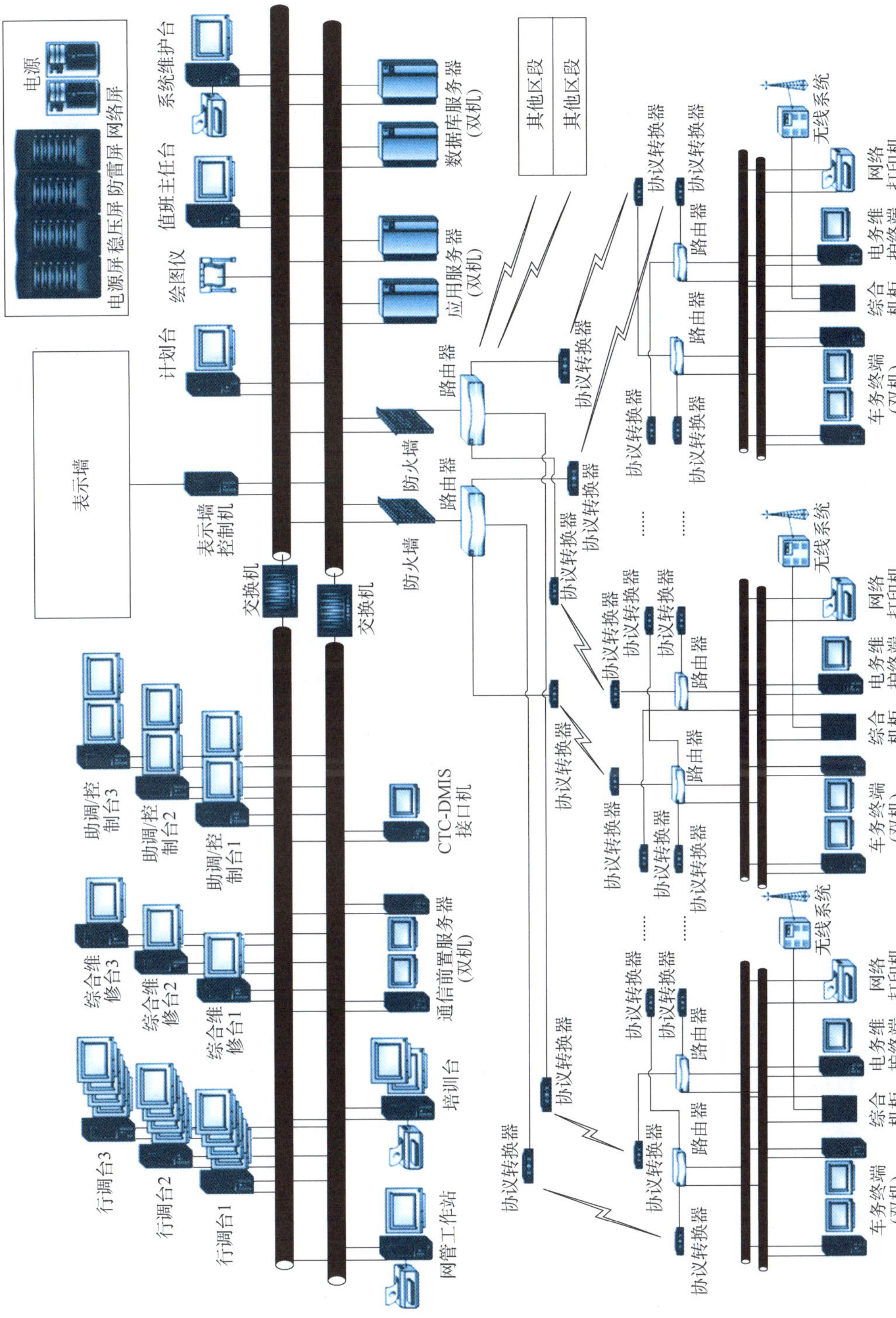

图7-39 分散自律调度集中系统的结构组成

3. 车站子系统的结构与功能

车站子系统采用局域网结构，与调度中心和邻站通过广域网连接，包括车站值班员工作站、车站信号员工作站和车站站调工作站。

（1）车站值班员工作站。

车站值班员工作站设置于车站运转室内，一般采用双显示器及双机热备模式。其功能主要包括：①用户登录和权限管理；②日计划、班计划、车站调车计划、阶段计划、调度命令的调阅与签收；③本站的站场显示和相邻车站的站场显示，区间的运行状态显示；④本站车次号的输入修改确认；⑤行车日志的自动记录、存储、打印；⑥列车编组和站存车的输入上报；⑦调车计划的编制和打印；⑧监视和控制本站自律机的计划执行和进路办理；⑨本站非正常情况的报警。

（2）车站信号员工作站。

车站信号员工作站一般在较大车站设置。当车站较小时，信号员工作站可以不设，其功能合并至车站值班员工作站。

信号员工作站的功能主要包括：①用户登录和权限管理；②本站的站场显示和相邻车站的站场显示，区间的运行状态显示；③调车作业单的查询；④进路控制、道岔控制、人工解锁、设备封锁等按钮直接控制。

（3）车站站调工作站。

车站站调工作站设于车站站调楼内，供车站调度员使用，设备为单套。

车站站调工作站的功能包括：①提供本站及相关车站的站场显示和车次显示；②调阅相关车站的行车日志，编写调车作业通知单并发送给车场值班员。

单元 7.7 铁路通信系统

铁路通信系统直接为运输生产提供服务，它将铁路有效地联结为一个整体，在保证铁路运行畅通、安全、正点方面起到了至关重要的作用。目前，随着通信事业的飞速发展，我国的铁路通信系统也正朝着移动化、数字化、多功能化的方向发展。

铁路运输生产必须实行高度集中，为了可靠地指挥列车运行、组织运输生产及实现各部门工作的互相联系，必须设置性能完善的铁路通信系统，构成完整的通信网。铁路通信系统能够传输电话、电报、数据、传真、图像等业务信息，它是铁路实现统一指挥、组织、管理运输生产的重要工具。

一 铁路专用通信系统概述

铁路专用通信系统是铁路通信系统的重要组成部分，是铁路内部最主要的业务通信网。它直接用于指挥列车运行，为铁路运输生产第一线服务。

（一）铁路数字专用通信系统

铁路数字专用通信系统采用某种接入设备，利用数字信道把沿线各站的各种专用通信业务综合起来，提供全面的数据、文字、语音等服务，简化了专用通信系统的结构，改善了专用通信系统的话音质量，提高了数字信道的利用率，从根本上解决了沿线小站的通信问题，形成了以自控为主的、智能化的、全程全网的、网络化的综合调度指挥平台。

铁路数字专用通信系统分为枢纽主系统和车站分系统。枢纽主系统一般位于各个调度中心，车站分系统一般位于所管辖的各个车站，两者之间通过数字传输通道组成网络，在网络内部实现语音、数据等通信业务，同时保留与模拟传输接入的方式，使数字和模拟方式互为备份。网管系统可根据维护管理的实际需要，由设置在调度所的主系统或沿线各车站的分系统侧的网管终端构成。

铁路数字专用通信系统主要承担数字化调度业务、专用电话、数字化站间闭塞以及各种模拟接入业务，同时能够替代站场集中机、区转机等设备。

1. 调度电话

铁路数字专用通信系统可以实现各铁路局集团公司所有方向、所有区间的调度电话业务，可以实现局中心调度、干线调度的多级联网。列车调度通信是最重要的铁路行车通信系统，其主要用户包括列车调度员、车站（场）值班员、机车司机、运转车长、助理值班员、机务段（折返段）调度员、列车段（车务段、客运段）值班员、机车调度员、电力牵引变电所值班员、救援列车主任以及其他相关人员。一个调度电话系统由后台交换网、调度台、调度分机、录音设备及数字传输通道构成。

调度电话可分为列车调度电话、货运调度电话和电力调度电话。

（1）列车调度电话。

铁路最基层的运输指挥机构为铁路局集团公司，将铁路局集团公司管辖的线路划分为一个个列车调度区，每个调度区设一名调度员，并设置一台调度电话，作为调度员指挥列车运行的通信工具。

（2）货运调度电话。

货运调度电话是为铁路局集团公司货运调度员指挥各主要车站装卸货物作业而设置的。货运调度电话区段的划分与货运调度员管辖范围一致，总机设在铁路局集团公司调度机械室，选叫通话设备设在铁路局集团公司调度所货运调度员处，分机设在中间站货运员及大站货运调度员处。

（3）电力调度电话。

电力调度电话是为铁路局集团公司电力调度员指挥电力牵引的基层单位检修供电设备而设置的。电力调度电话区段划分须与电力调度员管辖范围一致。总机与选叫通话设备设在铁路局集团公司，分机设在牵引变电所值班员室、开闭所、接触网工区、分区亭、电力机务段及折返段值班员室、供电段调度室等。

2. 站间通信

站间通信是两车站值班员之间为办理有关行车业务进行通信联络而设置的。一个车站与其上行车站的站间通信，需使用一个时隙，而此车站与其下行车站的站间通信，也可同时使用这一个时隙。铁路数字专用通信系统实现了时隙的分段复用。一个车站除了与其邻站通信外，还可能与其他不相邻车站进行站间通信。

3. 区间电话

区间电话是供工务、电务、电力工作人员在区间工作时，与车站值班员或有关人员进行紧急防护及业务通话使用的。区间电话不仅能与邻近车站值班员联系，还能与该区段列车调度回线、电力调度回线以及工务、电务等回线接通。一般电缆区段设一对区间电话回线。在电气化区段，因电力牵引供电直接影响列车运行，因此需加设一对电力维修专用的区间电话回线。每隔 1.5km 设区间自动电话机一台，装在铸铁箱内加锁，通过区间电话机拨号可分别与列车调度员、邻近车站值班员等直接联系。

车站分系统具有区间电话转接机功能。

4. 应急分机

车站分系统可通过软件将一部电话设置成应急分机，对应该分系统的一个值班台。当该值班台出现故障，车站分系统将自动切换到应急分机，由应急分机替代值班台实现通信业务。

5. 站场广播接入

车站分系统与站场广播系统对接，实现车站值班员对站场的广播。

6. 无线调度接入

在铁路局集团公司调度所与沿线车站之间提供了 4 线音频共线通道，为无线调度系统的各设备之间提供优质的音频通道。

7. 多通道录音仪

多通道录音仪由工控机、语音卡、系统软件组成。它可以替代目前铁路站场和调度区段所使用的单路或多路录音设备，并实现远程监听和放音功能。多通道录音仪可提供多达 15 个录音通道、1 个放音通道，语音的录制采用音控方式。录制的语音资料存储在硬盘中，便于长期保留。

（二）列车无线调度电话

列车无线调度电话（简称无线列调）是为列车调度员、机车调度员、车站值班员等行车指挥人员直接通话和正在运行中的列车机车司机互相通话而设置的。它是有线列车调度电话的延伸。列车无线调度电话不仅便于及时掌握与调整列车的运行状态，提高运输效率，而且当列车在运行过程中发生临时故障或者区间线路、桥梁等出现异常现象时，司机可以及时地反映给调度员或邻近的车站值班员，以便采取紧急措施。

列车无线调度电话所处理的列车信号，其移动范围限于铁路沿线的带状区域内，因此列车无线调度电话可看作带状移动通信系统。

无线列调系统由车站电台、机车电台、调度总机及传输线路等组成。无线列调采用无线和有线相结合的方式。调度总机与车站台之间采用有线方式连接，在传输线路上传送呼叫信号及话音信号；在车站台和机车台之间则采用无线方式联络。

铁路局集团公司调度机械室设置了有线和无线转接总机，铁路局集团公司调度所设置了有线和无线转接总机的操作设备，各车站值班员室设置了有线和无线转接分机及车站电台，机车上设置了机车电台。当调度员欲与正在行驶中的列车司机通话时，呼叫出距离该次列车最近的车站转接分机，将有线调度回线自动接通该站的车站电台，然后呼叫出机车电台，与司机通话。当司机欲与调度员通话时，用机车电台呼叫出邻近的车站电台，由车站电台通过转接分机转接后即可通话。

无线列调初期采用专用控制信道直接对讲形式，目前已成为多信道自动拨号的集群通信系统。通过系统的集群，各个无线通信子系统各自通话互不妨碍，同时实现共用设备、频率资源和覆盖区的共享。系统信道分配以动态方式进行，系统中任意用户均可使用空闲信道，使信道的利用率达到最佳。

无线集群通信系统的功能包括：①提供语音服务，包括组呼、通播组呼叫、紧急呼叫、私密呼叫、电话互联、直通模式通话；②提供数据服务，包括状态信息服务、短数据传送服务和紧急告警；③提供组呼的补充服务，包括遇忙排队和回叫；④优先级排队；⑤新近用户优先；⑥动态站分配和关键站点分配；⑦设置有效站点；⑧全部启动和快速启动；⑨动态重组；⑩通话方识别；⑪迟后加入；⑫优先监视。

集群通信系统功能强大，应用灵活，同时系统编组功能强，支持大量通话组，可以根据实际需要增减通话组，系统无论正常还是故障都可方便地实现调度与移动台用户、移动台用户之间的通话，满足了铁路内部无线通信的需求，提供了较为有效的联系手段。

（三）应急抢险通信

利用沿线各站通信机械室的光纤用户接入网，向车站的下行区间开放一个专用号“117”，每个区间开放一个自动电话。区间抢险电话只能呼叫“117”，不能呼叫其他电话，当拨打“117”后，“117”立接台工作人员直接呼叫区间抢险电话，以确保随时接通现场电话。

（四）站场通信

站场通信供铁路某一站场内部各行车部门之间通信联系使用，包括站内电话、扩音对讲系统和客运广播系统三部分。

1. 站内电话

站内电话仅供站场范围内有业务联系的各行车部门之间通话，采用直通电话。例如，车站值班员与车站调度员之间、车站信号员与道岔清扫房之间等，均可设置直通电话。为了使用方便，某部门超过三台电话机时就采用电话集中机。每台电话集中机设有两套通话设备，同时可供两对电话通话；设若干个用户分盘，每个用户分盘相当于一台电话机，用一对外线与对方接成一对直通电话，设一个铃。当对方用户呼入时响铃，相应的用户分盘灯亮，值班员应答时可将该用户分盘上的扳键向上扳或向下扳（向上扳时用话筒、扬声器与对方通话，向下扳时必须取下送/受话器才能与对方通话），通话完毕将扳键复位即可。当值班员要与对方用户通话时，也只要将用户分盘扳键向上扳或向下扳，即送出呼出信号，对方话机响铃，当对方应答时双方即可通话。

2. 扩音对讲系统

站场内还有大量工作在车场上和流动的工作人员，为解决室内、室外工作人员之间的通信联系，设置了扩音对讲系统。

扩音系统由一套扩音机及设置在车场上的若干个扬声器和扩音线路组成。扩音机设置在广播室内或邻近的通信机械室内。室内工作人员将需要通告的信息通过扩音机扩音后由扬声器传播至车场，使室外工作人员了解信息的内容。在车站内可设置一套供行车作业系统使用的扩音设备，在车场设若干套供调车作业系统使用的扩音设备。

对讲系统是供室内、室外工作人员之间通话用的无线电话系统。例如，驼峰调车系统在驼峰调车员、驼峰调车组、驼峰机车司机之间设置，检车系统在列检人员和列检所值班员之间设置；等等。在室内工作人员处设固定电台，流动工作人员携带袖珍电台。固定电台与流动工作人员携带的袖珍电台相互间均可通话。

3. 客运广播系统

客运广播系统是为客运作业而设置的。一般在客运站和旅客最高聚集人数大于300人的客货运站设置客运广播设备。广播室应设置在便于瞭望旅客乘降及列车到发的处所。为了使其服务更有针对性，客运广播设备采用分路输出，即通过分路控制设备分别向候车室、各站台、站前广场等处所进行广播。

二 GSM-R

GSM-R即铁路移动通信系统，是我国首次从欧洲引进的移动通信铁路专用系统。

GSM-R是一种专门为铁路设计的专业无线数字通信系统，它是基于GSM技术平台，针对铁路通信的特点，将铁路移动通信所具有的特色（群呼、组呼、优先级别、强插、强拆等）功能加进去而构成的。从集群通信的角度来看，GSM-R是一种数字式的集群系统，能提供无线列调、编组调车通信、应急通信、养护维修组通信等语音通信功能。

（一）GSM-R的组成

GSM-R由六个子系统组成，即交换子系统（SSS）、基站子系统（BSS）、运行与维护子系统（OMC）、通用分组无线业务子系统（GPRS）、终端子系统及移动智能网子系统（IN）。GSM-R可通过交换子系统（SSS）中的网关移动交换中心（GMSC）实现与其他通信网络的电路域业务的互联互通，通过通用分组无线业务子系统（GPRS）中的网关GPRS业务支持节点（GGSN）实现与其他数据信息网络的分组域业务的互联互通。

（二）GSM-R的结构与覆盖

GSM-R可以构成既含有面状覆盖又含有链状覆盖的网络，既可用于地区性的覆盖，也可用于全国性的覆盖。例如，沿铁路线采用链状覆盖，车站及枢纽地区采用面状覆盖。为了满足铁路对传输的高可靠性要求，链状覆盖一般采用双重冗余的重叠小区结构，每2个基站（BTS）重叠覆盖一个小区（cell）；面状覆盖采用多小区（多扇区）蜂窝结构，每个基站（BTS）覆盖一个小区（cell），也可以采用重叠覆盖小区结构。

（三）GSM-R 的功能特点

GSM-R 以 GSM 平台为基础，因此除了具有 GSM 的越区切换、漫游等特性外，GSM-R 还具有如下专有特性：

（1）功能寻址（functional addressing，FA）。FA 是便于固定（移动）用户拨号呼叫列车上的移动用户的一种方式。

（2）基于位置的寻址（location dependent addressing，LDA）。LDA 是便于列车上的移动用户（如火车司机）呼叫固定用户（调度员）的一种方式。例如，当火车司机呼叫固定用户（调度员）时，系统依据移动用户（火车司机）的当前位置（所在控制区/小区）对固定用户（调度员）进行寻址，自动地将呼叫转接给列车当前所在控制区的调度员。

（3）语音广播服务（voice broadcast service，VBS）。VBS 可用来在指定区域（可跨多个小区）内广播消息或发布紧急呼叫（一点对多点的呼叫，主呼者讲话而众多的被呼方只能收听）。区域的定义和选择可以动态设定，从而具有极大的灵活性。

（4）语音组呼服务（voice group call service，VGCS）。移动或固定用户拨打组呼 ID 号，可与指定区域内的小组成员建立呼叫。该组内所有成员均可通过同一业务信道接听；该小组的成员也可通过按键讲话（PTT）的方式发出通话请求，系统依据“先请求先服务”的原则建立一个上行链路来提供通话服务。

（5）增强的多级优先与强占权（enhanced multi-level precedence and pre-emption，EMLPP）。铁路紧急呼叫或列车自动控制等许多通信应用，都要求网络无论处于何种负载状况下均能迅速建立呼叫。如果在一个无线电小区发生拥塞（所有无线电频率和业务信道均被占用），EMLPP 可立即切断低优先权的呼叫而优先建立高优先权的呼叫。

（四）GSM-R 提供的业务类型

GSM-R 除了具有上述功能特点之外，还可应用于如下铁路业务：

（1）列车控制系统（train control system，TCS）。TCS 指以 GSM-R 为传输手段的列车自动防护/列车自动控制系统，甚至可以实现列车自动操作（驾驶）。

（2）铁路维护通信。利用 GSM-R 建立铁路沿线维护人员的业务联络通信（新的路边电话和隧道电话），并能够根据维护人员的职能和所在的场所很快地确定他们的位置。

（3）列车诊断。如果列车发生故障，通过 GSM-R 将诊断数据传输到下一个维修中心，使维修站能够及时为维修做好相关准备，因而大大缩短了维修时间。

（4）旅客服务。旅客服务包括列车时刻信息、在线售票（订座）服务。基于列车自动控制系统和 GSM-R 的列车时刻信息服务，能够随时为旅客和乘客提供列车的动态位置和时刻信息；基于 GSM-R 连接的售票机可提供在线售票（订座）服务。

（5）货运跟踪服务。利用一个带有 GPS 接收器的简单 GSM 模块，可指示该货车（集装箱）的精确位置，以便实时掌握所运货物的确切位置，并可将这一数据发送给客户。

知识拓展

铁路通信信号让我国高铁列控技术走在世界前沿

作为高铁的“大脑和中枢神经”，高铁列控技术长期被极少数跨国公司垄断。直至我国自主研发的C3级列控系统问世，我国高铁才真正摆脱了长期受制的不利局面。在C3级列控系统的保驾护航下，我国高铁运营密度已达世界之最。同时，该系统还能从根本上保障我国铁路建设和运输安全，为“一带一路”建设和高铁“走出去”提供核心技术支撑。

高铁列控技术是高铁的“大脑和中枢神经”，是高铁三大核心技术之一，具有技术含量高、系统复杂、掌握难度大等特点，一度被全球极少数跨国公司垄断，成为世界各国发展高铁的技术瓶颈。

由我国铁路通信信号集团公司（以下简称“中国通号”）自主研发的C3级列控系统使我国高铁真正摆脱了列控系统核心设备长期受制于人的不利局面。该系统目前已获得欧洲权威测试机构的认可，我国高铁列控技术从此有了走向海外的“通行证”。

1. 百分之百中国造

“在我国高铁建设初期，中国通号在全系统内迅速集聚起超过3000人的高端研发团队，组成高铁C3级列控系统、地铁CBTC列控系统等自主攻关团队。我们坚持引进、消化、吸收再创新的技术路径，通过3年顽强拼搏，终于实现了我国高铁、地铁全套列车控制系统技术的完全自主化和产品100%国产化，完成了轨道交通5大核心自主技术的重大突破。”中国通号董事长告诉记者：“真正的核心技术是引不进来的，还得实实在在干出来。”

在中国通号的列控系统综合实验大厅里，记者真切感受到了C3级列控系统的厉害之处。“这套具有完全自主知识产权的C3级列控系统具有世界领先水平，可满足最高运营速度350km/h、最小追踪间隔时间3min的运营要求。”中国通号研究设计院工作人员告诉记者，这套系统是在吸收、继承大量既有系统运行经验的基础上，依据我国列控标准并面向未来发展需要研发的。其最大的优势不仅在于100%国产化，还可与欧洲ETCS-2系统互联互通。

2. 世界领先新篇章

作为我国高铁“走出去”联盟的重要一员，中国通号参与了印度尼西亚雅万高铁、巴基斯坦拉合尔橙线、印度铁路货运改造等项目建设。

此外，在壮大核心通信信号业务的同时，中国通号还在电力电气化业务、通信信息业务、有轨电车及列控系统等领域下功夫，以智能制造为重点，着力打造综合轨道交通运输体系。

随着“一带一路”倡议及“中国制造2025”的不断推进，中国高铁及相关技术、标准必将以崭新的面貌出现在世界舞台上，奏响来自中国的最强音。

（摘编自中国经济网，2017年8月14日）

拓展阅读

精心维护好高铁的“超级大脑”

中国铁路郑州局集团有限公司郑州高铁基础设施段电务维修技术中心副主任郑小燕（图7-40）负责列控系统的维修管理。作为高铁安全运行的“超级大脑”和“导航系统”，列控系统决定着高铁列车跑多快、在哪儿停。而郑小燕做的工作就是对海量的列控数据进行验证，对列控系统的功能进行验证，确保100%正确。

图7-40　工作中的郑小燕（右）

郑小燕还为铁路事业未来发展投注了大量心血。她将多年来的技术经验总结归纳，参与编写出版《信息中心设备作业指导书》等书籍，为规范专业管理提供了重要参考；为优化铁路技术人才的年龄梯次，她收了6个“90后”徒弟，将本领倾囊相授。

（摘编自新华网，2023年2月27日）

岗课赛证

铁路信号工

铁道线，钢筋铁骨，纵横万里，它承载着旅客的一路欢声笑语，承担着国家交通运输的重任。铁路信号，就像是这钢筋铁骨的神经，时刻传递着铁路安全运行的各种控制指令，是铁路运行的指挥，也是线路安全的警示。为了使铁路信号系统正常有序工作，铁路信号工付出了辛勤的劳动。铁路信号工是指对铁路信号的设备进行安装、维护、测试，并在铁路信号设备出现故障时能组织抢修、进行应急处理的职业工种。

铁路信号工主要工作内容如下：

（1）鉴别铁路、地铁信号设备和配件质量；

（2）敷设、接续信号电缆；

（3）安装、试验轨道电路；

（4）配线、焊接、安装和检测操作引入装置；

（5）安装、测试信号部件；

（6）安装调试、维修电气集中、调度集中、调度监督、自动闭塞、半自动闭塞等设备；

（7）安装、调试、维修车站信号、区间信号、机车信号、驼峰信号、道口信号等设备；

（8）安装、调试、维修转辙、转换装置和信号电源设备；

（9）安装、调试、维修信号保护装置；

（10）检测设备性能，分析处理设备故障。

2020年10月13日，正值金秋收获时节，第六届全国铁道行业职业技能大赛铁路信号工决赛在哈尔滨职工培训基地开赛，来自全国18个铁路局集团公司代表队的108名选手展开激烈角逐，大赛对获奖选手按名次授予“全国技术能手”“全路技术能手”荣誉称号。

在职业等级方面，铁路信号工设初级（国家职业资格五级）、中级（国家职业资格四级）、高级（国家职业资格三级）、技师（国家职业资格二级）、高级技师（国家职业资格一级）五个等级。

姓名：＿＿＿＿＿＿＿＿　班级：＿＿＿＿＿＿＿＿　学号：＿＿＿＿＿＿＿＿

学习检测

一、知识目标检测

（一）填空题

1. 铁路信号由铁路信号（　　）和铁路（　　）组成。

2. 铁路信号基础设备包括信号装置、（　　）、（　　）、（　　）等。它们是构成信号系统的基础。

3. 轨道电路是以铁路线路的两根（　　）作为导体，两端加以机械绝缘（电气绝缘），接上送电和受电设备所构成的电路。

4. （　　）、（　　）、（　　）之间的这种相互制约关系，称为联锁关系（简称联锁）。

5. 区间（　　）设备是为了保证区间行车安全、按照一定的方法组织列车在区间运行、提高运输效率的系统。

（二）选择题（以下至少有一项是正确的，请将正确的选项填入括号内）

1. 视觉信号分为（　　）三大类。

A. 固定信号　　B. 移动信号
C. 手信号　　D. 色灯信号

2. 影响铁路运输安全的因素有（　　）。

A. 人为因素　　B. 自然因素
C. 设备不良　　D. 违章作业

3. 信号表示器分为道岔、（　　）、（　　）、（　　）、发车线路、（　　）及车挡表示器。

A. 脱轨　　B. 进路　　C. 发车　　D. 调车

4. 轨道电路的作用有（　　）。

A. 显示行车信号　　B. 监督列车的占用
C. 传递行车信息　　D. 安全防护

5. 面向高速新线或特殊线路，完全基于无线传输信息的列车运行控制系统是（　　）。

A. CTCS-1　　B. CTCS-2　　C. CTCS-3　　D. CTCS-4

（三）判断题（以下描述正确的打“√”，不正确的打“×”）

1. 列车遇到黄色信号，不得越过该信号。（　　）

2. 当铁路信号系统内部发生故障时，信号系统应以特殊的方式做出反应并导向安全侧，即给出不危及行车安全的信号。（　　）

3. 铁路电务运营部门负责保证铁路接触网供电设备的正常运用及维护工作。（　　）

4. 信号表示器是对信号机显示进行某些补充说明，对行车人员传达行车或调车意图，具有防护意义。（　　）

5. 区间闭塞的基本原则：在同一区间（闭塞分区）只准许两列车运行。（　　）

（四）简答题

1. 请总结铁路信号的含义，举例说明铁路信号的作用。

2. 总结铁路信号的分类，说出它们的显示意义。

3. 请总结铁路信号的故障-安全原则的基本要求，举例说明信号设备是如何实现故障-安全原则的。

4. 根据提供的站场平面布置图，分析车站内信号机的布置及作用。

5. 利用 ZD6 型和 S700K 型转辙机设备，讲解转辙机的内部组成及各部件的作用。

6. 利用 6502 控制台或计算机联锁控显机操纵道岔转换，并观察道岔的转换过程及控制台（显示器）上道岔的定位和反位表示。

7. 简述 6502 电气集中联锁和计算机联锁的基本原理、作用及操作特点。

8. 简述 TDCS 的构成和功能。

9. 简述 CTC 和 TDCS 有何不同。

10. 铁路通信有哪些用途？如何分类？

11. 什么是铁路专用通信？如何分类？

12. GSM-R 有哪些主要功能？

二、技能目标检测

（一）综合分析任务

结合图 7-41，请思考：

1. 下行列车需进站停于Ⅰ道，下行进站信号机应为什么颜色？

2. 机车位于信号机 X 与 D_1 间，要往Ⅰ道调车，哪个信号机出示什么颜色信号方能作业？

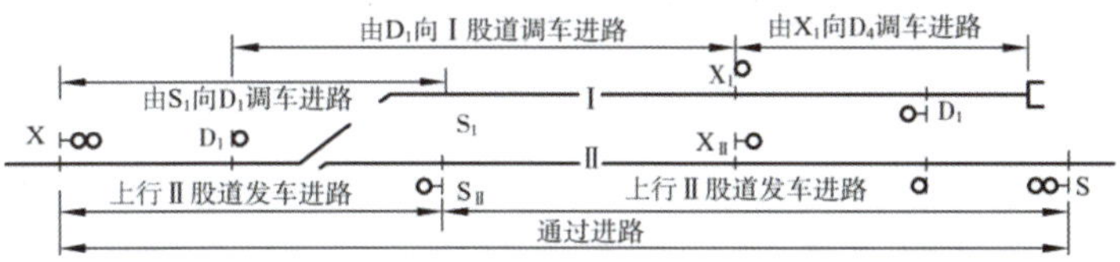

图 7-41

（二）团队合作任务

查阅相关资料，分析若列车在区间中部分连挂的车辆因车钩故障脱离编组，可以通过什么设备或方式判断这些车辆遗留在区间线路？

三、素质目标检测

1. 阅读以下材料

练就过硬本领，争当业务技术“领头雁”

1987 年，初中毕业的沈廷山成为中铁十局电务公司一名信号工，先后自学了《铁道信号基础》《计算机联锁系统技术》《铁道通信信号》等信号专业书籍。他坚持重点知识记在随身携带的小本子上，分析原理，梳理流程，直到搞明白为止。扎实的基本功、敢于质疑和钻研的精神，让他在平凡的岗位上迅速成长起来，成为公司聘任的铁道信号高级技师、特级技师第一人。

随着铁路事业的飞速发展，信号技术和设备迅速更迭，对信号工的业务能力提出更高的业务要求。面对不断增加的压力，沈廷山凭借扎实的理论基础，深入探索，多次牵头总结研发铁道信号施工工艺和技术革新，编写了施工现场标准实践教材。他总结出“侧面绑把”“电源线绑把”等 7 项施工工艺，改进的“免维护型地下电缆接续盒”接续方法将工效提高了 30%，配合研发的方向滑轮拉电缆 3 项技术革新将工效大幅度提高、节省工费和材料费 100 余万元。

参加工作 30 多年来，他扎根一线铁路建设，先后参与了陇海铁路、京九铁路、京沪铁路、济青高铁、潍莱高铁、集二铁路等数十项国家重点工程的施工建设。曾获全国五一劳动奖章以及中国中铁劳动模范、专家型工人，山东省富民兴鲁劳动奖章、职工职业道德建设先进个人、齐鲁工匠，中央企业先进职工标兵、中央企业劳动模范等奖项。

（摘编自齐鲁晚报网，2024 年 5 月 1 日）

谈一谈： 沈廷山在平凡岗位是如何快速成长起来的？

查一查： 对比国外铁路信号技术与我国铁路信号技术的发展现状。

想一想： 未来铁道信号工需要具备哪些技能和素质？

2. 团队合作任务

以班组为单位，通过查询相关网站及书籍，了解铁道通信与信号的发展趋势，以作业的形式提交一份任务报告。

学习评价

评价指标		自我评价（20%）	班组评价（20%）	教师评价（60%）
基础知识（60%）	知识掌握（40%）			
	知识应用（60%）			
能力提升（40%）	自主学习能力（60%）			
	团队合作能力（40%）			

学习总结

个人学习总结：

班组学习总结：

模块8　电气化铁路供电系统

问题引入

我国电气化铁路成功走出了一条从无到有、从低吨位到重载、从普速到高速的探索创新之路。截至 2020 年底，我国铁路电气化里程达到 10.65 万 km，电气化率达到 72.8%。

铁路供电电压有着严格的要求，从发电厂输出的高压电需要转换为电力机车需要的稳定电压，才能保证电力机车平稳运行。人们看到的电气化铁路上方的接触网，仅仅是牵引供电系统的一部分。牵引供电系统是如何保证电力机车平稳运行的呢？让我们一起来开启本模块的学习吧！

学习导航

- 电气化铁路供电系统
  - 电气化铁路
    - 电气化铁路的发展历程
    - 电气化铁路的优越性
    - 电气化铁路的基本构成
    - 电气化铁路的电流制
  - 电气化铁路牵引供电系统
    - 牵引供电系统构成
    - 牵引供电系统的供电方式
    - 牵引变电所的供电方式
  - 牵引变电所
    - 牵引变电所的基本作用与类型
    - 牵引变电所的电气主接线
    - 牵引变电所的一次设备
    - 牵引变电所的二次设备
    - 牵引变电所的高压配电装置
  - 接触网
    - 接触网的特点
    - 接触网的悬挂类型
    - 接触网的组成结构
  - 牵引供电系统的运营管理
    - 供电段的任务及设置
    - 牵引变电所的检修作业方式
    - 接触网的检修作业方式

学习目标

知识目标

掌握电气化铁路供电系统的基础知识；

了解电气化铁路牵引供电系统的构成；

了解牵引变电所的构成和基本工作原理；

了解接触网的构成和基本工作原理；

了解牵引变电所、接触网的检修作业方法。

技能目标

能够认知电气化铁路牵引供电系统的基本组成模块；

能够判别具体某条工作线路的牵引供电方式；

能够判别牵引变电所内基本一次设备与二次设备的工作状态；

能够识别不同类型接触网。

素质目标

培养自觉遵守行业法规、规范和企业规章制度的良好职业道德；

培养沟通协作、协调人际关系的能力，

具备不断钻研、了解行业先进技术动态的意识。

学习建议

学时要求

建议个人独立自主学习 2 学时，班组合作式学习 2 学时。

学习方法

依托本教材内容及扩展学习资源，结合文献资料查阅、三维模型观摩、小组讨论、对比分析及线上线下混合式学习等方式开展学习。

当前，世界已迈入建设高速电气化铁路的新时期，修建高速电气化铁路的国家越来越多，列车运行的速度越来越快，运营里程也越来越长。高速电气化铁路已经成为衡量国家经济发展水平和铁路现代化的主要标志之一。电气化牵引供电系统是高速电气化铁路的核心技术之一。

单元 8.1 电气化铁路

一 电气化铁路的发展历程

铁路运输主要有三种牵引形式，即蒸汽牵引、内燃牵引和电力牵引。蒸汽牵引从 20 世纪 60 年代开始，已逐渐被淘汰。内燃牵引和电力牵引具有功率大、热效率高、过载能力强的特点，能更好地实现多拉快跑，提高铁路的运输能力，所以发展很快。特别是电力牵引，它除了具有上述优点外，还能综合利用资源且不污染环境，是今后铁路运输重点发展的牵引形式。世界上第一条电气化铁路出现于 1879 年。最初的电气化铁路一般修建于工矿和一些大城市近郊。20 世纪 50 年代，一些工业发达的国家为了完成急剧增长的运输任务，以及出于与其他运输业竞争的需要，开始大规模地进行铁路运输业的现代化建设，其中包括牵引动力的现代化建设。此后，电气化铁路的建设速度不断加快，修建电气化铁路的国家逐渐增多。电气化铁路发展最快的时期是 20 世纪 60 年代，到了 70 年代末，工业发达的西欧、日本、苏联以及东欧等国家和地区的主要铁路干线就实现了电气化，而且基本上已经成网。20 世纪 70 年代以后，一些发展中国家（如印度、朝鲜、土耳其、巴西、智利、摩洛哥等）的电气化铁路发展也很快，中国的电气化铁路更有了飞速的发展。

我国铁路电气化事业始于 1956 年，1961 年 8 月宝成铁路（宝鸡至成都）宝鸡至凤州段完成电气化铁路通车。1975 年 6 月，宝成电气化铁路全线建成通车。20 世纪 90 年代是我国铁路发展的重要时期。“九五”期间（1996—2000 年）是我国铁路由滞后型向基本适应型转变的重要时期，在这一时期内，我国建成并开通了京郑线、干武线、成昆线、南昆线、焦枝线、宝成线等十条电气化铁路，而且建成开通了我国第一条速度为 200km/h 的准高速铁路——广深电气化铁路。近年来，我国高速电气化铁路发展迅猛。2008 年 8 月 1 日，京津城际高速电气化铁路开通运营；2009 年 4 月 1 日，合武高速电气化铁路开通运营；2009 年 12 月 26 日，武广高速电气化铁路开通运营；2010 年 2 月 6 日，郑西高速电气化铁路开通运营；2012 年 12 月 1 日，哈大高速电气化铁路正式开通运营；2014 年 12 月 26 日，贵广高速电气化铁路全线通车运营；2017 年 12 月 6 日，西成高铁开通；2019 年 12 月 16 日，成贵高速铁路全线建成通车；2020 年 12 月 26 日，银西高速电气化铁路开通运营；2021 年 2 月 8 日，徐连高速电气化铁路开通运营，标志着我国“八纵八横”最长的一横连云港至乌鲁木齐通道全线开通。截至 2020 年底，我国电气化铁路里程达 10. 65 万 km，电气化率为 72. 8%。目前我国电气化铁路已进入了高速电气化时代。

二 电气化铁路的优越性

电气化铁路是一种现代化的铁路运输形式，与内燃机车和蒸汽机车牵引的铁路相比，具有技术经济上的优越性。

（一）能大幅度提高运输能力

电力机车以外部电能为动力，不需要自带动力装置，可降低机车自重，这样，在每根轴的荷重相同的条件下，其轴功率较大，具有牵引力大和持续速度较高的特点，从而大大提高了运输能力。

（二）节约能源，降低运输成本

电力牵引的动力是电能，从我国能源储备的情况来看，原油储量远少于煤炭、水力的储量，而一些无法直接使用电能的水上、陆地和空中运输工具及移动机械却需要大量的液体燃料，因此，电力牵引是最合理的牵引动力。电力牵引每万吨公里的能耗比其他牵引形式约低1/3。

（三）有利于保护环境，并能增加安全可靠程度

电力机车无废气、烟尘，对空气无污染，噪声较小，特别是在通过长大隧道时，其优点更为显著，这不仅改善了司机的工作条件和提升了旅客的舒适度，而且对铁路沿线城市、郊区的污染也降到最低。电力机车装有大功率的电气制动装置，可用于长大下坡的速度调整，从而可以大大提高列车运行的安全性。

三 电气化铁路的基本构成

电气化铁路的基本构成包括电气化铁路供电系统和电力机车，铁路线路、车站、铁路通信信号等设施以及相应的运行、维修和管理单位（供电段、机务段、动车段，电力调度及其主管部门）。

二维码

认知电气化铁路构成

电气化铁路供电系统由一次供电系统和牵引供电系统组成，如图8-1所示。其中，电气化铁路的一次供电系统一般是指国家电力系统向电气化铁路供电的部分，也称为铁路的外部供电系统。一次供电系统主要包括发电厂、区域变电所和电力传输线。在我国，电力系统通常以110kV或220kV的电压等级向电气化铁路供电。

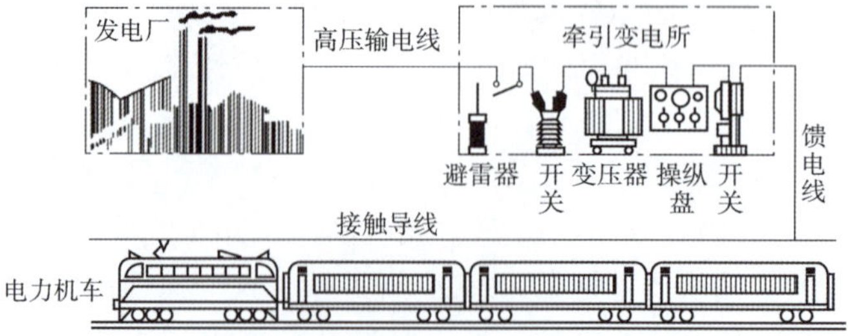

图8-1 电气化铁路供电系统构成示意图

而对电力机车供电的是属于铁路部门管辖的装置，称为电气化铁路牵引供电系统。它由牵引变电所和牵引网（高压输电线、馈电线等）构成。牵引变电所沿电气化铁路

分布，将电力系统的三相高压电转换成两个单相电，再通过两侧的接触网提供给电力机车作为牵引电能。牵引网由馈电线、接触网等组成。接触网是悬挂在电气化铁路上方，并和铁路轨顶保持一定距离的具特殊形式的输电网。

电力机车通过牵引变电所和接触网接收电能，实现电力牵引并进行远距离运输。

四 电气化铁路的电流制

电流制是指牵引供电系统中牵引网的供电电流种类。电气化铁路供电采用何种电流制将会关系到许多重大技术问题和铁路运输的经济效益，这也是每个采用电气化铁路的国家首先要考虑的问题。目前电气化铁路主要有以下 3 种电流制。

（一）直流制

牵引网的供电电流为直流时，称为直流制。电力系统将三相交流电送到牵引变电所，经降压、整流转变成直流电，再通过牵引网供给电力机车使用。

直流制发展最早，目前有些国家的电气化铁路仍在应用，我国仅城市地铁、轻轨、有轨电车、工厂矿山采用。直流制的供电电压有 600V、750V、1200V、1500V、3000V 等几种，有轨电车一般为 600V，地铁和轻轨一般为 750V 或 1500V，矿山运输一般为 1500V。

直流制存在的主要问题：因受换向条件的限制，直流牵引电动机的额定电压不能过高，因此供电电压较低，而要保证电力机车足够的功率，就需要比较大的供电电流。由于电流较大，需要导线的截面积也大，使得金属消耗增加，线路损耗也加大，所以牵引变电所之间的距离较短，一般只有 20～30km，牵引变电所的数量就要相应增加，并且为完成整流任务而变得较复杂。由于这些原因，许多国家已逐渐停止发展直流制电气化铁路。而对于工矿企业铁路、有轨电车、地铁和轻轨，由于运行距离较短，对供电的安全性要求较高，所以采用电压较低的直流制供电更具有优越性。

（二）低频单相交流制

牵引网的供电电流为低频单相交流时，称为低频单相交流制。牵引网的供电电流频率为 16.7Hz，供电电压为 11～15kV，电力机车采用交流整流子式牵引电动机。

与直流制相比，低频单相交流制的主要优点是供电电压提高，供电电流较小，导线截面积减小，牵引变电所之间的距离可相应增加到 50～70km。低频单相交流制是继直流制之后出现的，目前一些欧洲国家仍在应用，这些国家之所以采用低频单相交流制，是因为这些国家最初有低频的工业电力，并且低频单相交流的整流相对容易，低频单相交流的电抗也比工频单相交流小。当电力工业采用 50Hz 的标准频率后，低频单相交流制的发展就受到了限制。

（三）工频单相交流制

牵引网的供电电流为工频单相交流时，称为工频单相交流制。工频单相交流制最早出现在匈牙利，电压为 16kV。1950 年法国试建了一条 25kV 的工频单相交流电气化铁路。由于工频单相交流制的优越性比较明显，很快被许多国家所采用。我国电气化铁路建设一开始就采用了这种电流制，额定电压为 25kV。

1. 工频单相交流制的主要优点

（1）牵引供电系统结构简单。牵引变电所从电力系统获得电能，经过降压后直接供给牵引网，无须在变电所设置整流和变频设备，使变电所结构大为简化。

（2）供电电压提高。既可保证大功率电力机车的供电，提高电力机车的牵引定数和运行速度，又可使牵引变电所之间的距离延长，导线截面积减小，建设投资和运营费用显著降低。

（3）交流电力机车的黏着性能和牵引性能良好。通过对电力机车上的变压器进行调压，牵引电动机可以在全并联状态下工作，防止轮对空转，从而提高了运用黏着系数。

（4）交流制的地中电流对地下金属的腐蚀作用小，一般可不设专门的防护装置。

2. 工频单相交流制存在的主要问题

（1）单相牵引负荷在电力系统中形成负序电流。

（2）牵引负荷是感性的，功率因数低。

（3）牵引电流为非正弦波，含有丰富的谐波电流。

（4）牵引网中的工频单相电流对沿线通信线路造成较大的电磁干扰。

单元 8.2 电气化铁路牵引供电系统

电气化铁路供电系统包括牵引供电系统、电力供电系统。牵引供电系将电能传给电力机车。电力供电系统将电能传给电力机车以外的部分。以下重点介绍牵引供电系统。

一 牵引供电系统构成

电气化铁路牵引供电系统由牵引变电所和牵引网等构成。某电气化铁路牵引供电系统构成示意图如图 8-2 所示。

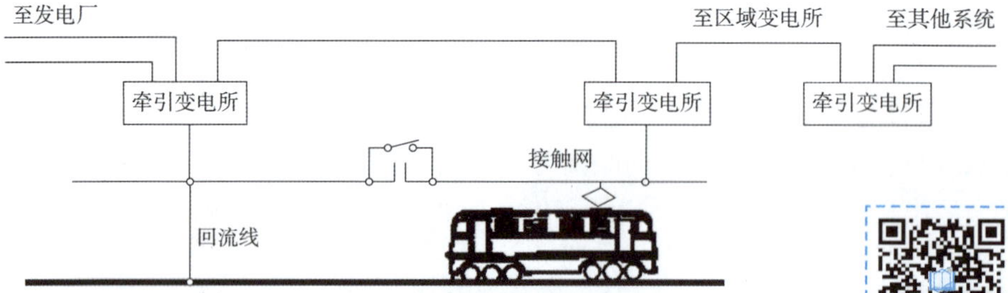

图 8-2 某电气化铁路牵引供电系统构成示意图

认知电气化铁路牵引供电系统构成

（一）牵引变电所

牵引变电所沿电气化铁路分布。牵引变电所将电力系统输电线路电压从 110kV（或 220kV）降到 27.5kV，经馈电线将电能送至接触网；接触网沿铁路上空架设，电力机车升弓后便可从其取得电能，用以牵引列车。

牵引变电所至分区所（亭）之间的接触网（含馈电线）称供电臂。牵引供电回路是由牵引变电所—馈电线—接触网—电力机车—钢轨—回流连接—（牵引变电所）接地网组成的闭合回路，其中流通的电流称为牵引电流。

牵引变电所的主要设备是牵引变压器（又称主变压器）。牵引变电所中通常设置两台结构和接线完全相同的牵引变压器，一台运行，一台备用。

二维码 认知牵引变电所

（二）牵引网

通常将接触网、钢轨回路（包括大地）、馈电线和回流线统称为牵引网。

二维码 供电（接触网）

馈电线是连接牵引变电所牵引母线和接触网的架空线。馈电线除直接向接触网送电外，还向附近车站、机务折返段、开闭所等送电，所以馈电线的数目较多，距离也可能较长。馈电线一般为大截面的钢芯铝绞线。

接触网是牵引网的主体，悬挂在电气化铁路线上方，并和铁路轨顶保持一定距离的链形或单导线的输电网。电力机车的受电弓通过与接触网滑动接触取得电能。我国电气化铁路（接触网）采用工频单相交流制，接触网的额定电压为25kV。

由于接触网分布广、结构复杂、运行条件差，所以故障较多，不仅日常维修工作量大，而且对牵引供电的可靠性影响极大。

在非电力牵引的情形下，轨道只作为列车的导轨。在电气化铁路中，轨道除仍具有上述功用外，还需要完成导通回流的任务。因此，电气化铁路的轨道应具有畅通导电的性能。流过电力机车的负荷电流经钢轨和地、回流线回到牵引变电所。由于钢轨与地不绝缘，所以部分电流沿大地返回，形成地中电流。

连接轨道和牵引变电所中主变压器接地相之间的导线称为回流线，也是电路的组成部分，其作用是把轨道、地中的回路电流导入牵引变电所。

（三）分区所（亭）

牵引变电所的接触网设有分相绝缘装置，两相邻牵引变电所之间设有分区所（亭）。

在电气化铁路上，为了提高运行的可靠性，增加供电工作的灵活性，在相邻两变电所供电的相邻两供电分区的分界处常用分相绝缘器断开。若在断开处设置开关设备和相应的配电装置，则组成分区所（亭），如图8-3所示。分区所（亭）的结构形式有多种，结构形式的选用与铁路运量、单线或复线、向牵引网供电的方式、采用设备的类型等因素有关。

在单线单边供电的电气化区段，相邻两供电臂之间仅设分相绝缘器即可，并设旁路隔离开关以便实现临时越区供电。

在复线电气化区段和单线电气化区段双边供电时，一般设置分区所（亭），在分区所（亭）内用断路器将同一供电分区的上、下行接触网或相邻两供电分区的接触网在末端连接起来，相邻两供电臂间设分相绝缘器和与之并联的隔离开关（断路器）。

复线分区亭的作用可简述如下：

使同一供电分区的上、下行接触网并联工作或单独工作。并联工作时，分区所

(亭)内的断路器闭合，以提高接触网的末端电压；单独工作时，断路器打开。

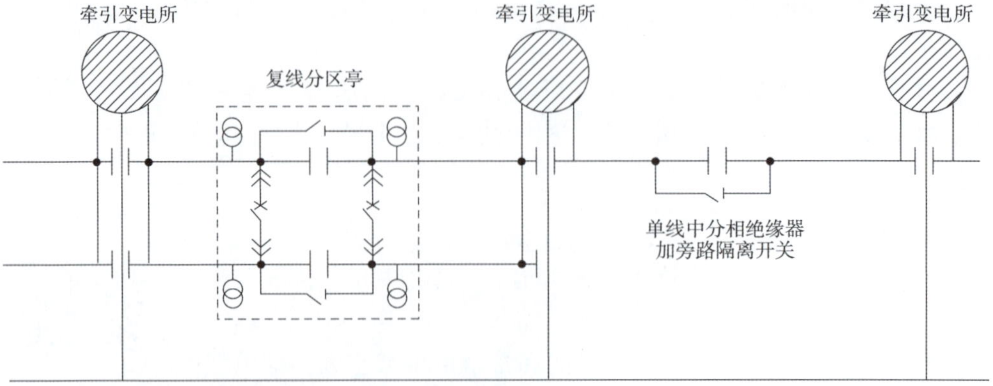

图 8-3　单、复线分区所（亭）

单边供电的同一供电分区上、下行接触网（并联工作）内发生短路事故时，由牵引变电所中的馈线断路器和分区所（亭）中的断路器配合动作，切除事故区段，缩小事故范围。非事故区段仍可正常工作。

当某牵引变电所主变压器发生事故中断供电时，可闭合分区所（亭）中与分相绝缘器并联的隔离开关（断路器），由相邻牵引变电所向事故牵引变电所的供电分区临时越区供电。

（四）开闭所

某些远离牵引变电所的大宗负荷，如枢纽站、电力机务段等，接触网按作业及运行的要求需要分成若干组，需要多条供电线路向这些接触网分组供电。若直接从牵引变电所向这些接触网分组供电，不但会增加变电所的复杂程度，而且将大量增加馈电线的长度，造成一次投资过大。为此，一般采取在大宗负荷附近建立开闭所的办法来解决，如图 8-4 所示。

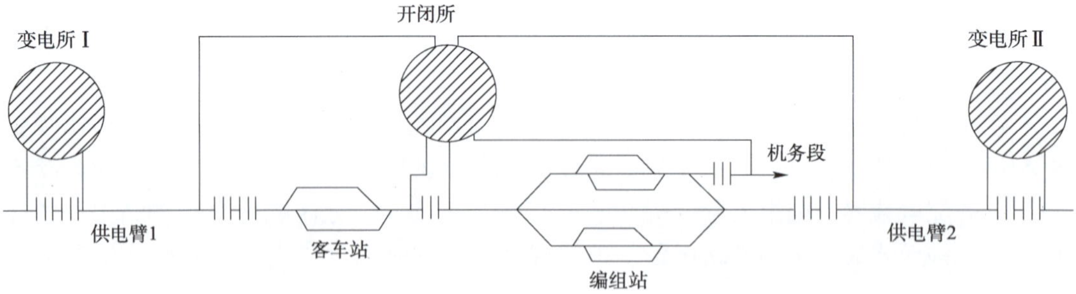

图 8-4　开闭所位置图

开闭所即单相开关站，其中只有配电设备而无牵引变压器，仅用于接收和分配电能。为保证开闭所供电的可靠性，一般从相邻两供电分区上引入两路电源，互为备用。

开闭所的作用可简述如下：

（1）开闭所不进行电压变换，只起扩大馈线回路数的作用，相当于配电所。

（2）在自耦变压器供电方式中，将长供电臂分段，事故时可缩小事故范围，提高供电的可靠性。

（3）保证枢纽站（场）装卸作业和接触网分组检修的灵活性、安全性。

（4）降低牵引变电所的复杂程度。

（五）自耦变压器站（AT所）

工频单相交流制电气化铁路采用自耦变压器（AT）供电方式时，在铁路沿线每隔10km左右设置自耦变压器（AT所）和相应的配电装置。自耦变压器站（AT所）的作用之一便是将牵引变电所供来的55kV电压降为接触网的25kV电压等级，然后向接触网供电。

二　牵引供电系统的供电方式

牵引供电系统的供电方式主要有4种：直接供电方式、BT（吸流变压器）供电方式、AT供电方式和CC（同轴电缆）供电方式。目前，电气化铁路一般采用BT、AT供电方式。

二维码

认知牵引供电系统的运营管理

（一）直接供电方式

直接供电方式是一种最简单的供电方式。在线路上，机车供电由接触网、钢轨和大地直接构成回路，对通信干扰不加特殊防护措施，如图8-5所示。电气化铁路最早大都采用直接供电方式。直接供电方式的优点是供电方式最简单，投资最省，牵引网阻抗较小，能耗损失也较低，供电距离一般为30～40km。电气化铁路的单相负荷电流由接触网经钢轨流回牵引变电所，由于钢轨和大地不是绝缘的，一部分回流由钢轨流入大地，因此对通信线路产生感应影响，这是直接供电方式的缺点。直流供电方式一般用在铁路沿线无架空通信线路或通信线路已改用地下屏蔽电缆区段，必要时也可将通信线路迁到更远处。

带回流线的直接供电方式是在接触网支柱上架设一条与钢轨并联的回流线，称为负馈线（NF），如图8-6所示。利用接触网与回流线之间的互感作用，使钢轨中的回流尽可能地由回流线流回牵引变电所，减少了电气空间，能部分抵消接触网对邻近通信线路的干扰，但其抗干扰效果不及BT供电方式。这种供电方式可在对通信线路防干扰要求不高的区段采用，能进一步降低牵引网阻抗，供电性能更好一些，但造价稍高。目前我国京广线、石太线均采用此种供电方式。

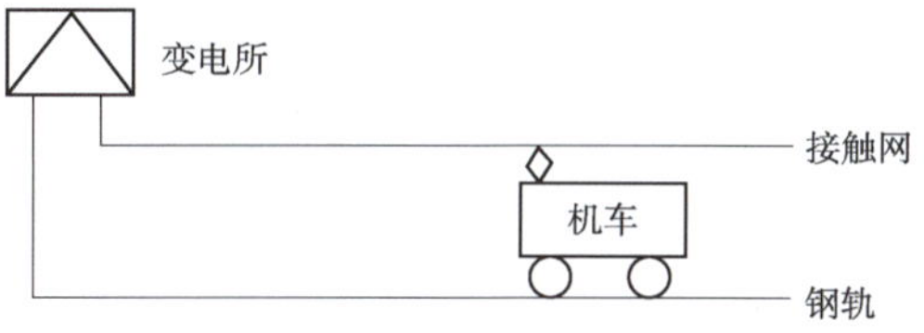

图8-5　直接供电方式

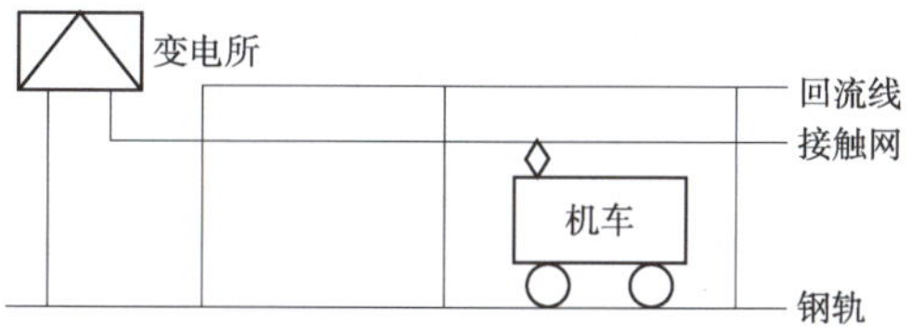

图8-6　带回流线的直接供电方式

（二）BT供电方式

BT供电方式是在牵引网中架设吸流变压器-回流线装置的一种供电方式，目前在我国电气化铁路中应用较广。吸流变压器的变比为1∶1。它的一次绕组串接在接触网中，二次绕组串接在专为牵引电流流回牵引变电所而特设的回流线（NF）中，称为吸流变压器-回流线供电方式（BT 供电方式），其工作原理示意图如图 8-7 所示。在两个吸流变压器中间用吸上线将钢轨和回流线连接起来，构成电力机车负荷电流由钢轨流向回流线的回路。两个吸流变压器之间的距离称为 BT 段，一般 BT 段长为 2 ~ 4km。

BT 供电方式的工作原理：由于吸流变压器的变比为 1∶1，当吸流变压器的一次绕组流过牵引电流时，在其二次侧绕组中强制回流通过吸上线流入回流线。由于接触网与回流线电气空间的距离很近，流过的电流大致相等、方向相反，因此对邻近通信线路的绝大部分电磁感应被抵消，从而降低了对通信线路的干扰。BT 供电方式由于在牵引网中串联了吸流变压器，致使牵引网的阻抗比直接供电方式增加大约 50%，能耗也较大，供电距离也较短（单线一般为 25km 左右，双线一般为 20km 左右），投资也比直接供电方式高。

（三）AT 供电方式

AT 供电方式是 20 世纪 70 年代才发展起来的，它既能有效地减轻牵引网对通信线路的干扰，又能适应高速、大功率电力机车的运行，故很多国家都有应用。AT 供电方式每隔 10km 左右在接触网与正馈线之间并入一台自耦变压器，其中点与钢轨相连。自耦变压器将牵引网的供电电压提高了 2 倍，而供给电力机车的电压仍为 25kV，其工作原理示意图如图 8-8 所示。电力机车由接触网受电后，牵引电流一般由钢轨流回，由于自耦变压器的作用，从钢轨流回的电流经自耦变压器绕组和正馈线（AF）流回变电所。当自耦变压器的一个绕组流过机车电流时，另一个绕组感应出电流供给电力机车，自耦变压器供电方式的牵引网阻抗很小，约为直接供电方式的 1/4，因此电压损失小，电能损耗低，供电能力大，供电距离长，可达 40 ~ 50km。由于牵引变电所间的距离加大，从而减少了牵引变电所数量，也减少了电力系统对电气化铁路供电的投资。AT 供电方式一般用在重载、高速等负荷大的电气化铁路上。由于牵引负荷电流在接触网和正馈线中方向相反，因而对邻近的通信线路干扰很小，其防干扰效果与吸流变压器-回流线供电方式相当。

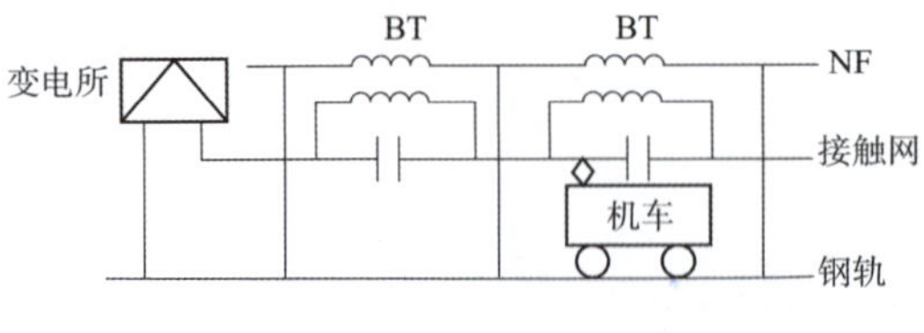

图 8-7　BT 供电方式工作原理示意图

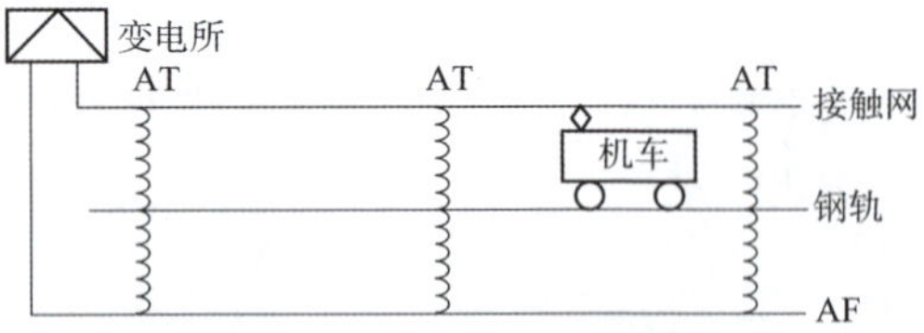

图 8-8　AT 供电方式工作原理示意图

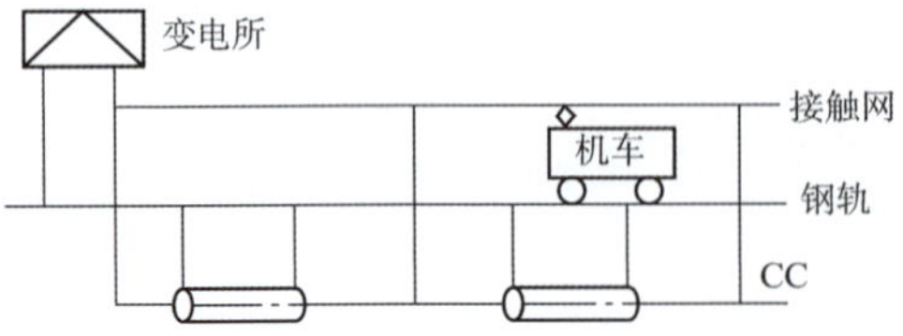

图 8-9　CC 供电方式

（四）CC 供电方式

CC 供电方式是一种新型的供电方式。它的同轴电力电缆沿铁路线路埋设，内部芯线作为供电线与接触网连接，外部导体作为回流线与钢轨相接，每隔 5 ~ 10km 做一个分段，如图 8-9 所示。

CC 供电方式的优点：馈电线与回流线在同一电缆中，间隔很小，而且同轴布置，使得互感系数增大；同轴电力电缆的阻抗比接触网和钢轨小得多，因此牵引电流和回流几乎全部从同轴电力电缆中流过；电缆芯线与外层导体电流相等、方向相反，二者形成的磁场互相抵消，对邻近的通信线路几乎无干扰；阻抗小，供电距离长。但是，由于同轴电力电缆造价高，投资大，目前我国铁路仅在一些特别困难的地段采用。

三 牵引变电所的供电方式

牵引供电属于一级负荷，中断供电将会造成重大经济损失和严重的社会影响，因此对供电的可靠性要求很高。通常要求每个牵引变电所必须由两个独立电源供电，或者由两路非同杆架设的输电线路供电，其中每路输电线应能承担牵引变电所的全部负荷。两路电源互为备用，或一主一备，即一路长期供电，另一路备用。当供电电源发生故障时，备用电源应能立即投入使用。

（一）电力系统向牵引变电所供电的方式

根据电力系统的分布状况、发电厂和区域变电所的位置以及容量等因素，电力系统向牵引变电所供电的方式主要有以下3种。

1. 一边供电

一边供电是指牵引变电所的电能只由电力系统的一个方向送来。如图8-10所示，牵引变电所只由左侧的发电厂（区域变电所）用两路输电线供电。

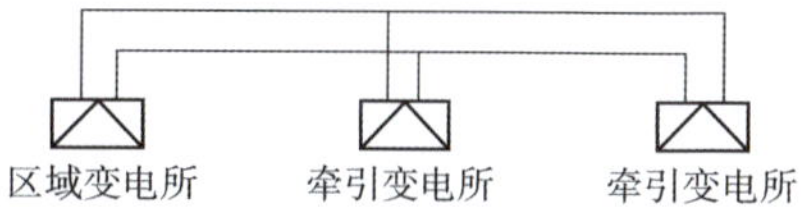

图8-10　一边供电示意图

2. 两边供电

两边供电是指牵引变电所的电能由电力系统的两个方向送来。如图8-11所示，牵引变电所的两侧都有电源，左侧发电厂（区域变电所）用一路输电线向牵引变电所供电，右侧发电厂（区域变电所）也用一路输电线向牵引变电所供电。

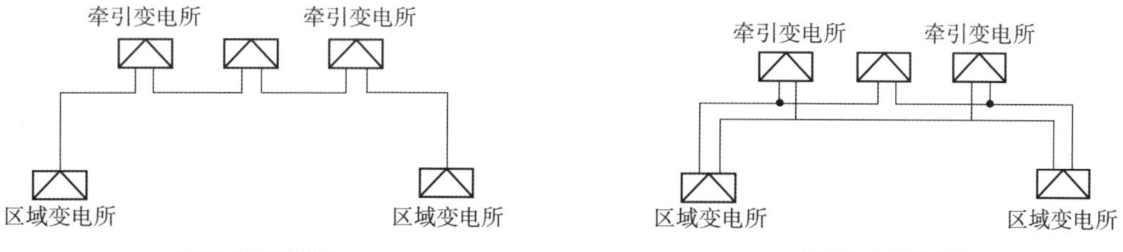

图8-11　两边供电示意图

3. 环形供电

环形供电是指若干个发电厂（区域变电所）通过输电线连接成环形电网，而牵引变电所处于环形电网的一段环路之中。如图8-12所示，牵引变电所就处于电力系统的一段环路之中而构成环形供电。

两边供电和环形供电与一边供电相比较具有更高的可靠性和更好的供电质量。两边供电的优点在于任一发电厂发生故障时，牵引变电所的供电不会中断。环形供电除具有两边供电的优点外，还具有电力系统的频率稳定、电压波动幅度较小等优点。因此，电力系统对牵引变电所的供电方式应尽可能采用两边供电或者环形供电。通常在一条很长的电气化铁路上可同时采用几种不同的供电方式。

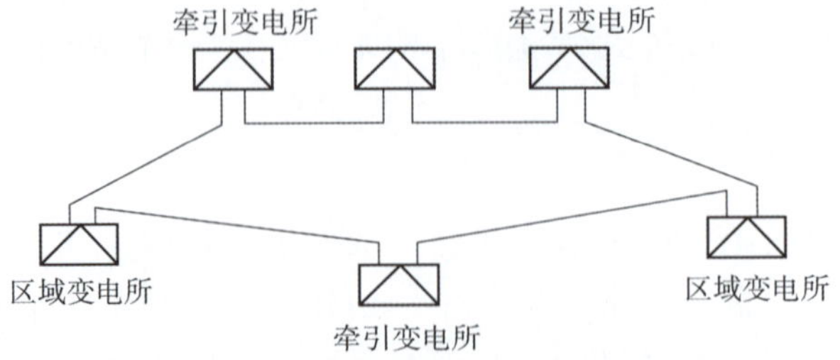

图 8-12　环形供电示意图

（二）牵引变电所向牵引网供电的方式

1. 单线区段

（1）单边供电。

当电力机车取用的电流来自一个牵引变电所时，称为单边供电。如图 8-13 所示，当分区所（亭）的隔离开关打开时为单边供电，即无论电力机车运行至什么位置，其电流均由一个牵引变电所供给。

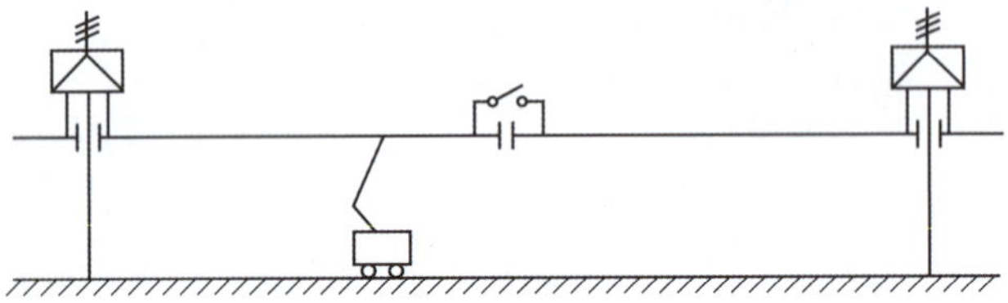

图 8-13　单线区段的牵引变电所向牵引网的供电方式

单线单边供电方式，其每个供电臂独立供电，牵引变电所的倒闸操作、馈线保护都比较简单，故目前普遍采用。

（2）双边供电。

电力机车取用的电流来自相邻的两个牵引变电所时，称为双边供电。如图 8-13 所示，当分区所（亭）的隔离开关闭合时为双边供电，即无论电力机车运行至什么位置，其电流均由相邻的两个牵引变电所共同供给。

单线双边供电时，电力机车从两个牵引变电所取流，所以每条馈电线的电流相对较小，从而减小了牵引网的电压损失和电能损失，有利于改善牵引网的电压水平，降低运营成本，而且牵引变压器的负荷较均匀；同时，由于电力机车两边的供电电流方向相反，可以减小对通信线路的电磁感应影响。双边供电的主要缺点：牵引变电所的倒闸操作、馈线保护比较复杂；当两个牵引变电所的电压有差异时，可能出现穿越电流或不平衡电流，从而产生附加的电能损失。

2. 复线区段

和单线区段一样，复线区段也有单边供电和双边供电两种方式。但由于复线双边供电分区所（亭）设备复杂，对接触网短路故障的保护十分困难，目前我国只采用复线单边供电。

（1）单边分开供电。

如图 8-14 所示，单边分开供电是指供电臂的上、下行接触网分开，电力机车取用的电流仅由上行或下行接触网一条线路供给。

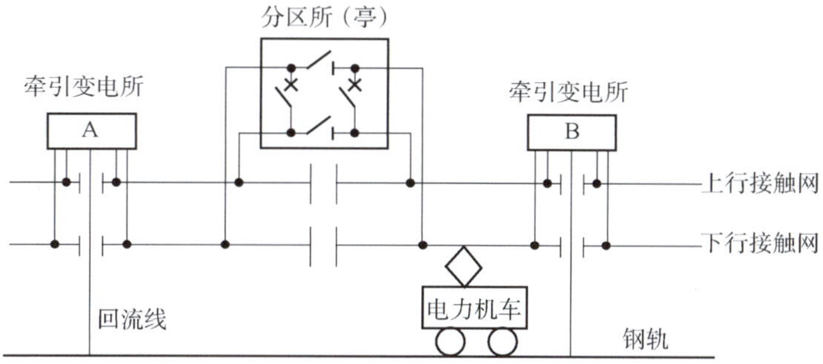

图 8-14　复线区段供电示意图

复线单边分开供电的优点是开关设备、倒闸操作、馈线保护比较简单；缺点是牵引网的电压损失和电能损失较大，上、下行接触网之间容易出现较大的电压差。

（2）单边并联供电。

单边并联供电是指供电臂的上、下行接触网在末端连接起来，电力机车取用的电流由上、下行接触网两条线路共同供给。

复线单边并联供电时，电力机车由上、下行接触网两条线路并联供电，使牵引网阻抗减小，从而使牵引网的电压损失和电能损失显著减小，故目前普遍采用。这种供电方式的缺点是开关设备、倒闸操作、馈线保护比较复杂。

（3）单边全并联供电。

单边全并联供电是指供电臂的上、下行接触网除在末端连接起来外，还在供电臂中每隔一定距离，一般是在每个车站利用柱上负荷开关将上、下行接触网连接起来，电力机车取用的电流也由上、下行接触网两条线路共同供给。

复线单边全并联供电具有较小的牵引网阻抗，能有效地减少牵引网的电压损失和电能损失；但开关设备、倒闸操作、馈线保护更加复杂。

单元 8.3　牵引变电所

一　牵引变电所的基本作用与类型

牵引变电所的作用是将电力系统的三相高压电降压、分相转换成两个单相电，通过馈电线分别供给两侧的接触网，供电力机车使用。牵引变电所的主要设备是牵引变压器。为了提高牵引供电系统的可靠性，牵引变电所一般设置两台牵引变压器，每台牵引变压器都能单独承担全部负荷。正常运行时，一台牵引变压器工作，另一台牵引变压器作为检修或故障时的备用。

牵引变压器的额定电压，原边为 110kV（220kV）；次边为 27.5kV，比接触网额定电压 25kV 高 10%；AT 供电方式的牵引变压器次边额定电压为 55kV 或 2×27.5kV。

牵引变电所按其在电网中的位置、重要程度和电源引入方式的不同，可分为中心变电所、通过式变电所、分接式变电所。如图 8-15 所示，其中 1QB、7QB 为中心变电所，3QB、5QB 为通过式变电所，2QB、4QB、6QB 为分接式变电所。

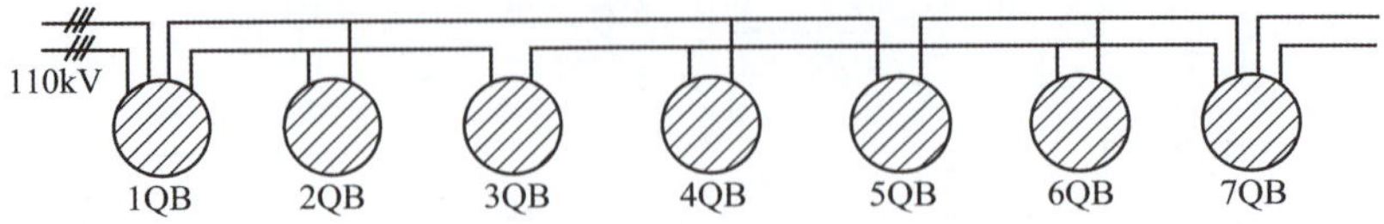

图 8-15 牵引变电所高压输电线的引入方式

根据所采用的牵引变压器类型的不同，牵引变电所通常分为单相牵引变电所、三相牵引变电所和三相-两相牵引变电所。

二 牵引变电所的电气主接线

牵引变电所［包括开闭所和分区所（亭）］的电气主接线是指断路器、隔离开关、互感器、避雷器、主变压器、母线和电缆等高压一次设备按一定的顺序连接起来，用于表示接收和分配电能的电路。主接线图一般用单线图表示。单线图是表示三相相同的交流电气装置中一相连接顺序的图。当三相不完全相同时，则用多线图表示。

三 牵引变电所的一次设备

牵引变电所的一次设备包括变压器、互感器、高压断路器、高压隔离开关、高压负荷开关、高压熔断器等。

（一）变压器

变压器主要由铁芯、绕组、绝缘材料组成。铁芯用于构成变压的磁路；绕组构成变压器的电路；绝缘材料有绝缘纸板、变压器油等，它们起绝缘作用。变压器除起绝缘作用外，还起冷却的作用。

（二）互感器

互感器是一种用途特殊的变压器，又称仪用互感器，是配电系统中不可缺少的重要设备。根据电气量变换的差别，仪用互感器可分为电压互感器（TV）和电流互感器（TA）两大类。仪用互感器的主要用途：与仪表配合测量线路上的电流、电压、功率和电能，与继电器配合对线路及变配电设备进行定量保护（如短路、过电流、过电压、欠电压等故障的保护）。为了配合仪表测量和继电器保护的需要，电压互感器将系统中的高电压变换成标准的低电压；电流互感器将高压系统中的电流或低压系统中的大电流变换成标准的小电流（5A 或 1A）。由于采用了仪用互感器，使测量仪表和继电器均接在仪用互感器的二次侧与系统的高电压隔离，从而保证了操作人员和设备的安全；同时，由于仪用互感器二次电压和二次电流均为统一的标准值，使测量仪表和继电器的制造得以标准化，从而简化了制造工艺，降低了成本。所以仪用互感器在变电、配电网络的测量、保护及控制系统中得到了广泛应用。

（三）高压断路器

高压断路器是高压配电装置中的重要电器，其用途是使高压电路在正常情况下接通或断开，以及在事故情况下自动切断故障电路，使设备恢复正常运行。

高压断路器按灭弧介质的不同主要有真空断路器、六氟化硫（SF_6）断路器和少油断路器等。

（四）高压隔离开关

高压隔离开关也称刀闸，是建筑供配电系统中使用最多的一种高压开关电器。高压隔离开关是一种没有灭弧装置的控制电器，因此严禁带负荷进行分、合闸操作。高压隔离开关在分闸后具有明显的断开点，在操作断路器停电后，将它拉开可以保证被检修的设备与带电部分隔离，产生一个明显可见的断开点，既能缩小停电范围，又能保证人身安全。

（五）高压负荷开关

高压负荷开关主要用于配电系统中关合、承载、开断正常条件下（也包括规定的过载系数）的电流，并能通过规定的异常（如短路）电流的关合。也就是说，高压负荷开关可以合、分正常的负荷电流以及关、合短路电流（但不能开断短路电流）。因此，高压负荷开关受到使用条件的限制，不能作为电路中的保护开关，通常高压负荷开关必须与具有开断短路电流能力的开关配合使用，最常用的方式是高压负荷开关与高压熔断器相配合，正常的合、分负荷电流由负荷开关完成，故障电流由熔断器来完成开断。

（六）高压熔断器

高压熔断器是最早被采用的，也是最简单的一种保护电器。它串联在电路中使用。当电路中通过过负荷电流或短路电流时，利用熔体产生的热量使它自身熔断，切断电路，以达到保护的目的。

高压熔断器主要由金属熔体、连接熔体的触头装置和外壳组成。金属熔体是高压熔断器的主要元件。金属熔体的材料一般有铜、银、锌、铅和铅锡合金等。金属熔体在正常工作时，仅通过不大于金属熔体额定电流的负载电流，其正常发热温度不会使金属熔体熔断；当过载电流或短路电流通过金属熔体时，金属熔体便熔化断开。

四 牵引变电所的二次设备

牵引变电所的二次设备包括保护装置、故障探测装置以及控制、信号、测量回路和自用电系统等。

（一）保护装置

牵引供电系统在运行中可能会出现各种故障和不正常运行情况，如短路、断线、接地、过负荷等。其后果是损坏电气设备，中断供电，影响铁路运输。保护装置就是为此而设，当被保护设备发生故障或出现不正常状态时，保护装置将按预定程序动作，使断路器跳闸或发出报警信号。

（二）故障探测装置

接触网发生故障，会中断供电，影响铁路运输，因此要求迅速排除故障。接触网沿铁路线架设，供电臂超过20km，一旦出现故障又无明显破坏痕迹，将很难查找，为了迅速查找故障，设置了故障探测装置。

1. 电抗型故障探测装置

在直接供电方式及吸流变压器供电方式区段，接触网上某一点到变电所这段线路的电抗值是一个常数，与其短路形式无关，而且接触网的电抗值与其到变电所的距离成正比。只要测量故障时的电抗值，就能推算出短路点的位置，电抗型故障探测装置就是利用这个原理制成的。

2. 吸上电流比型故障探测装置

在自耦变压器供电方式区段，由于有自耦变压器的关系，阻抗与其到变电所的距离不呈线性关系，而是呈曲线关系，因此，电抗型故障探测装置不能使用。经研究发现，当短路时故障点与自耦变压器的距离同相邻两自耦变压器的中点电流成反比，根据这个原理制成的故障探测装置，称为吸上电流比型故障探测装置。吸上电流比型故障探测装置分别安装在变电所、分区所（亭）、开闭所和自耦变压器所内，用专用通道相连。

（三）控制、信号、测量回路

为了对高压电气设备进行操作监测，牵引变电所还设置了控制、信号、测量回路。

1. 控制回路

（1）控制方式。

控制回路的控制方式包括调度所远程控制、调度所内控制和在操作机构处当地控制三种。在控制回路中设有切换开关进行远程控制和所内控制的切换，以防止两种形式同时进行控制。在操作机构箱内设有切换开关进行所内控制和当地控制的切换，以防止在检修时误操作，并在检修需要时进行控制。

（2）控制连动。

过去在牵引变电所控制断路器和隔离开关是采用手动操作。在操作时，工作人员需要在室内室外来回跑动，时间长，操作复杂，无法实现远程化。近年来，隔离开关采用电动操作机构，在室内即可控制，无须到室外手动操作，方便了运行值班人员。

由于接触网馈电线操作频繁，为了减少操作次数和避免误操作，将断路器和隔离开关做成连动的，一次操作即可使断路器和隔离开关按分合闸的程序要求先后动作。合闸时，先合隔离开关，后合断路器；分闸时，先分断路器，后分隔离开关。而备用断路器与运行断路器及隔离开关之间也做成连动的，一旦备用断路器投入使用，被代替的断路器则立即同时跳闸。

当发生故障时，保护装置只能将断路器断开，隔离开关仍处于合闸状态，以区别于正常操作。操作手柄采用分合后能自动恢复的三位组合开关。

2. 信号回路

信号回路是显示电气设备工作状态的装置，其显示方式有灯光、掉牌和音响，其信号有位置信号、事故信号、预告信号。

（1）位置信号。

位置信号显示断路器和隔离开关所处状态，红灯表示处于合闸状态，绿灯表示处于分闸状态。当断路器与隔离开关采用连动方式时，隔离开关与断路器均合闸时亮红灯，均分闸时亮绿灯，隔离开关合闸、断路器分闸时亮白灯。

（2）事故信号。

当高压电气设备发生故障或接触网发生短路，引起断路器跳闸中断供电时，将发出事故信号。事故信号有掉牌信号和光字牌信号两种，用以显示事故原因（一般为蜂鸣器），提醒值班人员注意。

（3）预告信号。

当电气设备处于不正常状态，但未中断供电时，如变压器过负荷，温度升高，自用电发生故障时，则发出预告信号。与事故信号相同，预告信号也有掉牌信号与光字牌信号两种，都用来显示不正常情况，同时发出声音（一般为铃声），提醒值班人员注意。

3. 测量回路

为了监测变电所的运行状态，需要对一些电量进行测量，按照相关规程的规定，牵引变电所设有高压侧电压、电流、功率的测量和低压侧电压、电流和馈电线电流的测量。为了计量，在高压侧安装了有功电度表和无功电度表。

（四）自用电系统

1. 交流自用电

牵引变电所设有交流自用电系统。自用电负荷有检修用的动力、照明、蓄电池充电、主变压器通风、操动机构加热等。

2. 直流自用电

交流电不能作为高压电气设备控制和信号的电源，因为当牵引变电所停电时，交流切断，高压设备无法进行控制，所以高压电气设备的控制回路、信号回路、保护装置、自动装置、事故照明等均采用直流供电。

五 牵引变电所的高压配电装置

牵引变电所的高压配电装置是按电气主接线的要求，由开关与电气设备、母线保护电器、测量电器和必要的辅助设备组装在一起的接收和分配电能的装置。

此外，为保证电气化铁路设备和运营的安全，还需配备必要的防雷和接地装置。

单元8.4 接触网

一 接触网的特点

二维码

认知接触网

接触网是铁路电气化工程的主构架，是沿铁路线路上空架设的向电力机车供给电能的特殊形式的输电线路。接触网额定电压为25kV。若采用工频单相交流制，接触网较低工作电压不低于20kV，非正常情况下最低电压不低于19kV。

二 接触网的悬挂类型

接触网大多是以接触悬挂的类型来区分的。在一条接触网线路上，无论是在区间还是在站场，为了满足供电和机械方面的要求，总是将接触网分成若干长度一定且相互独立的分段，这就是接触网的锚段。接触悬挂的分类就是针对接触网的每个锚段而言的。接触悬挂的种类较多，一般根据其结构的不同分成简单接触悬挂和链形接触悬挂两大类。

（一）简单接触悬挂

简单接触悬挂是由一根或两根平行的接触线直接固定在支持装置上的接触悬挂形式。它的特点是无承力索，接触线直接悬挂在支持装置上。简单接触悬挂在实际运营的铁路线上很少应用。

（二）链形接触悬挂

链形接触悬挂是一种运行性能较好的悬挂形式。它的特点是接触线通过吊弦悬挂在承力索上，承力索通过钩头鞍子或悬吊滑轮悬挂在支持装置的腕臂上，使接触线在不增加支柱的情况下增加了悬挂点，通过调整吊弦长度，可使接触线在整个跨距内对轨面的高度基本保持一致，从而减小了接触线在跨距中的弛度，改善了弹性，增加了悬挂重量，提高了稳定性，可以满足电力机车高速运行取流的要求。

链形接触悬挂的分类方法较多，按悬挂链数的多少可分为单链形接触悬挂、双链形接触悬挂和多链形（又称三链形）接触悬挂。目前我国采用单链形接触悬挂，如图 8-16 所示。

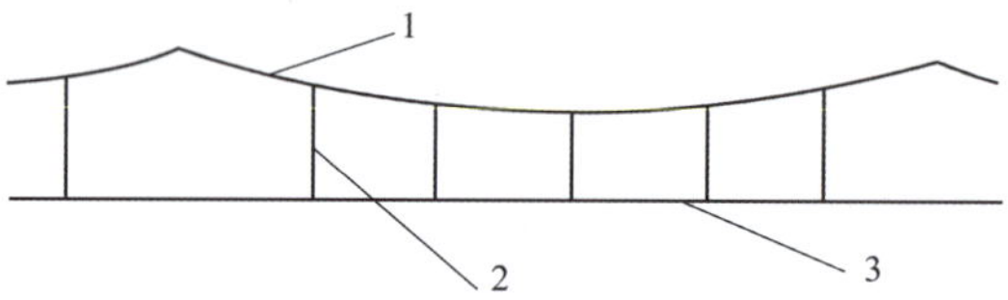

图 8-16 单链形接触悬挂示意图
1-承力索；2-吊弦；3-接触线

三 接触网的组成结构

接触网是沿铁路线上空架设的向电力机车供电的特殊形式的输电线路，它由支柱与基础、支持装置、定位装置和接触悬挂装置几部分组成，如图 8-17 所示。

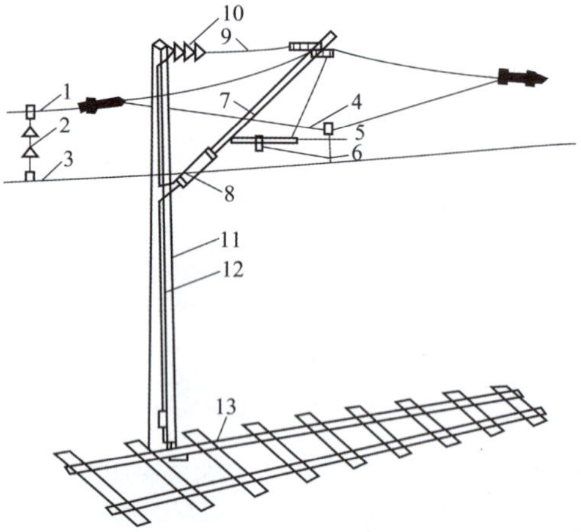

图 8-17 接触网
1-承力索；2-吊弦；3-接触线；4-弹性吊弦；5-定位管；6-定位器；7-腕臂；8-棒式绝缘子；9-水平拉杆；10-悬式绝缘子；11-支柱；12-地线；13-钢轨

（一）支柱与基础

支柱与基础用以承受接触悬挂、支持装置和定位装置的全部负荷，并将接触悬挂固定在规定的位置上。

我国电气化铁路接触网采用预应力钢筋混凝土支柱和钢支柱，基础是对钢支柱而言的，即钢支柱固定在下面的钢筋混凝土制成的基础上，由基础承受支柱传给的全部负荷，并保证支柱的稳定性。预应力钢筋混凝土支柱与基础制成一个整体，下端直接埋入地下。

支柱按其在接触网中的作用可分为中间支柱、转换支柱、中心支柱、锚柱、定位支柱、道岔支柱、软横跨支柱、硬横跨支柱及桥梁支柱等几种。

（二）支持装置

支持装置包括腕臂、水平拉杆、悬式绝缘子串、棒式绝缘子及其他建筑物的特殊支持设备。支持装置用以支持接触悬挂，并将其负荷传给支柱或其他建筑物。它根据接触网所在区间、站场和大型建筑物而有所不同。

（三）定位装置

定位装置包括定位管和定位器。定位装置的作用是固定接触线的位置，保证接触线在受电弓滑板运行轨迹范围内与受电弓不脱离，并将接触线的水平负荷传给支柱，如图 8-18 所示。

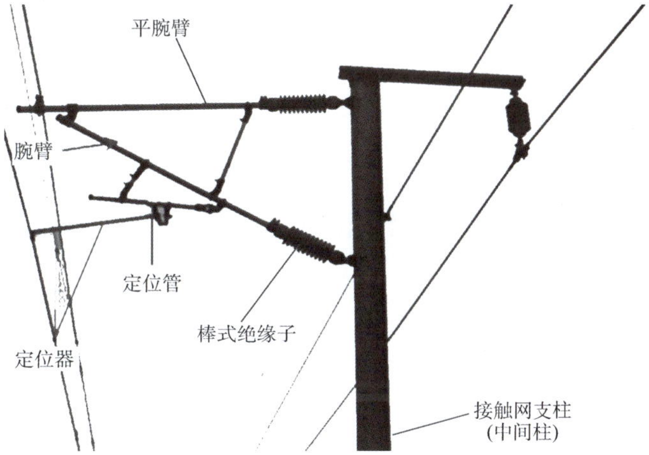

图 8-18 接触网支持装置及定位装置

（四）接触悬挂装置

接触悬挂装置包括接触线、承力索、吊弦和连接它们的零件。接触悬挂装置的作用是将电能传输给电力机车。

受电弓为电力机车受流装置。接触线与受电弓之间的可靠接触，是保证电力机车良好取流的重要条件。

1. 接触线

接触线是接触网中重要的组成部分。电力机车在运行中，其受电弓滑板与接触线摩擦，并从接触线上获得电能。接触线的性能及截面积应满足牵引供电计算的要求。接触线一般制成两侧带沟槽的圆柱状。沟槽的作用是便于安装线夹，并按技术要求悬吊固定接触线位置而又不影响受电弓滑板的滑行取流。接触线下面与受电弓滑板接触的部分呈圆弧状，称为接触线的工作面。

（1）接触网导线高度。

接触网导线高度是指悬挂定位点处接触线距轨面的垂直高度。相关设计规范规定如下：

接触网导线高度的最高高度不大于6500mm，接触网导线高度最低高度则应符合下列要求：

①客货共线铁路要求如下：

a. 站场和区间（含隧道）接触线距轨面的高度宜取一致，其最低高度不应小于5700mm，编组站、区段站等配有调车组的线、站，正常情况不应小于6200mm，困难时不应小于5700mm。

b. 既有隧道内（包括按规定降低高度的隧道口外及跨线建筑物范围内）正常情况不应小于5700mm，困难情况不应小于5650 mm，特殊情况不应小于5330mm。

②双层集装箱运输线路不应小于6330mm。

③仅开行动车组的线路不应小于5150mm。

④在海拔1000 m以上的区段，接触线最低高度值应按规定随空气绝缘间隙值的加大而相应增加。

（2）之字值和拉出值。

定位器将接触线固定在正确的位置上称为定位。定位器定位线夹与接触线固定处称为定位点。定位点至受电弓中心运行轨迹的水平距离，在直线区段称为之字值，在曲线区段称为拉出值。定位器之字值和拉出值的作用是使受电弓滑板工作均匀，并防止发生脱弓和刮弓事故。

在直线区段，受电弓中心与线路中心重合，接触线之字值沿线路中心对称布置，其标准为±300mm，提速后为200～250mm；拉出值为350～450mm。

在曲线区段，拉出值和曲线半径大小有关。

2. 承力索

承力索的作用是通过吊弦将接触线悬挂起来。承力索还可承载一定电流来减小牵引网阻抗，降低电压损耗和电能损耗。

3. 吊弦

在链形悬挂中，接触线通过吊弦悬挂在承力索上。按吊弦使用位置是在跨距中、软横跨上还是在隧道内分，有不同的吊弦类型。吊弦是链形悬挂中的重要组成部件。

（五）绝缘子

绝缘子用以悬挂并对接地体保持电气绝缘。

近年来，硅橡胶复合型绝缘子被大量采用。这种绝缘子是用硅橡胶注射压制成型的合成绝缘子，是一种完全不同于瓷绝缘子的新型绝缘子。它具有重量轻、体积小、不易破碎、高抗拉强度，污秽性能强的特点。

（六）接触网线岔

接触网线岔由一根限制管、两个定位线夹和固定限制管的螺栓组成，是用一根限制管将相交的两支接触线上下相互贴近，限制管的两端用定位线夹和螺栓固定在下面那根接触线上。如果是非正线相交，一般是交叉点距中心锚结或硬锚近者在下面；若是和正线相交，正线在下面。上面的接触线应能在限制管和下面接触线间活动。

（七）锚段关节

两个相邻锚段的衔接部分称为锚段关节。锚段关节根据锚段所起的作用可分为非绝缘锚段关节和绝缘锚段关节。非绝缘锚段关节只起机械分段作用。绝缘锚段关节既起电分段作用又起机械分段作用。根据锚段所含跨距数可分为三跨锚段关节、四跨锚段关节等；另外，在BT供电区段还有一种吸变台锚段关节。

（八）补偿装置

补偿装置又称补偿器，设在锚段两端，能自动补偿接触线或承力索内的应力，是自动调整接触线或承力索张力的补偿器及其制动装置的总称。补偿装置由补偿滑轮、补偿绳、杠杆、坠砣杆和坠砣组成。其作用是当温度变化时，线索受温度影响而伸长或缩短，由于补偿器坠砣的重力作用，可使线索沿线路方向移动而自动调整线索张力，使张力恒定不变，并借以保持线索的弛度以满足相关技术要求。任何情况下，坠砣距地面的高度不得小于200mm。

（九）中心锚结

在锚段的适当位置将接触悬挂固定，这种固定装置称为中心锚结。在两端装有补偿器的锚段里必须加设中心锚结，其布置原则是尽量使中心锚结两端张力相等。

在直线区段，中心锚结设在锚段中部；在曲线区段，曲线半径相同的整个锚段仍设在锚段中部，当锚段处于直线和曲线共有区段且曲线半径不等时，应设在靠曲线多、半径小的一侧。

（十）分段绝缘器

在电气化铁路区段各车站的装卸线、机车整备线及电力机车库线等地，为了保证工作人员的作业方便及人身安全，在供电方面将接触网分成独立的区段。

二维码 分段绝缘器

分段绝缘器安设在上述独立区段的两端，既能保证供电的分段，又能使受电弓平滑地通过该设备。分段绝缘器大多应配合隔离开关使用，以便使分段绝缘器两端的接触线在隔离开关闭合时都能带电；当隔离开关断开时，独立区段内则不带电，便于在该独立区段中进行装卸或停电作业。

（十一）分相绝缘装置

分相绝缘装置包括分相绝缘器和有关分相绝缘器的线路标志。分相绝缘器的作用是将接触网上不同相位的电能隔离开，以免发生相位间短路，并起机械连接作用，使接触网成为一个整体。分相绝缘器设在两供电臂连接的地方，如牵引变电所、分区所（亭）等处。

分相绝缘器一般由三块相同的玻璃钢绝缘件组成。每块玻璃钢绝缘件长1.8m、宽25mm、高60mm，其底面制成斜槽，以增加表面距离。

玻璃钢绝缘件之间的接触线无电，称为中性区。中性区的长度按照相关规定不小于18m。这一规定是以机车双弓升起时不至于短接不同相位的接触线为限。在分相绝缘器处还配置了隔离开关，以便越区供电。

为了不缩短中性区长度和避免接触线供电相位间短路，确保分相绝缘器能正常工作，电力机车通过分相绝缘器时，只能是断电滑行通过。因此，在分相绝缘器的两端，上行和下行方向均应设立“断”“合”标志牌，用以通知司机：当机车通过分相绝缘器时，必须先断开机车的主断路器；当机车通过分相绝缘器后，再重新合上主断路器。

这是为了防止受电弓通过中性区时，拖带电弧烧损绝缘件和接触线或造成其他事故。

目前，我国电气化铁路主要采用 DXF 型和 XFXP 型分相绝缘器。高速铁路大多采用关节式分相绝缘装置，能够使机车快速平稳地从一个供电臂过渡到另一个供电臂。

（十二）隔离开关

在大型建筑物、车站两端，装卸线、专用线、电力机车库线、机车整备线需要进行供电的分段。凡是需要进行供电分段的地方（除上、下行渡线）都应设置隔离开关。

（十三）软横跨与硬横跨

软横跨是多股道站场的接触悬挂的横向支持设备，它由电气化铁路两侧的支柱和挂在支柱上的横向承力索以及上、下部固定绳及支持和连接零件组成，其中横向承力索是软横跨受力的主要构件。软横跨分为绝缘式软横跨、电分段式绝缘软横跨等几种。

硬横跨是电气化铁路上广泛采用的接触悬挂支持设备，其硬横梁两端被分别固定在钢支柱或钢筋混凝土支柱上。

软横跨与硬横跨相比各有优缺点。软横跨可以跨越较大站场和较多的股道，投资较少；硬横跨具有结构稳定，抗振动、抗风性能好且刚度较好，能改善弓网受流、降低离线率等优点。

（十四）限界门

限界门位于铁路、公路等交道口的两侧，用于限制超高车辆通过，防止触电伤人。限界支柱采用 8m 钢筋混凝土锥形柱，防护桩采用 100mm × 100mm × 1600mm 混凝土桩，一般应由线路中心公路两侧各 12m 为支柱限界，再由公路路宽外 0.5 ~ 1m 处确定坑位。坑深由地面起计算，保证支柱实际坑深达到 1.8m。

（十五）接触网支柱的侧面限界

接触网支柱的侧面限界是指支柱靠线路一侧至线路中心线的距离。它是为了确保行车的安全而设置的。接触网支柱的侧面限界在任何时候不得小于 2440mm；机车走行线可降为 2000mm；曲线区段适当加宽；直线中间支柱一般取为 2500mm；软横跨支柱一般取为 3000mm；当软横跨支柱位于站台时，为便于旅客行走，一般取为 3000mm。

单元 8.5 牵引供电系统的运营管理

一 供电段的任务及设置

供电段是铁路电气化区段设置的基层运营管理单位，其主要任务是保证牵引供电设备能安全、可靠地供电。

（一）供电段的任务

（1）负责管内牵引变电所、分区所、开闭所、自耦变压器所、调度所、接触网工区的行政领导（有时也包括电力工区、变配电所）。

（2）负责管内供电设备的运营管理、维修测试、故障抢修、设备材料供应和部分零件检修配置、绝缘油的化验和处理、电气仪表和继电保护的调试和校验、远动系统的调试和校验以及检修新技术设备的研制、试用和推广等。

（二）供电段的设置

供电段的管辖范围一般规定为300～400km。供电段的设置应考虑以下因素：

（1）应考虑远期电气化的发展需要，一般应设置在远期电气化适中的枢纽站或区段站上，便于上级及时调度、领导和指挥。

（2）当发生重大供电事故时，供电段本部应及时向上级汇报，及时制订抢修方案，尽快抢修，及时恢复供电。

（3）便于与地方、地区协作，方便职工生活。

二 牵引变电所的检修作业方式

牵引变电所电气设备的检修作业方式分为以下5种：

（1）高压设备停电作业：在停电的高压设备上进行的作业及在低压设备和二次回路上进行的需要高压设备停电的作业。

（2）高压设备带电作业：在带电的高压设备上进行的作业。

（3）高压设备远离带电部分的作业（简称远离带电部分的作业，下同）：当作业人员与高压设备带电部分之间保持规定的安全距离的条件下，在高压设备上进行的作业。

（4）低压设备停电作业：在停电的低压设备上进行的作业。

（5）低压设备带电作业：在带电的低压设备上进行的作业。

三 接触网的检修作业方式

由于接触网所处工作环境及供电的特殊性，投入运行后的接触网，其设备结构、零件等必然要受各种自然条件变化的影响，加上电力机车受电弓沿接触线高速摩擦滑行，使接触网经常处在振动、摩擦、电热及构件本身物理变化的影响之中，故接触网的技术状态极易发生变化。为了使电力机车能安全、可靠、良好地取流，应确保接触网的技术状态和供电质量，这样就必须对运行中的接触网进行经常性的检测、调整和维修。

接触网的检修作业方式分为停电检修作业、间接带电检修作业和远离带电部分作业三种方式。

（一）接触网的停电检修作业

接触网的停电检修作业就是在接触网不带电而且接地的情况下进行检修的作业方式。

接触网的停电检修作业是利用“天窗”时间进行的，要求必须在列车运行图中规定的“天窗”时间内完成。

“天窗”是指为满足接触网安全运行的需要，确保接触网设备的正常检修，电气化铁路区段在列车运行图中专门预留了保证接触网设备停电检修的时间。

利用“天窗”时间进行作业的方式分为以下两种：

（1）垂直天窗作业，即双线电气化铁路区段，上、下行接触网同时停电进行的接触网作业。

(2)“V”形天窗作业，即双线电气化铁路区段，上、下行接触网只是上行或下行停电进行的接触网作业。

(二)接触网的间接带电检修作业

接触网的间接带电检修作业就是借助绝缘工具间接在接触网带电设备上进行的作业。

(三)接触网的远离带电部分作业

接触网的远离带电部分作业是指在距离接触网带电部分1m以外的非带电设备上进行的检修作业。

在接触网检修作业中，通常采用停电检修作业和远离带电部分作业。

知识拓展

高铁ATP自动过分相

1. 概述

高铁线路供电由多个不同的变电所承担，动车组通过受电弓从接触网引入交流电。为防止相间短路，应使三相电力机车的供电系统尽可能平衡，同时还要防止动车因两区电位不同而产生电位差导致动车设备受损。接触网采用分段供电方式，各独立供电区之间、各相间采用空气分割，称为电分相。无电区间即分相区。传统机车过分相，都是由司机手动按钮进行操作，一般每隔20～25km就有一个分相区，对于速度250km/h以上的线路，分相区长度一般为300～500m，司机劳动强度非常大，存在疲劳驾驶、延时操作甚至损坏设备的风险。因此，需要以一种非常高效的自动过分相设备，提高高速铁路的运行质量。

2. ATP系统

ATP系统列控车载设备是列车控制系统中对列车进行操纵和控制的主体，是CTCS-3级列控系统中保证行车安全的核心设备。它根据接收的地面信息及无线信息生成列车速度控制曲线，并与列车实际速度进行比较，监控列车运行，实现超速防护、人机交互界面自动过分相等功能。在速度300km/h的高铁线路中，主要有两种控制等级模式：一种是CTCS-3级，通过无线数据实时进行信息交互，来控制列车行车；另一种是CTCS-2级，通过地面点式应答器和轨道电路，来控制列车行车。

高铁动车组、车体自动过分相，优先由ATP进行控制，过分相使能信号一直为“有效”，这也是车体主要的自动过分相控制方式。当ATP发生故障或不使用时，过分相能使信号为“无效”状态，此时由车辆过分相装置进行控制。

3. ATP过分相的优势

(1)设备可靠性高。ATP过分相装置实现了CTCS-3级和CTCS-2级设备的冗余。在各级别下，硬件装置都是双套冗余，一套发生故障时不影响另一套设备的使用，这也是高铁信号的最基本要求。CTCS-3级采用基于铁路专用的GSM-R高频网络进行通信，CTCS-2 级设备基于 27MHz 的激活信号以及 4MHz 的回传信号进行点式通信，相对于电磁感应的信号，增加了系统的稳定性和可靠性。

(2) 距离精度准确。ATP 设备是高速铁路动车组中非常重要的控车设施，能够确保动车组在行驶过程中的安全性。ATP 设备会利用地面应答器对距离进行高效的校正，而距离校正是确保行车安全的重要基础，因此，其在这方面具有非常大的优势。

(3) 成本费用低。在高铁线路中，ATP 硬件装置、应答器装置、RBC 装置等都是作为行车控车的必备设备，过分相功能被包含在 ATP 的整个功能中，并未额外增加 ATP 的成本。

(4) 人性化程度高。高速铁路动车组在运行的时候，司机会通过人机交互界面对列车进行控制，过去的过分相都是利用司机的肉眼对指示牌进行查看，再进行控制，而人机交互界面能够通过卫星定位，利用语音的方式提醒司机距离过分相区域还有多远，使司机的疲劳感有所下降，从而增强了人性化的程度。

课程思政

为高铁供电的“蜘蛛人”

中国铁路呼和浩特局集团有限公司包头供电段响沙湾供电车间杜赫（图 8-19），和同事们肩负的是 551.24km 接触网设备的运营检修任务。包头供电段响沙湾供电车间位于库布齐沙漠的腹地，主要管辖的是包西线牵引供电设备。包西线是全国煤炭运输的重要通道，也是包头去西安方向的旅客列车的必经之路。

图 8-19　工作中的杜赫

每年，杜赫和同事要对管内接触网设备复测一遍。检测对象包括 7000 多根支柱，一根支柱最少有四五十个螺母，三年之内所有的螺栓螺母都要检修一遍。胆大心细、重活巧干，他们在沙海之中为列车提供安全稳定的电能。杜赫已先后获得全国优秀共青团员、全路优秀共产党员、全路技术能手、全国铁路青年五四奖章等荣誉。

（摘编自澎湃网，2023 年 3 月 7 日）

铁道概论（活页式教材）
（第4版）

姓名：________ 班级：________ 学号：________

学习检测

一、知识检测

（一）填空题

1. 电气化铁路牵引供电系统主要包括（　　）和（　　）。

2. （　　）是牵引网的主体，是悬挂在电气化铁道线路上方，并和铁路轨顶保持一定距离的链形或单导线的输电网。

3. （　　）的作用是将电力系统的三相高压电降压、分相转换成两个单相电，通过馈电线分别供给两侧的接触网，供电力机车使用。

4. 接触悬挂的种类较多，一般根据其结构的不同分成（　　）悬挂和（　　）悬挂两大类。

5. （　　）为电力机车受流装置。

（二）选择题（以下至少有一项是正确的，请将正确的选项填入括号内）

1. 目前，电气化铁路一般采用的供电方式是（　　）。

A. 直接供电方式　　B. BT（吸流变压器）供电方式

C. AT（自耦变压器）供电方式　　D. CC（同轴电力电缆）供电方式

2. 牵引变电所将电力系统输电线路电压从110kV（220kV）降到（　　）kV，经馈电线将电能送至接触网。

A. 27　　B. 27.5　　C. 29　　D. 10

3. 牵引网由（　　）等组成。

A. 馈电线　　B. 接触网　　C. 钢轨和地　　D. 回流线

4. 牵引变电所按其在电网中的位置、重要程度和电源引入方式的不同，可分为（　　）。

A. 中心变电所　　B. 三相牵引变电所

C. 通过式变电所　　D. 分接式变电所

（三）判断题（以下描述正确的打"√"，不正确的打"×"）

1. 牵引变电所的两种供电方式是单边供电和双边供电。（　　）

2. 电务段是铁路电气化区段设置的基层运营管理单位 。（　　）

3. 电力机车是电气化铁路的重要组成部分。（　　）

4. 电力机车通过分相绝缘器时，目前只能是断电滑行通过。（　　）

（四）思考题

1. 简答题

（1）简述我国牵引供电系统的供电方式。

（2）简述我国电气化铁路牵引变电所的作用及分类。

（3）简述接触网的特点、作用及悬挂类型。

（4）简述接触网的组成结构。

2. 综合题

（1）回顾我国电气化铁路的发展历程。

（2）总结我国电气化铁路及其牵引供电系统的基本组成。

（3）根据所学知识归纳总结电气化铁路的优越性。

二、技能检测

1. 在图 8-20 中将接触网的组成部分——支柱与基础、支持装置、定位装置和接触悬挂装置标注出来。

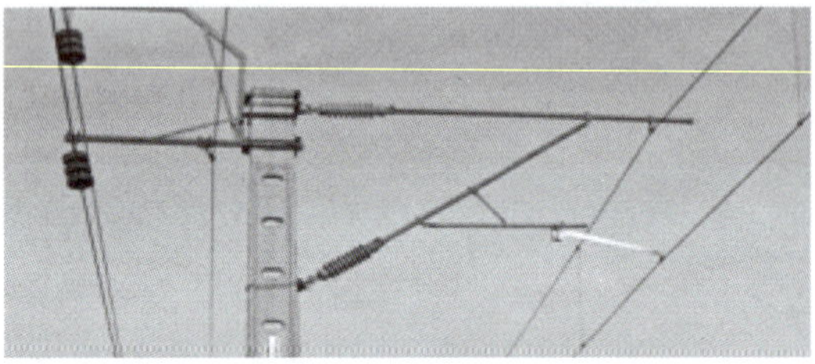

图 8-20

2. 对比图 8-21 中两接触网的不同之处，查阅资料分析它们的特点。

a） b）

图 8-21

3. 画出电气化铁路牵引供电系统示意图。

三、素质检测

1. 阅读以下材料并回答相关问题

“高空养路人”赵大坪：甘当铁路“蜘蛛侠”

每当看到动车组列车从地平线掠过，或坐在时速300多公里的“和谐号”列车车厢里，你的内心或许会产生一个问题：打造这样的高速度、支撑起这样的现代化高速铁路架构、维系其运营的，究竟是怎样一群人？

在京沪高铁北京段的高架线路上，赵大坪趁着风稍停的空隙，抬头仔细观察接触网支柱上的设备，嘴里念念有词，还不时往手里的小本上作着记录。

别人上互联网，他们上接触网。空中那条长长的电线与高铁线平行向前，为动车组列车提供动力，那便是赵大坪经常攀爬上去检修的接触网。近半年来，赵大坪带领供电段的工友们干的一直是这个活儿——负责维护和检修高铁接触网设备。

1983年，15岁的赵大坪初中毕业，他毫不犹豫地报考了张家口铁一中的首届铁路职高班。鼓励和支持他学习铁路专业、将来入职铁路的，是他的父亲，一位一辈子与铁路桥梁打交道的“老铁路”。

赵大坪刚毕业那会儿，担心理论知识不够，就把《接触网运营与管理》《接触网施工测量》《接触网工应知、应会》及《工程力学》《电工学》《机械制图》等专业书籍都搬回了家，认真学习。日久天长，他总结出了一套学习方法：“看得懂的知识反复看，力求能解释、会运用；看不懂或暂时理解不了的，就先放下看别的书，等头脑理清后再接着看，这样往往会使很多问题得到解决。”

学而时习之，不亦乐乎。赵大坪最大的兴趣就是用自己学来的知识和工作经验，将劳动化繁为简。接触网是电气化铁路的重要设施，一旦断线，就会造成接触网断电、机车停运，影响铁路运输安全畅通。近年来，随着电气化技术的发展，接触网线由原来的钢铝线换成了铜银合金线。材质的变化带来了新问题：接触网线发生断裂后，接头处容易弯曲变形；工作人员使用对接线夹接续时，不易操作。因为接续部分不平直、导线不入槽，容易形成人为硬点，不仅延长故障排除时间，还会影响线路质量。

别看赵大坪只是一个技师，他发明的“腕臂吊装工艺”和“铜接触线断线接续辅助器”等多项技术革新成果，解决了接触网作业和抢修过程中需要人员多、耗时长、安全系数低、接续困难等难题，提高了作业效率，大大缩短了接触网断线事故抢修时间。

接触网工常被人们称为铁路“蜘蛛侠”，在离地五六米高的半空中工作，险累程度无需赘言。多年来，赵大坪兢兢业业地扮演着这个角色，从一名怀揣梦想的新入路职工，逐渐成长为电气化铁路的“守护神”、现代化铁路的“保险丝”，赢得了全社会的尊重。参加工作以来，赵大坪夺得了首届全国铁路职业技能竞赛接触网专业个人全能第一名，被评为全路技术能手、全国技术能手，并获得中华技能大奖、火车头奖章、全国五一劳动奖章。

多年来，不管工作岗位如何变化，做一线工人、做职教老师，或者做技能大师工作室的掌门人，他始终没有放弃这种对于实践、理论兼顾的思考、工作模式，这也是他成为大师的原因之一。

他是一名舞者，他在接触网上“顶风曼舞”，华丽“舞步”曾受全路凝望；他是一名探路者，多年技工道路，他深学细究，刷新接触网手艺惠人无数；他，用步履诠释着接触网工人的精良品德——执着、勤恳、永不服输。

平均几分钟就要往来穿梭而过的动车组列车隆隆作响，对于赵大坪来说，就是一首熟悉的乐曲。每一个音符，都是他冬练三九、夏练三伏，大半生职业生涯孜孜以求、技能修炼的结晶。正是这样的声音，打造出了他坚韧、笃实的职业人生。

谈一谈：读完“高空养路人”赵大坪的故事，你有什么感想？

查一查：全国铁路供电系统中有多少位像赵大坪这样的接触网检修工？

想一想：是什么样的精神支持赵大坪在获得这么多荣誉称号的同时仍然活跃在接触网作业一线，成为大师以后也甘做铁路“蜘蛛侠”？

2. 团队合作任务

以班组为单位，通过查询相关网站及书籍，了解电气化铁路接触网的发展趋势，提交一份任务报告。

学习评价

评价指标		自我评价（20%）	班组评价（20%）	教师评价（60%）
基础知识（60%）	知识掌握（40%）			
	知识应用（60%）			
能力提升（40%）	自主学习能力（60%）			
	团队合作能力（40%）			

学习总结

个人学习总结：

班组学习总结：

模块9 铁路运输组织

问题引入

铁路运输的基本任务是安全、准确、迅速、经济、便利地运送旅客和货物，高质量地满足旅客、货主等服务对象对铁路运输的需求。那么旅客和货物的运送过程是如何完成的呢？当旅客在出行需求产生后，需要经历哪些阶段才能完成一次出行呢？当需要托运货物时，托运人需要办理哪些事项才能将货物送上列车？承载旅客的旅客列车和承载货物的货运列车是如何安全、高效地运行于铁路线上的呢？

学习导航

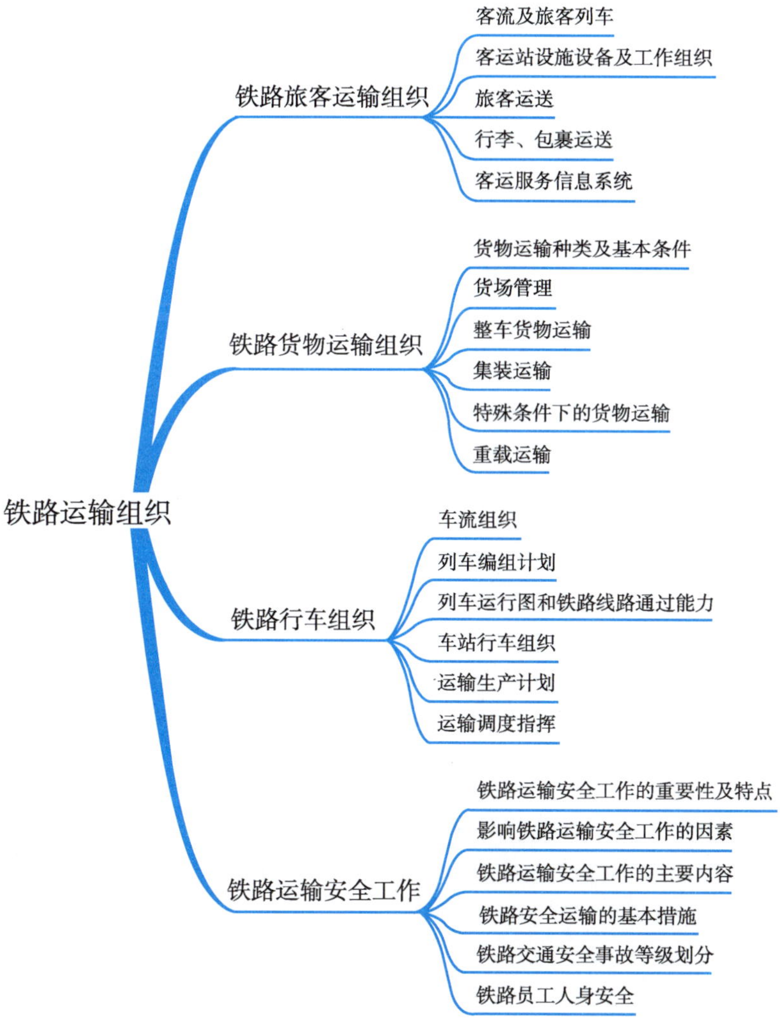

学习目标

知识目标

掌握客流及旅客列车定义及分类；

了解旅客及行包运送过程；

掌握铁路客运运价、旅客票价、行李包裹运价的构成要素及制定原理和方法；

掌握旅客乘降组织与服务，包括进站、出站、候车、站台服务和广播工作的组织与实施；

掌握货物运输种类及基本条件；

掌握整车货物运输过程；

掌握集装箱货物运输；

了解特殊条件下的货物运输；

了解重载货物运输；

掌握车流与列流、列车分类；

了解调车工作；

了解车站工作组织及调度指挥工作；

了解列车运行图及线路通过能力；

了解调度指挥中心的调度指挥工作；

了解铁路行车规则和相关法律法规；

理解铁路行车组织的基本概念、原则和方法；

了解影响铁路运输安全工作的因素；

理解铁路运输安全工作的主要内容；

了解铁路安全运输的基本措施；

掌握铁路交通安全事故等级划分；

掌握铁路员工人身安全的要求。

技能目标

能判别旅客列车的类别；

能描述旅客运送过程和行包运行过程；

能区分行李和包裹的不同；

能分析客运服务信息系统的价值和意义；

能够运用所学知识分析铁路客运组织中的实际问题，提出合理解决方案；

能判别货物运输种类及基本条件；

能描述整车货物运输过程；

能判断适合集装箱运输的货物；

能分析特殊条件下货物运输的基本条件；

能够运用所学知识分析铁路货运组织中的实际问题，提出合理解决方案；

能区分车流与列流；

能判别列车分类；

能判断调车方法的适用范围；

能识别列车运行图的结构和不同类型运行方式的特征；

能够运用所学知识分析铁路行车组织中的实际问题，提出合理解决方案；

能灵活运用安全法规与标准。

素质目标

树立“人民铁路为人民”的服务理念，培养社会责任感和服务意识。强化安全第一的思想，严格遵守铁路客运规章制度，确保旅客安全；

培养团队合作精神，能够在铁路客运工作中与同事有效沟通，协同完成任务；

培养创新思维，在铁路客运组织中寻求优化方案和创新服务模式；

培养终身学习的习惯，能够随着铁路行业的发展和技术进步，持续提升个人专业能力；

面对铁路货运中的常见问题和突发状况，能够运用批判性思维和创新意识，迅速分析问题并提出有效解决方案，确保货物安全、准时、高效运输；

熟悉并能操作铁路货运管理系统，如铁路货运信息平台、电子货运单证处理系统等，提升工作效率和服务质量；

在铁路货运的各个环节中，能够与客户、同事及相关部门有效沟通，协调各方资源，优化运输方案，处理好货主关系；

具备遵守铁路运输相关法律法规的意识，理解铁路货运合同的法律效力，确保运输活动合法合规；

理解铁路货运作为绿色低碳运输方式的重要意义，能够在工作中贯彻节能减排、环境保护的理念；

培养持续学习的习惯，跟踪铁路货运行业的新技术、新政策、新趋势，不断提升个人专业能力和综合素质；

树立良好的职业道德观，对工作负责，对货物安全负责，维护铁路货运行业的良好形象；

培养严谨的工作态度和高度的责任感，确保行车安全。

学习建议

学时要求

建议个人独立自主学习不少于 8 学时，班组合作式学习不少于 4 学时。

学习方法

采用情景模拟。案例分析。小组讨论和合作学习。实地考察。角色扮演。线上线下混合式学习等学习方法。

铁路运输生产过程每一个环节的工作以及整个生产过程的计划、组织与指挥都属于铁路运输工作的范围。铁路运输组织工作包括旅客运输工作、货物运输工作和行车组织工作三个方面。一般来说，处理有关旅客、行车和包裹等方面的工作，属于旅客运输工作范围；处理有关货物以及铁路和托运人、收货人关系方面的工作，属于货物运输工作范围；处理运输过程中有关机车、车辆、列车的工作，则属于行车组织工作范围。

单元 9.1 铁路旅客运输组织

旅客运输是铁路运输的一个重要组成部分。旅客运输的基本任务是最大限度地满足广大人民群众在旅行上的需要，安全、迅速、便捷、舒适、经济地运送旅客、行李、包裹和邮件，保证旅客在旅行途中舒适、愉快并得到文化生活上的优质服务。

铁路旅客运输的工作性质和组织原则如下：

（1）旅客运输的主要服务对象是广大旅客，其次是行李、包裹和邮件。

（2）旅客列车的编组一般是固定的，其始发站，终到站，以及到站、发站和途中运行的时刻也是固定的。

（3）旅客车辆（包括餐车、行李车）一般都是按铁路局集团公司规定固定配属于各客运车辆段。

（4）旅客运输计划只有年度的客运量计划和客运机车及客车车底的运用计划，平时只依据节假日客流调查资料所编制的重点节假日计划，来调整年度的客运量计划和机车车辆运用计划。

（5）客运站的位置要求紧靠城市，并且要与市内运输及其他各种交通工具密切配合。

（6）选择旅客列车的质量、速度等指标时，要综合比较。

铁路旅客运输是为满足旅客出行的需要服务的。它要求铁路既要质量良好地完成旅客运输任务，又要经济、合理地使用客运机车车辆和其他技术设备。为此，必须在生产实践和科学研究的基础上，不断总结经验，根据具体情况，确定铁路旅客运输组织原则。

一 客流及旅客列车

（一）客流的定义及分类

1. 客流的定义

客流是指铁路某一方向上、一定时间内旅客的流量和流向，由旅客的流量、流向和流程构成。

2. 客流的分类

客流从不同的角度有多种分类方法，常见的分类方法具体如下：

（1）按旅客的乘车距离和集团公司管辖范围，客流分为直通客流和管内客流。

①直通客流：旅客乘车距离跨及两个及以上铁路局集团公司。

②管内客流：旅客乘车距离在一个铁路局集团公司范围以内。

（2）按旅客在车站流动的线路不同来分，客流可分为进站客流、出站客流及中转换乘客流。

（3）按旅客出行的时间分布特点来分，客流可分为日常客流、节假日客流等。

（4）按旅客成分特点及出行目的不同来分，客流可分为学生客流、农民工客流、通勤客流、旅游客流等。

（二）旅客列车的分类及车次

1. 旅客列车的分类

针对客流的不同需求和铁路线路技术条件的不同，铁路开行了不同种类、不同等级的旅客列车。

旅客列车主要分为以下几种：

（1）高速动车组旅客列车：车次开头为“G”，念作“高×次”。高速动车组列车在长途高速铁路客运专线上行驶，运行速度通常为300～350km/h。

（2）城际动车组旅客列车：车次开头为“C”，念作“城×次”。城际动车组旅客列车一般是在距离较近、相互间客流量很大的大城市之间的短途客运专线（如京津城际铁路、沪宁城际铁路等）上运行、运行速度为250～350km/h的和谐号动车组。

（3）动车组旅客列车：车次开头为“D”，念作“动×次”。动车组旅客列车一般最高运行速度为250km/h，可在客运光线或电气化普速铁路线路上运行（如复兴号CR200J型动车组）。

以上三种旅客列车均采用技术最先进的动车组行驶，车内设施人性化，运行速度快，乘坐舒适度高。

（4）直达特快旅客列车：车次开头为“Z”，念作“直×次”。这种列车采用先进的庞巴迪和25T型客车，车内设备好、服务水准高，列车运行速度一般保持在160km/h，列车途中不办理旅客上下车业务。

（5）特快旅客列车：车次开头为“T”，念作“特×次”。这种列车编组辆数较少，运行速度比较高，区间运行速度达到140km/h，列车一般运行在线路质量较高的线路上。

（6）快速旅客列车：车次开头为“K”，念作“快×次”。这种列车编组辆数较少，运行速度达到120km/h，停站次数较少，车内设备比较完善。

（7）普通旅客快车：车次为纯数字，车次编号区间为1001～5998。普通旅客快车分直通快车和管内快车。这种列车速度比快速列车慢，编组辆数和停站次数较多。

（8）普通旅客慢车：车次为纯数字，车次编号区间为6001～7598。普通旅客慢车分直通旅客列车和管内旅客列车，这种列车的编组辆数多，定员多，速度低，在营业站均停车。

（9）临时旅客列车：以前车次开头是“L”，现在车次不单列，在各等级车次编号后面预留编号作为临时旅客列车车次编号。临时旅客列车一般在节假日、寒暑假、春运期间，为了缓解临时增加的客流与运能之间的供需矛盾而临时增开的旅客列车。

（10）旅游列车：车次开头为“L”，念作“游×次”。旅游列车在名胜古迹、游览胜地所在站和大、中城市间开行，用于输送旅游观光旅客。旅游列车的速度、服务和设备都优于其他旅客列车。

2. 旅客列车的车次

铁路系统中有不同种类、性质的旅客列车运行在全国各条线路上。为了便于旅客区别各种旅客列车的性质和种类，同时，考虑铁路行车部门组织列车运行和进行作业的需要，铁路部门把各种旅客列车按性质、种类和运行方向用一定数字编定车次。所以，车次是某一列车的简明代号，它能表示如下内容：

（1）列车的种类——是客车还是货车，如果是客车还可表示是直通的还是管内的。

（2）列车的等级——是快车还是慢车，如果是快车还可区分是特快、快速、普快等。

（3）列车的去向——是上行还是下行。在我国，原则上以列车开往北京方向为上行，反之为下行；但枢纽地区的列车运行方向，由铁路局集团公司规定上、下行。上行列车编为双数，下行列车编为单数。

我国铁路旅客列车的车次编号由国铁集团统一规定执行，具体的客车车次编定参见本模块单元3。

二 客运站设施设备及工作组织

（一）客运站设施设备

客运站是铁路旅客运输的基层生产单位，专门办理旅客运输业务，是客运部门与旅客之间联系的纽带。客运站设施设备主要包括旅客站房、站场、站前广场等。

1. 旅客站房

旅客站房包括客运用房、技术作业用房、车站行政用房、驻站单位用房、职工生活用房和建筑设备用房等。其中，客运用房是旅客站房的主体，站房的主要出入口、售票处、寄存处和候车厅等是客运用房的主要组成部分。图9-1所示为某客运用房平面示意图。

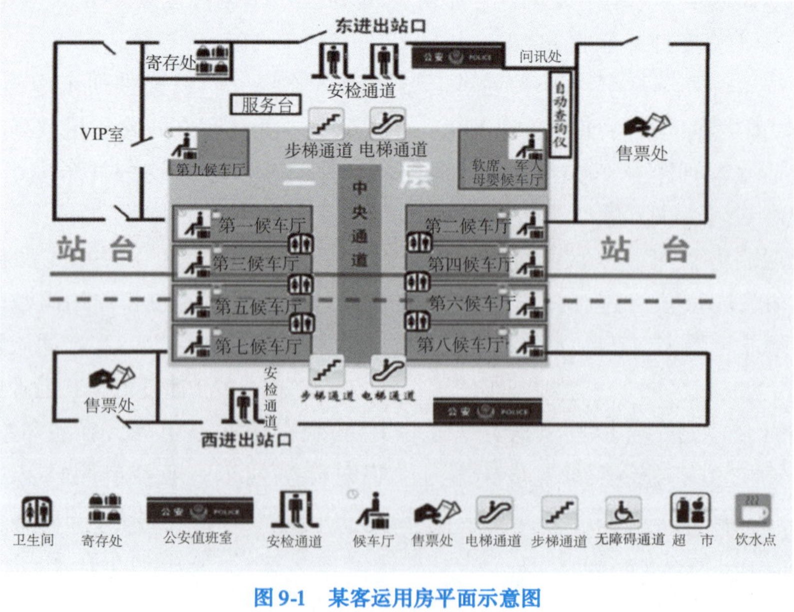

图9-1 某客运用房平面示意图

2. 站场

站场是列车通过和停靠的场地，也是旅客和行包的集散地点。站场内应设置站线、旅客站台、跨线设备和检票口等设施，满足安全、合理地组织旅客和行包运输两方面的需要。根据作业的要求，客运站需设正线、旅客列车到发线、机车走行线与机车等待线、客车摘挂车辆停留线、公务车停留线和整车行包装卸线等。

3. 站前广场

站前广场是客运站与城市交通联系的地带，包括车行道、停车场和旅客活动用地等。

除此之外，为了保证客车技术状态良好，在配属有大量旅客列车车底的客运始发站、终到站，或者有大量长途旅客列车的折返站，以及有大量市郊旅客的始发站、终到站上，设置客车整备所，以便对客车进行洗刷、消毒、检查、修理和整备。为顺利完成各项作业，客车整备所应具有线路、客车外部洗刷设备、客车整备库（棚）、消毒设备和车底转向设备。

（二）客运站工作组织

客运站主要任务是快速、安全地组织旅客进站、出站、候车乘降及中转换乘，同时快速、安全地引导列车到达、出发作业，保证客运工作服务质量。客运站的工作组织主要包括生产管理、技术管理与账务管理。

1. 客运站的生产管理

客运站的生产管理也称业务管理，主要包括售票、旅客乘降、客运服务和行包运输工作组织与管理等。

2. 客运站的技术管理

客运站的技术管理包括车站线路固定使用方法、旅客列车到发、通过技术作业过程和客车车底整备作业过程以及调车机车运用、行包仓库运用过程等。

3. 客运站的账务管理

客运站的账务管理包括固定资金管理、流动资金管理、成本管理、运输收入管理、运输进款管理和专用基金管理等。

三 旅客运送

铁路旅客运送过程主要包括图9-2所示的几个环节。

售票 → 候车 → 检票进站 → 旅客上车 → 列车服务 → 旅客下车 → 出站

图9-2 铁路旅客运送过程

（一）售票

车票是旅客乘车的凭证。目前铁路售票方式有互联网售票、电话订票、自动售（取）票机售票、第三方自助业务终端售票、代售点售票、人工窗口售票等。

1. 互联网售票

旅客使用规定的有效身份证件，通过中国铁路客户服务中心网站（www. 12306. cn,

以下简称“客服中心网站”）预订铁路电子客票，在规定时间内以电子支付方式完成票款支付后，可有选择地获取电子客票或电子客票换票凭证。

2. 电话订票

旅客使用规定的有效身份证件，通过电话订票系统预订铁路电子客票，在规定时间内以电子支付方式完成票款支付后，可有选择地获取电子客票或电子客票换票凭证。

3. 自动售（取）票机售票

自动售（取）票机售票是指旅客自助购买电子客票或实体车票，也可在预订电子客票后使用二代身份证在自动售/取票机上获取实体车票。

4. 第三方自助业务终端售票

铁路部门与第三方（如银行、电信运营商、邮政等单位）合作，借用其广泛分布的自助业务终端开展售票业务。旅客可使用规定的有效身份证件通过第三方自助业务终端购买电子客票。

5. 代售点售票

铁路部门通过授权代售点办理电子客票业务，既可降低代售点的开办成本，降低准入门槛，又可避免铁路票据管理的风险，有利于进一步扩大铁路售票渠道。预售票方式主要适合旅行社、连锁便利店等售票渠道。

6. 人工窗口售票

铁路客运站设置的人工窗口售票是最传统的一种售票方式。人工窗口除办理售票业务外，还办理电子客票改签、退票等其他票务业务。

（二）候车

候车室是旅客休息和等候乘车的场所。候车室应有良好的通风、采光、采暖、防暑、休息等设备，与其他站房的主要出入口有密切的联系，并尽可能靠近站台，减少旅客检票上车的行程。候车室一般实行凭票候车。候车室工作人员要主动、热情、诚恳、周到地为旅客服务，搞好清洁卫生，及时通告列车到站、开站和检票进站时间，加强安全和旅行常识的宣传，做好饮水、购物、娱乐等延伸服务。

为了维护车站的良好秩序，确保运输安全，方便旅客进出站、上下车，一般在旅客进入候车室之前需对旅客的随身携带物品进行检查。旅客不得携带国家禁止或限制运输的物品、危险品、动物及妨碍公共卫生、可能损坏或污染车辆的物品等进站上车。

此外，每一位成人旅客可免费携带物品20kg，儿童（含免费儿童）可免费携带物品10kg，外交人员（持外交护照者）可免费携带物品35kg；旅客携带物品的外部尺寸，每件长、宽、高之和不得超过160cm，动车组每件长、宽、高之和不得超过130cm；杆状物品长度不得超过200cm；旅客携带物品质量不超过20kg。超过规定物品应办理托运。残疾人旅行时用于代步的折叠式轮椅可免费携带，不计入上述范围。

（三）检票进站

为了维护站、车秩序，保证旅客安全，避免旅客上错车，车站设置了检票口，旅客持车票（含电子客票）进站上车时必须在检票口检票进站。

配置自动检票机的车站，通过读取旅客有效身份证件，获得购票信息。

对非磁介质车票或自动检票机出现故障时采用人工检票方式，人工确认车票有效后，在车票边沿上剪口，表明铁路旅客运输合同开始履行。自此时起，铁路运输企业应按照合同约定履行各项义务。

（四）旅客上、下车

旅客上、下车过程中极易发生客伤事故，为了确保旅客安全，客运人员应有秩序地组织旅客上、下车，做好进出站引导工作。

每次接发客车时，车站应派工作人员坚守检票口、天桥口、地道口及进站或出站通路交叉地点；利用广播提前告知旅客检票车次、停靠站台等信息，引导旅客进站排队，站在安全线内侧候车。

车站应对站台划区定岗，责任到人，加强站台旅客宣传，维持站台秩序，及时制止旅客侵限，劝阻旅客不要横越线路、钻爬车窗及随车奔跑；严格开车前检查签认制度，加强列车背面巡视，严防扒乘列车等现象发生。防止旅客摔伤、挤伤、踩踏和扒乘列车等现象发生。对老、弱、病、残、孕等行动不便的旅客应提供帮助，督促旅客及时上车，保证旅客安全。

（五）列车服务

列车服务工作由列车乘务组担当。列车乘务组包括客运人员（如列车长、列车员、广播员、行李员、餐车服务员等）、铁路公安乘警（如乘警长、乘警等）和车辆乘务员（如检车长、检车员、车电员等）。列车乘务组在列车长的统一领导下，相互密切配合，共同做好列车服务工作。动车组列车乘务组包括客运人员、随车机械师、铁路公安乘警和司机在内的所有列车乘务人员。

列车服务包括车厢服务、列车广播和饮食供应。

1. 车厢服务

始发站检票前，乘务员应做好各种准备工作，坚守车门，扶老携幼，迎接旅客检票上车。开车后，乘务员按作业流程进行工作，服务中态度主动、热情，语言文明，表达得体、准确，行动稳重、大方，作风谦虚、谨慎，方法机动、灵活，处理问题要实事求是，及时通报站名，组织旅客安全乘降。

2. 列车广播

列车广播的主要任务是介绍铁路安全、旅行常识及沿线的名胜古迹；正确、及时地做好站名及中转换乘通告。例如，为活跃旅客的旅行生活，可适当播放一些文娱节目和录像；为保证旅客身体健康，做好列车卫生宣传工作。

3. 饮食供应

铁路旅客饮食供应是为了保证广大旅客在旅行中的饮食需要，应保证饮食卫生，不断提高服务质量。列车饮食供应应树立“食品安全是命脉，诚信服务是本质，方便快捷是特色”的经营理念。坚持以提高餐车服务质量为中心，让旅客吃得放心、吃得满意。

（六）出站

旅客到站出站时，车站应查验车票。一旦发现违章的旅客应对其进行到达补票，按规定补收运输费用。

四　行李、包裹运送

（一）行李、包裹的范围

1. 行李

行李是指旅客旅行必须带上的必需品，可凭客票办理托运。

行李可以是旅客自用的被褥、衣服、个人阅读的书籍、残疾人车和其他旅行必需品。为保证安全，贯彻国家有关运输政策，行李中不得夹带货币、证券、珍贵文物、金银珠宝、档案材料等贵重物品和国家禁止、限制运输物品、危险品。

每件行李最大质量为50kg，体积以适于装入行李车为限，但最小不小于0.01m^3。

2. 包裹

包裹是指适合在旅客列车行李车内运输的小件货物。包裹分为四类：

一类包裹：自发刊日起5日以内的报纸，新闻图片和中、小学生课本等。

二类包裹：抢险救灾物资，书刊，鲜或冻鱼类，肉、蛋、奶类，果蔬类。

三类包裹：不属于一、二、四类包裹的物品。

四类包裹：

①一级运输包装的放射性同位素、油样箱、摩托车。

②泡沫塑料及其制品。

③铁路主管部门指定的其他需要特殊运输的物品。

④快运包裹。快运包裹是铁路运输的一种方式，全称为小件货物特快专递运输服务，简称中铁快运。

（二）行李、包裹的运送

1. 托运

旅客或托运人向车站要求运输的行李或包裹称为托运。

旅客托运行李时，必须提供有效的客票和托运单。在乘车区段内，旅客凭客票可从任何营业站托运至另一营业站，但每张客票仅限托运一次（残疾人用车除外）。

旅客托运包裹时，应提供托运单。托运某些特殊物品时，还应提供规定部门签发的运输证明，如托运金银珠宝、货币、证券应提供中国人民银行的正式文件或当地铁路公安局或公安处的免检证明。

行李、包裹运输方式分为保价运输和不保价运输，旅客或托运人可选择其中一种运输方式，并在托运单上注明。参加保价运输的行李、包裹，需缴纳保价费。车站对保价运输的行李、包裹可以检查其声明价格与实际价格是否相符，如旅客或托运人拒绝检查，则不能按保价运输办理。

2. 承运

车站行李员应对要求托运的行李、包裹进行必要的检查。当检查完后，认为符合运输条件，即可办理承运手续，填制行李、包裹票及中国铁路小件货物快运运单，核收运杂费。

3. 运送

运送行李、包裹时，应先行李后包裹，做到行李随人走、人到行李到。所以，行李应随旅客所乘列车装运或提前装运，包裹应按其类别的顺序及性质统筹安排运输，保证行李、包裹在一定期限（行李、包裹运到期限）内运到站。

4. 到达、保管、交付

行李随旅客所乘坐的列车运到站，旅客即可领取。包裹由托运人在发站办理托运手续后，告知收货人按时领取，同时承运人在包裹到达后也应及时通知收货人领取。

铁路对到达的行李、包裹可免费保管3天；逾期到达的行李、包裹免费保管10天；超过免费保管期限时，按超过日数核收保管费。

旅客或收货人领取行李、包裹时，凭行李、包裹领取凭证领取。如领取凭证丢失或未到，必须出示本人身份证、物品清单和担保人的担保书，承运人对上述单证和担保人的担保资格认可后，由旅客或收货人签收办理交付。

五 客运服务信息系统

为了满足旅客运输的需求，不断提高服务质量和管理水平，铁路部门先后研制开发了一系列客运服务系统，包括客票系统、旅客服务信息系统、客运管理信息系统等。

1. 客票系统

铁路客票系统是为旅客提供相关票务服务的信息系统，按国铁集团、铁路局集团公司、车站3级配置设备，具备票务管理、售票交易、互联网售票、手机售票、电话订票、列车服务、车站服务等功能。

2. 旅客服务信息系统

旅客服务信息系统通过与列车调度、客票等系统连接，为旅客进出站、候车、乘降等提供实时、准确的信息和服务，按国铁集团、铁路局集团公司、车站3级架构设置旅客服务信息系统集成管理平台。

3. 客运管理信息系统

客运管理信息系统利用信息化手段全面提高客运管理的效能，及时了解铁路人力资源、现场运输、安全、客流等方面的运营情况。

知识拓展

车票的类型

1. 按介质来分类

铁路车票按介质可分实物介质车票和电子客票两种。

(1) 实物介质车票

实物介质车票是以磁卡、IC卡和纸质为介质的车票，记载有发站、到站、路径、座别、卧别、票价、车次、乘车日期、有效期、个人身份信息等。

(2) 电子客票

电子客票以电子数据代替纸制车票作为铁路旅客承运合同，是将实体车票承载的旅客运输合同、乘车凭证、报销凭证功能相分离，实现乘车凭证无纸化和多样化，报销凭证按需提供和逐步电子化。实施电子客票是客运提质的一项基础工程，是推动客运智能发展的重要载体，是为旅客提供票务、进站、候车、乘车、出站、换乘全过程信息化服务的必要手段。

发售和变更电子票过程中要求预留旅客手机号码，以便旅客购票成功后为其发送通知信息。购票成功后，系统默认为每位旅客打印一联购票信息单，购票信息单载有旅客所购车票和身份信息；需要报销凭证的旅客，还可以打印报销凭证。换取报销凭证的车票，在办理后续变更业务时需要交回报销凭证。

2. 按是否需换乘来分类

按旅客在乘车过程中是否需要中转换乘，铁路车票可分为直达票和通票。

从发站至到站无须中转换乘的车票为直达票；从发站至到站需中转换乘的车票为通票。直达票的有效期是当日当次车有效。通票的有效期按乘车里程计算（1000km 为 2 日，超过 1000km 的每增加 1000km 增加 1 日，不足 1000km 的按 1 日计算)，自指定乘车日起至有效期最后一日的 24 时止。卧铺票当日当次使用有效，其他附加票随同客票使用有效。

3. 按乘车条件来分类

铁路车票按乘车条件分为如下两种：

(1) 普通旅客列车车票。普通旅客列车车票按用途分为客票和附加票两种（动车组列车票价除外)。客票又分为硬坐客票和软座客票，附加票包括加快票、卧铺票、空调票。附加票是客票的补充部分，与客票合并发售，除儿童外不能单独使用。通常情况下旅客购买的铁路车票是客票和附加票的总称，是包括客票和附加票的联合票，如客特快联合票是指包含客票、加快票及空调票的联合车票。

(2) 其他旅客列车车票。其他旅客列车车票是指旅客乘坐高速旅客列车（G 字头)、城际列车（C 字头）及动车组列车（D 字头）等旅客列车的车票，有商务座、特等座、一等座、二等座等类型车票。

4. 按使用人群分类

铁路车票按使用人群分为如下三种：

(1) 儿童减价票。随同成年人乘车的儿童，年满 6 周岁且未满 14 周岁的应当购买儿童优惠票；年满 14 周岁，应当购买全价票。每一名持票成年人旅客可免费携带一名未满 6 周岁且不单独占用席位的儿童乘车，超过一名时，超过人数应当购买儿童优惠票。儿童年龄按乘车日期计算。

(2) 学生减价票。在全日制高等学校，承担研究生教育任务的科学研究机构，军事院校，普通中、小学和中等职业学校，国务院或国务院宗教事务局批准的正式宗教院校就读的学生、研究生，家庭居住地和学校所在地不在同一城市，凭附有标注减价优惠区间和火车票学生优惠卡的学生证（中、小学生凭加盖学校公章的书面证明)，优惠区间应加盖院校公章，每学年（10月1日至次年9月30日）可购买家庭居住地至院校（实习地点）所在地之间四次单程的学生优惠票。新生凭录取通知书、毕业生凭盖有院校公章的学校书面证明当年可购买一次学生优惠票。学生优惠票限于使用普通旅客列车硬座、硬卧和动车组列车二等座。

(3) 伤残军警半价票。

持中华人民共和国残疾军人证、中华人民共和国伤残人民警察证、国家综合性消防救援队伍残疾人员证的人员凭证可以购买优待票。

拓展活动

(1) 开展车票分类挑战赛。

活动形式：分组竞赛。

将学生分为若干小组，每组需要准备一份展示材料，内容包括但不限于各类铁路车票（如普通票、学生票、军人票、儿童票、团体票等）的实物照片或模拟图、特点介绍、适用规则以及实际购票案例分析。

互动环节：每个小组轮流上台展示，其他小组成员作为评委团，根据内容的完整性、准确性及创意给予评分。同时，设置问答环节，由展示小组向观众提出关于车票分类的问题，答对的观众或小组可获得小奖励。

(2) 模拟购票角色扮演。

活动描述：设定不同的出行场景（如节假日高峰期、学生寒暑假、军人因公出差等），让学生分别扮演旅客、售票员、客服等角色。通过模拟购票过程，体验不同车票类型的申请、购买流程及其特殊规定。

互动方式：增加突发情况（如车次变更、乘客信息错误等），考验学生的应变能力和对车票政策的熟悉度。通过角色互换，让每位学生都能从多个角度理解车票分类的重要性。

(3) 车票设计工作坊。

活动目标：鼓励创新思维。引导学生思考未来铁路车票可能的设计方向，比如环保材料的应用、数字化车票的发展趋势、增强现实（AR）车票体验等。

实施步骤：分组讨论后，每组设计一款概念车票，并制作成海报或简易模型，随后进行展示，讲解设计理念、技术实现及预期的社会效益。通过投票选出最具创意和实用性的设计。

(4) 车票知识在线问答竞赛。

活动平台：利用钉钉群的群投票或群直播功能，组织一场实时的车票知识问答竞赛。

内容设计：题目涵盖车票分类的基础知识、购票规则、优惠政策、常见问题解决策略等，结合实际案例，既测试理论知识，也考察应用能力。

(5) 实地考察与调研。

活动安排：组织学生前往当地火车站或通过线上调研，了解车票销售窗口、自动售票机、网络购票平台等的特点，采访旅客对于不同车票的看法和建议。

成果汇报：回来后，每个学生或小组需撰写调研报告，分析车票分类在实际应用中的优势与不足，提出改进建议，并在班级分享。

单元 9.2 铁路货物运输组织

铁路货物运输在全社会大宗货物运输和中长距离货物运输领域具有传统优势。由于铁路货运工作涉及面广、政策性强、办理手续复杂，因此，做好货物运输组织工作，对于国家经济建设、国防建设和人民生活都具有十分重要的意义。安全、迅速、经济、便利地完成货物运输，是铁路货物运输的基本任务。

一 货物运输种类及基本条件

（一）货物运输种类

二维码

认知铁路货物运输组织

根据托运货物的数量、性质、形状等条件并结合所使用的货车，将铁路货物运输的种类划分为整车、零担和集装箱三种。

1. 整车货物运输

一批货物的重量、体积、形状或性质需要以一辆以上货车运输的，应按整车托运。

整车货物运输的运输费用较低，运送速度较快，安全性能好，承担的运量也较大，是铁路的主要运输方式。

2. 零担货物运输

不够整车运输条件的，按零担托运。按零担托运的货物，一件体积最小不得小于 $0.02m^3$（一件质量在 10kg 以上的除外），每批不得超过 300 件。

零担货物运输具有运量零星、批数较多、到站分散、品种繁多、性质复杂、包装条件不一、作业复杂等特点。零担货物运输在铁路总运量中所占的比例较小。

3. 集装箱货物运输

集装箱是一种现代化运输设备。使用集装箱进行的货物运输称为集装箱货物运输。集装箱货物运输适用于运输精密、贵重、易损、怕湿的货物。

集装箱货物运输具有保证货运安全、简化货物包装、提高装卸效率、加速车辆周转、便于组织“门到门”运输等优点它是一种现代化的运输方式，是未来铁路运输的发展方向。

（二）按一批托运的条件

铁路货物运输以批为单位。一批是铁路承运货物和计算运输费用的单位。按一批托运的货物，其托运人、收货人、发站、到站和装卸地点必须相同（整车分卸货物除外）。

整车货物以每车为一批，跨装、爬装及使用游车的货物，每一车组为一批；零担货物或使用集装箱运输的货物，以每张货物运单为一批。

下列货物不得按一批托运：

（1）易腐货物与非易腐货物。

（2）危险货物与非危险货物（另有规定者除外）。

（3）根据货物的性质不能混装运输的货物。

（4）按保价运输的货物与不按保价运输的货物。

（5）投保运输险的货物与未投保运输险的货物。

（6）运输条件不同的货物。

上述货物，在特殊情况下，经铁路局集团公司承认也可按一批托运。

（三）货物运到期限

货物运到期限是指铁路在现有技术设备和运输工作组织水平的基础上，将货物运送一定距离而规定的时间。货物运到期限主要包括货物发送期间、货物运输期间、特殊作业时间。

货物的实际运到天数，从货物承运次日起算，在到站由铁路部门组织卸车，至卸车完毕时终止；在到站由收货人组织卸车的，至货车调到卸车地点或交接地点时终止。货物运到期限起码 3 天。

（四）货物运输合同

货物运输合同，是以运送货物的劳务行为作为合同标的的一种合同。根据《中华人民共和国合同法》的规定，货物运输合同可以定义为：承运人按照托运人的指示，将托运人交付的货物运送至目的地，交付给指定的收货人，托运人或者收货人支付运费的合同。

托运人可按年度、半年度、季度或月度签订货物运输协议，也可以签订更长期限的运输协议；在协议期内，托运人可与承运人按阶段确定需求，交运货物时，向承运人按批提出货物运单，作为运输合同的组成部分。其他货物使用货物运单作为运输合同。

二 货场管理

（一）货场分类

货场是铁路部门办理货物运输的场所，也是货运产品的营销窗口。货场按办理货物品类划分，可分为综合性货场和专业性货场。综合性货场可办理整车运输、零担运输、集装箱运输和货车洗刷等两项以上作业，专业性货场专门办理单项运输种类或单一货物品类。

（二）货运设备设施

货运设备设施是在车站或货车上直接用于货物装卸、运送、保管作业以及其他为办理货运作业服务的设备设施，由基本设备（包括货场用地、线路、仓库雨棚、货物站台、货运营业用房等）、货运用具及衡器、特种用途设备、集装箱及其他集装用具、各种装卸机械、监测设备等组成。

（三）货场管理的内容

货场管理的主要内容有计划管理、作业管理、设备管理、专业线管理及安全管理。

三 整车货物运输

整车货物运输过程可分为发送作业、途中作业、到达作业三大流程，如图 9-3 所示。

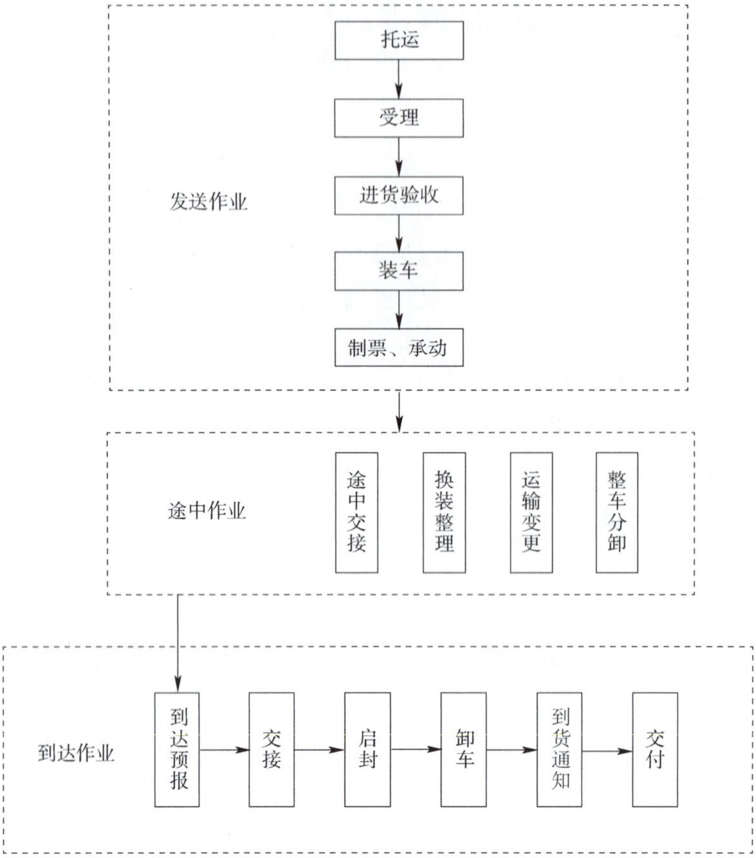

图 9-3 整车货物运输过程

（一）发送作业

发送作业一般包括货物的托运、受理、进货验收、装车、制票、承运等。

1. 托运

托运人向车站按批提出货物运单和运输要求，称为货物的托运。托运人托运的货物，分为保价运输和不保价运输两种。具体采用哪种方式运输，由托运人确定，并在货物运单托运人记载事项栏内注明。

2. 受理

车站对托运人提供的货物运单进行审查，经审查符合运输要求后，在货物运单上签订货物搬入或装车日期，称为受理。

3. 进货验收

托运人凭车站签证后的货物运单，按指定日期将货物搬入货场指定的位置。承运人负有按照运单记载的情况向收货人交付货物的义务。承运人验收货物，主要是按照托运人运单记载的内容检查核对。例如，检查货物的包装是否符合规定，零担货物和集装箱货物的货签是否齐全、正确等，确认符合运输要求，则同意货物进入场、库指定货位。

4. 装车

装车作业是铁路货物运输工作的一个重要环节。货物装车和卸车的组织工作，在车站公共装卸场所内由承运人负责；在其他场所（如专用线内）均由托运人或收货人负责。但罐车运输的货物、冻结易腐货物、未装容器的活动物、蜜蜂、鱼苗、一件质量超过1t的放射性同位素，以及用人力装卸带有动力的机械和车辆，均由托运人或收货人负责组织装车或卸车。

5. 制票

车站在货票系统中核对“已装车”的整车运单，录入承运人记事，计算运输费用，打印运单发站存查联、托运人存查联、收款人报告联、领货凭证联（客户需纸质领货凭证时），作为运输合同正本和副本。发站存查联、托运人存查联、纸质领货凭证背面应有托、收货人须知及货物托运安全承诺书。实行运输跟踪管理的剧毒品使用黄色纸张打印货物运单。

6. 承运

零担和集装箱运输的货物，由发站接收完毕，整车货物装车完毕，发站在货物运单上加盖车站日期戳，即为承运。

承运表示货物运输合同成立，从承运时日起，承、托双方就要分别履行运输合同的义务与责任，因此，承运意味着铁路负责运输的开始。

（二）途中作业

货物在运输途中发生的各项货运作业，均称为途中作业。

1. 途中作业形式

货物的途中作业包括货运交接检查、特殊作业及异常情况的处理。货运交接检查是途中必须进行的正常作业。特殊作业包括整车分卸货物在分卸站的分卸作业，活动物途中上水，托运人或收货人提出的货物运输变更和解除的处理等。异常情况的处理是指货车运行有碍运输安全或货物完整时需进行的换装或整理以及对运输阻碍的处理。

2. 货物运输合同的变更和解除

（1）货物运输合同的变更。

货物托运后，由于特殊原因需要变更的，经承运人同意，对承运后的货物可以按批在货物所在的途中站或到站办理变更到站或变更收货人。

（2）货物运输合同的解除。

整车货物和大型集装箱在承运后挂运前，零担和其他型集装箱在承运后装车前，托运人可向发站提出取消托运，经承运人同意，运输合同即告解除。

托运人要求变更或解除运输合同时，应提供领货凭证和货物运输变更要求书。不能提供领货凭证时，应提供其他有效证明文件，并在货物变更要求书内注明。

3. 运输阻碍的处理

因不可抗力（如风灾、水灾、雹灾、地震等）的原因致使行车中断，货物运输发生阻碍时，铁路局集团公司对已承运的货物，可指示绕路运输；必要时先将货物卸下，妥善保管，待恢复运输时再行装车继续运输。

（三）到达作业

到达作业是指货物在到站进行的各种货运作业。

1. 重车到达与卸车作业

列车到达后，车站应派人接收重车卸车作业开始之前，装卸货运员应向卸车工组详细传达卸车要求和注意事项。卸车时，货运员应对施封的货车亲自拆封，并会同装卸工一起开启车门或取下苫盖篷布，要逐批核对货物，清点件数，应合理使用货位，按标准码放，对于损失货物则应编制记录。

2. 货物到达通知

承运人组织卸车的货物，应不迟于卸车完毕的次日向收货人发出催领通知。货物到达通知可采用电话等方式，也可与收货人商定其他通知方式。

由承运人组织卸车的货物，应于承运人发出催领通知的次日起算；不能实行催领通知或会同收货人卸车的，从卸车次日起算，2 日内将货物搬出，不收取保管费。超过此期限未将货物搬出的，对超过的时日核收货物暂存费。

3. 交付工作

（1）票据交付。

在铁路货场领取货物时，必须提供领货凭证，车站在货票系统中补充确认到达及卸车相关信息，核收相关费用后，打印运单到站存查联、收货人存查联并加盖车站日期戳。运单收货人存查联交收货人，运单到站存查联由收货人签章后留存。

（2）现货交付。

交付货运员凭收货人出示的货物运单向收货人点交货物，然后在货物运单上加盖“货物交讫”戳记，并记明交付完毕的时间，将货物运单及签发的搬出证交还收货人，凭此将货物搬出货场。

交付完毕意味着铁路货物运输合同就此终止，铁路负责的运输就此结束。

四 集装运输

集装箱和集装化运输称为货物的集装运输。货物的集装运输是我国未来铁路货物运输的发展方向。

（一）集装箱运输概述

1. 集装箱的定义

集装箱是满足下列要求的一种运输设备：

（1）具有足够的强度，可长期反复使用。

（2）适于多种运输方式运送，途中无须倒装货物。

（3）设有供快速装卸的设施，便于从一种运输方式转移到另一种运输方式。

（4）便于箱内货物装满和卸空。

（5）容积不小于 $1m^3$。

2. 集装箱的种类

（1）按箱型分类，集装箱分为20ft集装箱和40ft集装箱两种，如图9-4和图9-5所示。

图9-4 20ft集装箱

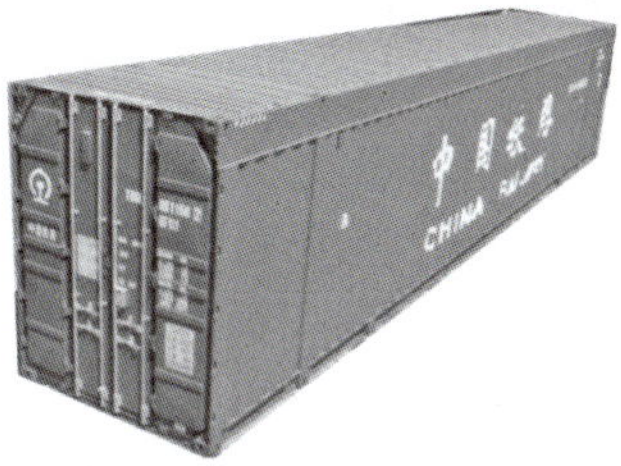

图9-5 40ft集装箱

集装箱以TEU作为统计单位，1个TEU表示一个20ft的国际集装箱。20个1t集装箱折合为1个TEU；1个40ft集装箱折合为2个TEU。

（2）按箱主分类，集装箱分为铁路集装箱和自备集装箱两种。

（3）按所装货物种类和箱体结构分类，集装箱可分为普通货物箱和特种货物箱两种。

3. 集装箱货物运输的条件

集装箱货物运输应具备的条件如下：

（1）集装箱必须在规定的集装箱办理站间办理运输。

（2）必须使用符合规定的集装箱。

（3）必须是适合集装箱运输的货物。

（4）必须符合按一批办理的条件。按一批办理的集装箱，必须是同一箱型、同一箱主、同一箱态，至少一箱，最多不得超过一辆铁路货车所能装运的箱数。

（5）托运的集装箱每箱总重不得超过该集装箱的标记总重。集装箱内单件货物的质量超过100kg时，应在运单“托运人记载事项”栏内注明实际重量。

（6）集装箱不办理军事运输。

（二）集装化运输

凡是使用集装用具和自货物包装、捆扎等方法，将散装、小件包装、不易使用装卸机械作业的货物，按规定集装成特定的单元后运往到站的，皆为集装化运输。

集装化运输的形式有托盘、集装桶、集装捆、集装袋、集装网、集装笼、集装架、预垫运输、铸件改形、拆解集装等。

五 特殊条件下的货物运输

（一）超限、超重货物运输

1. 超限货物的定义和等级

货物装车后，车辆停留在水平直线上，货物的任何部位超出机车车辆限界基本轮廓或车辆行经半径为300m的曲线时，货物的计算宽度超出机车车辆限界基本轮廓者，均为超限货物。

根据货物的超限程度，超限货物分为如下三个等级：

（1）一级超限：自轨面起高度在 1250mm 及其以上，超限但未超出一级超限限界。

（2）二级超限：超出一级超限限界但未超出二级超限限界，以及自轨面起高度在 150mm 至 230mm（未满）间超限但未超出二级超限限界。

（3）超级超限：超出二级超限限界，以及自轨面起高度在 230mm 至 1250mm 间。

一级、二级超限限界图如图 9-6 所示。

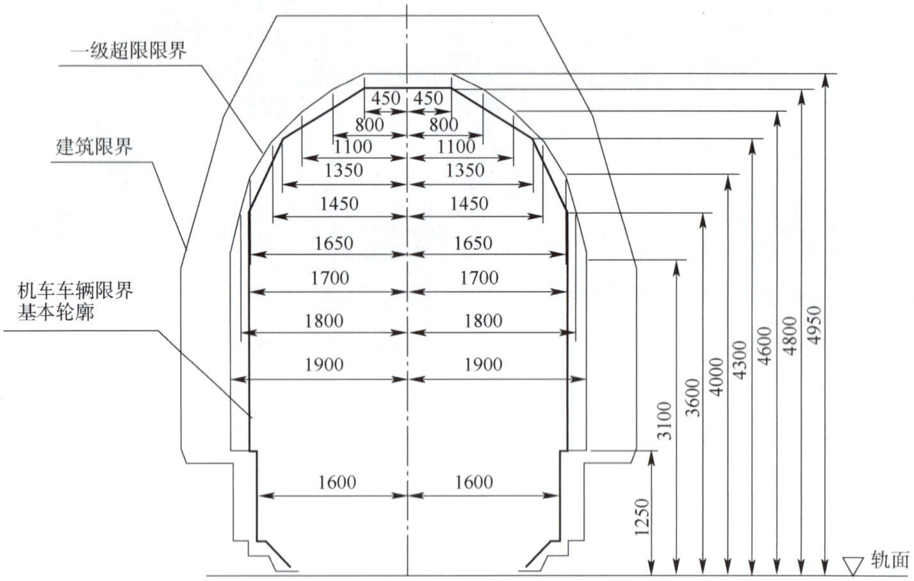

a)一级超限限界图

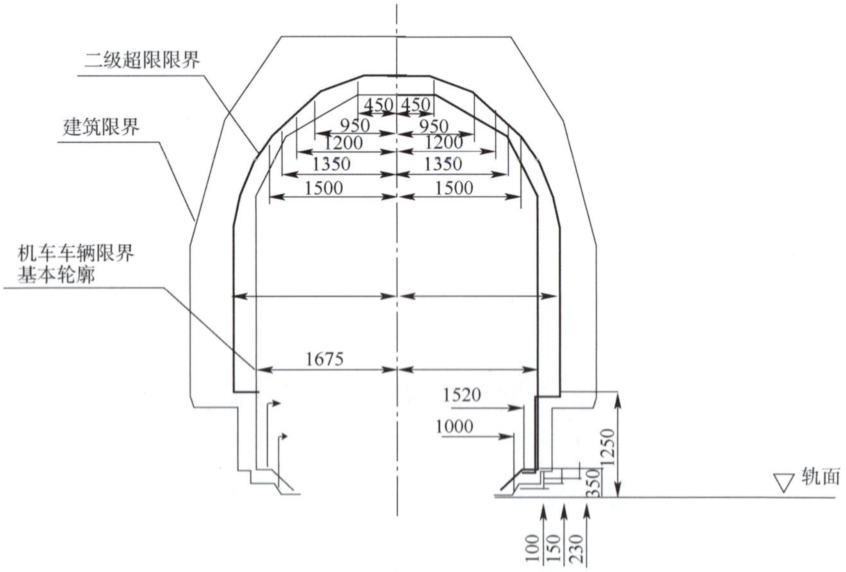

b)二级超限限界图

图 9-6　超限限界图（尺寸单位：mm）

2. 超重货物的定义及等级

装车后，重车总重活载效应超过桥涵设计标准活载（中-活载）的货物，称为超重货物。

根据货物的超重程度，超重货物分为三个等级：

（1）一级超重：$1.00 < Q \leq 1.05$（Q 为活载系数，下同）。

（2）二级超重：$1.05 < Q \leq 1.09$。

（3）超级超重：$Q > 1.09$。

3. 超限、超重货物运输的基本条件

为了保证安全、经济、迅速地运输超限、超重货物，铁路局集团公司和站段必须高度重视运输安全管理工作，实行关键作业质量签认制度和关键作业工序间交接签认制度。铁路局集团公司货运处主要负责超限、超重货物运输电报的请示、批示以及相关行政许可的资质审查等。铁路局集团公司调度所负责超限、超重车的运行组织和运行掌握以及超限、超重货物所需空车的调配。

（二）超长货物运输

超长货物是指一车负重，突出车端，需要使用游车或跨装运输的货物。

超长货物装载的方法有两种：一种是一车负重，在负重车的一端或两端使用游车；另一种是两车负重跨装运送，在两负重车中间加挂游车或在负重车的一端、两端加挂游车。超长货物装载形式如图 9-7 所示。

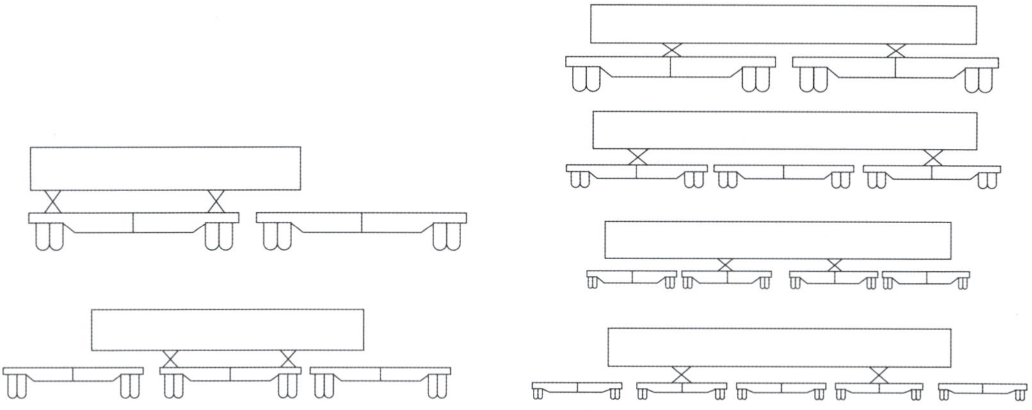

a)　　b)

图 9-7　超长货物装载形式

（三）危险货物运输

1. 危险货物的定义

在铁路运输中，凡是具有爆炸、易燃、毒害、感染、腐蚀、放射性等特性，在运输、装卸和储存保管过程中，容易造成人身伤亡和财产毁损而需要特别防护的货物，均属危险货物。

2. 危险货物的分类

铁路运输危险货物按其主要危险和运输要求分九类：①爆炸品；②气体；③易燃液体；④易燃固体，易于自燃的物质，遇水放出易燃气体的物质；⑤氧化性物质和有机过氧化物；⑥毒性物质和感染性物质；⑦放射性物质；⑧腐蚀性物质；⑨杂类危险货物和物品。

危险货物在运输中应采取相应的特殊运输措施，加强运输组织，保证运输安全。

（四）鲜活货物运输

1. 鲜活货物的定义

鲜活货物是指在铁路运输过程中需要采取制冷、加温、保温、通风、上水等特殊措施，以防止货物腐烂、变质、冻损、生理病害、病残死亡等。

2. 鲜活货物的分类

鲜活货物分为易腐货物和活动物两大类。

（1）易腐货物包括肉、蛋、乳制品、速冻食品、冻水产品、鲜蔬菜、鲜水果等。易腐货物按其热状态分为冻结货物、冷却货物和未冷却货物。

①冻结货物是指经过冷冻加工成为冻结状态的易腐货物。

②冷却货物是指经过冷却处理，温度在冻结点以上的易腐货物。

③未冷却货物是指未经过任何冷处理，完全处于自然状态的易腐货物。

（2）活动物包括禽、畜、兽、蜜蜂、活水产品等。

托运的鲜活货物必须质量良好，无病残，包装适合货物性质并能保证铁路运输安全。按照货物性质、容许运输期限及运送全程的季节和气候条件选择合适的车辆、装载方法和运送方法，并根据需要采取预冷、制冷、加温、保温、通风、上水、加冰式押运等措施，以最大限度地保持货物质量。

六 重载运输

重载运输因其运能大、效率高、运输成本低而受到世界各国铁路的广泛重视，特别是在一些幅员辽阔、资源丰富，大宗货物运量占比较大的国家，如美国、加拿大、巴西、澳大利亚、南非等，发展尤为迅速。

二维码

认知重载运输的发展及其技术特点

（一）重载运输的定义

国际重载协会先后于1986年、1994年和2005年3次修订了重载铁路标准。

1. 1986年国际重载协会年会制定的标准

（1）列车质量至少达到5000t，轴重21t及以上。

（2）年运量2×10^7t及以上。

2. 1994年国际重载协会年会制定的标准

（1）列车质量至少达到5000t，轴重达到或超过25t。

（2）在至少150km的线路区段上年运量至少达到2×10^7t。

3. 2005年国际重载协会巴西年会上修订的标准

（1）列车质量至少达到8000t。

（2）轴重（计划轴重）在27t及以上。

（3）在至少150km线路区段上年运量超过4×10^7t。

（二）重载运输的主要模式

1. 单元重载列车

对于货源充足、品类单一、产销关系稳定的大宗散堆状货物（如煤炭、矿石、粮食等），可组织开行装卸地之间的单元重载列车。这种列车固定编组，货物品种单一，运量大而集中，在装卸地之间循环往返运行。这种方式以北美铁路为代表。单元重载列车是加速货物送达和机车车辆周转的有效运输组织形式。不过，这种重载运输方式要求装、运、卸各个环节的技术设备协调配套，装车采用不停车的作业方法，需设置装车环形线及高效率装车设备；卸车地采用不摘钩卸车的作业方法，需设置卸车环形线及高效率卸车设备（翻车机、车底开门车辆等）。

2. 组合重载列车

组合重载列车是由两列及其以上同方向运行的普通货物列车首尾相接、合并组成的列车。机车分别挂于各自的车列首部，由最前方货物列车的机车担任本务机车，运行至前方某一技术站或终到站后，分解为普通货物列车。这种重载运输方式始于苏联，世界范围内应用不太广泛。我国大秦铁路开行的20000t重载列车即采用该形式。

3. 整列重载列车

整列重载列车由单机或多机重联牵引，由不同形式和载重的货车混合编组。在我国繁忙干线上开行的重载列车主要为这种模式，其他国家应用较少。整列重载列车是在既有繁忙干线上发展重载运输的主要形式，只需适量延长全线一部分既有车站到发线的有效长度，采用大功率机车牵引，就能大幅度地提高铁路输送能力。

知识拓展

重载运输技术

（一）重载机车技术

1. 交流传动技术

交流传动技术自20世纪70年代末开始发展。20世纪90年代以后，大功率交流传动机车成为重载牵引动力的发展趋势。

图9-8所示为美国用于重载牵引的SD90MAC型交流传动内燃机车，最高速度120km/h，起动牵引力890kN，持续牵引力734kN。图9-9所示是澳大利亚的SD70Ace型重载内燃机车，起动牵引力850kN，最高速度113km/h，轴重30.8t，采用计算机控制制动。

图9-8　美国的SD90MAC型重载内燃机车

图9-9　澳大利亚的SD70Ace型重载内燃机车

2003年以来，我国铁路通过技术引进、消化吸收再创新，已基本掌握大功率电力机车的核心技术。2007年，首批总功率为9600kW的“和谐1型”（HXD1）8轴交流传动电力机车在大秦铁路投入运营，可双机牵引20000t组合重载列车。2008年，总功率为9600kW的“和谐2型”（HXD2）机车也在大秦铁路20000t组合重载列车牵引试验中取得成功，并正式投入运行。2009年，HXD1C型（图9-10）大功率交流传动六轴电力机车研制成功，功率7200kW，起动牵引力570kN，最高速度120km/h，轴重25t。另外，总功率为7200kW的“和谐3型”（HXD3）交流传动电力机车已经成为京沪、京广两大铁路干线的主力机型。

图9-10　我国HXD1C型重载电力机车

2. 径向转向架技术

使用径向转向架可以提高车辆的曲线通过能力，如图9-11所示。普通转向架的轴是相互平行的，即轴只能旋转运动。当转向架通过曲线时，轮面无法与钢轨完全接触，导致机车牵引力下降。径向转向架和每一轴没有固定在轴箱中，能在转向架的前后方运动，在通过曲线时，轴能处于曲线半径的径向方向上。这样，可以使轮对与轨道间的冲角减小，轮轨间的横向作用力降低，机车的运行品质和稳定性得以改善，并使轮对的阻力减小，轮轨磨耗减小，车轮寿命延长。

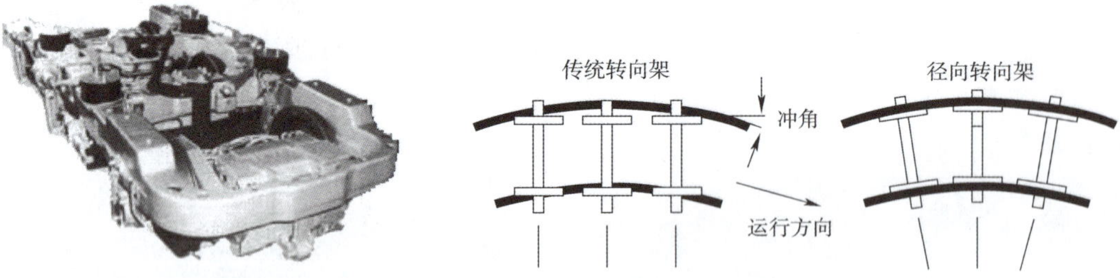

a)径向转向架实物图　　b)传统转向架与径向转向架通过曲线比较图

图9-11　径向转向架

3. 计算机控制的防滑防空转技术

为了进一步提高机车的黏着性能，重载机车广泛采用车轮防滑系统。20世纪90年代以后，美国的AC6000CW、SD90MAC等新型重载机车开始采用新型计算机控制的防滑系统。计算机控制防滑防空转系统的突出优点是可以随着轮轨黏着系数的变化调节制动力，可对制动、即将滑行、缓解、再黏着的全过程进行动态检测与控制。

（二）重载车辆技术

1. 采用大轴重货车

在轴重方面，美国、加拿大普遍采用35t轴重，巴西、澳大利亚普遍采用30t轴重，南非普遍采用28t（26t）轴重。

2. 采用低自重货车

在车体材料方面，国外普遍采用低合金钢及铝合金、不锈钢。美国90%的重载货车采用了铝合金车体，如图9-12所示。新型材料制成的车体可以降低自重，增加载重；节约能源，提高效益。

图9-12 美国的铝合金车体

3. 采用新型转向架

通过改进转向架结构来改进货车的动力学性能，一直受到世界各国铁路的重视，对于大型重载货车尤为重要。南非、瑞典铁路采用自导向径向转向架，加拿大、美国、澳大利亚等国研制了导向臂式货车转向架。采用新型转向架可以使相同机车的牵引质量增加12%，列车纵向车钩力减少4.8%，能源节省20.7%，车轮钢轨磨耗降低92.3%，轮轨横向力降低66.7%。

4. 采用高强度旋转车钩及大容量高性能缓冲器

随着重载列车编组辆数和牵引质量的不断增加，机车与车辆、车辆与车辆之间的纵向力也随之增大，特别是在列车牵引起动和制动时，车钩作用力要比普通列车大得多。从行车安全的角度考虑，对货车车钩缓冲装置的强度和疲劳寿命要求更高。

重载列车采用以下方法来提高车钩强度：①采用高强度低合金钢，并通过热处理达到较高的破坏强度和屈服极限；②优化车钩结构和纵向力传递过程的设计，特别是车钩装置中薄弱环节的零部件优化；③尽可能减少车钩的纵向间隙，甚至采用无间隙牵引杆来代替车钩，以大幅度地减轻列车的纵向冲动。

5. 采用新型单元货物列车

新型单元货物列车是指由5辆敞车通过铰接式转向架连接成为一个整体，每两辆车体之间用一个铰接式转向架连接，只在每一车组的两端设立独立转向架和端墙，敞车车体之间取消端墙，以充分利用端部的空间，这样可使相同载重的列车长度缩短30%，即在与普通列车长度相同的情况下，这种铰接式多单元列车载重可提高30%

(如采用铝合金车辆，载重能提高35%)。由于采用了铰接式转向架，车长减短，转向架中心距减小，从而提高了车辆的曲线通过能力。铰接式转向架实现了车辆的无间隙连接，可以减少列车的纵向冲力。

6. 采用新合金材质耐剥离车轮

新合金材质耐剥离车轮与传统车轮相比，提高了车轮耐剥离性。在相同运量条件下，剥离长度减少59%，深度减少43%，如图9-13所示。

7. 采用新型装（卸）设备——高效漏斗装煤设备、翻车机卸车系统

随着重载技术的不断发展，货车的载质量越来越大，加快了货物的装（卸）速度，可以提高车辆的周转速度，提升生产效率，节约劳动力，改善作业条件。高效漏斗装煤设备旨在通过机械化装车作业线提升煤炭的装载速度。翻车机卸车系统(图9-14)是以翻车机为主机，配以不同的辅机组成的一条机械化和自动化的流水线，适用于大型火力发电厂、港口、化工厂、水泥厂及煤炭行业等大型企业，用以翻卸装载原煤、精煤、焦炭、矿石、粮食等散装类货物的高边敞车、煤车或专用敞车。我国重载运输以运输煤炭为主，运输距离长，通用车辆多，因此，避免车辆排空、提高运输效率是运输企业首要考虑的问题；运输货物多，卸车工作量大，要由高效的卸车机械来完成，这是现代化企业的需要。翻车机卸车系统能很好地完成上述功能。

图9-13 新合金材质车轮

图9-14 翻车机卸车系统

拓展活动

1. 案例分析工作坊

活动简介：选取国内外几个典型的铁路重载运输案例，如澳大利亚的矿石运输系统、中国的大秦铁路等，分组让学生进行深入研究。

互动方式：每组负责一个案例，通过网络调研、视频资料分析，撰写一份报告或PPT，重点讨论该案例的技术亮点、面临的挑战及解决方案。

成果展示：组织一次班级汇报，组织各小组分享研究成果，并开展问答环节，鼓励学生相互提问和点评。

2. 模拟运营游戏

活动简介：开发或选用已有的铁路运输模拟软件（如OpenTTD等），设定重载运输场景，让学生在虚拟环境中管理铁路线路、调度列车、优化运输计划。

互动方式：学生个人或团队参与，通过游戏学习体验重载运输的复杂决策过程，如货物装载、机车匹配、路线规划等。

成果评价：根据运输效率、成本控制、安全指标等，评选出最佳运营策略，分享成功经验。

3. 专家连线讲座

活动简介：邀请铁路行业内的专家或工程师，通过在线会议的形式，围绕重载运输技术的最新进展、行业趋势进行分享。

互动方式：提前收集学生感兴趣的问题，讲座中穿插互动环节，鼓励学生直接向专家提问，增加互动交流。

后续作业：讲座后，要求学生撰写反思报告，结合所学知识和个人见解，探讨未来重载运输可能的发展方向。

4. 竞赛活动：重载列车改良方案

活动简介：提出一个假设性的铁路重载运输挑战（如提高运输量同时减少能耗），鼓励学生设计创新解决方案。

互动方式：可以是个人或小组形式参赛，提交包括设计图纸、技术说明、经济效益分析在内的综合提案。

评审与展示：组织专业教师和行业代表组成评审团，对提案进行评估，线上展览优秀作品，增加全校师生的参与和讨论。

5. 现场考察或虚拟实境体验

活动简介：如果条件允许，组织实地考察附近的铁路重载运输站点或车辆制造基地；若不具备实地考察条件，可采用VR技术模拟重载运输场景。

互动方式：实地考察时，安排现场讲解和互动体验。虚拟实境则通过模拟操作设备、环境探索等方式，让学生身临其境感受重载运输的实际运作。

反馈与讨论：考察或体验后，组织学生进行小组讨论，分享观察心得，提出改进建议，强化理论与实践的结合。

单元9.3 铁路行车组织

铁路行车组织是铁路运输组织的重要组成部分，是铁路部门综合运用各种技术设备、合理组织列车运行、实现旅客和货物运输过程的计划和组织工作。铁路行车组织工作的主要内容包括车流组织、列车编组计划、列车运行图和铁路线路通过能力、车站行车组织、运输生产计划、运输调度指挥等。

铁路各部门必须贯彻安全生产的方针，坚持“高度集中、统一领导”的原则，发扬协作精神，高质量、高效率地完成客、货运输任务。

一 车流组织

铁路运输的对象是旅客和货物，大量的旅客和货物向某一方向流动，即形成通常所说的客流和货流。客流和货流形象地表达了运输产品的位移特性，但要真正实现旅客和货物的位移，必须借助一种载体——载运工具。就铁路运输而言，这个载体就是客车和货车，于是产生了车流的概念。车流是铁路运送的具有一定去向的车辆的集合。

（一）车流与列流

车流是指在一定时期内，某一方向、某一区段或某一车站上，车辆的去向或到站（流向）和数量（流量）的总称。在装车站，按照货物运输计划，将货物装上货车车辆后，这些货车车辆就有了去向，形成了车流。将具有一定去向的货车车辆按照列车编组计划编组成列车，这些列车也有了一定的去向，形成了列流。

就旅客运输而言，因为旅客自身能上下车，所以旅客列车的车辆可以用固定车底的方式连挂在一起，车辆一般不必拆散改编，而且旅客列车循环往返于始发站和终到站之间，在较长的一段时期内其流量、流向基本上固定不变。因此，旅客列车一般是固定编组的，其车流组织问题比较容易解决。

就货物运输而言，车流组织则要复杂得多。铁路部门每天将装车站装出的重车向卸车地点输送，构成了重车流；同时，在卸车站把卸后的空车向装车地点排送，又形成了空车流。在铁路上，每天有近百万辆重车、空车，其数量不同、去向不同、性质不同、运距不同，再加上全路各站、各区段的线路和设备条件不同，如何按照优化原则，将发站、到站各不相同的重车流及不同车种的空车流合理地组织起来，在适当的地点编组成列车，通过列车在铁路线路上的运行，将货物迅速而经济地运送到目的地，就是车流组织所要解决的问题。

1. 车流组织的基础——货流

在一定时期内，货物由发送地向装车地输送就形成了货流。货流由货物、流量、流向、运距四个要素构成。货流的构成与分布取决于各地区之间各种产品的生产、供应和销售关系。为了有效地规划和组织铁路货物运输工作，应通过深入细致的调查、研究，分析货源、货流的变化规律，进行货流预测，为编制铁路货物运输计划提供依据。

2. 货流转化为车流，车流形成列流

列车是铁路运输的基本单元。列流是具有一定去向的列车的集合。编组后的列车按照列车运行图在铁路线路上运行，将货物送往目的地。列流的大小用列流量或行车量衡量，以每天开行的列车数来表示，合理地组织车流和列流是行车组织的主要研究内容之一。

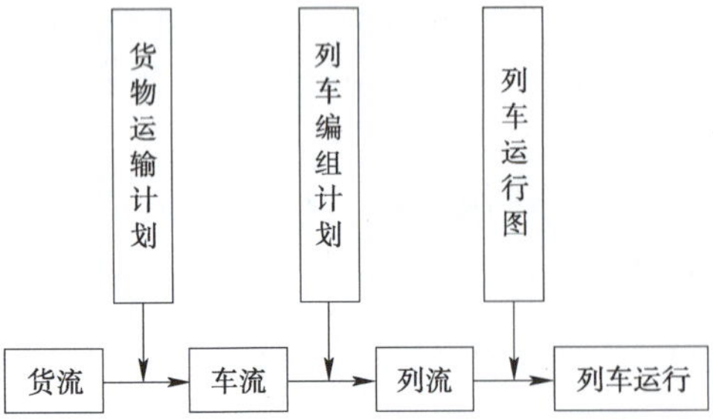

图 9-15　货流、车流、列流关系图

上述从货流到车流、由车流形成列流在铁路线路上运行的过程，就是铁路完成货物运输的过程。在此过程中，需要进行大量的组织工作。把货流组织成车流，是货物运输计划要解决的问题；把车流组织成列流，是货物列车编组计划的任务；组织列车流、规划列车运行的秩序则主要靠列车运行图来完成。上述关系可以用图 9-15 来表示。

（二）车流组织的原则

图 9-15 揭示了货流、车流、列流在行车组织工作上的关系，以及货物运输计划、列车编组计划、列车运行图的主要功用。可以说，车流组织贯穿了铁路运输的始终，可见车流组织在铁路运输工作中的重要性。因此，车流组织应遵循一定的原则。我国铁路车流组织的原则如下：

（1）在装车量较大的车站或地区组织始发直达列车。

（2）在卸车量较大、产生空车较多的车站或地区尽量组织空车直达列车。

（3）未纳入始发直达和空车直达列车的重车、空车流向就近的技术站集结，按车流去向、流量大小和流程远近分别编入各种适当的列车，主要是技术直达列车、直通货物列车和区段货物列车，逐步输送到终到站。

（4）中间站到发的零星车流一般用摘挂列车或区段小运转列车输送。

（5）在枢纽地区到发的零星车流一般用枢纽小运转列车输送。

二 列车编组计划

列车编组计划是全路车流组织的规划，是铁路行车组织工作的基础性计划，它的正确编制与严格执行可以充分发挥各站技术设备的潜力，提高运输效率。

（一）列车的定义、分类及车次

1. 列车的定义

把车辆按规定条件编成车列，并挂有机车及规定的列车标志时，称为列车。动车组列车为自走行固定编组列车。也就是说，列车必须具备三个条件：①按有关规定编成的车列；②挂有牵引本次列车的机车；③有规定的列车标志。

单机（包括单机挂车）、大型养路机械及重型轨道车虽未完全具备列车的条件，也按列车办理。

2. 列车的分类

为适应旅客和货物运输的不同需要，列车按运输性质的分类如下：

（1）旅客列车。

旅客列车是指以客车（包括代用客车）编组的，运送旅客及行李、包裹、邮件的列车。旅客列车包括动车组、直达特快旅客列车、特快旅客列车、快速旅客列车、普通旅客列车、通勤列车、临时旅客列车、临时旅游列车等。

（2）行邮行包列车。

行邮行包列车是指固定车辆编组及发站、到站的专门运送旅客行李、包裹和邮件的列车。行邮行包列车包括行邮特快专列、行包快运专列。

（3）路用列车。

路用列车是专门运送铁路自用物资或设备的列车。

（4）货物列车。

货物列车是铁路专门用于运输货物的列车。货物列车按运输种类和用途分，可分为快运货物列车、“五定班列”货物列车、空车直达列车、冷藏列车、超限货物列车、军用货物列车、重载货物列车、自备车列车、路用列车。

3. 列车的车次

为便于计划安排和具体掌握列车运行情况，各类列车均应冠以固定车次。这样，就可以从不同的车次辨别该次列车的种类、等级和运行方向。

列车运行原则上以开往北京方向为上行，车次编为偶数；相反方向为下行，车次编为奇数。在铁路支线上，一般由连接干线的车站开往支线的方向为下行，相反方向为上行。在个别区间使用直通车次时，可与上述规定方向不符。

为确保旅客列车车次全路唯一性，各铁路局集团公司管内特快、快速列车车次不足时，需向国铁集团申请车次，不得自行确定车次。

现行列车车次见表9-1，表中中国铁路××局集团有限公司均采用简称，如中国铁路济南局集团有限公司简称济南局。

列车车次编排 表9-1

一、旅客列车

列车种类		车次范围	说明
1. 高速动车组旅客列车		G1～G9998	"G"读"高"
其中	直通	G1～G4998	G4001～G4998为临客预留
	管内	G5001～G9998	G9001～G9998为临客预留
2. 城际动车组旅客列车		C1～C9998	"C"读"城" C9001～C9998为临客预留
3. 动车组旅客列车		D1～D9998	"D"读"动"
其中	直通	D1～D4998	D4001～D4998为临客预留
	管内	D5001～D9998	D9001～G9998为临客预留
4. 直达特快旅客列车（160km/h）		Z1～Z9998	"Z"读"直"
其中	直通	Z1～Z4998	Z4001～Z4998为临客预留
	管内	Z5001～Z9998	Z9001～Z9998为临客预留
5. 特快旅客列车（140km/h）		T1～T9998	"T"读"特"
其中	直通	T1～T3998	T3001～T3998为临客预留

列车种类		车次范围	备注
其中	管内	T4001～T9998	T4001～T4998为临客预留
6. 快速旅客列车（120km/h）		K1～K9998	"K"读"特"
其中	直通	K1～K4998	K4001～K4998为临客预留
	管内	K5001～K9998	K5001～K6998为临客预留
7. 普通旅客列车（120km/h）		1001～7598	—
（1）普通旅客快车		1001～5998	—
其中	直通	1001～3998	3001～3998为临客预留
	管内	4001～5998	—
（2）普通旅客慢车		6001～7598	—
其中	直通	6001～6198	—
	管内	6201～7598	—
8. 通勤列车		7601～8998	—

续上表

列车种类		车次范围	说明	列车种类		车次范围	备注
9. 临时旅客列车（100km/h）		L1～L9998	“L”读“临”	10. 旅游列车（120km/h）		Y1～Y998	“Y”读“游”
其中	直通	L1～L6998		其中	直通	Y1～Y498	—
	管内	L7001～L9998			管内	Y501～Y998	—
二、特快货物班列							
特快货物班列（160km/h）		X1～X198	“X”读“行”				

三、货物列车

列车种类	车次范围
1. 快运货物列车	
（1）快速货物班列（120km/h）	X201～X398
（2）货物快运列车（120km/h）	X2401～X2998 X401～X998
直通	X2401～X2998
哈尔滨局	X2401～X2430
北京局	X2481～X2510
呼和浩特局	X2541～X2570
武汉局	X2601～X2630
济南局	X2661～X2690
南昌局	X2741～X2770
南宁局	X2811～X2840
昆明局	X2891～X2920
乌鲁木齐局	X2951～X2970
沈阳局	X2431～X2480
太原局	X2511～X2540
郑州局	X2571～X2600
西安局	X2631～X2660
上海局	X2691～X2740
广铁集团	X2771～X2810

列车种类	车次范围
成都局	X2841～X2890
兰州局	X2921～X2950
青藏公司	X2971～X2990
管内	X401～X998
哈尔滨局	X401～X430
北京局	X481～X510
呼和浩特局	X541～X570
武汉局	X601～X630
济南局	X661～X690
南昌局	X741～X770
南宁局	X811～X840
昆明局	X891～X920
乌鲁木齐局	X951～X970
沈阳局	X431～X480
太原局	X511～X540
郑州局	X571～X600
西安局	X631～X660
上海局	X691～X740
广铁集团	X771～X810
成都局	X841～X890
兰州局	X921～X950
青藏公司	X971～X990

列车种类	车次范围
（3）中欧、中亚集装箱班列，铁水联运班列	X8001～X9998
中欧、中亚集装箱班列（120km/h）	X8001～X8998
中亚集装箱	X9001～X9500
水铁联运班列	X9501～X9998
（4）普快货物班列	80001～81998
2. 煤炭直达列车	82001～84998
3. 石油直达列车	85001～85998
4. 始发直达列车	86001～86998
5. 空车直达列车	87001～87998
6. 技术直达列车	10001～19998
7. 直通货物列车	20001～29998
8. 区段货物列车	30001～39998
9. 摘挂列车	40001～44998
10. 小运转列车	45001～49998
11. 重载货物列车	71001～77998
12. 自备车列车	60001～69998
13. 超限货物列车	70001～70998
14. 保温列车	78001～78998

各局的零散货物车辆，可挂入直达、直通、区段货物列车中。挂有装运跨局零散货物快运车辆的列车，在基本车次前加字母“X”。如：X28002 次

四、单机和路用列车					
列车种类	车次范围	说明	列车种类	车次范围	说明
1. 单机			管内	DJ7001～DJ8998	
客车单机	50001～50998		4. 试运转列车	55001～55998	
货车单机	51001～51998		普通客、货列车	55001～55300	
小运转单机	52001～52998		300km/h 以上动车组	55301～G55500	
2. 补机	53001～54998		250km/h 动车组	55501～D55998	
3. 动车组检测、确认列车			5. 轻油动车、轨道车	56001～56998	
（1）动车组检测列车	DJ1～DJ8998		6. 路用列车	57001～57998	
300km/h 检测列车	DJ1～DJ998		7. 救援列车	58101～58998	
直通	DJ1～DJ400		8. 回送客车底列车	“00”均为数字	
管内	DJ401～DJ998		有火回送动车组车底	001～00100	
250km/h 检测列车	DJ1001～DJ1998		无火回送动车组车底	00101～00298	
直通	DJ1001～DJ1400		无火回送普速客车底	00301～00498	
管内	DJ1401～DJ1998		回送图定客车底：图定车次前冠以数字“0”		
（2）动车组确认列车	DJ5001～DJ8998		因故折返旅客列车：原车次前冠以“F”读“返”		
直通	DJ5001～DJ6998				

（二）列车编组

1. 旅客列车编组

每对旅客列车的编组辆数、编组结构及车辆编挂次序是固定的，即为固定车底。车底的组成根据客流密度、列车种类、机车功率大小、线路情况、站线和站台长度等因素确定，每对列车都不尽相同。旅客列车在始发站与终到站之间往返运行，在一定时期内执行固定编组。其编组计划表的内容包括列车的发到站、车次，车辆和客运乘务的担当段，编组辆数，车厢编号，编挂车种，定员，总重，车底周转图、车底需要组数等事项。旅客列车编组表如图 9-16 所示。

南昌—青岛 快速 K342/3次、K344/1次	车辆 乘务 南昌	项目		1	2	3	4	5	6	7	8	9	10	11	12	13	14	15	16	17	18	19		计	
		顺序	昌开	1	2	3	4	5	6	7	8	9	10	11	12	13	14	15	16	17	18	19			
		顺序	青开	1	2	3	4	5	6	7	8	9	10	11	12	13	14	15	16	17	18	19			
		车厢编号		1	2	3	4	5	6	7	8	9	10	11	12	13	14	15	16	17	18	19		19	19
		车种		KD	YZ	YZ	YZ	YZ	YZ	YZ	YZ	CA	RW	YW	YW	YW	YW	YW	YW	YW	YW	XL			
		定员			118	118	118	118	118	118	112		36	60	66	66	66	66	66					1246	
		总重		69	54	54	54	54	54	54	54	54	51	54	54	54	54	54	54		54	61		991	
		附注									办			广						欠	宿				

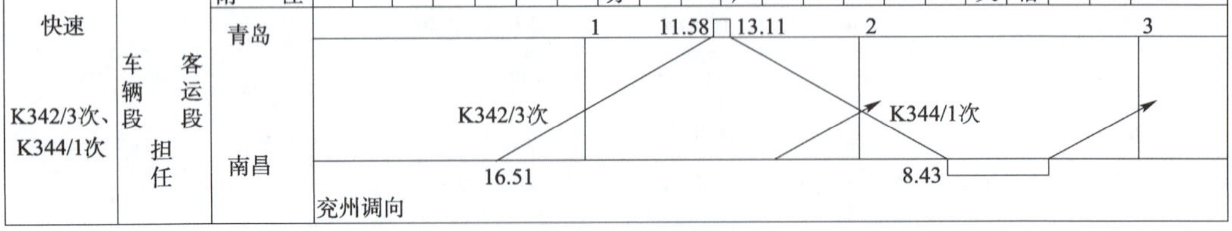

图 9-16　旅客列车编组表

通常情况下，行李车、邮政车、发电车等非乘坐旅客的车辆应分别挂于机车后第一位和列车尾部，起隔离作用。按旅客列车编组表编组，列车最后一辆的后端应有压力表、紧急制动阀和运转车长乘务室。

2. 货物列车编组

（1）货物列车的编组要求。

货物列车应按照列车编组计划、列车运行图和《铁路技术管理规程》等的有关规定进行编组。

①编入货物列车的车辆去向、车辆编挂方法等应符合列车编组计划的规定。

②货物列车的质量和计长应符合列车运行图的规定（摘挂列车除外）。未经有关部门批准，车站不准发出欠轴、超重和超长列车。

③编入货物列车中的车辆的技术条件、装载危险货物车辆的隔离、关门车的编挂、机车编入列车的条件等，均应符合《铁路技术管理规程》的规定。

（2）货物列车编组计划。

如何正确地组织重车流、空车流及合理地将车辆按规定编入列车向目的地运送，是铁路行车组织要解决的主要问题。

为此，铁路有关部门要制订货物列车编组计划，使全路编组的列车互相配合、互相衔接，成为统一的整体，在流向有同有异、流量有大有小、流程有远有近、各站设备条件不尽相同、作业性质与能力互有差异的复杂条件下，将发站、到站各不相同的重车流及不同车种的空车流合理地组织起来，在适当的地点编组成各种不同去向和种类的列车，并保证各站产生的车流都能迅速而经济地运送到目的地。

货物列车编组计划是全路车流组织计划，它根据全路的车流结构、各站的设备能力和作业条件，统一安排全路各站的解编作业任务，具体规定全路各货运站、编组站和区段站编组货物列车的种类、到站及车组编挂办法。货物列车编组计划主要内容包括发站、到站、列车种类、编组方式及列车车次等。表9-2为金州站某方向的货物列车编组计划表。

金州站某方向的货物列车编组计划表 表9-2

顺号	发站	到站	编组内容	列车种类	定期车次	附注
1	金州	哈尔滨南	哈尔滨南及其以远，5000t	五定班列	80201	主要卸车站：滨江、香坊、哈尔滨站
2	金州	灵山	灵山站卸	始发直达	85861～85865	
3	金州	各站	1. 沈阳南及其以远补轴 2. 粮食直达同一站	始发直达		第一组挂机次
4	金州	鸡西	空敞车	空车直达	86001～86003	
5	金州	七台河	空敞车	空车直达	86007	
6	金州	长春北	长春北及其以远和空车不分组	技术直达		
7	金州	沈阳南	沈阳南及其以远和空车不分组	直通列车		

续上表

顺号	发站	到站	编 组 内 容	列车种类	定期车次	附　　注
8	金州	沈阳南	1. 沈阳南及其以远和空车不分组 2. 辽阳—北台间及溪辽线 3. 鞍山站卸	区段列车		
9	金州	甘井子	甘井子站卸	区段小运转		
10	金州	大连北	南关岭—大连北间站顺	枢纽小运转		

三　列车运行图和铁路线路通过能力

铁路系统是一个由多部门、多工种组成的庞大复杂的运输系统。列车运行是铁路运输生产过程中的一个重要环节，在实现运输的过程中要利用多种技术设备，各个环节、各个部门必须相互配合、紧密联系、协同动作，才能保证行车安全、提高运输效率。列车运行图在这方面起着极其重要的作用。与运输有关的各部门都应根据列车运行图所规定的要求来安排工作。

（一）列车运行图

列车运行图是列车运行管理的图解。列车运行图规定了各次列车占用区间的次序，列车在每个车站的到发时刻或通过时刻，列车在区间内的运行时间和在车站上的停站时间以及机车交路，列车的质量和长度标准等。

列车运行图是铁路运输工作的一个综合性计划，是铁路行车组织工作的基础。列车车站要按照列车运行图规定的各次列车到发时刻来安排列车的接发、编解工作和客货运业务；机务部门要根据列车运行图来安排机车交路、机车整备作业和机车乘务组的工作；列检所要根据列车运行图规定的列车到发时刻安排列车中车辆的技术检查工作；列车段、客运段要根据列车运行图的要求及时派出列车长和列车乘务组值乘；工务、电务、供电等部门要根据列车运行图来安排线路、桥隧、铁路信号及接触网等设备的检修施工时间等。总之，列车运行图可以把整个铁路网的活动联系成为一个统一的整体，把所有与行车有关的各单位组织起来严格按照一定的程序有条不紊地进行工作。

列车运行图的分类如下。

1. 按表现形式分类

列车运行图实际上是利用坐标原理来表示列车运行的。在列车运行图中，以横轴表示时间，并用竖线等分横轴代表一昼夜的小时和分钟；以纵轴表示距离，并按列车在区间运行时分的比例画水平线，代表各车站中心线在铁路线上所处的位置，称为站名线；水平线和水平线之间的间隔表示站间距离；斜线称为列车运行线；数字为列车在车站的停车时分，填记在列车运行线与站名线相交的钝角内，通过时分填记在左侧的钝角内。

根据垂直线等分横轴的时间单位不同，列车运行图主要有以下三种表示形式：

（1）二分格运行图。横轴以 2min 为单位进行等分。二分格运行图是市郊铁路编制新图时的列车运行图格式。

（2）十分格运行图。横轴以 10min 为单位进行等分，半小时格用虚线表示。十分格运行图是铁路日常使用的列车运行图格式，如图 9-17 所示。

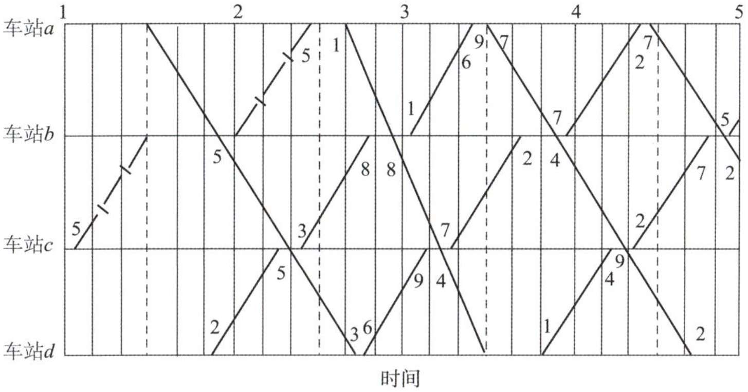

图 9-17　十分格运行图

（3）小时格运行图：横轴以 1h 为单位进行等分。小时格运行图是编制旅客列车方案图、机车周转图或客车周转图采用的格式。

2. 按区间正线数目的不同分类

由于区间正线数目和闭塞设备的不同，以及列车运行速度、上下行方向的列车数量、同方向列车的运行方式等方面的差异，列车运行图可以分为多种不同的类型。

（1）单线运行图。单线运行图是指在单线区段上，上下行列车都在同一条正线上运行，因此，列车的交会必须在车站上进行，区间绝不会出现上下行列车运行线的交点。单线成对非追踪平行运行图如图 9-18 所示。

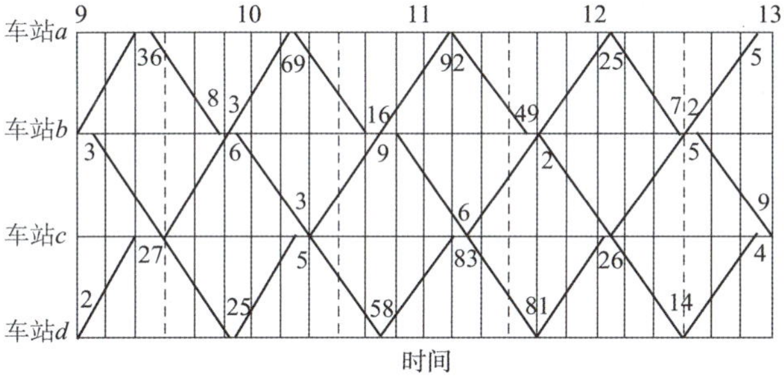

图 9-18　单线成对非追踪平行运行图

（2）双线运行图。双线运行图是指在双线区段上，上下行列车在各自的正线上运行，互不干扰，列车可以在区间内或车站上进行交会，但列车的越行必须在车站上进行。双线追踪非平行运行图如图 9-19 所示。

（3）单双线运行图。单双线运行图是指在有部分双线的区段上铺画出的运行图，它分别具有单线运行图和双线运行图的特征。

3. 按同方向列车运行速度的不同分类

（1）平行运行图。平行运行图是指在同一区间内，同方向列车运行速度相同，因而铺画出的列车运行线相互平行，且在区段内无列车的越行。

（2）非平行运行图。非平行运行图是指同方向列车运行的速度不相同，因而铺画出的列车运行线出现不平行，且在区段内有列车的越行。

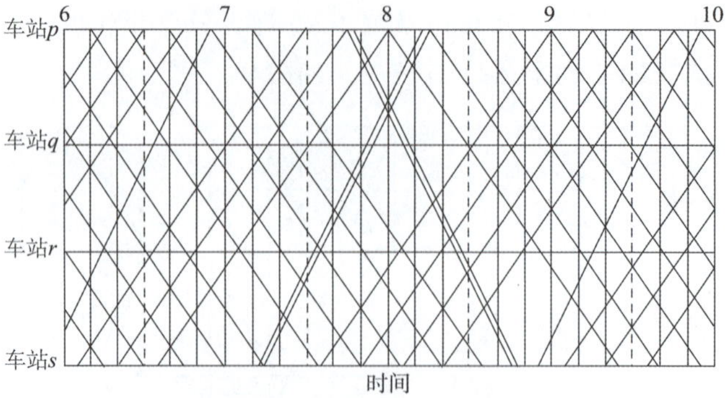

图 9-19　双线追踪非平行运行图

4. 按上下行列车数目的不同分类

（1）成对运行图。成对运行图中上下行的列车数目相等。

（2）不成对运行图。不成对运行图中上下行的列车数目不相等。

5. 按同方向列车运行方式的不同分类

（1）追踪运行图。追踪运行图是指在自动闭塞的双线（单线）区段上，同方向列车以闭塞分区为间隔，实行追踪运行。

（2）非追踪运行图。非追踪运行图是指在非自动闭塞的单线（双线）区段上，同方向列车以站间或所间区间为间隔，实行非追踪运行。

上述分类都是针对列车运行图的某一特点而加以区别的。实际列车运行图具有多方面的特点，例如某一区段的列车运行图，它既是双线的、非平行的，又是追踪的。

（二）铁路线路通过能力

铁路线路通过能力是指某一铁路线、某一方向或区段，根据现有的固定技术设备（如区间、车站、机务设备及电气化铁路线的供电设备等），在一定类型的机车车辆和行车组织方法（如运行图类型及车站技术作业过程等）条件下，在单位时间（通常为一昼夜）内所能通过的最大列车对数或列数。货运通过能力除了用列数表示外，也可用车数或货物吨数表示。

按各种固定设备分别计算出来的通过能力，其中最小的一种能力就限制了整个线路、方向或区段的通过能力，该能力即为该线路、方向或区段的最终通过能力。

与铁路行车组织有关的是区间通过能力和车站通过能力。

1. 铁路区间通过能力

在保证行车安全的条件下，每昼夜可能通过区间的列车对数（每一方向的列车数），称为区间通过能力。区间通过能力主要取决于该区段的技术设备和所采用的行车组织方法，如区间正线数量、区间长度、线路纵断面、机车车辆类型及信号、联锁、闭塞方式以及列车运行图的类型等。列车运行图类型对区间通过能力影响很大，在同样的技术装备条件下，采取不同的运行图类型，通过能力会有很大不同。首先要计算平行运行图的区间通过能力，然后在此基础上计算非平行运行图的区间通过能力。

平行运行图区间通过能力应分别对区段内每一区间进行计算。运行图周期的最大区间通过能力，即该区段的限制区间通过能力。所谓运行图周期，是指一定类型运行图中反复出现的一组列车占用区间的总时间。

为了适应国民经济发展和国防建设的需要，铁路部门应有预见、有计划地采取措施提升区段的通过能力。加强铁路区段通过能力的途径，不外乎提高货物列车重量标准及其载重系数、增加列车密度、提高行车速度或者将几方面综合起来进行优化，实现列车重量、速度、密度的优化组合。

2. 铁路车站通过能力

根据车站现有技术设备，在采用合理的技术作业过程条件下，车站一昼夜所能接发各方向的最大货物列车数和运行图规定的旅客列车数，称为车站通过能力。车站通过能力取决于咽喉道岔通过能力和到发线通过能力中的较小者。前者是指车站咽喉区各进路咽喉道岔组通过能力之和，后者是指车站到达场、出发场、到发场及直通场中办理货物列车到发作业的线路的通过能力之和。采用合理的作业组织和先进的工作方法，可以减少进路交叉干扰和缩短各项作业占用设备的时间，特别是采取可行的技术组织措施促进车站各作业环节之间能力的协调，以及组织各方向列车均衡到发，可以减少各种作业之间等待的时间，这将有助于提高车站的通过能力和改编能力，为保持车站的正常作业秩序创造条件。

四 车站行车组织

车站是铁路运输的基层生产单位，车站工作的质量直接影响铁路区段方向乃至整个路网运输工作的安全性、准确性、连续性和节奏性，决定着全路运输工作任务完成的数量和质量。因此，正确组织车站工作，特别是车站的行车组织工作，对于保证实现安全、正点、畅通、优质、高效等运输生产管理的基本要求有着十分重要的意义。车站行车组织工作的内容主要包括接发列车工作、技术站货物列车和货车的技术作业、调车工作、车站作业计划。

（一）接发列车工作

为了保证列车运行的安全，列车接入车站和由车站出发，都必须按照一定的程序办理接发列车的必要作业。

1. 办理闭塞(发车预告)

在正常情况下，列车运行采用空间间隔行车的方法，即同一时间、同一区间（闭塞分区）内，只准许一列列车运行，以防止同向列车追尾或对向列车正面冲突。而实现铁路行车这一要求的技术设备，称为闭塞设备。因此，当列车进入区间前，两站间办理闭塞手续（发车预告），是车站接发列车工作的首要作业程序。车站值班员在办理闭塞手续（发车预告）前，应确认区间（闭塞分区）空闲。

2. 布置与准备进路

列车到达、出发或通过车站时所需占用的一段站内线路，称为列车进路。为保证列车运行的安全，针对到达列车，车站值班员应亲自布置进路。列车到达或出发之前，车站值班员应及时停止影响列车进路的调车工作，正确发布准备列车进路的命令。

3. 开放或关闭信号

只有在列车进路确已准备妥当以后，才能开放进站或出站信号。当列车越过进、出站信号机，信号自动关闭。

信号开放后，进路上有关道岔和敌对信号都将锁闭。如果过早开放信号，就会过早占用咽喉，影响与该进路有关的调车作业或其他作业。如果信号开放过晚，就会造成进站列车运缓、站外停车，甚至冒进信号。

4. 交接行车凭证

正常情况下，列车占用区间的凭证是出站信号机显示允许运行的信号。当出站信号机不能显示允许运行的信号时，列车必须取得规定的行车凭证，才能向区间发车。这里所说的凭证，是指路票、绿色许可证、红色许可证、列车进入封锁区间的调度命令等。

5. 接送列车及发车

列车进出车站时，外勤助理值班员应在规定地点接送列车，注意列车运行情况和货物装载状态，发现有危及人身、货物或行车安全的情况，应及时采取有效措施进行妥善的处理。

车站做好发车准备并具备发车条件后，外勤助理值班员应向司机显示发车信号。显示发车信号的条件：确认发车进路已准备妥当，凭证已交付，出站信号机已开放，旅客上下、行包、邮件、列检作业完毕并撤除防护信号，向司机显示发车信号。

6. 开通区间及报点

列车到达、发出或通过后，车站值班员应立即向邻站及列车调度员报点，并记入行车日志（设有计算机报点系统的按有关规定办理）。非自动闭塞区段，列车全部到达或通过车站后，接车站还应及时向发车站报告列车到达或通过本站的时分，与发车站办理区间开通手续。

（二）技术站货物列车和货车的技术作业

1. 技术站办理的货物列车的种类及作业过程

按照货物列车在站技术作业过程，技术站办理的货物列车种类有无调中转列车、部分改编中转列车、到达解体列车、自编始发列车四种。

（1）无调中转列车：在该技术站不进行改编作业，而只在到发场进行到发技术作业后继续运行的列车。无调中转列车的作业过程见表9-3。

无调中转列车的作业过程 表9-3

顺序	作业项目	作业时间（min） 0 5 10 15 20 25 30 35 40
1	检车员、车号员、货运检查员出动	
2	到达试风、摘机车、车辆技术检查和修理	35
3	货运检查及整理	20
4	交接票据并接收列车	20
5	车号员核对现车	15
6	列尾装置技术作业	10
7	挂机车及试风	5
8	准备发车及发车	6
作业总时分		41

（2）部分改编中转列车：在该技术站需要变更列车质量、变更运行方向和换挂车组的列车。部分改编中转列车的作业过程见表9-4。

部分改编中转列车的作业过程 表9-4

顺序	作业项目	作业时间（min）0 5 10 15 20 25 30 35 40 45
1	检车员、车号员、货运检查员出动	—
2	车辆技术检查及修理（包括摘机车及试风）	35
3	货运检查及整理	25
4	部分改编调车作业	10
5	司机接收票据和列车	25
6	车号员核对现车	15
7	列尾装置技术作业	10
8	挂机车及试风	10
9	准备发车及发车	6
作业总时分		46

（3）到达解体列车：在该技术站进行解体的列车。到达解体列车的作业过程见表9-5。

到达解体列车的作业过程 表9-5

顺序	作业项目	作业时间（min）0 5 10 15 20 25 30 35
1	检车员、车号员、货运检查员出动	—
2	车辆技术检修（包括试风及摘机体）	35
3	货运检查及整理	20
4	车号员核对现车	15
5	列尾装置技术作业	10
6	司机与车号员办理票据交接	10
7	准备解体	10
作业总时分		35

（4）自编始发列车：由该技术站编成的列车。自编始发列车的作业过程见表9-6。

自编始发列车的作业过程 表9-6

顺序	作业项目	作业时间（min）0 5 10 15 20 25 30 35 40
1	检车员、车号员、货运检查员出动	—
2	车辆技术检查和修理	25
3	货运检查及整理	18
4	车号员核对现车	16
5	列尾装置技术作业	10
6	司机接收票据和列车	20
7	挂机车及试风	7
8	准备发车及发车	13
作业总时分		33

2. 技术站办理的货车种类及货车作业过程

货车按其在车站办理技术作业不同，分为中转车和货物作业车。

（1）中转车。

中转车是指在本站不进行货物作业（装车或卸车）的运用货车。中转车按其在站有无调车作业，分为无调中转车和有调中转车两种。

①无调中转车：随无改编中转列车或部分改编中转列车到达，在该站进行到发技术作业后，又随原列车继续运行的货车。无调中转车在站的技术作业与无改编中转列车在站的技术作业相同。

②有调中转车：随到达解体列车或部分改编中转列车到达，在该技术站经过一系列改编作业后，再随自编始发列车或另一列部分改编中转列车继续运行的货车。有调中转车的技术作业过程见表 9-7。

有调中转车的技术作业过程　　表 9-7

作 业 时 间	作业延续时间
到达时间	
解体时间	
集结过程	
编组作业	
出发作业	
延续时分	

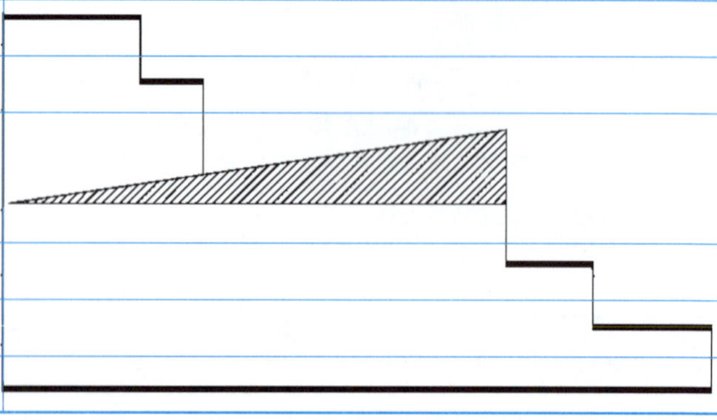

（2）货物作业车。

货物作业车（又称本站作业车）：随到达解体列车或部分改编中转列车到达，需在车站进行货物作业（卸车或装车）的货车。它包括一次货物作业车和双重货物作业车。一次货物作业车的作业过程见表 9-8，双重货物作业车的作业过程见表 9-9。

一次货物作业车的作业过程　　表 9-8

顺序	作 业 名 称	作 业 时 间
1	到达作业	
2	解体	
3	待送	
4	送车	
5	装车或卸车	
6	取车	
7	集结	
8	编组	
9	出发作业	
延续时间		

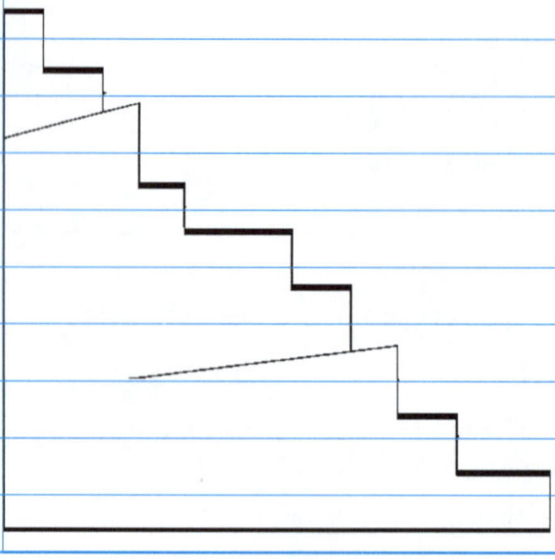

双重货物作业车的作业过程　　表9-9

顺序	作业名称	作业时间
1	到达作业	
2	解体	
3	待送	
4	送车	
5	卸车	
6	调移	
7	装车	
8	取车	
9	集结	
10	编组	
11	出发作业	
延续时间		

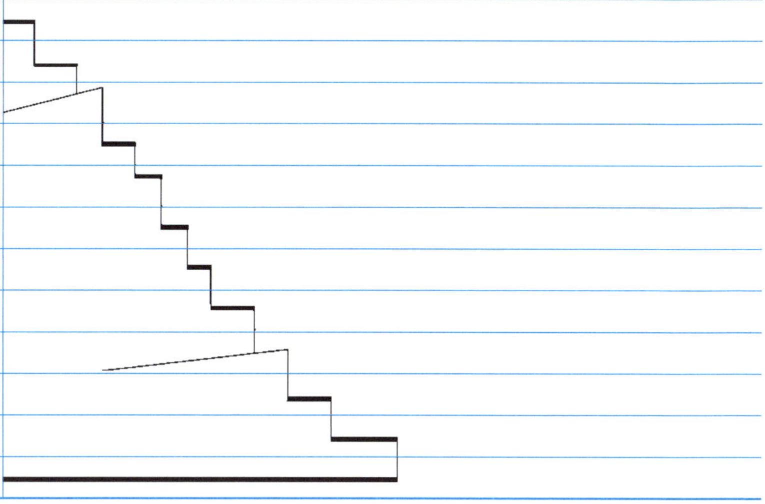

（三）调车工作

除列车在车站到、发、通过及在区间运行之外，凡是机车车辆在站线或其他线路上进行的一切有目的的移动，统称为调车。调车工作是铁路运输生产不可缺少的重要环节，也是编组站的主要生产活动。

1. 调车工作的分类

调车工作按其作业目的不同可分为如下几种：

（1）解体调车：将到达解体的车列或车组，按其车辆的去向或其他需要，分解到调车场各固定线路上去的调车。

（2）编组调车：按列车编组计划、列车运行图以及有关规章的规定和要求，将车辆选编成车列或车组的调车。

（3）摘挂调车：对部分改编中转列车进行补轴、减轴、车辆换挂以及摘挂列车在中间站进行摘挂车辆的调车。

（4）取送调车：将待装、待卸的车辆由调车场送至装卸作业地点以及从上述地点将作业完毕的车辆取回调车场的调车。

（5）其他调车：因工作需要对车列或车组进行转场、转线，对调车场内的停留车辆进行整理，机车出入段等作业。

车站由于作业性质的不同，完成各种调车工作的比重也不一样，如编组站有大量的解体和编组调车，而中间站一般只进行摘挂和取送调车。

2. 调车作业方法

调车作业方法按使用设备的不同可分为如下几种：

（1）牵出线调车。

牵出线调车是一种最基本的调车作业方式，通常有推送调车法和溜放调车法两种。

①推送调车法是利用机车将车辆从一股道调送到另一股道，停妥后再摘车的调车作业方法。这种调车作业方法安全可靠，但调车效率较低。

②溜放调车法是利用机车推送车列达到一定速度，并在行进中提开车钩，被摘下的车组借助所获得的动能溜向指定地点，由制动员用人力制动机使之停车或与停留车安全连挂的调车作业方法。

（2）驼峰调车。

驼峰调车是利用车辆自身的重力，辅以机车的推力，使摘下的车辆由峰顶自行溜入峰下调车场指定线路，由制动员使用铁鞋或车辆减速器、减速顶、加减速小车等使之停车或与停留车安全连挂的调车作业方法。这是技术站解体车列时普遍采用的调车作业方法。

（四）车站作业计划

铁路运输是一个实时处理系统，车流、列流每日均有所变化，车站自身的工作条件也经常发生变化。为使车站各项工作顺利进行，必须有一个既周密又切实可行的车站工作日常计划。

车站工作日常计划包括班计划、阶段计划和调车作业计划。

1. 班计划

班计划是车站最基本的作业计划，是车站完成一个班运输生产任务的作业组织计划。

铁路日常生产活动一般分两个班次进行：当日18：00至次日6：00为第一班（夜班)；6：00至18：00为第二班（白班）。班计划由主管运输的副站长或运转车间主任负责编制，其内容一般包括：①列车到达计划；②列车出发计划；③卸车、排空、装车计划；④客车底取送；⑤班工作指标及临时重点任务。

班计划编制完成后，由站长或主管副站长负责审批下达，各班组要制订保证安全、准确完成计划的具体措施。

2. 阶段计划

阶段计划是一个班各阶段工作的具体安排，是完成班计划的保证，通常由车站调度员根据该阶段工作开始前的具体情况，利用车站技术作业图表进行编制。一般情况下，一个班分为3～4个阶段，一个阶段为3～4h。

3. 调车作业计划

调车作业计划是列车解体、编组和进行车辆取送作业的具体行动计划，一般由调车区长根据阶段计划编制，并以调车作业通知单的方式下达给有关作业人员执行。

五 运输生产计划

铁路运输生产计划按编制期限分为长远计划、年度计划和月度计划。长远计划是较长时期的运量规划，通常为五年或十年。它是规划期内全路的运量规模和货物周转量等经济指标预期达到的目标。年度计划直接反映年度国民经济计划中铁路应完成的运输任务，作为分配各铁路局集团公司货物运输任务的依据。月度计划应根据年度计划和托运人提出的具体运输要求按月编制，是年度计划在计划月份的具体安排，也是组织日常运输生产活动的直接依据。

铁路运输生产计划包括运输生产计划、运输工作技术计划、运输方案，它是铁路日常组织运输工作的基础，也是铁路运输日常生产的主要依据。

（一）运输生产计划

铁路运输生产计划的基本任务：根据国家的经济政策和运输政策，在国家计划经济和计划运输原则的指导下，密切产、供、运、销的关系，正确安排各地区、各部门、各种货物运量和流向，充分发挥运输工具的效能，按月度计划完成铁路年度运输任务，最大限度地满足国民经济高速发展的需要。

（二）运输工作技术计划

铁路运输工作技术计划是铁路部门为保证完成月度货物运输计划而制订的机车车辆运用计划。制订运输工作技术计划的目的在于合理使用机车车辆和发挥铁路通过能力，提高运输效率，保证完成货物运输任务。运输工作技术计划以月为单位，为各铁路局集团公司规定使用车、卸空车、接入和交出的货车、列车等运输工作任务，规定机车车辆的运用效率指标，并确定各铁路局集团公司的运用货车保有量和使用机车台数。

（三）运输方案

铁路运输方案是保证完成铁路运输生产计划的综合部署。编制运输方案，应根据运输工作技术计划规定的任务，按照列车编组计划和列车运行图的规定，考虑装卸站的装卸能力、区段输送能力及各部门各企业的生产规律，根据当月（旬）具体情况，对月、旬的货运工作、列车工作、机车工作和施工等进行统筹安排。运输方案由货运工作方案、列车工作方案、机车工作方案和施工方案几部分组成。

六 运输调度指挥

铁路运输系统具有线长、点多、工种多、分工细、连续性强的特点。为了使各环节协调配合，铁路运输生产必须实行集中统一指挥的管理原则。凡是与运输有关的各部门、各工种都必须在运输调度的统一指挥下开展日常生产活动。

（一）调度指挥工作的基本任务

铁路运输调度是铁路日常运输组织的指挥中枢，其基本任务是正确地编制和执行运输工作日常计划，科学地组织客流、货流和车流，做好均衡运输，挖掘运输潜力，提高运输效率，经济合理地使用机车车辆及运输设备，组织与运输有关的各部门紧密配合，协同动作，使列车编组计划、列车运行图和运输方案得以实现。

（二）调度指挥工作的管理模式

我国调度指挥实行分级管理、集中统一指挥的原则，通过设置三级调度机构进行统一指挥，即国铁集团设调度部、铁路局集团公司设调度指挥中心（总调度室）和技术站设调度室的三级调度指挥机构。各级运输调度指挥部门同时受运输管理部门的领导和上级调度指挥部门的指挥。我国三级调度指挥机构的设置如图9-20所示。

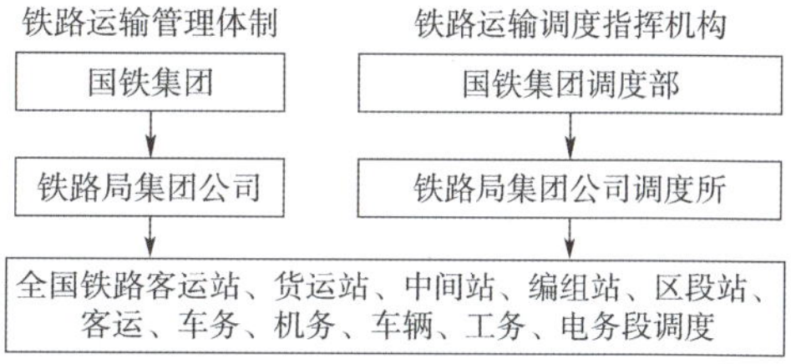

图9-20 三级调度指挥机构

（三）调度所及岗位设置

铁路运输调度指挥工作的核心部门是铁路局集团公司调度所，在调度所一般设有下列岗位。

1. 列车调度员

列车调度员，又称行车调度员，负责管辖区段内所有与列车运行有关的工作。通常列车应按列车运行图运行，但实际列车运行的条件随时都有可能发生变化，如每天的车流有可能增加或减少，列车运行图中所规定的车次有时要停运，有时又需要增开列车；图定列车有可能晚点，有的列车需要调整作业时间等。因此，在列车运行日常工作中，列车调度员需要根据变化的情况采取相应的措施来进行运行调整或调度指挥，使列车尽可能按列车运行图行车。

2. 计划调度员

计划调度员主要负责编制和调整管辖区域的列车工作计划，协助值班主任组织实现日班计划。

3. 机车调度员

机车调度员主要负责机车运用的调度工作。

4. 客运调度员

客运调度员负责旅客计划运输及客车的运用。

5. 货运调度员

货运调度员主要负责管辖区段内装卸作业及管内重车的输送工作。

此外，根据各铁路地区的具体货流和设备情况还设有篷布调度员、零担货物调度员、罐车调度员、车辆检修调度员、特种运输调度员、预/确报调度员、军事运输调度员、电力牵引区段的电力调度员等岗位。

知识拓展

铁路车站的组织管理架构

铁路车站实行站长负责制。车站组织机构和定员根据车站的等级和工作量确定。特等、一等站的组织架构如图 9-21 所示。

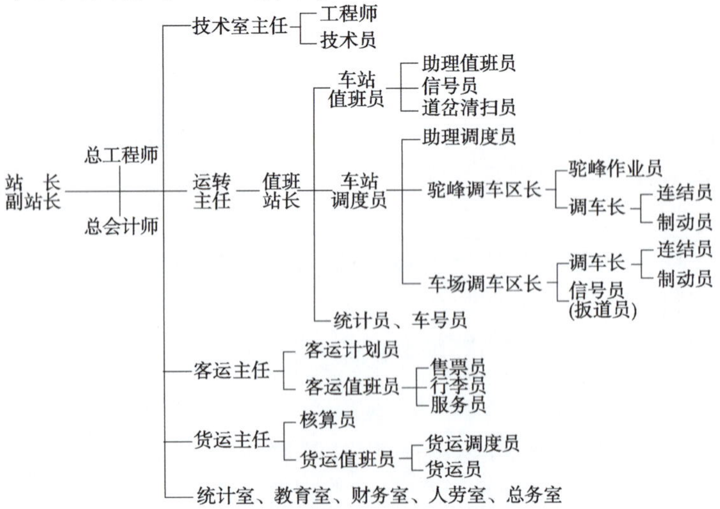

图 9-21　铁路特等、一等站的组织架构

拓展活动

铁路车站管理模拟挑战赛活动

1. 活动概述

组织一场模拟铁路车站日常运营与紧急事件处理的挑战赛。学生分成若干小组，每组代表一个虚拟的铁路车站管理团队，负责车站的日常管理和应对突发状况。

2. 活动步骤

（1）理论回顾与准备阶段。

开始前，简要复习铁路车站的组织管理架构知识，确保每位学生都清楚车站内各部门的职责和相互关系。向各组发放包含车站布局、人员配置、日常任务等基本信息的资料包，要求小组成员讨论并设计自己车站的管理结构图。

（2）日常运营模拟。

使用模拟软件或桌面游戏形式，设定多个日常运营场景，如高峰期客流控制、货物装卸调度、列车延误调整等。每个小组轮流面对这些挑战，通过团队协作做出决策，模拟执行并记录结果。

（3）紧急事件应对。

引入突发紧急事件，如恶劣天气导致的列车晚点、设备故障、乘客紧急医疗救助等。各小组需迅速响应，制定应急预案，展示如何高效沟通、协调资源并解决问题。

（4）成果展示与互评。

各组展示其管理架构图、应对策略及其实施效果，分享决策过程和所学经验。实施小组间互评与教师点评。评价标准包括决策合理性、团队协作、问题解决速度与效果等。

（5）总结与反思。

活动结束后，全体学生和教师一起总结各组表现，讨论哪些策略有效，哪些地方可以改进。鼓励学生反思车站管理架构在实际操作中的重要性，以及如何灵活应变，提升整体运营效率。

（6）活动目的。

①深化理解

通过亲身体验，使学生深刻理解铁路车站组织管理架构的运行机制。

②实战演练

模拟真实情境，锻炼学生的应变能力、团队合作和决策制定能力。

③互动交流

增强学生之间的互动交流，通过讨论和分享促进知识的内化。

④批判性思维

培养学生在复杂情况下的批判性思维，学会从不同角度审视问题和解决方案。

单元 9.4　铁路运输安全工作

铁路运输生产工作要得到有效保证，铁路各单位（部门）都要把安全工作作为头等大事来抓，牢固树立安全第一的思想。“安全第一”“畅通无阻、四通八达、安全正点、当好先行”，这是对铁路部门的基本要求。为了实现上述要求，铁路各单位（部门）必须贯彻“安全第一、预防为主”的方针，坚持“安全为了生产、生产必须安全”的原则，认真执行各类规范、规程、工作制度、工作细则等规章制度。

一　铁路运输安全工作的重要性及特点

（一）铁路运输安全工作的重要性

铁路运输安全是关系人民生命财产和国家政治声誉的政治问题，必须十分重视。保证铁路运输安全，是我国铁路运输组织的基本原则之一，是铁路工作优质服务的重要标志。做好铁路运输安全工作，对铁路运输的发展，对广大职工和旅客，对国家的财产都有着十分重要的意义。国家一切生产活动，都是为了满足人民不断增长的物质和文化生活的需要。尤其在市场经济下，确保安全是树立好企业形象，提高其在运输市场中的竞争力的最有力措施。因此，企业要经常对职工进行政治思想、安全知识和遵章守纪的教育，建立健全群众性的安全生产组织，经常开展“四查”（查思想、查纪律、查制度、查领导）活动，采取抓事故苗头、挖事故根源、论事故危害、定防止事故的措施，牢固树立“安全生产，人人有责”的思想，确保运输安全。

同时，确保铁路运输安全是使生产能顺利进行、完成和超额完成运输生产任务的重要保证；实现安全生产也是搞好增产节约、增收节支、提高经济效益的有效措施。一旦发生事故，特别是发生重大事故、大事故，其后果是极其严重的，可能造成运输中断、人员伤亡，使经济遭受巨大损失，家庭遭到不幸，进而影响社会安定。

（二）铁路运输安全工作的特点

铁路是通过旅客与货物的位移来完成生产任务的，而旅客和货物的位移又是在多部门、多工种共同配合下完成的，其主要生产过程是通过长大列车在高速度的运动中实现的。所以，铁路运输生产的安全工作，一方面同其他行业有着共同的要求，即在生产过程中，防止和消除人身伤亡事故和设备事故，变危险为安全，变有害为无害；另一方面，由于铁路自身的特点，决定了铁路运输生产在安全上有其自己的特点，主要表现在以下几个方面。

1. 铁路运输安全工作涉及面广

铁路运输是由机务、车务、工务、电务、车辆、水电等多部门组成的一架巨大的“联动机”，昼夜不停地运转，每个工作环节必须紧密联系、协同动作，才能确保安全运输；否则，任何一个部门、一个环节出了问题，都会影响旅客、货物运输的安全，尤其是行车安全方面，如果一个地方发生行车重大事故、大事故，就会影响一线、一片，甚至波及整个运输生产。

2. 铁路运输安全工作贯穿始终

铁路运输旅客和货物，要经过复杂的生产过程，需经过若干工序、若干人员的共同劳动才能实现旅客、货物的位移，把其送到目的地。因此，安全生产贯穿运输生产的始终，涉及生产环节中的每一道工序、每一个人。在一系列的生产过程中，各个工作环节都必须严格遵章守纪，才能确保旅客和货物的运输安全；否则，只要某一个工种、某一个职工违章作业，就可能造成行车事故、货运事故或人身伤亡事故。

3. 铁路运输安全工作受社会环境影响大

铁路运输是在漫长的铁路线上、遍及全国各地的车站上进行的，各地的社会治安秩序的好坏、沿线人民群众对铁路安全知识的了解、爱路护路情况，都会影响铁路的安全生产。

4. 铁路运输安全工作受自然环境影响大

铁路运输生产一年四季昼夜不停地进行，安全生产工作必然会受外界自然环境变化的影响。一旦遇上阴天、下雨、刮风、下雪、起雾等恶劣天气，都会影响机车乘务人员瞭望信号和观察线路情况，稍不注意就可能发生事故。雨季，由于雨水浸入，可能会发生塌方落石、洪水冲毁线路桥梁的情况，危及行车安全；严冬季节，可能会造成运输设备冻坏；雷雨季节，强烈的雷电可能毁坏、干扰通信、信号设备，使行车安全得不到保证。

5. 铁路运输安全管理工作技术性强

铁路是现代化的主要交通工具，设备先进、结构复杂，因而技术性很强。例如，各种机车、车辆，现代化的通信、信号设备，养路机械、修车设备，各类装卸起重机械，各种机床、仪表、电气设施、锅炉、压力容器等，由于结构复杂，要求操作人员具备相应的安全技术措施和有关技术知识。因此，各类操作人员必须经过培训和严格考试，合格后才能任职。只有这样，才能确保运输安全。

同时，由于列车或调车的运行速度快，在作业时要求有关人员应特别注意时间因素，要做到分秒不差、准确无误，才能确保运输安全，否则分秒之差也可能导致事故的发生。

二 影响铁路运输安全工作的因素

铁路运输安全状况是人员素质、管理水平、设备能力和社会环境状况多种因素的综合反映。影响铁路运输安全的因素基本可归结为人、物和环境条件三个方面。

（一）人的因素

在影响铁路运输安全的诸多因素中，人的因素是最重要的。因为设备需要人来操纵，生产工艺需要人来控制和完成，各种规章制度、工艺规程需要人来制订、执行、检查和监督管理。这些状况的好坏取决于人的思想素质和业务素质。

思想素质方面，铁路员工要树立对工作强烈的主人翁责任感。业务素质方面，铁路员工要具有胜任本职工作的基本工作能力、技能和处理可能发生的异常情况的基本应变能力。思想素质和业务素质两者是紧密联系、互为作用的。

（二）物质因素

影响铁路运输安全的物质因素主要包括技术设备和设备的维修管理两个方面。

我国铁路主要运输设备的增长跟不上运量的增长，造成“设备超期服役”，设备老化、长期失修，对铁路安全运输造成极大的威胁。因此，及时更新设备，加强现有设备的维修，提高设备的完好率，是提高安全运输必不可少的条件。

（三）环境因素

影响铁路运输安全的环境是指铁路沿线的自然环境和社会环境。例如，大水冲断铁路，暴雨冲刷路基或泥石流毁坏铁路，大风沙或大风雨淹没铁路，均会危及铁路运输安全。铁路沿线社会环境安定、秩序井然，铁路运输就能畅通无阻、运行安全；否则，铁路运输的秩序若被破坏，严重时会造成行车中断，交通事故连续不断。因此，铁路安全运输必须有良好的外界环境。

三　铁路运输安全工作的主要内容

铁路运输系统是一个多部门、多工种、分散地点进行生产组织的复杂动态系统，加强安全管理能够切实保证运输生产系统运行秩序正常、旅客生命财产平安、货物和运输设备完好无损。铁道运输安全工作主要包括行车安全、客运安全、货运安全以及设备安全、消防安全等管理内容。

（一）行车安全

行车安全是指铁路机车车辆在运行过程中不发生冲突、脱轨、火灾、爆炸等影响铁路正常行车的事故，或者不发生与行人、机动车、非机动车、牲畜及其他障碍物相撞的事故。

行车安全是衡量铁路运输质量和管理水平的重要标志，对铁路运输生产具有特殊的、重要的意义。行车过程中发生任何差错和事故，将直接关系到旅客安全和货物安全，影响社会经济生产生活，影响铁路声誉和经济效益，影响国民经济正常发展。

（二）客运安全

客运安全，即旅客运输安全，是旅客在车站和列车上（旅行途中）不发生人身伤亡和财产损失安全事故。但在运输过程中，因铁路责任、旅客责任或其他原因导致旅客运输事故的情况仍时有发生。旅客运输事故包括旅客人身伤害事故和行李包裹运输事故两类。

1. 旅客人身伤害事故

凡是持有车票的旅客，经检票口加剪开始，至到达目的地出站缴销车票时止，在旅行中遭受到外来剧烈、明显的意外伤害事故以及因承运人的过错致使旅客人身受到伤害导致死亡、残疾或丧失身体机能者，均属于旅客人身伤害事故。

旅客人身伤害事故有多种类型，常见事故有挤伤、烫伤、砸伤、碰伤、摔伤、跳车、因病死亡等。旅客人身伤害事故绝大多数属于旅客自身原因造成的，另一个重要原因则是铁路管理不到位、防范意识不强、防范责任不落实和违章、违标作业。

2. 行李包裹运输事故

行李包裹运输事故种类包括：①火灾；②被盗（有被盗痕迹）；③丢失（全批未到

或部分短少，没有被盗痕迹）；④损坏（如破损、湿损、变形等）；⑤误交付；⑥票货分离、票货不符、误装卸或顶件运输；⑦其他（如污染、腐坏等）。

发生旅客人身伤害事故和行李包裹运输事故时，应认真调查分析，明确责任，及时正确处理。

（三）货运安全

货运安全，即货物运输安全，是货物在车站和运输途中不因火灾、被盗、丢失、损坏以及办理差错等造成货物损失、变质及污染。货物从承运时起到交付时止的过程中发生的货物安全事故，都属于货运事故，均要按照货运事故处理的有关程序去调查、处理。

（四）设备及消防安全

设备安全是保证铁路运输安全运营的物质基础，必须管好、用好、养护好设备，使铁路线路站场、机车车辆动车组、通信信号系统、牵引供电系统、运输信息系统等设施设备为铁道交通安全运营保驾护航。消防安全，是在车站、站场、列车场所内，不发生任何火灾事故。

四 铁路安全运输的基本措施

（一）提高运输安全管理水平

实践表明，要保证铁路运输安全生产，必须做到：在思想上牢固树立“安全第一”的理念，加强管理，严肃劳动纪律，遵守规章，照章办事，集中精力执行任务，防患于未然；认真学习、宣传、贯彻执行《中华人民共和国铁路法》，依法治路，确保运输安全。

铁路运输安全生产管理者必须管安全，在工作中还要不断学习先进的管理方法，以提高铁路运输安全的管理水平。

（二）提高设备运营可靠度

要想保证铁路运输安全，就应积极采用新技术和新设备，对既有设备应加强维修保养，使设备经常处于良好状态，对影响运输安全的设备应及时更换。加强技术改造，提高设备的安全性。尽快普及机车信号、自动停车装置、列车无线通信、红外线探测轴温、塌方落石自动报警器、列车接近报警器等设备，提高运输安全系数。

（三）提高铁路职工队伍素质

确保铁路运输安全，人的因素是第一位的，职工队伍的文化、技术素质是关键。对职工要有计划、有步骤地进行全员培训，提高职工的技术水平；对新入职的工人，必须做岗前培训，未经培训及培训考核不合格者不得上岗；对干部也要有计划、有步骤地进行培训，不断提高他们的业务水平和管理水平。要建立、健全考核制度，有奖有罚、奖惩分明。

（四）建立健全安全监察机构

目前，铁路局集团公司已设置行车安全和劳动安全监察机构，并设有检查安全工作的专职工作人员；站段设有安全室；车间、班组也配备了安全员。这样，一方面，可以保证持续地监督、检查安全规章制度的执行情况，分析事故发生的原因，采取防止事故发生的措施，总结安全生产的经验；另一方面，可以从上到下地形成职工群众的安全生产管理网，以促进广大职工互相监督，开展安全活动，做好安全生产工作。

五 铁路交通安全事故等级划分

依据《铁路交通事故应急救援和调查处理条例》规定，事故分为特别重大事故、重大事故、较大事故和一般事故四个等级。

（一）特别重大事故

特别重大事故指旅客列车、其他列车、调车作业、机车车辆整备作业发生冲突、脱轨、火灾或爆炸，造成人员重大伤亡、机车车辆重大损坏和严重中断正线行车的事故。有下列情形之一的，为特别重大事故：

（1）造成 30 人以上死亡。

（2）造成 100 人以上重伤（包括急性工业中毒，下同）。

（3）造成 1 亿元以上直接经济损失。

（4）繁忙干线客运列车脱轨 18 辆以上并中断铁路行车 48h 以上。

（5）繁忙干线货运列车脱轨 60 辆以上并中断铁路行车 48h 以上。

（二）重大事故

重大事故指旅客列车、其他列车、调车作业、机车车辆整备作业发生冲突、脱轨、火灾或爆炸，造成人员有较大的伤亡、机车车辆有较大的损坏和中断正线行车的事故。有下列情形之一的，为重大事故：

（1）造成 10 人以上 30 人以下死亡。

（2）造成 50 人以上 100 人以下重伤。

（3）造成 5000 万元以上 1 亿元以下直接经济损失。

（4）客运列车脱轨 18 辆以上。

（5）货运列车脱轨 60 辆以上。

（6）客运列车脱轨 2 辆以上 18 辆以下，并中断繁忙干线铁路行车 24h 以上或者中断其他线路铁路行车 48h 以上。

（7）货运列车脱轨 6 辆以上 60 辆以下，并中断繁忙干线铁路行车 24h 以上或者中断其他线路铁路行车 48h 以上。

（三）较大事故（或险性事故）

较大事故指事故性质严重，但未造成损坏后果或不够特大、重大事故的严重程度的事故。有下列情形之一的，为较大事故：

（1）造成 3 人以上 10 人以下死亡。

（2）造成 10 人以上 50 人以下重伤。

（3）造成 1000 万元以上 5000 万元以下直接经济损失。

（4）客运列车脱轨 2 辆以上 18 辆以下。

（5）货运列车脱轨 6 辆以上 60 辆以下。

（6）中断繁忙干线铁路行车 6h 以上。

（7）中断其他线路铁路行车10h以上。

（四）一般事故

一般事故指事故性质及损害后果不构成特大、重大和险性事故的列车事故。一般事故分为：一般A类事故、一般B类事故、一般C类事故、一般D类事故。

六 铁路员工人身安全

在铁路运输生产过程中，确保人身安全是日常工作的重要内容之一。因此，除了不断地改善劳动条件和设备条件外，应经常组织宣传、学习活动，贯彻、落实人身安全的有关规定，以确保人身安全及生产任务的顺利完成。

（一）铁路员工人身安全的要求

（1）班前禁止饮酒。班中按规定着装，佩戴防护用品。

（2）顺线路行走时，应走两线路中间，并注意邻线的机车、车辆和货物装载状态，严禁在道心、枕木头上行走。不准脚踏钢轨面、道岔连接杆、尖轨等。

（3）横越线路时，应“一站、二看、三通过”，注意左右机车、车辆动态及脚下有无障碍物。

（4）横越停有机车、车辆的线路时，先确认机车、车辆暂不移动，然后在离该机车、车辆较远处通过。严禁在运行中的机车、车辆前面抢越。

（5）必须横越列车、车列时，应先确认列车、车列暂不移动，然后从通过台或两车车钩上越过，勿碰开钩销，要注意邻线有无机车、车辆运行，严禁钻车。

（6）不准在钢轨上、车底下、枕木头、道心里坐卧或站立。

（7）严禁爬乘运行中的机车、车辆，以车代步。

（二）铁路员工人身伤亡的预防

行车事故的发生往往会导致人身伤亡，因此，预防人身伤亡除遵守预防行车事故的有关规定外，还应做到：

（1）加强铁路沿线的防护设施建设，特别是道口建设。

（2）强化铁路安全常识宣传，普及铁路安全知识。

（3）教育职工遵章守纪，按“人身安全的要求”来要求自己。

知识拓展

铁路生产安全事故报告

事故发生后，事故现场有关人员应当立即向本单位负责人报告；单位负责人接到报告后，应于1h内向事故发生地县级以上人民政府安全生产监督管理部门和负有安全生产监督管理职责的有关部门报告。情况紧急时，事故现场有关人员可以直接向事故发生地县级以上人民政府安全生产监督管理部门和负有安全生产监督管理职责的有关部门报告。

安全生产监督管理部门和负有安全生产监督管理职责的有关部门接到事故报告后，应当依照下列规定上报事故情况，并通知公安机关、劳动保障行政部门、工会和人民检察院：

(1) 特别重大事故、重大事故逐级上报至国务院安全生产监督管理部门和负有安全生产监督管理职责的有关部门。

(2) 较大事故逐级上报至省、自治区、直辖市人民政府安全生产监督管理部门和负有安全生产监督管理职责的有关部门。

(3) 一般事故上报至设区的市级人民政府安全生产监督管理部门和负有安全生产监督管理职责的有关部门。

安全生产监督管理部门和负有安全生产监督管理职责的有关部门依照前款规定上报事故情况，应当同时报告本级人民政府。国务院安全生产监督管理部门和负有安全生产监督管理职责的有关部门以及省级人民政府接到发生特别重大事故、重大事故的报告后，应当立即报告国务院。必要时，安全生产监督管理部门和负有安全生产监督管理职责的有关部门可以越级上报事故情况。报告事故应当包括下列内容：

(1) 事故发生单位概况。

(2) 事故发生的时间、地点以及事故现场情况。

(3) 事故的简要经过。

(4) 事故已经造成或者可能造成的伤亡人数（包括下落不明的人数）和初步估计的直接经济损失。

(5) 已经采取的措施。

(6) 其他应当报告的情况。

拓展活动

事故链分析与预防方案设计大赛

一、大赛目标

提升学生对铁路安全事故的理解，尤其是事故发生的多层次原因。锻炼学生的团队合作、沟通和批判性思考能力。激发学生的创造力，鼓励他们提出创新的事故预防措施。

二、参与对象

轨道交通运营管理类专业全体学生，可跨班级、跨年级组队。

三、准备阶段

1. 案例收集：教师提前筛选出典型的铁路安全事故案例，包括但不限于《铁路生产安全事故报告》中的实例，准备案例材料包。

2. 规则说明：明确比赛流程、评分标准、提交格式等，确保所有参与者对活动有清晰的认识。

3. 分组与注册：学生自由组队，每队3~5人，确定队长。

四、实施阶段

1. 案例研究

各队伍选择一个案例进行深入分析，识别事故的直接原因、间接原因以及可能的管理漏洞，构建事故链。

2. 预防方案设计

基于事故链分析，设计一套或多套事故预防方案，包括技术改进、流程优化、人员培训等方面。

3. 成果展示

每队制作PPT或视频，阐述案例分析过程、事故链构建和预防方案设计思路，在钉钉直播或线下课堂进行展示。

4. 互动问答

设置互动环节，让其他队伍和观众提问，增加现场的互动性和思维碰撞。

5. 评审与反馈

成立由教师和行业专家组成的评审团，根据方案的创新性、可行性、全面性等维度进行打分。评审团和观众均可在投票选出最佳创意奖、最佳团队合作奖等奖项。提供反馈和建议，鼓励学生进一步完善方案，甚至探索将优秀方案转化为实际应用的可能性。

6. 结束与总结

举行颁奖典礼，表彰获奖团队和个人。教师总结活动亮点和学生表现，强调安全文化的重要性，鼓励学生将所学应用于未来的职业生涯中。

拓展阅读

盛开在列车上“最美的石榴花”

中国铁路乌鲁木齐局集团有限公司米尔班·艾依提是库尔勒客运段和田一队“民族团结一家亲号”列车和特1组列车长，曾获全国优秀党务工作者，新疆维吾尔自治区优秀共产党员、民族团结先进个人，中国铁路优秀党支部书记十大标兵等荣誉。

漫漫长路，米尔班·艾依提总是想方设法地为旅客营造和谐、温馨的旅行环境。除了提供“贴心、舒心、暖心、细心、放心”的“五心”服务之外，她还在列车上创新推出了“生日直通车”“母爱一平方”“旅游风向标”以及“流动充电站”“旅行保健操”“温馨导航”等特色服务，让旅客在旅途中有一种回家的感觉。据悉，“民族团结一家亲号”列车开行以来，已累计收到旅客表扬信1350封、锦旗74面。

“唯愿石榴花开，永不凋零。”“这是一趟有爱、有温度的列车，在这趟列车上，我能感受到社会的温暖、人性的善良、团结的力量、新疆的美丽。”这些写在旅客留言板上的字句，成为列车上一段段美好时光的见证。

（摘编自腾讯新闻网，2023年3月22日）

志在货畅其流，引领担当作为

孟照林（图9-22）1998年在中国铁路济南局集团有限公司黄岛站参加铁路工作。针对黄岛站港前编组站特点，他创造了“加强站、港联系，突出装、卸组织，避免交叉干扰，挖掘运输潜能”的“24 字工作法”，并在全局推广。他牵头成立“二林创新工作室”，提出的10多项合理化建议被单位采纳，使黄岛站从一个日装车不足200车的小车站，成长为日装3000车的全路单站单日装车第一站。他先后获得国铁集团全路技术能手、全路火车头奖章、先进共产党员等荣誉称号。

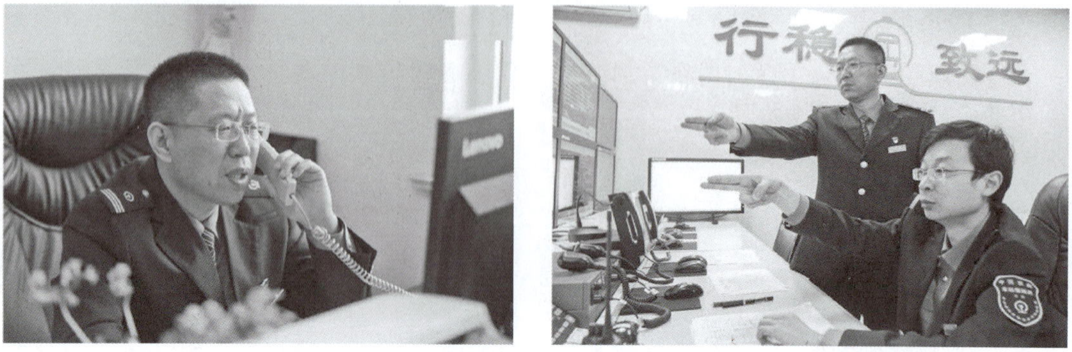

图 9-22　工作中的孟照林

道虽迩，不行不至；事虽小，不为不成。孟照林就是实干者，正是他的实干精神，带动了他周边的人，引领了担当作为的风气，诠释了铁路人的价值追求。

（摘编自人民铁道网，2020 年 5 月 27 日）

岗课赛证

连　结　员

铁路连结员是铁路行车部门的特殊工种，该岗位的主要职责是将车列或车辆编组或解体。连结员工作内容包括取送车辆，摘解车辆的风管，提开车钩，做好防溜。连结员属于铁路一线的工种，是铁路车务部门最辛苦、最危险的工种，在整个铁路系统中是最苦、最累、最危险的工种之一。铁路线路上一列列呼啸而过的火车，全是连结员一节一节车厢编组起来的。不论刮风下雨、烈日酷暑、暴雪严寒，都有他们辛苦的工作的身影（图 9-23）。

a)　　b)

图 9-23　连结员

2023年12月5—7日，“一带一路”暨金砖国家技能发展与技术创新大赛之铁道交通运营管理技术赛项全国总决赛在南京铁道职业技术学院开幕。本次大赛共有来自国内37所职业院校74支队伍参赛，包括150名国内选手、2名老挝籍选手。铁道交通运营管理赛项包括理论知识竞赛和实践技能竞赛两个部分。理论知识竞赛主要考查学生对铁道交通运营管理相关知识的掌握程度，实践技能竞赛则主要考查学生的实际操作能力和解决问题的能力。12月5—6日，选手围绕铁路调车作业程序、手信号显示/听觉信号鸣示、摘结软管、观速观距开展技能比拼，展现铁路调车长、连结员工种的职业风采。

在职业等级方面，铁路连结员设初级（国家职业资格五级）、中级（国家职业资格四级）、高级（国家职业资格三级）三个等级。

铁道概论（活页式教材）
（第4版）

姓名：________ 班级：________ 学号：________

学习检测

一、知识检测

（一）填空题

1. 客流是指铁路某一方向上、一定时间内旅客的（　　）、（　　）和（　　）构成。

2. 按旅客的乘车距离和铁路局集团公司管辖范围，客流分为（　　）和（　　）。

3. （　　）是客运站与城市交通联系的地带，包括车行道、停车场和旅客活动用地。

4. 客运站的工作组织主要包括（　　）、（　　）、（　　）。

5. 铁路旅客运送过程主要包括售票、（　　）、检票、（　　）、列车服务、（　　）、出站。

6. 根据托运货物的数量、性质、形状等条件并结合所使用的货车，铁路货物运输可分为（　　）、（　　）和（　　）三种。

7. 铁路货物运输以（　　）为单位。

8. 货物运到期限主要包括（　　）、（　　）、特殊作业时间。

9. 整车货物运输过程可分为（　　）、（　　）、（　　）三大流程。

10. 根据货物的超限程度，超限货物分为三个等级：一级超限、（　　）、（　　）。

11. 车流是指在一定时期内，（　　）、（　　）或（　　），车辆的去向或到站（流向）和数量（流量）的总称。

12. 在装车站，按照货物运输计划，将货物装上货车车辆后，这些货车车辆就有了去向，形成了（　　）。

13. 列车是铁路运输的基本单元，（　　）就是具有一定去向的列车的集合。

14. 列车必须具备的三个条件是（　　）、（　　）、（　　）。

15. （　　）是列车运行管理的图解。

16. 影响铁路运输安全的因素基本可归结为（　　）、物和（　　）三个方面。

17. 影响铁路运输安全的物质因素主要包括（　　）和（　　）两个方面。

18. 行车安全是衡量铁路（　　）和（　　）的重要标志，对铁路运输生产具有特殊的、重要的意义。

19. 客运安全，是旅客在车站和列车上（旅行途中）不发生（　　）和（　　）安全事故。

20. 旅客运输事故包括（　　）和（　　）两类。

21. 依据《铁路交通事故应急救援和调查处理条例》规定，事故分为特别重大事故、（　　）、较大事故和（　　）四个等级。

（二）选择题（以下至少有一项是正确的，请将正确的选项填入括号内）

1. 以下属于普通旅客列车乘务组人员的有（　　）。

A. 客运人员　　B. 公安乘警　　C. 车辆乘务员　　D. 司机乘务员

2. 以下属于四类包裹的物品有（　　）。

A. 泡沫制品　　B. 塑料制品　　C. 教材　　D. 摩托车

3. 以下可以凭客票办理行李托运的物品有（　　）。

A. 自用的衣服　　B. 自用的个人书籍

C. 残疾人用车　　D. 自用的被褥

4. 行李每件最大质量为（　　）。

A. 50kg　　B. 60kg　　C. 70kg　　D. 80kg

5. 铁路对到达的行李、包裹免费保管（　　）天。

A. 6　　B. 5　　C. 4　　D. 3

6. 按零担托运的货物，一件体积最小不得小于（　　）m^3。

A. 0.02　　B. 0.03　　C. 0.04　　D. 0.05

7. 以下属于集装箱运输特点的有（　　）。

A. 装卸效率高　　B. 车辆周转快

C. 货物包装简化　　D. 便于组织“门到门”运输

8. 货物运到期限起码（　　）天。

A. 2　　B. 3　　C. 4　　D. 5

9. 以下属于货物发送作业环节的有（　　）。

A. 托运　　B. 受理　　C. 装车　　D. 交付

10. 2005 年，国际重载协会对重载运输的定义标准包含了（　　）。

A. 列车质量　　B. 轴重　　C. 编组　　D. 运量

11. 以下属于旅客列车编组计划的内容的是（　　）。

A. 发到站　　B. 车次　　C. 定员　　D. 车厢顺序号

12. 以下属于货物列车编组计划的主要内容的是（　　）。

A. 发到站　　B. 列车种类　　C. 编组方式　　D. 列车车次

13. 车站行车组织工作的内容主要包括（　　）。

A. 接发列车工作　　B. 列车的技术作业

C. 调车工作　　D. 货车技术作业

14. 以下作业属于铁路调车工作的是（　　）。

A. 解体　　B. 编组　　C. 取送　　D. 到发

15. 以下属于铁路车站日常计划的是（　　）。

A. 班计划　　B. 月度计划　　C. 阶段计划　　D. 调车作业计划

16. 以下属于特别重大事故的有（　　）。

A. 造成 30 人以上死亡

B. 货运列车脱轨 60 辆以上

C. 造成 1 亿元以上直接经济损失

D. 客运列车脱轨 18 辆以上

17. 以下属于较大事故的有（　　）。

A. 中断繁忙干线铁路行车 6h 以上

B. 货运列车脱轨 60 辆以上

C. 造成 10 人以上 50 人以下重伤

D. 客运列车脱轨 18 辆以上

18. 以下属于铁路员工人身安全的要求的有（　　）。

A. 班中按规定着装，佩戴防护用品

B. 严禁在道心、枕木头上行走

C. 横越线路时，应“一站、二看、三通过”

D. 遵章守纪，按“人身安全的要求”来要求自己

（三）判断题（以下描述，正确的打“√”，不正确的打“×”）

1. 一个成人旅客携带一名不超过1.2m儿童乘车时，可免费携带上车的物品为30kg。（　　）

2. 铁路客运站站场是旅客列车通过和停靠的场所。（　　）

3. 车站贵宾候车室不属于客运用站房。（　　）

4. 铁路客运站生产管理也称业务管理。（　　）

5. 铁路客运站的旅客列车到发作业属于客运站生产管理范畴。（　　）

6. 托运表示货物运输合同的成立。（　　）

7. 货物托运后，由于特殊原因需要变更的，经承运人同意，对承运后的货物可以按批在货物所在的途中站或到站办理变更到站和变更收货人。（　　）

8. 货物装车和卸车的组织工作由承运人负责。（　　）

9. 运单是铁路运输货物的凭证。（　　）

10. 货物的途中作业包括货运交接检查、特殊作业及异常情况的处理。（　　）

11. 车站要按照运行图规定的各次列车到发时刻来安排列车的接发、编解工作和客货运业务。（　　）

12. 车站通过能力取决于咽喉道岔通过能力。（　　）

13. 区间通过能力主要取决于该区段的技术设备和所采用的行车组织方法。（　　）

14. 列车调度员又称行车调度员，负责编制和调整管辖区域的列车工作计划。（　　）

15. 铁路运输调度指挥工作的核心部门是铁路局集团公司调度所。（　　）

16. 货物从承运时起到交付时止的过程中发生的货物安全事故，都属于货运事故。（　　）

17. 旅客在乘坐旅客列车时被烫伤，此事件不属于旅客人身伤害事故。（　　）

18. 造成10人以上、50人以下重伤的事故属于险性事故。（　　）

19. 造成繁忙干线客运列车脱轨18辆以上并中断铁路行车48h以上的事故属于重大事故。（　　）

20. 铁路员工在作业过程中可以爬乘运行中的机车、车辆，以车代步。（　　）

（四）思考题

1. 小组合作，讨论并分析旅客在运送过程中包括哪些环节？针对不同的旅客群体，关键的环节是哪些？

2. 小组合作，查阅12306网站，讨论并分析哪些物品不能随旅客带上车？当旅客随身携带品超过哪些范围则需要办理行李托运？

3. 复习整车货物运输的发送作业过程中各环节的主要内容，讨论并分析哪一环节最为关键，并说明原因。

4. 小组合作，查阅相关资料，讨论并分析未来我国铁路货物重载运输的发展方向及面临的困难。

5. 小组合作，思考铺画列车运行图的意义及列车运行图的分类，讨论并识别以下运行图的格式与种类，指出图9-24中数字的含义。

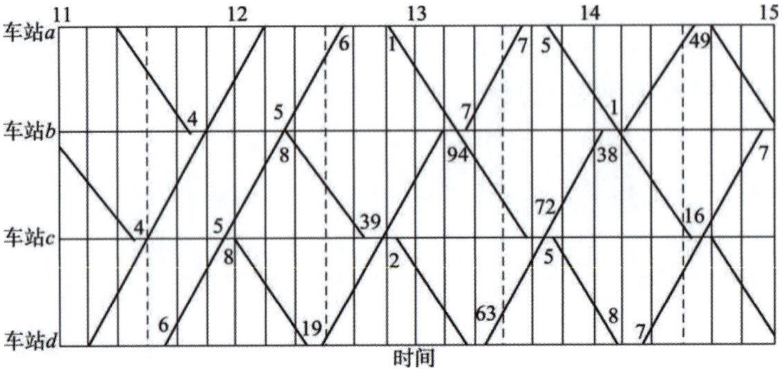

图9-24

6. 小组合作，先讨论旅客列车编组与货物列车编组的方法，然后通过查阅资料，以具体的列车来分析旅客列车编组与货物列车编组的区别。

7. 查阅文献资料，分别找出铁路行业近年不同等级事故案例，根据案例分析影响铁路运输安全的因素。

8. 阅读以下案例，思考作为一名铁路人应具备什么样的职业素养？

某日，某次列车运行至H站前，行李车发生火灾，损失和影响巨大。原因为行李押运人员违反规定，在行李车内吸烟引燃行包。

二、技能检测

（一）基础知识应用任务

1. 根据下表中对旅客出行的描述，判断这些旅客的客流类型，并分析此类客流的特点。

旅客出行描述	客流类型	特点
从成都出发到北京的旅客		
在春运期间回乡过春节的旅客		
从成都出发到德阳的旅客		
每天上下班坐高铁的旅客		
从青城山坐高铁去旅游的旅客		

2. 根据下表中旅客列车车次判断列车的种类、等级及去向。

车次	种类	等级	去向
G13			
G154			
Z282			
D707			
T109			
K118			
C6003			
L166			

3. 判断以下货物及车辆适用于哪种铁路货物运输类型，并分析此类型运输的特点。

货物特点	车辆类型	货物运输种类	特点
31t 袋装白糖一批	60 标记载重平车		
60t 煤炭一批	60 标记载重棚车		
30t 大型变压器一件	60 标记载重集装箱专用平车		
20ft 箱装服装 2 箱	60 标记载重敞车		

4. 整车运输由三大作业流程组成，每一项作业流程又由多个工作环节组成，请判断以下工作内容是哪一个工作环节。该工作内容又归属于整车运输的哪一项作业？

工作内容	工作环节	归属作业
托运人向车站按批提出货物运单和运输要求		
车站在货物运单上签订货物搬入或装车日期		
承运人按照托运人运单记载的内容进行检查核对		
货运员将签收的运单移交货运室填制货票		
发站在货物运单上加盖车站日期戳		
货运交接检查		
运转室将到达本站卸车的重车票据登记后移交货运室		
承运人向收货人发出催领通知		
交付货运员凭收货人提出的货物运单向收货人点交货物		

5. 根据以下货物列车车次，判断货物列车类型。

货物列车车次	货物列车类型	货物列车车次	货物列车类型
80003		30006	
87002		40007	
20004		71009	

6. 根据以下运行图的表现形式，判断运行图的类型，并分析其特点。

运行图的表现形式	运行图类型	特点
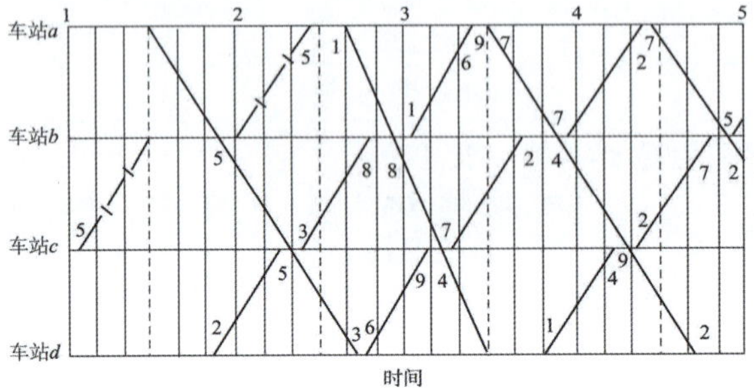		
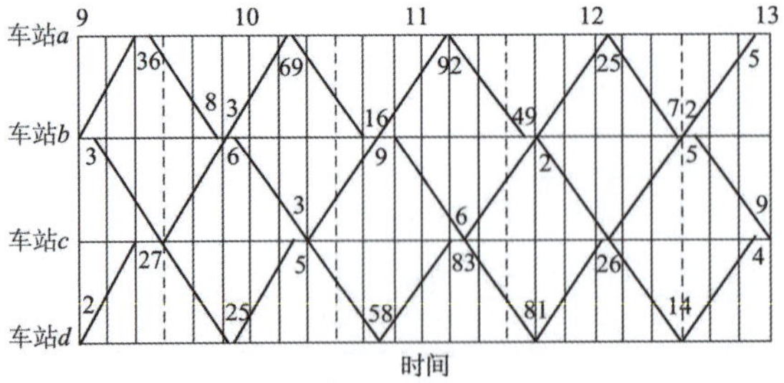		
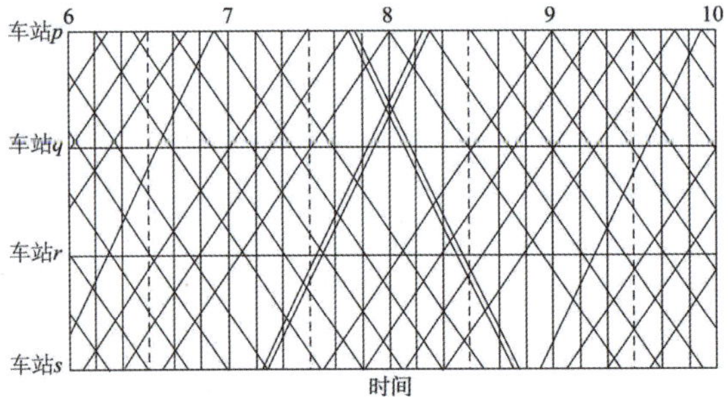		

（二）学习能力提升任务

1. 综合分析任务

（1）铁路部门规定了旅客乘车时随身携带品的质量、体积及品名范围，请从不同的角度分析铁路部门为什么如此规定？

（2）根据铁路货物运输重载化的发展趋势，查阅相关资料，分析我国目前铁路货物运输重载化发展现状。

(3) 根据客(货)流、车流及列流之间的关系，分析旅客列车和货物列车的形成过程。

2. 团队合作任务

(1) 根据旅客运送过程七个环节的主要内容，小组讨论并分析，如果从铁路部门的角度来看，这七个环节中哪一个环节是最为关键的环节？为什么？

(2) 小组合作，根据集装箱货物运输条件，了解我国铁路现有集装箱的类型及规格，并分析我国铁路货物集装化运输的现状。

(3) 小组合作，根据铁路车站工作组织的作业内容，讨论分析车站工作组织的重要性，并归纳总结车站工作组织的主要内容。

(4) 发生在哈尔滨哈南线路车间长寿工区的事故是一个典型的铁路生产安全事故，请上网搜索相关内容，并进行案例分析，这次事故的主要责任人是谁？铁路部门在事故后采取了哪些整改措施？如何防止类似的铁路生产安全事故再次发生？

三、素质检测

(一) 阅读以下材料

12306又上新功能

1. 临时身份证申请

现在无需到车站补办纸质临时身份证明，而是只要打开12306App在“我的”页面找到“临时身份证明”(图9-25)，然后点击立即申请即可。上述操作方便快捷，主打一个一气呵成，且生成的电子临时身份证明，在乘车的所有环节均可使用。唯一需要注意的是，每个人每个自然月只可申请6次临时身份证明。

2. 卧铺票可在线选铺

在新版12306App中，在购买普速列车软卧/硬卧、动车组软卧/一等卧/二等卧车票时，可以在下单页面进行“选铺服务”了(图9-26)，当然不同的铺位价格会有所不同。除此之外，如果是60岁以上的老人购票，在无法通过App自主选铺的情况下，现在系统也会优先安排下铺位置。

a) b)

图 9-25

图 9-26

3. 候补购票功能优化

12306 的候补购票功能，同样有了升级（图 9-27）。

（1）每个旅客的待兑现候补订单数量从 2 个增加到 6 个，每个订单最多可设置 9 个乘车人；

（2）候补订单可选择预售期的任意 3 个乘车日期，“日期 + 车次”的组合最多可达 60 个；

候补购票流程
1
候补
在余票页面点击候补按钮，添加购物车，候补列表展示已选候补车次和席别。点击下一步进入确认候补订单页面。
2 支持添加更多候补车次
添加更多候补车次（3/60）
候补车次越多，兑现成功率越高
去添加
点击“去添加”按钮，继续添加候补车次。
选择日期
最多可选择
3个乘车日期
选择车次
总计添加不超过
60个车次
支持余票页面筛选
3
添加更多候补车次后，在确认候补订单页面的最上方，可以查看全部候补车次信息，包括日期、车次、席别、区间。
4 打开“接受新增列车”模块
接受新增列车
当有新增列车时，系统自动为您兑现
打开新增列车选项，即可设置新增列车兑现条件。
选择席别
设置期望出行时段
5
预估成功率50%
支持查看当前候补订单的预估成功率，预估成功率按照历史候补订单兑现情况测算，仅供参考。
6
提交候补订单后，可以查看候补明细，还可以修改截止兑现时间。

图 9-27

(3) 候补最晚兑现时间从原来的发车前2h，改为发车前20min；

(4) 提交候补时选择“接受新增列车”，若后续新增列车车票开售，会优先分配给提交候补的旅客。

4. 改签范围扩大

改签车票功能更人性化，具体表现为：在开车前及开车后当日内，均可改签预售期内任意日期列车（图9-28）。

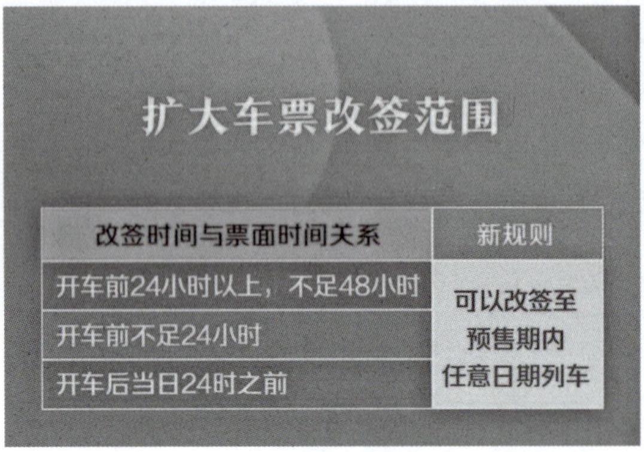

图9-28

谈一谈：新修订的“中国铁路购票规则”和“中国铁路车票改签规则”体现了铁路人什么样的精神及思想感情？

查一查：中国铁路客运方面又有哪些新的改革举措？

想一想：这些改革举措将给铁路旅客带来哪些实惠和方便？

（二）请阅读材料

中国39个铁路物流中心全部挂牌成立

2024年1月29日，哈尔滨铁路物流中心挂牌成立，至此国铁集团在全国规划的39个铁路物流中心全部挂牌成立，这标志着铁路现代物流体系建设取得重要进展，为更好服务建设全国统一大市场、助力经济社会高质量发展打下坚实基础。

近年来，国铁集团认真贯彻落实党中央、国务院关于建设现代物流体系的决策部署和国家“十四五”现代物流发展规划，立足构建新发展格局，坚持市场化、法治化、国际化发展方向，深化铁路货运改革创新，积极推动铁路现代物流体系建设，更好发挥铁路在综合交通运输体系和现代物流体系中的骨干作用，为加快建设全国统一大市场、畅通国内国际双循环、保障国民经济平稳运行提供有力支撑。

一是完善现代物流经营机制。适应现代物流市场发展趋势，坚持以客户需求为导向，对原有铁路货运组织体系进行了改革，按照“一省一中心”原则，整合区域内铁路物流资源，在全国设立了39个铁路物流中心。铁路物流中心作为铁路物流业务的市场经营主体，对标现代物流企业经营管理模式，全面实施市场化经营；发挥铁路运输大运能、全天候、绿色环保的优势，强化与重点企业“总对总”战略合作，大力发展物流总包，为企业量身定制整体物流最优解决方案；深化与公路、水运等其他运输方式的融合发展，减少中间环节，提升运输效率，降低企业物流成本，推动铁路物流产品供给融入企业产业供应链。

二是优化铁路物流产品供给。坚持市场和目标导向，以客户为中心，提升铁路物流产品的稳定性、经济性、时效性，持续打造适应不同需求的铁路物流产品体系，努力实现产品供给多样性、班列服务稳定性、全程物流可靠性，通过市场手段持续推动“公转铁”。以畅通城市间、区域间和港口集疏港物流为重点，打造快捷准时的高铁快运、多联快车、铁海快线等铁路快运产品网络，加快构建“全国123快货物流圈”。全国铁路直通快运班列开行数量已达到340条，其中，“班列+两端公路”的多联快车产品已实现对全国省会城市的全覆盖；“班列+班轮”的铁海快线产品已实现对全国主要港口的全覆盖；中欧班列运行线87条，覆盖国内108个城市，通达欧洲25个国家217个城市，服务网络基本覆盖亚欧全境。

三是加强铁路物流装备创新投用。充分对接物流市场需求，持续完善谱系化物流装备体系，研发了适应轻泡货物运输的大容积内陆箱、适应卷钢运输的卷钢箱、适应粮食运输的顶开门箱等15种新箱型，其中9种箱型已经成功投入运营，市场反应良好。目前，正在加快研发试运适应商品车运输的汽车箱、适应豆粕运输的通风箱、适应硫酸等危险货物运输的液体罐箱等新装备。同时，服务新能源产业发展，积极推进新能源汽车、光伏组件、锂电池和液化天然气等铁路运输装备安全技术研究和配套装备创新升级，努力打造适应全品类物流的铁路现代物流装备体系。

四是推动铁路物流场站转型升级。在科学有序推进铁路建设的同时，紧密对接国家物流枢纽总体规划，在全国建成了165个铁路物流基地，有效融入物流园区、产业园区、港口及边境口岸，并结合现代物流发展需要，持续完善铁路场站多式联运、仓配中心等综合服务功能，有力促进了货运场站转型升级。加快推进铁路专用线建设，提升专用线运营服务质量，重要枢纽联通水平与集疏运效率不断提高，80%左右的货物集中在8000余条专用线到发，减少了货物的短途倒装作业，降低了物流成本。

五是提升铁路物流服务品质。持续深化95306货运服务平台建设，全力打造便捷高效的智慧服务平台，实施货运业务全流程网上办理和集中办理，提供7×24小时全天候服务，开发货物全程追踪、到达预测通知等新功能，客户可以随时、随地通过网上办理各项货运业务，动态掌握货物位置信息，客户服务体验显著改善。提供多式联运“一单制”运输、物流金融、网络货运平台、海运订舱等服务，为客户提供更加强大的门到门全程物流综合服务。与海关总署积极合作，创新铁路快速通关模式，实现出口货物在内地办结海关手续，大幅提升了口岸通关和运输效率，提高了国际产业链供应链韧性和安全水平。

铁路货运改革创新持续深化，铁路现代物流体系建设加快推进，极大提升了铁路物流产品的运营品质和市场竞争力，为广大客户提供了高效便捷的现代物流服务，对于降低全社会物流成本、服务实体经济发展、建设全国统一大市场具有重要意义。

谈一谈：“持续深化中国铁路货物组织改革”“中国39个铁路物流中心全部挂牌成立”体现了铁路人什么样的精神？

查一查：中国铁路货运组织有哪些新创新和举措？

想一想：这些改革举措给铁路托运人和收货人带来哪些实惠和方便、给中国经济发展带来哪些影响？

（三）阅读下面新闻材料

建站60多年的小站，有段特别的故事

——记全国工人先锋号获得集体宝鸡车务段青石崖车站

4月中旬的一天，我们从宝鸡市区驱车向南，沿212省道一路往秦岭深处进发，目的地：青石崖站（图9-29）。

图9-29　青石崖站

20世纪50年代，为打通蜀道，宝成铁路动工。修建最艰难的区段在北麓，尤其那段直线距离6km、落差却达到817m的大断层崖。真是“猿猱欲度愁攀援，绝壁筑路何其难”。几年艰苦奋斗的光阴过去，一条凝聚新中国铁路建设者智慧与力量的“观音山展线”，就此形成。修建完成后的青石崖站，依着峭壁挺立，至今已有半个多世纪。一代代小站人凭高扼险，在绝顶之上书写着创业传奇。

青石崖站每天仅有一趟“小慢车”停留，错过时间点便只剩一条“路”可到车站。于是，在宝鸡车务段小张的带领下，当天我们从公路边一处不起眼的豁口，下到2m多深、3m多宽的防洪渠里，借道上山。

万木苏萌山水醒，吹面不寒杨柳风。举头，林木扶疏，山不见顶；脚下，细流潺潺，青苔湿滑。踩着渠边石缝，我们沿着职工踩出的小径，手脚并用，一路攀爬。四十多分钟后，我们气喘吁吁、满头大汗，终于踏上青石崖站台。

绕过站房，春日的阳光慷慨地洒满庭院，南面便是我们刚才爬过的山坡。

在人与自然之间旷日持久的磨合中，要说最让职工们不容忽视的挑战，其实是严寒。这里的冬季格外漫长。过去，职工吃水需要从几公里外的山上取水。冬天天寒路滑，职工往返一趟至少需要一个多小时（图 9-30）。

图 9-30　青石崖站职工取水

“累吗？苦吗？”面对我们的问题，职工笑答：“习惯就好啦！”那纯净的笑容，配合秦岭炙热的阳光，还有纤尘不染的蓝天，格外纯粹。

我一直在思索，对这些山区的职工来说，或许正因少了城市的喧嚣，多了山水的涵养，他们脸上的笑容才更质朴。他们像是净化人心的清流，让人乐而忘俗、喜而忘忧。

面对外在环境的艰苦，小站职工选择用铁一样的臂膀扛起责任，守护深山里钢铁动脉的安全与畅通。驻足小站，望向群山，我不禁在内心呼喊：“壮哉，巍巍大秦岭！壮哉，坚守的铁路人！”

（摘编自人民铁道网，2024 年 5 月 11 日）

谈一谈：“全国工人先锋号获得集体宝鸡车务段青石崖车站”全体职工体现了铁路人什么样的精神？

查一查：中国铁路还有哪些类似行车条件的车站？

想一想：作为新时代的接班人，我们应该做好怎样的准备？

（四）阅读下面新闻材料

新时代 · 铁路榜样 | 王涛：守护高寒高铁“稳稳的安全”

中国铁路哈尔滨局集团有限公司（简称哈尔滨局集团公司）哈尔滨动车段动车检修车间王涛，曾获火车头奖章、全路技术能手、“龙江工匠”等荣誉，牵头完成 32 项攻关课题，获得 6 项国家专利。

哈尔滨动车段是黑龙江省内唯一的高寒动车组检修基地，负责哈尔滨局集团公司高寒动车组检修维护任务。

近年来，随着黑龙江高铁网快速扩容，哈佳铁路、哈牡高铁、沈佳高铁牡佳段相继开通，动车组检修压力逐渐增大。为提高工作效率，王涛调整工作重心，牵头开展工艺优化等攻关。

虽然动车组空调机里电器元件极多，但王涛对每个元件的位置、功能、状态都了如指掌。为解决 CRH5G 型动车组空调板卡故障，他组织团队把车上换下来的旧板卡全部拿回班组，从光电耦合器、电容到模拟量二极管、输出放大器等元件，挨个拆分研究对比。经过数个昼夜的努力，他们发现是某一批次的板卡存在设计问题。看着厚厚的数据资料和王涛提出的整改意见，厂家钦佩不已，迅速修改并更换了板卡。

2024 年春运期间，王涛带领团队成员以高度的责任感和专业的技能素养，恪尽职守，保证了哈尔滨局集团公司配属的 111 组高铁动车组零差错运行。面对世界级动车组抗寒难题，王涛带领团队用实实在在的行动攻克了一个又一个难关，用坚守和奋斗擦亮了中国高铁的“新名片”。

（摘编自人民铁道网，2024 年 4 月 16 日）

谈一谈：王涛这样的新时代铁路榜样，为了铁路行车安全无私奉献，这体现了铁路人什么样的精神？

查一查：王涛劳模创新工作室都围绕哪些铁路行车安全隐患作出了创新改革？

想一想：今后你对确保铁路安全都想怎样做？

（五）班组学习任务

1. 学习《瓦日铁路即将开班客运服务》的视频新闻，理解当前重载铁路开拓新客运业务的思路，讨论分析新时代我国铁路行业发展对铁路一线生产班组人员的职业要求。

2. 学习《我国铁路现代物流体系建设加快推进》的视频新闻，理解降低全社会物流运输成本、服务实体经济发展是提高经济运行效率的重要举措，讨论分析新时代我国铁路行业发展对铁路一线生产班组人员的职业要求。

3. 学习《全员女职工！这座“女子车站”还有什么不一样?》（人民铁道微信公众号 2024 年 5 月 9 日），理解新时代铁路发展背景下铁路一线行车班组人员的职业要求。

4. 学习中央电视台新闻视频《铁路过夏天 使用智能设备助力线路安全隐患排查》，理解智能设备助力铁路行车安全的方法，讨论分析人工智能背景下我国铁路行业发展对铁路一线生产班组人员的职业要求。

学习评价

评价指标		自我评价（20%）	班组评价（20%）	教师评价（60%）
基础知识（60%）	知识掌握（40%）			
	知识应用（60%）			
能力提升（40%）	自主学习能力（60%）			
	团队合作能力（40%）			

学习总结

个人学习总结：

班组学习总结：

参考文献

[1] 佟立本．铁道概论[M]．6 版．北京：中国铁道出版社，2012.

[2] 李海军，侯立新，张文婷．铁道概论[M]．成都：西南交通大学出版社，2013.

[3] 孙建晖．铁道概论[M]．成都：西南交通大学出版社，2013.

[4] 王绍军．铁道概论[M]．2 版．成都：西南交通大学出版社，2018.

[5] 李明华，罗世民．铁道概论[M]．长沙：中南大学出版社，2011.

[6] 刘广武，王艳艳．铁道概论[M]．成都：西南交通大学出版社，2014.

[7] 周平．铁道概论[M]．2 版．北京：中国铁道出版社，2015.

[8] 张海志，常治平．铁道概论[M]．北京：中国铁道出版社，2014.

[9] 肖荣．铁道概论[M]．北京：人民交通出版社，2013.

[10] 佟立本．高速铁路概论[M]．4 版．北京：中国铁道出版社，2012.

[11] 李海军．铁道概论[M]．2 版．成都：西南交通大学出版社，2018.

[12] 杨中平．漫话高速列车[M]．北京：中国铁道出版社，2013.

[13] 宫国顺．铁道概论[M]．北京：北京交通大学出版社，2020.

[14] 中国铁路总公司．铁路技术管理规程（普速铁路部分）[M]．北京：中国铁道出版社，2014.

[15] 中国铁路总公司．铁路技术管理规程（高速铁路部分）[M]．北京：中国铁道出版社，2014.

[16] 国家铁路局．铁路线路设计规范：TB 10098—2017 [S]．北京：中国铁道出版社，2017.